‘낙중학’의 원류

조선전기 도학파의 사상

계명한국학총서 32

2013년 5월 29일 초판 1쇄 인쇄
2013년 6월 14일 초판 1쇄 발행

지은이 | 홍원식 외 7명
펴낸이 | 신일희
펴낸곳 | 계명대학교출판부
704-701 대구광역시 달서구 달구벌대로 1095
전화 053-580-6233 팩스 053-580-6235
등 록 | 1970. 9. 1.(신고번호 제347-1998-1호)

ISBN 978-89-7585-631-0 93150
값 30,000원

이 도서의 국립중앙도서관 출판시도서목록(CIP)은 서지정보유통지원시스템 홈페이지
(http://seoji.nl.go.kr)와 국가자료공동목록시스템(http://www.nl.go.kr/kolisnet)에서
이용하실 수 있습니다.(CIP제어번호: CIP2013007502)

낙중학 총서 ②

'낙중학'의 원류

조선전기 도학파의 사상

洛中學

홍원식 외 지음

계명대학교 출판부

책을 펴내며

'낙중학'이란 이름으로 이제 두 번째 책을 내놓게 되었다. 지난해 '낙중학'이란 이름을 단 책(『낙중학, 조선시대 낙동강 중류지역의 유학』)을 처음 우리 학계에 내놓았을 때의 불안함과 떨림이 아직까지도 생생히 전해온다. 그야말로 반신반의 그 자체였다. 언감생심 칭찬이야 기대하지 않았던 터였으며, 그래도 달리 힐책을 받지 않았음에 안도할 따름이다. 이에 약속을 지켜야 한다는 책임감에다 약간의 자신감을 더해 두 번째 책을 마련하였다.

본 책의 내용은 『낙중학의 원류, 조선 전기 도학파의 사상』이란 제목에 나타나 있듯 낙동강 중류지역 유학의 원류로 거슬러 올라가 고려 말 정몽주로부터 그의 후예들로 흔히 거론되는 조선 전기 도학파들의 도학과 문학 및 경세 사상을 집중적으로 살펴보았다. 모두 8편의 글로 구성되어 있는데, 앞의 7편 글은 2011년 계명대학교 한국학연구원 낙중학 제2차 기획학술발표대회 때 발표된 논문들을 수정, 보완한 것이며, 마지막 도현철 교수의 글은 책의 완성도를 높이기 위해 추가해 실었다.

포은 정몽주는 일찍이 목은 이색에 의해 '동방리학지조東方理學之祖'라 일컬어졌으며, 고려 왕조를 위한 정충대절精忠大節로 말미암아 조선시대 내내 만고충신으로서 그의 위상은 흔들림이 없었다. 그리고 16세기 초 · 중엽 조광조 등 기묘사림들과 그 후예들에 의해 길재와 그를 이어 김숙자와 김종직, 김굉필 등 동향의 낙중 후예들이 정몽주의 '학學'과 '도道'를 정통으로 이었음을 확정한 이후 지금까지도 그것은 부지불식간에 받아들여지고 있다. 우리 필자들은 일단 그것을 '역사적 존재'로 받아들이되 세세한 논의의 필요성도 함께 가져 이 책을 펴내게 된 것이다. 많은 논란이 뒤따를 것으로 짐작한다.

이 책에 이어 낙중학 총서 세 번째 책의 글도 이미 지난 해에 발표를 거쳐 마련해놓은 상태이며, 올해에는 제4차 낙중학 기획학술발표대회를 가질 예정이다. 원래 마음먹었던 10차 기획까지 완수할 수 있기를 기원하며, 지속적인 관심과 질정을 당부 드린다.

2013년 5월

홍원식

Contents

| 총론 |

· 홍원식 여말선초 낙중 사림들의 '학통'과 '도통'

여말선초 낙중 사림들의 '학통'과 '도통'

홍원식 | 계명대학교 철학과

1. 머리말

고봉高峯 기대승奇大升(1527~1572)은 일찍이 경연석상經筵席上에서 우리나라의 유학 연원에 대한 선조宣祖의 물음에 다음과 같이 답하였다.

> 여말麗末에 이르러, 우탁禹倬 · 정몽주鄭夢周 이후에야 비로소 성리학이 있음을 알았고, 우리 조선의 세종世宗 때에 이르러 예악문물이 찬연히 새로워짐에 우리 동방의 학문을 높이게 되었습니다. 그것을 차례로 말하면, 몽주로 우리나라 리학理學의 조祖를 삼아 길재吉再가 몽주에게 배웠고, 김숙자金叔滋가 길재에게 배웠고, 김종직金宗直이 숙자에게 배웠고, 김굉필金宏弼이 종직에게 배웠고, 조광조趙光祖가 굉필에게 배움에 자연히 원류가 있게 되었습니다.[1)]

1) 『宣祖實錄』 卷2. 宣祖 2年 6月 己酉條. ; 奇大升. 『高峯集』. 「論思錄」.

이렇게 기대승이 동방 리학理學의 연원을 포은圃隱 정몽주(1337~1392)로부터 야은冶隱 길재(1353~1419), 강호江湖 김숙자(1389~1456), 점필재佔畢齋 김종직(1431~1492), 한훤당寒暄堂 김굉필(1454~1504), 정암靜菴 조광조(1482~1519)로 말한 이후 이것은 조선의 유학자들 대부분에 의해 받아들여졌다. 여기에서는 리학 연원으로 이들이 언급되었지만, 이들은 흔히 조선 초 '도학파道學派'라고도 불리어져 도학[2] 연원으로도 이해되고 도통道統의 전승으로 받아들여졌다.[3] 물론 이에 대해 이견을 가진 이들이 없지 않았으나,[4] 정몽주가 1517년(중종 12)에 먼저 문묘종사文廟從祀가 되고, 김굉필과 조광조가 많은 논란과 우여곡절 끝에 일두一蠹 정여창鄭汝昌, 회재晦齋 이언적李彦迪, 퇴계退溪 이황李滉과 함께 마침내 1607년(광해군2)에 문묘종사가 되면서 이에 대한 논란은 일단락되었다고 볼 수 있다.

---

2) '도학'이란 용어의 사용 연원과 의미에 대해서는 김용헌. 2011.「도학의 형성, 점필재 김종직과 그의 문생들의 도학사상」(『한국학논집』. 45집. 계명대학교 한국학연구원) 참조.

3) 윤사순은 "이 학통관이 실상 고봉뿐만 아니라 퇴계 · 율곡을 비롯한 모든 사림계 학자들의 생각이며, 조선 말기에 이르기까지 모든 성리학자들이 시인하고 신봉한 학통관이다"(윤사순. 1980.『한국유학논구』. 현암사. 50쪽)고 말하였는데, 아래 주 4)에서 볼 수 있다시피 관점을 달리 한 학자들도 있었으며, 특히 栗谷 李珥와 그의 후예들은 이견을 보였다. 가령 이이의 제자인 沙溪 金長生은 정몽주와 김굉필, 조광조, 이황을 거론한 뒤 "도맥을 영원히 이어지도록 한 이는 오직 우리 율곡선생 한분뿐이다"(金長生.『沙溪全書』卷48. 附錄.「行狀」)고 하였으며, 조선 말 衛正斥邪의 기치를 높이 올렸던 華西 李恒老는 주희에서 尤庵 宋時烈로 곧장 도통이 이어졌음을 말하기도 하였다.(李恒老.『華西集』.「雅言」卷11. '武王' 第32, '堯舜' 第36 참조)

4) 대표적인 이로 율곡 이이가 있다. 그는 정몽주가 安社稷之臣일 뿐 儒者가 아니며(『栗谷全書』. 卷30.「語錄上」), 規矩不精하고(『栗谷全書』卷28.「經筵日記」), 충신일 뿐 學問未熟(『栗谷全書』卷15.「東湖問答」. '論東方道學不行')을 들어 리학 연원으로 삼을 수 없다고 말하고서 조광조로부터 우리나라의 리학 연원을 대고 있다. 이이의 도통관에 대해서는 송하경. 1987.「이율곡의 도통론에 관한 고찰」(『대동문화연구』. 제24집. 성균관대학교 대동문화연구원) 참조.

여기에서 무엇보다 먼저 이들은 대부분 '낙중洛中', 곧 낙동강 중류 일대의 선현들이란 점이 눈에 들어온다. 정몽주는 영천 출신이고, 길재와 김숙자는 선산 출신이며, 김숙자의 아들 김종직은 외가인 밀양 출신이지만 선향이 역시 선산이고, 김굉필은 달성 출신으로 모두 '삼산이강三山二江', 곧 팔공산과 금오산 · 비슬산, 그리고 그 사이를 흐르는 낙동강과 금호강 일대의 인물들임을 볼 때 '낙중' 지역은 실로 조선 유학의 발상지이자 사림의 온상이라고 말할 수 있을 것이다.[5] 이들의 학맥은 낙동강을 따라 상류와 하류, 그리고 지류支流를 따라 영남 전역으로 퍼져나갔으며, 때로는 혼맥婚脈이나 임지任地, 적소謫所 등을 따라 전국으로 퍼져나가기도 하였다.[6]

그런데 문제는 위에서 제시된 리학 혹은 도학 연원과 도통은 중종대中宗代 이른바 '기묘사림己卯士林'들에 의해 본격적으로 제기되기 시작했으며, 선조대에 그것을 기대승이 이어받아 종합했다는 것이다. 따라서 그것은 실제로 존재했다기보다 그들에 의해, 그리고 그들의 관점과 목적에 따라 만들어졌다는 의혹을 받을 수 있다.

이에 먼저 위의 도통이 형성되는 역사적 과정을 면밀히 살펴볼 필요가 있겠다. 그리고 이것은 중종대에서 광해군대에 이르기까지 지속적으로 전개된 문묘종사운동과 깊은 관련이 있으므로 이것도 함께 살펴보는 것이 필요할 것이다. 다음은 실제로 학맥 연원이 있었는가를 살

---

5) 낙동강 중류 지역을 중심으로 전개된 조선시대의 유학을 홍원식은 '낙중학'이라고 이름 붙였다. 상세한 내용은 홍원식. 2010. 「영남 유학과 '낙중학'」(『한국학논집』 제40집. 계명대학교 한국학연구원.) 참조.

6) 최영성. 2011. 「야은 길재와 그 문도들의 도학사상」(『한국학논집』. 45집. 계명대학교 한국학연구원); 한충희. 2012. 「조선 초기 낙중 사림파의 형성과 전개」. 『낙중학, 조선시대 낙동강 중류 지역의 유학』(홍원식 외. 예문서원). 65~66쪽 참조.

펴볼 필요가 있다. 여기에서는 특히 정몽주와 길재 간 학맥 연원 유무가 중요하다. 양자 간 학맥 연원을 이들의 문집 속에서는 찾기가 어렵기 때문이다.[7] 길재에서 김굉필, 조광조에 이르기까지는 학맥 연원이 일단 확인되므로 여기에서 문제가 되는 것은 사승과 학맥 및 학파 의식이다. 이어서 이들 학파의 존재를 실질적으로 확인해줄 수 있는 것으로, 이들 간 학문적 수수 내용을 밝히는 것이다. 그런데 이것은 크게 기대하기가 어려울 것 같다. 정몽주에서 김굉필에게 이르기까지 누구도 학문적, 곧 성리학 관련 저술을 거의 남기지 않았기 때문이다. 실은 이 시기에 이들만이 아니라 정도전이나 권근을 제외하면 뚜렷하게 성리학 저술을 남긴 이가 없는 것을 보면, 아직까지 한국 성리학이 초보적 단계에 머물러 있었다고 보는 것이 옳을 것이다. 이렇게 볼 때, '학통'이란 관점을 너무 내세우면 그 한계는 분명해져 버릴 것이다.

그렇지만 이들 간 학문적 태도나 내용에 있어서 공통점을 추출해 볼 수는 있으며, 이러한 작업이 무익하지만은 않다고 생각한다. 그리고 이것을 '학통'보다는 '도통'이라는 관점에서 의미를 짚어보는 것이 더 바람직하다고 생각한다. 현존하는 한국 철학사류의 저술들을 보면, 많은 경우 조선 초 삼봉三峯 정도전鄭道傳(1337~1398), 양촌陽村 권근權近(1352~1409) 등 이른바 '관학파官學派'들에 의해 꽤나 깊이 있는 성리학이 전개되다가 '사림파'의 시대로 넘어간 뒤 화담花潭 서경덕徐敬

7) 윤사순은 "우선 학문의 수수관계로 보더라도 길재 이하는 사실과 부합하므로 이의가 없을지 모르지만 그 이상에 대해서는 이의가 있을 수 있다. 포은 정몽주를 비조로 삼는 것이라든가, 야은 길재를 정몽주의 후계로 보는 것은 사실과 꼭 일치하지 않기 때문이다. … 포은에게는 학문적 업적이 별로 없다. 저서로 따진다면 그는 삼봉이나 양촌에게 비교가 안 될 정도이다."(윤사순. 1980. 『한국유학논구』. 현암사. 50~51쪽)고 말하였다.

德(1489~1546)과 회재晦齋 이언적李彦迪(1491~1553)을 거쳐 이황李滉(1501~1570)과 이이李珥(1536~1584)에 이르러 다시금 조선 성리학이 전개된 것으로 서술하고 있다. 정도전, 권근에게서 서경덕, 이언적에 이르기까지는 100여 년의 시간이 있으며, 이 시간 동안의 조선 성리학은 자칫 단절과 퇴행의 시간으로 읽힐 수 있는데, 이에 대해서 비판적으로 검토해볼 필요성을 갖는다.

2. 정몽주에서 김굉필에 이르는 도통의 확립

중종반정中宗反正(1506)으로 연산군燕山君을 몰아내고 중종이 즉위하자 조광조를 중심으로 한 사림 출신 관료들은 조선 건국과정에서 희생된 정몽주와 무오사화戊午士禍(1498)와 갑자사화甲子士禍(1504)에서 화를 당한 인물들에 대한 추숭과 문묘배향을 추진하였다. 1517년(중종 12) 성균관 생원이었던 권전權磌은 문묘배향 상소에서 다음과 같이 말하였다.

> 신臣 등은 우리나라를 생각하건대 단군檀君 때로 말하면 먼 옛일이라 징험할 수 없으며, 기자箕子가 나라를 세우고서야 겨우 팔조八條가 시행되었는데, 다행히 하늘이 도와 유종儒宗 정몽주가 태어나 성리학을 연구하여 그 깊은 의미를 체득하니 선유先儒들의 가르침과 같았습니다. 또 충의忠義와 대절大節이 당대를 뒤흔들었으며, 부모의 상喪을 입고 사당을 세우는 것을 『주자가례朱子家禮』대로 하였으며, 문물과 의장儀章도 모두 그가 다시 정하였고, 학교를 세워서 유학을 크게 일으

> 키고 사도斯道를 밝혀 후학들에게 나아갈 곳을 가르쳤습니다. 이러한 사람은 우리나라에 이 한 사람이 있을 뿐이며, 그 공은 주자朱子와 정자程子에 비하여도 거의 같습니다.[8)]

권전의 상소 이전인 중종 5년과 9년에도 이미 정몽주에 대한 문묘배향의 논의가 있었으며,[9)] 권전 등 조광조 일파는 정몽주에 더해 김굉필도 비록 리학理學을 드러낸 공적은 별로 없지만 정몽주 이후 리학으로 이끌고 심학心學을 이룬 공은 적지 않다면서 함께 종사할 것을 주장하였다.[10)] 많은 논란 끝에 마침내 정몽주에 대해서만 문묘종사가 결정되었다. 정몽주는 선죽교善竹橋에서 피살된 뒤 10년이 채 지나지 않은 1401년(태종 원년)에 죽인 자의 손에 의해 문충文忠이란 시호諡號를 받게 되었고, 이어 세종 때 「삼강행실도三綱行實圖」에 실려

정몽주 영정(경북 영천 임고서원)

8) 『中宗實錄』. 12年 8月 庚戌.

9) 정몽주에 대한 문묘배향 논의는 일찍이 세조(『世祖實錄』, 2年 3月 丁酉)와 성종(『成宗實錄』, 8年 7月 丙戌) 때에도 있었다. 처음에는 李齊賢이나 李穡, 權近 등과 함께 거론되었으나 점차 단독적으로 거론되었다. 김용헌. 2010. 『조선 성리학, 지식권력의 탄생』. 프로네시스. 75~80쪽 참조.

10) 『中宗實錄』. 12年 8月 壬子 참조.

영원토록 충신의 자리에 앉게 되었으며, 마침내 1517년(중종12) 문묘에 배향되었던 것이다. 문묘종사 때와 그 이후에도 정몽주 생전의 행적을 들어 몇몇 인물들이 충신으로서 문제가 있음을 지적하였지만 만고충신으로서 그의 위치는 크게 흔들림이 없었다.[11)]

조광조 일파는 이처럼 자신들의 정치적 입지를 강화하고 정통성을 확립하기 위해 정몽주와 김굉필 양현에 대한 문묘종사운동을 전개하였지만 결국 반만의 성공으로 끝나 버렸다. 그러나 조광조는 계속해서 중종 앞에서 자신의 스승인 김굉필의 공헌을 강조하는 한편 그의 학문적 연원이 정몽주에게 있음을 말하였다.

> 김굉필은 비록 당시에 벼슬은 크게 하지 못했으나, 오늘날 선비들이 그의 풍모를 듣고 선행을 하려는 이들이 또한 많으니, 이것은 모두 그의 힘입니다. … 김숙자는 처음 길재에게서 배웠고, 길재는 바로 정몽주의 제자입니다. 그러므로 김종직이 배운 연원은 실로 그 연원이 있는 것입니다.[12)]

결국 기묘사화로 김굉필에 대한 문묘종사운동은 잠시 주춤하였지만 정치적 상황이 바뀌면서 다시 제기되었다. 인종仁宗 때의 성균관 진사

11) 대표적인 것으로 정몽주의 문묘배향 상소가 올려진 중종 때 조정에서는 辛禑·辛昌의 문제로 논의가 분분하였는데, 조광조가 그를 적극적으로 옹호하였다.(『中宗實錄』. 12年 8月 甲寅) 일찍이 秋江 南孝溫이 「過金烏山詩」(吉再. 『冶隱先生言行拾遺』. 卷下)에서 정몽주의 행적을 문제 삼은 적이 있는데, 愚伏 鄭經世는 이것이 마땅치 않음을 적고 있다.(吉再. 『冶隱先生續集』. 「附錄」. 「書南秋江過金烏山詩後」) 문묘종사 이후에도 南冥 曺植과 같은 이는 정몽주의 출처를 문제 삼았으며, 寒岡 鄭逑도 조식의 관점에 따라 이황에게 질정을 구했다 수정을 받았다.(李滉, 『退溪先生文集』 卷39. 「答鄭道可問目」)

12) 『中宗實錄』. 13年 4月 丁酉.

인 박근朴謹은 상소에서 다음과 같이 말하였다.

> 조광조의 학문이 바른 것은 전해온 데에 유래가 있기 때문입니다. 젊어서부터 개연히 도를 찾고자 하는 뜻이 있어 김굉필에게서 배웠습니다. 김굉필은 김종직에게서 배웠고, 김종직의 학문은 그의 아비 사예 김숙자에게서 전해 받았고, 숙자의 학문은 고려의 신하 길재에게서 전해 받았고, 길재의 학문은 정몽주에게서 전해 받았는데, 정몽주의 학문은 실로 우리 동방의 조이니, 그 학문의 연원이 이와 같습니다.[13]

중종 때를 거쳐 인종 때에 이르면 이미 정몽주에서 시작하여 길재, 김숙자, 김종직, 김굉필, 조광조로 이어지는 리학 연원과 도통관이 확립되었음을 여기에서 볼 수 있으며, 바로 이것이 선조대에까지 이어져 기대승은 선조에게 맨 앞에서 본 바와 같이 말하였던 것이다. 여기에만 그치지 않고 이들에 대한 문묘종사운동은 선조 때에 더욱 활발히 일어나 김굉필에 더해 그의 사우인 정여창과 제자인 조광조, 그리고 그 뒤를 이은 이언적과 이황을 보태 이른바 '동방오현東方五賢'에 대한 문묘종사운동으로 확대되어 갔다. 많은 논란과 곡절을 거치면서 동방오현에 대한 문묘종사가 마침내 광해군 2년인 1607년에 모두 확정되었다.[14]

---

13) 『仁宗實錄』. 元年 3月 乙亥.

14) '東方五賢'에 대한 文廟從祀 관련 대표적 연구로 이수건. 1979. 『영남사림파의 형성』. 영남대출판부; 이병휴. 1999. 『조선전기 사림파의 현실인식과 대응』. 일조각; 설석규. 1994. 「조선시대 유생의 문묘종사 운동과 그 성격」. 『조선사연구』; 김용헌. 2010. 『조선 성리학, 지식권력의 탄생』. 프로네시스; 이수환. 2011. 「16세기 전반 영남사림파의 동향과 동방오현 문묘종사」(『한국학논집』 45집. 계명대학교 한국학연구원) 등이 있다.

3. 정몽주와 길재의 학맥 전승

위에서 살펴본 바와 같이 정몽주에서 길재를 거쳐 김굉필에 이르는 리학과 도통 연원의 정립은 중종 때의 조광조 일파에서 시작되어 선조 때에 이르러 이뤄진 것이다. 따라서 이것은 그들에 의해 만들어진 것이라는 논란이 충분히 제기될 수 있다. 이 중에서 그래도 길재에서 김굉필에 이르기까지는 학문 수수가 확인되므로 크게 문제될 것은 없지만, 정몽주와 길재 간 학맥 전승의 문제는 논란의 여지가 많다.

길재는 그의 제자인 박서생朴瑞生이 지은 행장行狀에 따르면 젊은 날 송경松京에서 이색李穡과 정몽주, 권근 등 여러 문하에 드나들었다고 적혀 있는데, 조광조 일파가 정몽주와 길재를 학맥 연원으로 묶은 것은 오로지 이 자료에 따른 것이다. 이 밖에는 양자의 문집 등 어느 곳에서도 서로 간의 학맥연원을 직접적으로 확인할 수 있는 자료가 없다.[15] 이 때문에 길재를 과연 정몽주의 문생門生으로 볼 수 있는가와 더불어 더욱이 적전嫡傳 곧 정통 계승자로 볼 수 있는가 하는 의문이 자연스레 생겨난다. 아무래도 그는 정몽주보다 이색이나 권근과 더 가까웠다고 볼 수 있다. 그는 이색의 문하에서 등과登科하여 평생 스승으로 모셨으며, 노모 봉양을 핑계로 낙향할 때는 이색을 찾아 자신의 뜻을 밝혔고, 이색이 세상을 뜨자 그는 심상心喪 3년으로 스승에 대한 예를 표하였다. 권근도 다른 사람들에게 말하기를 "나의 문하에 드나들면서 학문하는 자가 얼마 있지만 길재보吉在父(길재吉再의 자)가 그 중에 으뜸이다"고 말하였으며, 조선 건국 후 길재가 태상박사太常博士로 부름을 받았을 때 불

15) 길재는 정몽주의 시에 차운한 시 1수를 남겼다. 吉再.『冶隱先生言行拾遺』卷上.「次圃隱朴松隱畵像韻」참조.

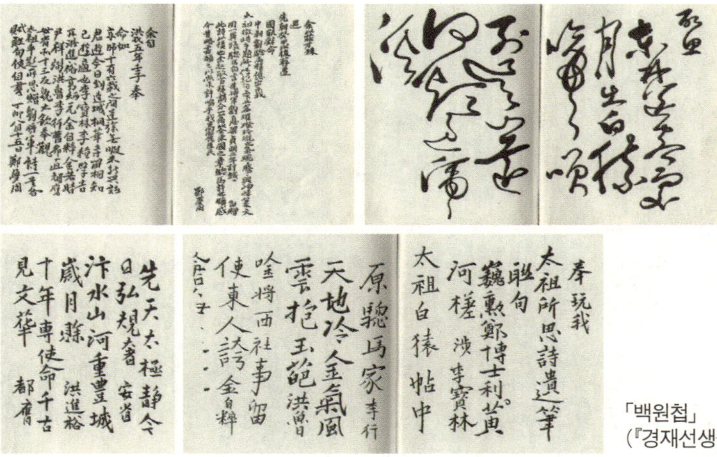

「백원첩」
(『경재선생실기』)

사이군不事二君의 뜻을 옹호하였고, 길재에게 여러 인물들이 써준 시집에 서문을 써 그의 뜻을 높이기도 하였다. 길재는 권근이 죽은 뒤에도 심상 3년을 하였다.[16)]

그런데 정몽주와 길재 간 학맥 연원을 밝혀 줄 중요한 자료가 뒷날 발견되어 우리의 눈길을 끈다.[17)] 이 자료에 따르면, 정몽주가 이방원

16) 吉再. 『冶隱先生言行拾遺』 卷上. 「行狀」 참조.

17) 洪魯. 『敬齋先生實記』. 「白猿帖」 참조. 『敬齋先生實記』에서는 「白猿帖」에 대해 다음과 같이 설명을 달아 놓았다. "이 백원첩은 鄭圃隱 선생이 중국 명나라에 사신으로 갔을 때 劉驄馬(禧億)란 사람을 만났는데 王建 太祖가 왕위에 오르기 전 泰封國(鐵原) 토벌 당시(後粱 貞明 2년 丙子 916년) 유총마의 선대 劉悳梁 장군에게 贈別로 絶句 上下 두편을 써 준 것을 그가 보여주기에 그 중 한편을 유총마로부터 얻어온 것이다. 그 후 고려 우왕 13년 丁卯(1387년) 8월 15일에 정포은 선생과 문생 13인(이보림 · 이종학 · 길재 · 홍진유 · 고병원 · 김자수 · 김약시 · 윤상필 · 홍로 · 이행 · 조희직 · 도응 · 안성)이 팔공산 동화사에 소풍차 모인 자리에서 왕건 태조가 유장군에게 써준 유필에 대해 각자 聯句로 自書한 것이다. 그런데 지금부터 약 50여 년 전에 문중에서 이것을 입수, 백원첩이라 題하여 轉寫出刊하였는데 7인의 遺筆만 남아 있다. 나머지는 아깝게도 입수 당시부터 낙장된 것으로 생각된다. 그 중에 敬齋(洪魯)선생의 유필이 있어 이 實記에 다시 전재한 것이다." 이렇게 볼 때, 「白猿帖」이 발견된 것은 1926년 전후한 무렵이다.

李芳遠의 무리에 의해 선죽교에서 화를 당하기 5년 전인 1387년(우왕 13년) 8월 15일 대구(達城) 팔공산八公山에 있는 동화사桐華寺 근처에서 13명의 사람들과 어울려 한차례 모임을 가졌는데, 그는 이 자리에서 15년 전 명明나라 사행에서 얻어온 태조 왕건王建의 친필 「소사시所思詩」 1수를 내놓게 되며, 참석한 여러 사람들은 감격스런 마음으로 왕건의 친필 시를 대하고서 각자 연구聯句를 단 시첩詩帖을 남기게 되었다. 이 때 참석하여 시첩 속 연구를 남긴 사람은 바로 이보림李寶林, 이종학李種學, 길재, 홍진유洪進裕, 고병원高炳元, 김자수金子粹, 김약시金若時, 윤상필尹祥弼, 홍로洪魯, 이행李行, 조희직曹希直, 도응都膺, 안성安省이다. 그런데 이들은 대부분 낙중 지역 중심의 그의 문인과 지우들이었으며, 그 속에는 길재가 포함되어 있는 것이다. 신천식은 그의 연구저서에서 정몽주의 학맥을 논하면서 그가 동지공거同知貢擧일 때 선발한 33명을 들고 있는데,[18] 이들은 앞에서 거명한 그의 낙중 지역 문생들과 전혀 겹치질 않는다. 물론 이들을 그의 문생으로 보는 데에는 별 문제가 없겠지만, 이들을 중심으로 포은 학맥을 논한다면 문제가 있다고 생각한다. 그것은 무엇보다 그의 학맥과 정신이 길재 등 낙중 문생들을 중심으로 전승되었기 때문이다.

1387년 동화사에서의 모임이 어떠한 과정과 무슨 목적으로 모였는지 정확히 알 수는 없지만, 거기에 참석한 많은 인물들이 뒷날 정몽주와 정치적 입장을 같이 했음을 볼 수 있다. 야은 길재는 삼은三隱의 한 사람으로서 다시 더 설명할 것도 없고 행적이 확인되는 인물 가운데 홍로는

18) 신천식은 정몽주가 同知貢擧일 때 선발한 卞季良, 咸傅霖, 朴信, 權遇, 李孟畇, 李室, 禹洪命, 王褈, 崔宣, 李膺, 金自知, 朴錫命, 李伯持, 李原, 鄭道復, 韓尙德, 盧龜山, 李敢, 李芳衍, 崔湜, 趙休를 포은 문생으로 정리하였다. 신천식. 2004.『麗末鮮初 성리학의 수용과 학맥』. 경인문화사. 548~568쪽 참조.

향리에 돌아와 있다가 스승 정몽주의 피살과 신왕조의 건립 소식을 듣고 곡기를 끊은 채 자진自盡하였으며,[19] 건국 후 김자수[20]는 자결하였고,

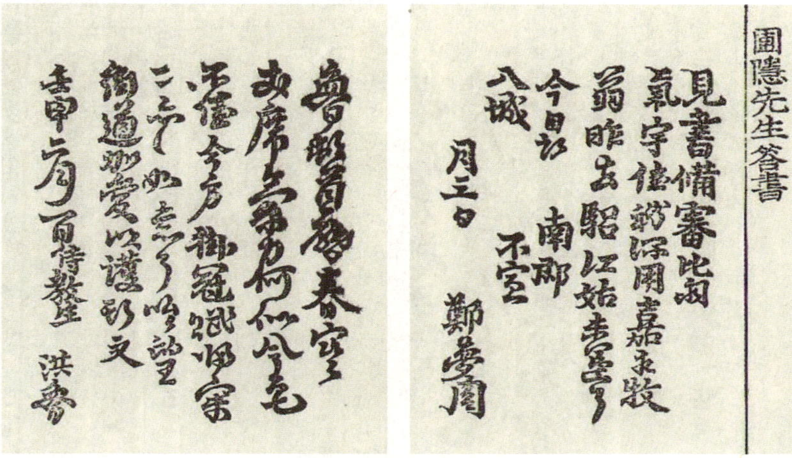

서찰(정몽주와 홍로)

19) 1366~1392. 고려의 문신. 본관은 缶林이며, 자는 得之, 호는 敬齋이다. 1390년 문과에 급제한 뒤 門下舍人에까지 올랐으며, 1392년 고려가 운명을 다해가는 것을 보고 고향인 율리(현 군위군)에 낙향해 있던 중 스승인 정몽주의 피살 소식과 함께 신왕조가 세워진다는 소식을 듣고 스스로 목숨을 끊었다. 洪魯. 『敬齋先生實記』 참조.

20) 1351년~1413년. 고려의 문신. 본관은 경주. 자는 純仲, 호는 桑村. 아버지는 通禮門副使 知制誥를 지낸 珸이다. 1374년(공민왕23) 문과에 급제하여 德寧府注簿를 제수 받았다. 우왕 초에 正言이 되었고, 뒤에 典校部令을 거쳐 判司宰寺事가 되고, 공양왕 때에 이르러 大司成, 世子左輔德이 되었다. 1392년 判典校寺事가 되어 좌상시에 전보되고 충청도관찰사, 형조판서에 이르렀다. 고려 말 정세가 어지러워지자 관직을 버리고 고향인 안동에 은거하였다. 조선이 개국된 뒤 태종이 형조판서로 불렀으나 나가지 않고, 자손에게 무덤을 만들지 말라는 유언을 남기고 자결하였다. 이숭인, 정몽주 등과 친분이 두터웠으며, 문장이 뛰어나 그의 시문이 『東文選』에 실려 있다. 김자수 이하 아래 인물 약전은 『한국인물대사전』(한국정신문화연구원. 중앙M&B. 1999)을 바탕으로 정리하였다.

이종학[21]은 이색의 둘째 아들로 피살되었다. 김약시[22]와 도응,[23] 안성,[24]

---

21) 1361~1392. 고려 후기의 문신. 본관은 韓山. 자는 仲文, 호는 麟齋. 穀의 손자이며, 穡의 둘째 아들이다. 1374년(공민왕23) 성균관시에 합격하고 1376년(우왕2) 문과에 同進士로 급제하여 長興庫事에 제수되었다. 그 뒤에 密直司知申事에 이르렀다. 창왕이 즉위한 직후에는 성균시를 관장하기도 하였으며, 곧 승진하여 僉書密直司事가 되었다. 1389년(창왕1) 同知貢擧가 되었는데, 아버지 색이 정권의 핵심에 있으면서 두 해에 걸쳐 과거를 관장하자 사람들의 시기를 받았다. 공양왕이 즉위하고 색이 탄핵을 받게 되자 더불어 폄출되었다. 1390(공양왕2)년 尹彛와 李初의 옥사에 연루되어 부자가 모두 청주의 옥에 갇혔다가 마침 홍수가 나서 사면되었으나 다음 해 다시 원지로 유배되었다. 그 뒤 다시 소환되었으나, 1392년 정몽주가 살해된 뒤 이숭인 등과 함께 탄핵을 받아 함창으로 유배되었다. 이해 조선이 들어서면서 정도전 등이 손흥종을 시켜 그를 살해하려고 하였는데, 자기의 문생인 金汝知가 판관으로 있어서 그의 비호를 받아 무사하였으나, 長沙縣으로 옮기는 도중 茂村驛에서 살해되었다.

22) 생졸년 미상. 고려의 문신. 본관은 광산. 신라의 왕자 興光의 후손이다. 고려말 문과에 급제하여 進賢館直提學에 이르렀다. 고려가 망하자 黃州 산골에 은거하여, 조선 태조가 직제학으로 임용하였으나 절개를 지켜 응하지 않았다. 순조 때 이조판서에 추증되었다. 시호는 忠定이다.

23) 생졸년 미상. 고려 말의 충신. 본관은 성주. 자는 子藝. 호는 靑松堂. 초명은 兪. 조선 태조의 죽마지우로서 고려말 贊成事를 지내다가 1392년 조선 건국 후 태조가 특히 옛 정을 생각하여 上將軍에 임명하였으나 사퇴하여 받지 않았다. 그 뒤 洪州 老隱洞에 은거, 다섯 차례의 召命을 모두 거절하고 끝내 不事二君의 귀감이 되었다. 태조가 그의 곧은 절의를 찬탄하여 내려준 호가 청송당이다.

24) ?~1421. 고려 말 조선 초의 문신. 본관은 廣州. 자는 日三. 호는 雪泉, 泉谷. 초명은 少目. 고려 우왕 초 진사에 합격하고, 1380년(우왕6) 문과에 급제하여 寶文閣直學士를 거쳐 상주판관이 되어 청렴한 이름을 떨쳤다. 조선 개국 후 1393년(태조2) 청백리에 뽑혀 松京留後에 임명되었을 때, "자신이 대대로 고려에 벼슬한 가문으로서 어찌 다른 사람의 신하가 되어 송경에 가서 조상의 영혼을 대하랴"하고 궁전 기둥에 머리를 부딪치며 통곡하니, 태조가 "이 사람을 죽이면 후세에 충성하는 선비가 없어진다"하고 죽이려는 좌우 사람들을 제지하고 그를 급히 붙들어 내보냈다 한다. 1396년 봉상시소경으로서 顯妃의 시호를 잘못 지어 축산에 유배되고, 1400년(정종2) 中丞을 거쳐 知甫州事가 되었다. 1411년(태종11) 參知議政府事로 正朝使가 되어 명나라에 다녀와 강원도 관찰사가 되었으며, 벼슬이 參贊에 이르고 平壤伯에 봉해졌다. 뒤에 장수의 滄溪書院에 제향되었다. 시호는 思簡이다.

이행[25] 등도 조선이 건국되자 은거하여 조정에서 불러도 곧장 나아가지 않는 등 정몽주와 정치적 입장을 같이 하였다.[26]

위의 자료를 통해 우리는 정몽주와 길재가 스승과 문생의 관계였음을 직접적으로 확인할 수 있었으며, 박서생이 지은 길재의 행장 내용이 사실과 다르지 않다는 것도 알 수 있게 되었다. 여기에서 다시 문제가 되는 것은 길재의 후예들이 과연 정몽주를 자신들의 학맥 연원으로 삼았는가라는 점이다. 이것은 그들이 자각적으로 학파와 학통 의식을 가졌는지를 가늠할 수 있는 잣대가 될 수 있기 때문이다. 그렇지만 긍정적 대답을 이끌어내기는 어려울 것 같다. 적어도 김숙자와 김종직, 김굉필이 직접 정몽주를 자신의 학통이나 도통 연원으로 말하거나 그렇게 생각한 내용은 전하질 않는다. 그리고 그들 사이의 관계성도 문제이다. 특히 김종직과 김굉필의 관계[27]에 대해서 많은 논란이 제기되는 가

---

25) 1352~1432. 고려 말 조선 초의 문신. 본관은 驪州. 자는 周道. 호는 騎牛子, 白巖居士, 一可道人. 충주목사 天白의 아들이다. 1371년(공민왕20) 과거에 급제, 한림수찬이 되었다. 1386년(우왕12) 탐라가 자주 반란을 일으키므로 典醫副正으로 탐라에 가서 성주 高臣傑의 아들 鳳禮를 볼모로 데리고 왔다. 1389년(창왕1) 左諫議大夫로 私田의 폐단을 논하는 상소를 올렸고, 이 해에 知申事가 되었다. 1390년(공양왕2) 윤이 · 이초의 옥사가 일어나서 이에 연루되어 이색과 함께 청주옥에 갇혔으나 수재로 석방되었다. 그 뒤 慶筵參贊官, 藝文館大提學을 지냈고, 1392년에는 정몽주를 살해한 趙英珪를 탄핵하였다. 고려가 망하자 醴泉洞에 은거하였다. 1393년(태조2) 고려의 史官이었을 때 이성계를 誣書한 죄가 있다 하여 사헌부의 탄핵을 받아 가산이 적몰되고 울산에 귀양갔다가 이듬해에 풀려났다. 시호는 文節이다.

26) 김훈식은 고려 말에 反易姓革命의 입장을 가졌던 사대부들도 시간이 지나면서 새 왕조에 출사한 이들이 많았음을 지적하면서, 역성혁명을 둘러싼 사대부 세력 간 분화가 지속적 대립으로 이어지지 않았다고 말하였다. 곧 반역성혁명의 정치적 입장이 반왕조적인 입장으로 계승, 발전되지는 않았다고 하였다. 김훈식. 2011.「조선 초기의 정치적 변화와 사림파의 등장」(『한국학논집』 45집. 계명대학교 한국학연구원) 29~35쪽 참조.

27) 정구는 김종직이 이조참판이 되었을 때 김굉필이 올린 시로 두 사람 사이가 소원해졌음을 적고 있다. (鄭逑.『寒岡集』卷15.「寒暄堂金先生年譜」)

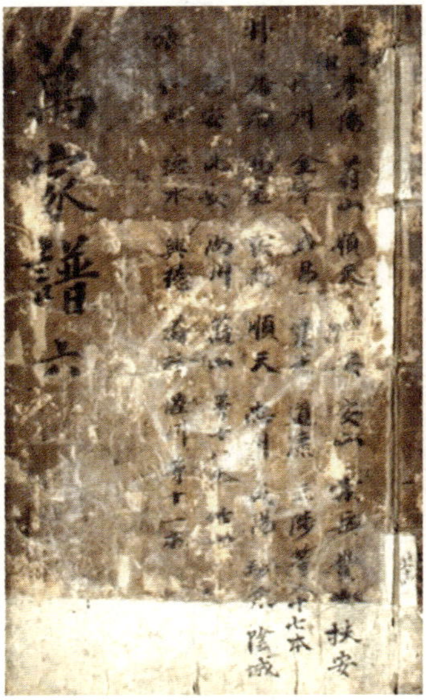

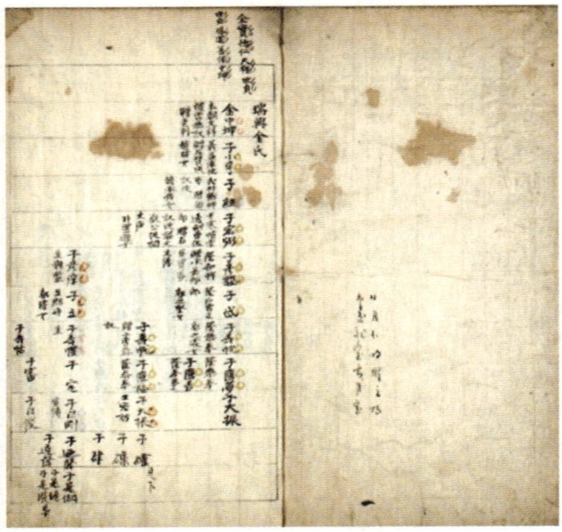

서흥 김씨 족보(김굉필, 만가보)

운데 아예 도학은 김굉필에게만 적용하는 것이 주류가 되었으며,[28] 그 결과 김굉필의 스승이자 학맥 연원인 김종직에 대해서는 문묘종사에 관한 논의가 거의 없는 채 오현의 문묘종사가 결정되면서 동방도통은 정몽주에서 곧장 김굉필로 이어지게 된 것이다.

28) 조광조가 김굉필에 대한 문묘종사를 건의할 때 정몽주만 포함시켰지 김종직은 포함시키지 않았으며, 이황은 김종직의 문장을 높이 사면서 그를 도학자가 아닌 문장가로 인식하였다.(李滉. 『退溪集』 卷17. 「答奇明彦(丁卯 9月 21日)」) 이에 김굉필의 외증손이자 이황의 문인인 정구는 김굉필이 비록 김종직의 문하에는 출입하였지만 소학 정도를 배웠고 도학은 자득한 것으로 보았다.(鄭逑. 『寒岡集』 卷15. 「寒暄堂金先生師友門人錄」) 정구의 학문 연원과 도통의식은 우경섭. 2011. 「한강 정구의 학문연원과 도통적 위상」. 『한강 정구』. 남명학연구원 엮음. 예문서원. 43~59쪽과 홍원식. 2012. 「조선 중기 낙중학과 정구의 '한강학'」. 『한국학논집』 48집. 계명대학교 한국학연구원. 13~14쪽 참조.

4. 학통과 도통, 그리고 도학

우리는 앞에서 정몽주와 길재 간에 학맥 연원이 있다는 것은 어느 정도 확인할 수 있었으나 사실 길재의 후예들이 자각적으로 학파의식을 가지고 그의 학문을 전승해갔다고 보기는 힘들었다. 정몽주에서 김굉필에 이르는 조선 초 도학(리학) 연원을 확정한 것도 순서로 보자면, 기묘사림들에 의해 먼저 정몽주와 김굉필의 관계가 설정되고, 뒤이어 김굉필의 학문 연원을 거슬러 올라가는 과정에서 김종직과 김숙자, 그리고 길재가 그 사이를 채우게 된 것이다. 이렇게 하여 정몽주-길재-김숙자-김종직-김굉필이라는 학문 연원이 만들어진 것은 대체로 중종대를 지나 인 · 명종대이며, 비로소 선조 때 기대승이 경연에서 임금에게 이 연원관계를 말하게 된 것이다. 비록 이 시기에 와서 이처럼 학맥을 말하였다고 해도 여전히 정몽주-김굉필이 그 중심에 있었으며, 그것은 문묘 오현종사에서 그대로 나타났다. 그렇다면 우리는 일단 이 학맥 연원을 '학통'보다는 '도통'이라는 관점에서 볼 필요가 있다. 그렇지만 비록 그들 사이에 적극적이며 자각적인 학문적 수수관계는 없었다고 할지라도 학문적 공통성이 있다면 그것은 나름의 의미를 가질 수 있으며, 그것을 도통 곧 도학 계승이라는 관점에서 볼 수 있다고 생각한다.

그러면 먼저 조광조 일파의 기묘사림들은 어떠한 생각과 내용으로 정몽주를 리학 연원으로 내세우며 문묘종사를 청하였는가를 한번 살펴볼 필요가 있다. 성균관 생원 권전의 정몽주에 대한 문묘종사 상소의 내용을 다시 한번 보면,[29] 성리학을 연구하여 그 깊은 의미를 체득한 것

29) 『中宗實錄』, 12年 8月 庚戌.

이 선유들의 가르침과 같았던 점과 충의와 대절이 당대를 뒤흔들었던 점, 부모의 상을 입고 사당을 세우는 것을 『주자가례』대로 하였으며 문물과 의장儀章을 모두 다시 정한 점, 학교를 세워서 유학을 크게 일으키고 사도를 밝혀 후학들에게 나아갈 곳을 가르친 점을 들고 있다. 여기에서 우리는 역사적 사실성 여부를 먼저 확인해 볼 필요가 있으며, 이어 그것이 어떻게 계승되고 있는가를 살펴 볼 필요가 있다.

먼저 권전 등 기묘사림들은 정몽주가 성리학을 연구하여 그 깊은 의미를 체득한 것이 선유들의 가르침과 같았다는 점에서 그를 우리나라의 '유종儒宗'으로 내세우고 있는데, 일찍이 목은 이색이 성균관 대사성으로 있을 때 "몽주가 이론을 펼치는 것이 이렇게 말하거나 저렇게 말해도 이치에 합당하지 않음이 없으니, 미루어 동방 리학理學의 조祖라 여길 만하다"[30]고 말한 것이 그 대표적 근거가 될 수 있겠다. 당시 정몽주와 함께 성균관에 재직했던 삼봉 정도전도 같은 내용을 전하고 있다.

> 선생(포은)은 『대학』의 제강提綱과 『중용』의 회극會極에 있어서 도를 밝히고 전하는 뜻을 얻었고, 『논어』와 『맹자』의 정미精微함에 있어서는 조존操存과 함양涵養의 요체와 체험體驗과 확충擴充의 방법을 알았으며, 『주역』에 있어서는 선천先天과 후천後天이 서로 체體와 용用이 됨을 알았고, 『서경』에 있어서는 정일精一과 집중執中이 제왕이 전한 심법心法임을 알았으며, 『시경』에 있어서는 민리물칙民彝物則에 근본하는 가르침을, 『춘추』에 있어서는 도의道誼와 공리功利의 분변을 알았다. 우리나라 500년 동안에 이와 같은 이해에 이른 사람이 몇이나 되겠

30) 『高麗史』. 列傳 卷30. 「鄭夢周」. "(時經書至東方者, 唯朱子集註耳. 夢周講說發越, 超出人意, 聞者頗疑. 及得胡炳文四書通, 無不脗合, 諸儒尤加嘆服. 李穡亟稱之曰), '夢周論理, 橫說竪說, 無非當理, 推爲東方理學之祖."

는가? 사람들이 각기 자신의 관점을 고집하고 사람마다 다른 주장을 펴면서 수시로 질문하였으나 강석함이 털끝만큼의 차질도 없어 목은 선생이 기뻐하며 말하기를 "달가達可는 호상탁월豪爽卓越하여 종횡으로 어떠한 논리를 펴든 꼭꼭 들어맞지 않음이 없다"고 하였다.[31)]

정도전은 정몽주가 사서·오경에 두루 통달하고 그 핵심을 정확히 파악하였다고 말하고 있다. 정도전은 말년에 비록 정몽주와 정치적 입장을 달리 하였지만, 젊은 시절부터 두 사람은 학문을 함께 연마하였으며, 성균관에서 함께 교수직을 맡기도 하였고, 신진사대부로서 정치적 입장도 같이 한 그야말로 지기知己요 도우道友여서 누구보다 정몽주를 잘 아는 사람이었다. 이처럼 정도전이 이색보다 좀 더 자세히 정몽주의 성리학에 대한 조예가 넓고 깊었음을 전해주고 있지만, 구체적으로 정몽주의 성리학에 대한 이해가 어떠한 것이었는가를 알기에는 여전히 부족한 점이 있다. 그런 점에서 다음의 기록은 좀 더 의미가 있다고 생각한다.

일찍이 듣건대 주자의 『사서집주』가 우리나라에 전래해왔으나 그 뜻을 아는 사람이 없었는데, 오직 선생만이 그것을 정미하게 분석하여 풀이하였다. 운봉雲峰 호병문胡炳文의 『사서통四書通』이 들어온 뒤에 살펴보니 그가 풀이하여 논한 것이 서로 합치하여 당시 사람들이 비로소 선생의 도학이 심오함에 승복하였다고 한다. 무릇 운봉은 요로饒魯(호 쌍봉雙峰)의 잘못을 깊이 바로잡고 다 드러내지 못한 의미

31) 鄭夢周. 『圃隱集』 續 卷3. 「圃隱奉使藁序」.

를 밝혀 우리 주자의 설을 세상에 널리 알렸다.[32]

여기에서는 정몽주가 주자의 성리설에 정통하였음을 말하면서, 그 근거를 호병문의 『사서통』에서 찾는다는 점이 주목된다. 특히 이 『사서통』은 요로의 잘못을 바로잡은 것이라는 기록을 더욱 눈여겨 볼만하다. 요로는 남송南宋 육구연陸九淵(상산象山)의 학설을 섞어 주자설을 해석한 인물로 평가된다. 그리고 요로의 성리학처럼 원나라에서 크게 유행한 이러한 흐름을 흔히 '주륙화회론朱陸和會論'이라고 부르는데, 원나라 성리학은 이러한 '주륙화회론'과 더불어 '묵수주자학墨守朱子學'이 양대 주류를 형성하였다.[33] 이 '묵수주자학'은 철저하게 주자학 입장에 선 것으로, 호병문의 성리학이 바로 여기에 해당한다. 이렇게 볼 때, 정몽주의 성리학은 주자 정통의 성리학을 이었음을 간접적으로 알 수가 있다.[34]

위의 내용들을 통해 우리는 정몽주가 주자 성리설에 조예가 깊었고 정통했음을 알 수는 있었지만, 그의 구체적인 성리설이 어떠한 것인지에 대해서는 여전히 알 수가 없었다. 그의 문집을 보아도 성리설에 대해 천착한 것이나 언급한 것을 찾아볼 수가 없다. 그가 정치적으로 화를 입

32) 鄭夢周. 『圃隱集』. 「重刊跋」.

33) 홍원식. 2003. 「주륙화회론과 퇴계학의 심학화」 『오늘의 동양사상』 제9호. 예문동양사상연구원 참조.

34) 李穡은 원나라 성리학자 가운데 魯齋 許衡이 程朱學의 정통을 이었다고 보았는데, 胡炳文은 그와 같은 계통이라고 볼 수 있다. 이색은 다음과 같이 말하였다. "공맹학을 강명하고 老佛을 배척하여 만세를 교화함에 이르러서는 周敦頤와 二程의 공을 꼽아야 한다. 송이 망하고 원이 서자 그들의 학설은 북으로 흘러들어 魯齋 許(衡)先生이 그 학설로 만조(元)를 도왔으니, 中統至元의 통치가 모두 이에서 나왔다."(李穡. 『牧隱文集』 卷9. 「選粹集序」)

어 관련 문헌이나 자료들이 일실되어 버렸음을 상정해 볼 수도 있겠으나 가능성이 그리 크지는 않다. 반면 선배의 위치에 있던 이색이나 동년인 정도전, 약간의 후배인 권근과 비교해 볼 때, 그의 성리학에 대한 연구는 양이나 질에 있어서 그들에 크게 미치지 못한다. 따라서 이색이 비록 그를 '동방리학지조'라 부를 만하다고 말했지만 그것은 칭송한 것으로 볼 수 있고, 역사적 사실로 볼 때 동방 리학의 연원에 있어서는 이색에게, 그리고 그 깊이에 있어서는 권근에게 자리를 내주는 것이 더 옳을 듯하다. 더욱이 그뿐만 아니라 그의 리학을 전승한 것으로 삼는 길재에서 김굉필에 이르기까지 성리설에 대한 천착은 찾아볼 수 없다. 이렇게 성리설 연구에 대한 실체가 없음에도 그들 간의 리학 연원과 전승을 계속해서 주장한다면 그것은 공허하게 들릴 수밖에 없을 것이다.

그러나 '리학'이라는 말을 좀 세분하여 순수히 이론적인 성리학의 부분과 실천적이며 정신적 부분인 '도학'의 부분으로 나눠 보고서, 정몽주를 '동방도학지조'라 부르는 것은 크게 무리가 없을 듯하다. 권전 등 기묘사림과 그 후예들이 정몽주를 '유종'으로 받던 것도 바로 이 도학의 측면에 주목했기 때문이다. 권전이 상소문에서도 말했던 것처럼 바로 그들은 무엇보다 '당대를 뒤흔들었던 정몽주의 충의와 대절'을 높이 샀던 것이다. 이 충의와 대절은 유교의 으뜸이 되는 덕목이요 윤리강상인 바, 이를 바탕으로 그들은 정몽주를 세조의 왕위 찬탈이 부당하다고 생각해 「조의제문弔義帝文」을 지었다가 무오년과 갑자년에 화를 당한 선현들과 연결시켰던 것이다. 일종의 '역사전쟁'을 시도한 것이라 할 수 있겠다. 이것은 역사 정통성의 문제요 유교적 지식인으로서 자기 정체성에 관한 문제로, 이론적이기보다 정신적이며 실천적인 도학의 문제였다.

권전은 충의와 대절에 더해 유교적 예속의 실천과 유교 교육의 강화를 들어 정몽주를 문묘에 배향하는 것이 합당하다고 주장하였다. 정몽주가 실제로 『주자가례』에 따라 사당을 세웠는지는 잘 알 수 없으나 불교적 예속을 버리고 유교적 예속에 따라 3년상을 치른 것은 사실이다. 그리고 문물과 의장儀章을 다시 정했다거나 학교를 세워서 유학을 크게 일으켰다는 것은 정확히 파악되지 않으며, 사도를 밝혀 후학들에게 나아갈 곳을 마련했다는 것도 정확히 무엇을 가리켜 말한 것인지 잘 알 수가 없다. 그렇지만 크게 보아 그가 불교에 대해 비판적 태도를 취하는 가운데 부모 3년상 등 유교적 예속을 앞장 서 실천하고 유교 진흥에 나선 것은 맞다. 그는 경연석상經筵席上에서 유 · 불을 비교하며 불교를 다음과 같이 비판하였다.

> 유자儒者의 도는 일용평상日用平常의 일을 위한 것입니다. 음식이나 남녀관계와 같은 것은 모든 사람에게 같은 것으로서 지극한 이치가 거기에 있습니다. 요순堯舜의 도 또한 이러한 것에서 벗어나지 않습니다. 동정어묵動靜語默함에 바름을 얻은 것이 요순의 도이니, 지극히 고원高遠하여 행하기 어려운 것이 아닙니다. 저 불씨의 교설은 그렇지 않습니다. 친척을 버리고 남녀관계를 끊으며 홀로 바위굴에 앉아 풀옷 입고 나무 열매나 먹으면서 관공적멸觀空寂滅을 종지로 삼습니다. 어찌 평상의 도라 할 수 있겠습니까?[35]

고려 말 성리학을 받아들인 신진사대부들은 이미 안향安珦으로부터

35) 鄭夢周. 『圃隱集』 續錄 卷1. 「經筵繫辭」.

시작하여 불교 비판의 대열에 나섰다. 당시 상황으로 볼 때, 사실 정몽주의 이러한 불교 비판과 배척은 정도가 약한 편이다. 조준趙浚 등 당시 많은 신진사류들은 배불排佛의 주장을 거칠게 쏟아냈으며, 정도전은 유교 입장에 선 배불론의 총결서라고 할 수 있는 『불씨잡변佛氏雜辨』을 저술하였다. 그런데 중요한 것은 그가 불교를 비판하면서 한 내용이다. 그는 불교의 도가 유별스럽고 지극히 높아 행하기 어려운 반면 유교의 도는 '일용평상'의 범위를 벗어나지 않아 행하기가 쉽다는 것이다. 그는 요순의 도 또한 일용평상의 범위를 벗어나지 않는다고 보아 유교의 현실적 유용성과 실천성을 특별히 강조하고 있다. 이것은 그대로 뒷날 실천궁행實踐躬行과 율신수기律身修己의 소학小學공부 중시로 이어질 수 있으며, 그의 도학과도 좋은 짝을 이루게 된다.

정몽주의 정충대절과 실천궁행 · 율신수기의 도학적 풍모는 길재에게서도 그대로 나타나고 있다. 뒷날 기묘사림들과 그의 후예들이 바로 이러한 점에 주목하여 정몽주와 길재를 연결 짓고 도학 연원으로 삼았던 것이다. 먼저 그들은 정몽주가 '나아가 죽은 것'이나 길재가 '물러나 지킨 것'이 정충대절이란 점에서 같다고 보았다. 길재는 고려가 패망할 기색이 짙어지자 먼저 물러나 있었는데, 새 왕조가 세워진 뒤 다시 그를 불러 태상박사太常博士를 제수하게 되자 일단 상경하여 사직상소를 올리게 되는데, 이에 앞서 그는 재상으로 있던 이방원을 찾아 자신의 뜻을 간곡히 전하였다. 그가 먼저 이방원을 찾은 이유는 일찍이 성균관에서 함께 공부한 적이 있었기 때문이다. 그는 태상박사 사직상소에서 다음과 같이 말하였다.

진퇴의 거취를 돌아보매 실로 명교의 경중에 관계되옵니다. 신이 비록 두꺼운 얼굴로 영화를 입는다하더라도 사람들은 반드시 눈 흘기고 손가락질하고 비웃을 것입니다. 엎드려 바라옵건대, 밝고도 무사無私하게 살피셔서 신의 옮기지 못하는 충성을 어여삐 여기시고 신의 빼앗기지 않으려는 뜻을 헤아리시어 다시금 고향에 돌아가 여생을 보전하게 하여 주소서. 그러시면 성상께서는 절의를 장려한다는 이름을 얻게 되고, 신은 임금을 섬긴다는 의리를 얻게 될 것입니다. 삼가 깊숙한 산중에 파묻힌 채 하해河海와 같은 성은에 살며 하늘과 땅처럼 장구하고 무강한 수를 누리옵기를 빌면서 자나 깨나 두 임금 섬기지 않는 마음을 다할까 합니다.[36]

길재 영정

길재는 이같이 당시 임금인 정종定宗에게 자신의 불사이군의 뜻을 당당히 밝히고 있으며, 임금께서도 자신의 이러한 뜻을 받아주는 것이 절의를 장려하는 데 좋을 것이라고 말하였다. 그는 벼슬을 버리기 전인 1388년 위화도 회군이 있었을 때에 이미 자신의 마음을 다지고 있었으며,[37] 벼슬에서 물러나 고향 땅에서 유유자적한 삶을 사는 가운데에 어머니에 대한 효성과 임금에 대한 충성의 마음

---

36) 吉再. 『冶隱先生言行拾遺』 卷上. 「辭太常博士箋」.
37) 吉再. 『冶隱先生言行拾遺』 卷上. 「泮宮偶吟」 참조.

을 다하였다.[38] 이에 당시(1403년) 경상감사로 있던 남재南在(구암龜菴)가 그에게 써 보낸 몇 수의 시 가운데에서 "고려조 오백년에 오직 선생 한 분이시라, 한 시대의 공명이야 어찌 영화로 보랴. 늠름한 맑은 바람 천지에 가득 불어, 우리 조선 억만년에 그 성망 영원하리"[39]라며 그의 충절을 기렸다. 변계량卞季良 등 당시 명유제현들도 그의 효성과 충절을 기려 수많은 차운시를 남겼는데,[40] 그의 스승인 권근도 차운시와 함께 다음과 같은 서문을 달아 그의 충절을 높이 기렸다.

> 고려 오백년에 교화를 배양하여 사풍士風을 장려한 효과가 선생의 한 몸에 모여 거두었고, 조선 억만년의 강상綱常을 세워 신절臣節의 근본을 밝히는 근본이 선생의 한 몸으로부터 시작되었다. 그의 명교名敎에 드리운 공이 더없이 크다.[41]

길재가 고향에 물러나 살아간 행적을 문생인 박서생朴瑞生은 그의 행장에서 다음과 같이 소상히 적고 있다.

> 선생은 본래 청고하여 살림살이를 돌아보지 않고 충효에 전심하며 상제喪祭 때에는 여러 가지를 삼갔다. 어버이의 기일을 당할 때마다 쌀 한 톨도 입에 넣지 않으면서 말하기를 "고인은 기일을 종신의 상이라 하였는데 어떻게 차마 음식을 먹을 수 있겠는가"하고서 종일토

38) 길재는 전원에서 삶의 즐거움을 「山家序」와 「後山家序」에서 그리고 있다. 吉再. 『冶隱先生言行拾遺』 卷上 참조.

39) 吉再. 『冶隱先生言行拾遺』 卷下. 「讚詠詩」(龜菴 南在).

40) 吉再. 『冶隱先生言行拾遺』 卷下. 「讚詠諸詩」 참조.

41) 吉再. 『冶隱先生言行拾遺』 卷下. 「次韻幷序」(陽村 權近).

록 눈물을 흘리곤 하니, 온 집안이 모두 선생을 따라서 재계하였다. 종족의 상을 만날 경우에는 반드시 문공文公이 제정한 복으로써 예를 다하였다. 이웃에 상사喪事가 있으면 비록 미천한 자라 하더라도 반드시 죽을 먹고 음식을 배부르게 먹지 않았다. 언제나 사람들에게 말하기를 "사람이 낮에 언행의 착오가 오는 것은 밤에 마음을 가다듬지 못하였기 때문이다"고 하면서, 밤이 되면 온갖 생각을 다 버리고 말없이 고요히 앉아 있다가 자정쯤에야 잠자리에 들었으며, 어떤 때는 이불을 안고 밤을 지세우기도 하였다. 첫닭이 울면 세수하고 의관을 갖추고서 사당에 배알하고 이어 선성先聖에까지 배알하였다. 또 제자들과 읍례를 마치면 경서를 강론하되 반드시 정주程朱의 뜻에 맞도록 힘썼으며, 말은 반드시 충신으로 주장을 삼았다. 비록 병이 있어도 손에서 책을 놓지 않았으며 사물에 관심을 두지 아니하였다. 시정배의 말과 음란한 음악은 한 번도 귀담아 들은 적이 없었고, 이단의 글과 예에 맞지 않는 일은 눈으로 보지도 않았다. 모든 대소 관리가 먼저 예모를 보이지 아니하면 그 관부에 들어가지 아니하였으며, 의롭지 못한 일을 가지고 남의 집에 청탁하러 간 일이 없었다. 동구 밖에 나가지 아니하며 언제나 도학을 밝히고 이단을 물리치는 것으로 일을 삼았다. 책상 앞에 꼿꼿이 앉아 변증과 절충으로 밤을 지새워도 지칠 줄 몰랐다. 승려들 중에 깨달아서 유교로 다시 돌아온 자가 수십 명이 되었을 뿐 아니라, 승려가 된 선생의 아우 구久 역시 깨달아서 유학을 하여 생원시에 급제하였다. 경학을 하는 선비 중에 선생의 문하에 나온 자가 이루 다 헤아릴 수가 없다.[42]

우리는 행장에 나타난 길재의 일상생활 모습에서 조선시대 도학자의 한 전범을 볼 수가 있다. 사실 조선 초 길재의 후예들인 낙동강 중류 지

42) 吉再.『冶隱先生言行拾遺』卷上.「行狀」.

역 중심의 초기 영남 사림들은 스승 길재의 불사이군의 절의정신을 가슴에 품은 채 실천궁행에 힘썼으며 부모에 대한 3년상과 가묘를 설치하는 등 주자가례의 예법에 따라 유교적 예교를 실행하는 데 앞장섰다. 아울러 그들은 소학공부를 바탕으로 충효일리忠孝一理라는 생각에 부모께 효성을 다하고 제가齊家에 힘쓰며 후진 양성에 정성을 쏟는 것이 재야 사림으로서 자신의 도리를 다하는 것이라고 생각하였다.

조선 건국 후 1, 2세대가 지난 세조와 성종 때에 이르면, 재야에서 실력을 기른 낙동강 중류 일대의 낙중 유현들이 김종직을 필두로 하나둘씩 중앙 정계에 진출하면서 그들은 지연과 혈연 및 학연을 바탕으로 은연중 동류의식을 가지며 이념적으로도 지향점을 같이 하였다. 그들은 길재의 후예들로서 동향 선현인 정몽주의 정충대절이 길재와 다를 바 없다고 자연스레 생각하였을 것이며, 또한 이러한 생각이 자연스레 드러난 것이 김종직의 「조의제문」이며, 그것을 사초에 포함시킨 김일손金馹孫의 행위라고 볼 수 있다. 그리고 남효온南孝溫과 김일손 등이 단종 모

자계서원(탁영 김일손 주향, 경북 청도)

후의 소릉昭陵 복위를 주장한 것도 같은 맥락으로 이해할 수 있다. 그들은 이 일로 큰 화를 당하였지만, 그들의 생각은 기묘사림들로 이어져 역사 전쟁에서 결국 승리하게 되며, 그 가장 두드러진 전리품이 정몽주에서 김굉필과 조광조에 이르는 도통을 확립한 것이다.

5. 맺음말

정몽주와 길재가 학문적 연원이 없는 것이 아니고, 또한 양자 간 출처와 학문에 닮은 점이 없는 것은 아니지만, 길재의 학맥과 사승 연원은 정몽주보다 이색이나 권근과 더 깊다고 말할 수 있다. 따라서 학문적 수수도 이들과 더 깊게 이뤄졌을 수 있다. 그런데 길재의 학문 내용은 사실 거의 남아 있는 것이 없고, 다만 그의 행적만이 남아 있을 뿐이다. 이즈음에서 리학과 도학, 학통과 도통의 문제를 한번 생각하게 만든다. 많은 경우 이 둘을 섞어 사용하기도 했지만, 엄밀히 가려볼 필요도 있다. 이렇게 했을 때, 정몽주는 '동방리학지조東方理學之祖'보다는 '동방도학지조東方道學之祖'의 모습이 두드러진다. 이색이 비록 일찍이 정몽주를 '동방리학지조라고 말할 만하다'고 했지만, 그것은 찬사의 의미가 많이 담겨져 있다고 생각되므로 이 말을 바탕으로 실제로 우리나라의 성리학, 곧 리학이 그로부터 비롯되었다고 생각하는 것은 무리라고 생각한다.

그렇다면 리학과 도학, 학통과 도통의 차이는 무엇인가? 아무래도 학통은 학맥 연원이 분명해야 하고, 구체적으로 학문적 수수 내용이 있어야 한다고 생각한다. 따라서 이론적인 리학(성리학)도 이를 통해 수수된다고 볼 수 있겠다. 반면 도통은 중국 송대의 예에서도 볼 수 있다시피 직접적인 학문적 수수 관계가 반드시 필요하지는 않으며, 구체적인 학문 내용이 필요한 것도 아니다. 이론적 학문보다는 오히려 정신적 흐름과 실천적 태도, 공적과 덕행 등이 도통에서는 더 중요하게 여겨졌다. 이렇게 볼 때, 일단 학통과 도통은 최대한 가려보는 노력이 필요하다고 생각하며, 그렇다고 정신적 흐름인 도통이 학문적 흐름인 학통보다 그 의미가 덜하다는 말은 아니다. 도통은 전근대사회에 있어서 그 나름의 독특하면서도 중요한 의미를 가지고 있었으며, 오히려 학통보다도 그 의미와 영향이 더 컸다고 말할 수 있다.

문제는 오늘날이다. 오늘날에 있어서도 학통과 도통을 구분하지 않고, 그것을 기정사실화하여 철학사 연구에 그대로 반영한다면 자칫 큰 잘못이 빚어질 수 있다. 그 예를 한국철학사 서술에서 쉽게 볼 수 있다. 한국 성리학사는 여말선초 정도전과 권근 등에 의해 꽤나 깊이 있는 천착이 이뤄지다가 그것은 단절되어 퇴행해 버리고 새롭게 100여 년이 지나 서경덕과 이언적에 이어 이황과 이이가 등장하면서 비로소 전개되었다는 그야말로 '비역사적' 관점이 우리 학계에 여전히 남아 있는 것이 사실이다. 어찌 보면 '학문적 집단 따돌림 현상'이 일어난 것이라고 볼 수도 있겠다. 여기에서 『성학십도聖學十圖』에서 볼 수 있듯 이황이 권근의 학설을 높이 사 자신의 철학 속에 받아들였음을 한번 기억해볼 필요가 있겠다.

| 제1부 |

사림파의 등장과 동방오현

- 김훈식 조선 초기의 정치적 변화와 사림파의 등장
- 이수환 16세기 전반 영남 사림파의 동향과 동방오현 문묘종사

조선 초기의 정치적 변화와 사림파의 등장

김훈식 | 인제대학교 역사고고학과

1. 머리말

15세기 후반 성종 무렵 조선왕조에는 사림파로 불리는 새로운 지식인 집단이 등장하였다. 이들은 자신들의 학문적 연원을 고려말기까지 소급하였고, 그 결과 정몽주 · 길재 · 김숙자 · 김종직으로 이어지는 사림파의 도통론이 정립되었다. 이 도통론을 받아들인 조선시대의 학자들은 처음부터 사림파 중심으로 조선시대의 학문 · 사상을 이해하였다. 근 · 현대의 유학사 인식 역시 이 도통론의 영향을 강하게 받았다. 그러나 조선초기 유학에 대한 이해가 깊어지면서 현재는 이러한 인식이 대부분 사라지고 조선초기에는 관학파 · 훈구파가 당시의 학계를 지배하였다고 본다.

그러나 여전히 조선건국을 전후한 시기부터 관학파와는 다른 학풍 · 문풍을 가진 유학자 집단 혹은 유학자들이 존재했다는 인식은 좀처럼 사라지지 않는다. 흔히 이러한 유학자들을 가리켜 '절의파'라고 부른다. 그리고 이 '절의파'를 계승하는 유학자들이 성장하여 성종 무렵에는 훈구파와 대립하는 학문 · 정치세력, 즉 사림파가 되었다고 설명한다. 이 글은 이러한 일반적 인식이 과연 타당한 것인지 검토하면서 사림파의 성립에 대해 새로운 견해를 제시하고자 하였다.[1)]

2. 역성혁명을 둘러싼 사대부 세력의 분화와 통합

위화도회군을 계기로 권문세족의 지배력이 급격히 약화되고, 대신 사대부 세력이 정치의 전면에 등장하였다. 이들은 이색과 이성계를 각각 문 · 무 관료를 대표하는 인물로 내세우면서 정권을 장악하였다. 정

---

1) 관학파 · 훈구파 · 절의파 · 사림파라는 개념은 현재 명확한 개념 규정 없이 널리 사용되고 있다. 주로 특정 인물을 중심으로 그와 유사한 학문적 · 정치적 성향을 가진 인물들을 포괄적으로 가리킬 때 이들 개념을 사용한다. 예컨대 사림파는 김종직이나 조광조라는 인물을 중심으로 한 학문적 · 정치적 집단을 가리킬 때 이 개념을 사용한다. 그 결과 개념의 정확성에 문제가 생기는 것은 당연하며, 또 이러한 개념으로 지칭되는 집단의 성격을 이해하는 데도 문제가 생긴다. 예컨대 훈구파라는 개념은 한명회 등을 중심으로 한 정치집단을 가리킬 때 사용되면서, 이들은 사림파와 대립하던 정치세력으로만 이해되는 것이 일반적이다. 그 결과 훈구파의 보수적인 정치적 성격만 부각될 뿐 이들의 학문 · 사상에 대한 관심은 거의 보이지 않는다. 만약 훈구파의 대표적인 인물로 서거정이나 홍귀달 등을 든다면 당연히 훈구파에 대한 관심의 방향이 달라질 것이다.

이 글 역시 이들 개념에 대한 명확한 개념 규정을 시도하지는 않는다. 그러나 두 가지 점에서 기왕의 일반적 설명과는 다른 견해를 가진다. 첫째, 절의파라는 개념은 문제가 있다고 생각한다. 조선초기에 관학파와 대비할 수 있는 정도의 학문적 · 정치적 집단으로서의 절의파는 존재하지 않았다. 개인적으로 절의를 지킨 인물은 존재했지만 그들을 집단화하는 것은 문제가 있다고 본다. 더구나 절의파와 사림파 사이에 직접적인 계승관계를 설정하는 것은 역사적 사실과는 다르다. 둘째, 관학파와 훈구파의 차이에 주목하였다. 이 글에서 관학파와 훈구파의 개념은 세조의 즉위를 전후한 유학자들의 성격변화를 염두에 둔 것이다. 양자 모두 조선초기에 국가적 문교정책을 이끌었던 유학자들을 가리키는데, 이들의 성격이 세조의 즉위를 계기로 변화하였기 때문에 서로 다른 개념으로 파악한 것이다.

치적 반대세력이 약해지자 자신들의 내부에 잠재해있던 정치적 견해의 차이가 드러나면서 사대부 세력의 분화가 시작되었다. 창왕의 폐위와 공양왕의 옹립을 둘러싼 분열이 그것이다. 이 사건을 주도한 세력은 이를 '폐가입진廢假立眞', 즉 신씨辛氏인 창왕을 폐하고 왕씨王氏인 공양왕을 세운 것이라 하여 그 정당성을 주장한다. 하지만 그러한 명분과는 달리 공양왕 즉위는 역성혁명으로 가는 수순이었던 것으로 보인다.

그 이후 고려왕조의 틀 내에서 개혁을 추진하고자 했던 사대부 세력과 역성혁명을 꿈꾸는 세력 사이의 충돌은 피할 수 없었다. 전자를 대표하는 인물이 이색이라면 후자를 대표하는 인물이 정도전이었다. 두 세력의 충돌은 '윤이 · 이초의 옥사獄事'와 같은 우여곡절을 겪으면서 결국 이색이 우현보 · 이숭인 · 권근 등과 함께 정계에서 쫓겨나고, 역성혁명파가 권력을 장악하기에 이르렀다. 이런 와중에 문하주서를 지내던 길재와 같은 인물은 자발적으로 관직에서 물러나 은거의 길을 택하기도 하였다.

임고서원(포은 정몽주 주향, 경북 영천)

이색을 비롯한 반대파의 중심인물들을 제거한 정도전 일파가 역성혁명을 단행하기 위해서는 잔존하는 반대세력을 완전히 제거할 필요가 있었다. 마침 공양왕 4년에 이성계가 해주로 사냥을 갔다 낙마하여 부상을 입으면서 반역성혁명파의 움직임이 표면화되었다. 4월에 간관 김진양과 이확 등이 조준 · 정도전 · 남은 등의 죄를 거론하면서 그들을 제거하려 하였다. 이들 간관 세력의 배후에는 정몽주가 있었던 것으로 보이는데, 이방원이 정몽주를 살해하면서 정국은 완전히 바뀌었다. 역성혁명파를 제거하려던 세력이 오히려 궁지에 몰려 힘을 잃게 되자 더 이상 고려왕조의 지속은 불가능해졌다. 마침내 1392년 7월 새로운 왕조가 개창되었다.[2)]

이처럼 고려말기 새로운 지배층으로 등장한 사대부 세력은 역성혁명을 둘러싸고 크게 두 진영으로 분열하였다. 역성혁명을 주도했던 세력의 면면은 개국공신에 이름을 올린 인물들을 통해 살펴볼 수 있다.[3)] 이에 반해 역성혁명에 반대했던 세력의 면면은 태조의 즉위교서에 다음과 같이 정리되어 있다.

> 중외의 대소신료와 한량 · 기로 · 군민들에게 교지를 내렸다. (중략) 1. 유사가 상언하기를, '우현보 · 이색 · 설장수 등 56인이 고려의 말기에 도당을 결성하여 반란을 모의해서 맨 처음 화단禍端을 일으켰으니, 마땅히 법에 처하여 장래의 사람들을 경계해야 될 것입

2) 사대부 세력의 성장과 분화에 초점을 맞추어 고려말의 정치사를 정리한 글로는 홍영의. 1995.「고려말 신흥유신의 추이와 분기」.『역사와 현실』15와「高麗末 昌王代 '改革派' 新興儒臣의 結集과 分岐過程」.『한국중세사연구』16(2004), 그리고 이익주. 1998.「고려말 신흥유신의 성장과 조선건국」『역사와 현실』29이 있다.

3) 개국 공신의 인적 사항에 관해서는 韓永愚. 1983『朝鮮前期 社會經濟硏究』(乙酉文化社)의「Ⅲ. 朝鮮 開國功臣의 出身에 대한 硏究」를 통해 살필 수 있다.

> 니다.' 하나, 나는 오히려 이들을 가엾이 여겨 목숨을 보전하게 하니, 우현보 · 이색 · 설장수 등은 그 직첩을 회수하고 폐하여 서인으로 삼아 바다로 옮겨서 종신토록 같은 계급에 끼이지 못하게 할 것이며, 우홍수 · 강회백 · 이숭인 · 조호 · 금진양 · 이확 · 이종학 · 우홍득 등은 그 직첩을 회수하고 장杖 1백 대를 집행하여 먼 지방으로 귀양보내게 할 것이며, 최을의 · 박흥택 · 김리 · 이래 · 김무 · 이종선 · 우홍강 · 서견 · 우홍명 · 김첨 · 허응 · 유향 · 이작 · 이신 · 안노생 · 권홍 · 최함 · 이감 · 최관 · 이사영 · 유기 · 이첨 · 우홍부 · 강여 · 김윤수 등은 그 직첩을 회수하고 장 70대를 집행하여 먼 지방으로 귀양보내게 할 것이며, 김남득 · 강시 · 이을진 · 유정현 · 정우 · 정과 · 정도 · 강인보 · 안준 · 이당 · 이실 등은 그 직첩을 회수하고 먼 지방에 방치할 것이며, 성석린 · 이윤굉 · 유혜손 · 안원 · 강회중 · 신윤필 · 성석용 · 전오륜 · 정희 등은 각기 본향에 안치할 것이며, 그 나머지 무릇 범죄한 사람은 일죄一罪로서 보통의 사유赦宥에 용서되지 않는 죄를 제외하고는, 이죄二罪 이하의 죄는 홍무 25년(1392) 7월 28일 이른 새벽 이전으로부터 이미 발각된 것이든지 발각되지 않은 것이든지 모두 이를 사면할 것이다.[4]

위의 즉위교서에는 새로운 왕조의 개창에 반대한 우현보 · 이색 · 설장수를 비롯한 56명의 명단이 나온다. 이들 이외에도 권근이나 길재와 같이 역성혁명에 동조하지 않았던 인물들이 있다. 그러나 이들 56명이 반역성혁명 세력을 대표한다고 보아도 크게 틀리지는 않는다. 현재 이들 56명의 출신 성분과 역성혁명 전후의 동향, 그리고 조선왕조에서 어떤 경력을 가지는지 구체적으로 분석한 연구결과는 없다. 이

---

4) 『太祖實錄』 卷1. 太祖 1년 7월 28일(丁未).

들 가운데는 이숭인이나 이종학과 같이 가혹한 형 집행으로 사망에 이른 자들도 있고,[5] 이색과 같이 새로운 왕조에서는 벼슬하지 않은 인물도 있다. 그러나 설장수와 성석린처럼 새로운 왕조에서도 여전히 벼슬을 한 인물들도 많았다. 개략적인 연구결과에 따르면 이들 56명 가운데 고려시대에 과거에 급제한 인물이 32명이다. 이 중 역성혁명 과정에 사망한 7명을 제외한 25명 가운데 21명이 새로운 왕조에서 다시 관료생활을 하고 있다.[6]

고려 말에 반역성혁명의 입장을 가졌던 사대부들도 대부분 조선왕조 개창 이후에는 개국공신들과 마찬가지로 친왕조적인 입장을 취했다. 역성혁명에 반대했던 사대부들이 대부분 새로운 왕조에 출사하였다면 역성혁명을 둘러싼 사대부 세력의 분화가 지속적인 대립으로 이어지지는 않았다고 할 수 있다. 반역성혁명의 정치적 입장이 반왕조적인 입장으로 계승 발전되지는 않았던 것이다.

---

5) 『太祖實錄』 卷1. 太祖 1년 8월 23일(壬申)의 기사에 따르면 이때 죽은 8명은 경상도에 귀양간 李種學 · 崔乙義와 전라도에 귀양간 禹洪壽 · 李崇仁 · 金震陽 · 禹洪命과 양광도에 귀양간 李擴과 강원도에 귀양간 禹洪得 등이다.

6) 鄭治憲. 1991. 「麗末鮮初 科擧文臣勢力의 政治動向」. 『韓國學報』 64. 앞서 즉위교서에 언급된 56명 가운데 과거급제자를 포함하여 전체를 대상으로 하면 사망한 8명을 제외한 48명 중 26명이 조선왕조에서 다시 벼슬을 한 것으로 확인된다. 고려 때 과거에 급제하지 못한 23명 중에서는 5명만 조선왕조에 출사한 셈이다. 역성혁명 이후 조선왕조에 出仕한 인물들 가운데는 문과 출신의 비중이 압도적으로 높은 것으로 보인다. 만약 이것이 사실이라면 그 이유에 대해서는 별도의 검토가 필요하겠다. 그러나 이 검토에 앞서 이들이 조선왕조에 출사했는지의 여부를 따지는 근거가 實錄에 한정되어 있다는 점부터 문제 삼아야 한다. 실록에 이름이 다시 등장하지 않는다고 해서 出仕하지 않았다는 결론을 이끌어낼 수는 없기 때문이다. 비록 출사했더라도 실록에 이름을 올릴 정도의 중요한 관직에 오르지 못했다면 출사 여부를 확인할 수 없다. 문과급제자들이 출사한 비율이 훨씬 높게 보이는 것도 이러한 사정과 관련이 있을 수 있다. 문과 급제자들이 그 이외의 인물들에 비해 정치적으로 중요한 지위에 올랐기 때문에 실록을 통해 출사를 확인할 수 있다면, 실록을 통해 확인한 출사 비율의 차이는 아무런 의미가 없다.

역성혁명을 반대한 이들이 왕조 개창 이후 반왕조적인 입장을 취하지는 않았음은 이들에게 취해진 조치를 통해서도 살필 수 있다. 조선왕조 개창 후 채 3개월이 되지 않은 태조 1년 10월에 이미 이들을 유배지에 묶어두지 않고 '외방종편外方從便' 혹은 '경외종편京外從便'의 조치를 취해 행동의 자유를 보장하였다.[7] 반왕조적인 인물들이 집단화하였거나 상당한 세력을 형성하고 있었다면 이들에 대한 유화적인 조치가 그렇게 쉽게 이루어질 수는 없다. 이후 이들은 다양한 경로를 통해 새로운 왕조에 참여하였는데, 56명 가운데 대표적인 인물로 거론된 설장수의 경우를 예로 들면 다음과 같다.

설장수는 이색 등 30인과 함께 태조 1년 10월에 '외방종편'되었고,[8] 이어 동왕 2년 1월에는 '경외종편'되었다.[9] 그는 태조를 알현하고 용서해준 은혜를 사례하였다.[10] 동왕 3년 11월에 그는 사역원제조의 지위에 있으면서 사역원의 시험 자격과 선발 액수 등에 대해 글을 올렸다.[11] 설장수가 태조 3년 이전의 어느 시점부터 출사했는지를 확인할 수는 없지만, 태조가 잠저潛邸 때부터 알고 지내던 사이라 하여 소환해서 검교문하시중을 제수하면서 새로운 왕조에 참여하기 시작하였다. 사역원제조 등을 거쳐 판삼사사를 마지막으로 정종 1년 10월에 59세의 나이로 일생을 마쳤다.[12]

태조와의 친밀한 관계를 바탕으로 일찍부터 친왕조세력으로 돌아선

---

7) 『太祖實錄』 卷2. 太祖 1년 10월 12일(庚申).
8) 위의 글
9) 『太祖實錄』 卷3. 太祖 2년 1월 1일(丁未).
10) 『太祖實錄』 卷3. 太祖 2년 1월 24일(庚午).
11) 『太祖實錄』 卷6. 太祖 3년 11월 19일(乙卯).
12) 『定宗實錄』 卷2. 定宗 1년 10월 19일(乙卯).

대표적 인물로는 성석린을 들 수 있다. 그의 졸기卒記에는 다음과 같은 내용이 있다.

> 우리 태조가 의병을 일으키어 거짓 신씨를 폐하고 왕씨를 세우니, 석린이 그 계책을 협찬하였으므로, 단성보절찬화공신창성군 충의군이란 칭호를 내리고, 삼사우사에 전직되었다. 우리 태조가 왕위에 나아가매, 문하시랑찬성사에 임명되었다. 태조가 잠저에 있을 때로부터 석린을 가장 중히 여기더니, 왕위에 오르매 대우함이 더욱 높아서, 비록 임금의 마음에 기쁘지 않은 일이 있더라도 석린을 보면, 마음이 풀리어 노여움을 그치고, 말하면 반드시 들어주었다. 계유년(1393, 태조2)에 판개성부사에 임명되었다가 판한성부사로 옮겨지고, 원종공신의 칭호와 노비 3명, 전지 30결을 내렸다.[13]

성석린은 공양왕 즉위에 공을 세운 '구공신九功臣' 가운데 한 사람이었으나, 설장수 · 정몽주와 마찬가지로 역성혁명에는 반대했던 인물이었다. 태조의 즉위교서에 따르면 조선왕조 개창 이후 그는 아우 성석용과 함께 본향에 안치되는 처벌을 받았다. 성씨 형제는 그의 아버지 성여완과 함께 역성혁명에 적극적으로 반대하지는 않았지만 그렇다고 적극적인 지지를 보내지도 않았던 것으로 보인다.[14] 그러나 그는 일찍부터 새로운 왕조에 적극적으로 참여함으로써 원종공신이 될 수 있었다.

---

13) 『世宗實錄』 卷19. 世宗 5년 1월 12일(甲午).

14) 『太祖實錄』 卷11. 太祖 6년 1월 22일(乙亥)의 창성 부원군 성여완의 졸기에는 '개국초에 나라의 耆老로서 檢校門下侍中에 임명, 창성 부원군이 되었다.'는 기록이 있다. 그의 두 아들이 받은 처벌 내용과 아울러 살핀다면 성여완 부자는 당시 정치적 비중이 높은 인물이었고, 이런 인물들이 적극적으로 역성혁명에 가담하지 않은데 대한 처벌과 회유가 있었던 것으로 보인다.

이색과 함께 반역성혁명파를 대표하는 우현보는 설장수 · 성석린과는 달리 조선왕조에서 벼슬하지는 않았다. 역성혁명 과정에서 다섯 아들 가운데 세 명이 죽임을 당하였으니 쉽게 출사할 수는 없었을 것이다.[15] 또 반역성혁명파의 핵심적인 인물이었으니 새로운 왕조 측에서도 쉽게 받아들이지 못한 것 같다. 그러나 그도 태조 5년에 적몰되었던 가산을 돌려받았고,[16] 7년에는 직첩을 돌려받았다.[17] 『정종실록』에 실린 그의 졸기에는 다음과 같은 내용이 있다.

> 임신년에 계림에 귀양가 있다가 무인년(1398, 태조 7)에 소환되고, 기묘년(1399, 정종 1)에 단양백을 하사받았다. 다음해 경진년에 이방간이 난을 꾸미는데, 문인 이래가 알고 우현보에게 고하였다. 우현보가 곧 아들 우홍부를 주상(태종 : 필자)의 잠저에 보내어 일의 기미를 밀고하였다. 주상이 미리 방비할 수 있었으므로, 화란을 평정한 뒤에 추성보조공신의 호를 하사하였다.[18]

위의 기사에서 보듯이, 우현보는 비록 조선왕조에서 벼슬하지는 않았으나 단양백이라는 작위를 받았고, '왕자의 난'이라는 정치적 격변을 겪으면서 공신의 지위에 올랐다. 살아남은 그의 두 아들 우홍강과 우홍

---

15) 태조의 즉위교서에 실린 56명의 명단 가운데는 우현보와 함께 그의 다섯 아들이 모두 포함되어 있다. 『高麗史』의 우현보 열전에 의하면 공양왕 4년 知密直 禹洪壽, 典醫副令 禹洪富, 判事 禹洪康, 上護軍 禹洪得, 禮曹正郎 禹洪命은 그의 아버지 우현보와 함께 외방에 유배되었다. 이 가운데 우홍수, 우홍득, 우홍명은 유배지에서 죽었고, 우홍부와 우홍강은 살아남아 조선왕조에 출사하였다.

16) 『太祖實錄』 卷10. 太祖 5년 10월 11일(乙未).

17) 『太祖實錄』 卷14. 太祖 7년 5월 26일(壬申).

18) 『定宗實錄』 卷6. 定宗 2년 11월 13일(癸酉).

부 역시 태종 때는 벼슬을 한 것을 확인할 수 있고, 태종 12년에는 원종공신이 되었다.[19]

이색도 우현보와 마찬가지로 역성혁명의 과정에서 아들 이종학을 잃었으며, 조선왕조에 출사하지 않았다. 그러나 56명 가운데 포함된 그의 또 다른 아들인 이종선은 늦어도 태종 때는 출사하였고, 세종 때는 중추원사를 지냈다.[20]

고려왕조에 충절을 지킨 인물로 유명한 길재의 경우도 함께 살필 필요가 있다. 그는 세자였던 이방원이 특별히 불러 관직을 내렸으나 '불사이군不事二君'의 도리를 내세워 벼슬에 나가지 않았기 때문에 그 명성이 드러나게 되었다. 그러나 그의 아들은 조선왕조에 벼슬하였고, 그는 그 아들에게 자신이 고려왕조에 충성하였듯이 새로운 왕조에 충성할 것을 당부하였다. 이색이나 길재와 같이 절의를 지켰던 인물들의 경우에도 그들의 정치적 입장은 당대에 그쳤으며, 그 정치적 입장이 이후 반왕조적인 입장으로 계승 발전되지는 않았음을 의미한다.

물론 즉위교서에 실린 56명에 포함되지 않은 인물들 가운데 길재와 같이 널리 알려진 인물이 아니더라도 역성혁명 이후 관직에 나가지 않았던 인물들이 있었을 것이다. 그러나 조선왕조에 벼슬하지 않았던 인물들이 모두 반왕조적 입장이었다고 단정할 수는 없다. 다만 그들에게 벼슬에 나갈 수 있는 기회가 주어지지 않았기 때문에 새로운 왕조에 참여할 수 없었고, 그러한 처지에 불만을 가질 수는 있었을 것이다. 그러나 그 불만이 반드시 조선왕조를 부정하는 정치의식으로 발전하였다고 단언할 수는 없다.

---

19) 『太宗實錄』 卷23. 太宗 12년 2월 6일(辛酉).
20) 『世宗實錄』 卷80. 世宗 20년 3월 14일(戊戌)의 中樞院使 李種善의 卒記.

역성혁명을 주도했던 인물들이나 소극적이었던 인물들은 물론이고 역성혁명에 반대했던 인물들까지도 대부분 조선왕조 개창 이후 새로운 왕조에 적극적으로 참여하였다고 보는 것이 역사적 사실에 가깝다. 후대의 기록이기는 하지만 조익(1579~1655)의 다음과 같은 말은 이러한 사실을 잘 보여준다.

> 고려가 망할 때에 절의를 지켰다고 전해지는 사람은 내가 듣기에 오직 야은 길재 선생과 포은 정몽주 · 목은 이색 · 원천석 · 서견 · 김주 등 몇 사람이 있을 뿐이다. 내가 보고 들은 것이 넓지 못하니 이 사람들 이외에 또 있을지는 물론 모르겠으나, 아마도 드러나게 이름이 전해진 자는 소수에 지나지 않으리라고 여겨진다. 대저 고려가 동방을 다스린 것이 500년이나 되는데, 500년 동안 나라가 유지되었으면서도 나라가 망할 적에 절의를 지킨 인사가 겨우 이 몇 사람밖에 되지 않는 것은 어떻게 해석해야 하겠는가.[21)]

조익의 말과 같이 절의를 지킨 인물들이 이 사람들 이외에 또 있을지는 모르겠지만 후세에까지 영향을 미칠 수 있었던 그런 인물은 없었다. 더구나 이색과 길재의 아들에서 보듯이, 반역성혁명의 정치적 입장이 반왕조적인 입장으로 계승 발전되지는 않았다. 따라서 역성혁명을 둘러싸고 분화되었던 사대부 세력은 역성혁명 이후 짧은 시간 내에 다시 하나의 정치세력으로 통합되었다. 비록 정치적 대립이 있었다고 하더라도 그것은 모두 새로운 왕조에 참여한 세력 사이의 대립이지, 친왕조

---

21) 趙翼. 『浦渚集』 卷27. 「冶隱先生言行拾遺跋」.

세력과 반왕조세력의 대립은 아니었다.

따라서 조선왕조 개창 이후 당시의 집권세력과는 다른 역사적 성격을 가진 정치세력 혹은 인물들, 흔히 '절의파'라고 부르는 그런 집단은 존재하지 않았다. 굳이 '절의파'라는 개념을 사용하더라도 그 개념에 고려왕조에 절의를 지킨 인물도 있었다는 사실을 가리키는 것 이상의 의미를 부여하는 것은 곤란하다. 반왕조적 성격을 가진 인물이 존재했다고 하더라도 극히 예외적이었으며, 또 그들의 정치적 영향력은 물론이고 사회적인 영향력 역시 극히 미미하였다. 또 절의를 지킨 인물들의 정치적 입장이 계승되지도 않았으며, 더구나 다음에 설명하는 바와 같이 '절의파'라고 불리는 인물들이 당시의 관학파와는 다른 학풍이나 문풍을 보이지도 않았다. 따라서 '절의파'의 발전 선상에서 새로운 정치세력으로서의 사림파를 이야기하는 것은 분명히 문제가 있다.[22)]

3. 관학파의 성립과 유교문화의 보급

역성혁명을 둘러싼 사대부 세력의 분열은 새로운 왕조의 개창 이후 빠르게 사라졌다. 많은 수의 반역성혁명파 사대부들이 태조 때부터 벼

22) 역성혁명에 반대했던 세력이 反王朝勢力으로 지속되지 못한 이유는 여러 가지가 있을 것이다. 그 이유들 가운데 이 시기 사대부들의 경제적 기반이 국가 권력에 의존하는 측면이 매우 컸다는 사실을 우선적으로 고려할 필요가 있지 않을까. 科田法에 의한 收租權的 토지지배가 지배층의 경제적 기반에서 큰 비중을 차지하는 상황 속에서 관직 진출의 기회가 주어진다면 거부하기 쉽지 않았을 것이다. 새로운 왕조가 반대세력을 회유하기 위해 손을 내밀었을 때 쉽게 그 손을 잡을 수밖에 없었던 것은 개인의 氣節 문제가 아니라 사회구조적인 문제였다. 따라서 역성혁명에 반대했던 세력이 조선왕조에 등을 돌린 채 자신들의 사회경제적 기반을 유지하기 어려웠던 상황을 우선적으로 고려해야 할 것이다.

슬에 나왔으며, 특히 왕자의 난 이후 개국공신세력뿐만 아니라 반역성혁명파 사대부들도 권력의 중심에 서게 되었다. 그들 양자 사이의 갈등이 완전히 사라진 것은 아니었지만 태종의 강력한 왕권 앞에서 사대부세력 내부의 차이는 큰 의미를 가지지 못했다.

태종 11년에 고려말의 역성혁명파와 반역성혁명파 사이의 대립이 다시 나타난 사건이 있었다. 중국의 국자조교인 진련이 지은 이색의 비명이 발단이 되어 이색의 행장을 지은 권근과 신도비문을 지은 하륜이 연루된 사건이었다. 이 사건이 전개되는 와중에 "하륜과 권근은 모두 이색의 무리이라 국초의 죄인들"[23]이라거나, "하륜과 권근은 정몽주에게 붙어서 조준 · 정도전 · 남은과 꺼렸다"[24]고 하여 역성혁명을 둘러싼 사대부 내의 대립을 다시 상기하게 하는 발언이 계속되었다. 개국공신을 비롯한 삼공신들이 이러한 발언을 통해 반역성혁명파 계열의 권근과 하륜을 정치적으로 압박하려 하였다. 그러나 태종은 "하륜과 권근은 모두 나의 충신이다"[25]라고 하거나 "하륜과 같은 사람은 국가에 없을 수 없다"[26]고 하면서 이 두 사람을 적극적으로 옹호하였다. 그때 마침 하륜이 올린 글에 불법적인 처벌로 죽음에 이른 이숭인 · 이종학이 언급되면서 오히려 권근과 하륜을 비판하던 인물들이 정치적 위기에 처해지는 상황으로 바뀌었다. 태종은 권근 · 하륜을 처벌하지 않았을 뿐 아니라 그들을 비판한 인물들에게도 죄를 묻지 않음으로써 서로 다른 계보를 가진 정치세력의 대립을 무마했을 뿐만 아니라 그 과정에

23) 『太宗實錄』 卷21. 太宗 11년 6월 29일(戊午).
24) 『太宗實錄』 卷22. 太宗 11년 7월 1일(庚申).
25) 위의 글.
26) 『太宗實錄』 卷22. 太宗 11년 7월 2일(辛酉).

서 왕권의 절대성을 강조할 수 있었다.[27)]

태종 때 왕권강화가 이루어지고, 그 속에서 역성혁명에 반대했던 인물들 역시 핵심적인 집권세력의 일원이 되어갔다. 이 글에서는 관학파의 성립이라는 사실과 관련하여 그러한 인물들 가운데 하나인 권근을 주목하고자 한다.[28)] 그는 고려 말에 역성혁명 세력과 맞서 정계에서 축출되었으나, 조선왕조 건국 이후 태조의 부름에 응해 관직에 나갔다. 이후 명나라와의 외교관계에서 공을 세워 원종공신이 되었으나 정도전의 견제를 받는 처지였다. 그러나 태종 때는 좌명공신이 되어 조선왕조의 핵심적인 지배세력으로 편입되었고, 당시의 학계를 대표하면서 새 왕조의 문교정책을 총괄하였다. 그 결과 세종 때는 그를 문묘에 배향하려는 움직임이 있을 정도의 영향력을 가지기에 이르렀다.

> 성균생원 김일자 등이 말하기를, (중략) 양촌 문충공 권근은 원기元氣의 모임이 혼연하게 자연히 이루어져서 정자 · 주자의 학문과 자유 · 자하의 문장으로 오래도록 문형을 맡으면서 덕이 이 땅에서 높았고, 경서의 심오한 뜻을 궁구하였습니다. (중략) 이로써 보건댄, 성명의 이치가 천하에 밝혀진 것은 공자와 맹자의 공이며, 공자와 맹자의 도학이 우리 나라에 행하게 된 것은 이제현 · 이색 · 권근 이 세 분의 공입니다. 그렇다면, 그 공에 보답하는 의식을 거행하지 않을 수 없으므로, 지난 기해년에는 사간원에서 권근을 문묘에 배향하기

---

27) 김윤주. 2003.「조선 태종 11년(1411) 이색(李穡) 비명(碑銘)을 둘러싼 논쟁의 정치적 성격」.『도시인문학연구』제1권 1호 참조.

28) 권근의 생애에 관해서는 姜文植, 2001.「權近의 生涯와 交遊人物」.『韓國學報』102에 자세하다. 권근이 56명 가운데 포함되지 않았던 이유는 당시 유배에서 풀려나 청주에 은거하면서 정치적 사건에 더 이상 연루되지 않았기 때문으로 보인다.

> 를 청했고, 또 계축년에는 사성 김반이 또한 위의 세 분을 배향하기를 청하였습니다. 이에 유사에 명하여 문신 6품 이상으로 하여금 그 가부를 의논케 하여 성상께 계문하게 하였습니다. 신 등은 기쁘게 들으시고 옷깃을 여미시며 윤허하시기를 크게 바란 지 여러 해 되었는데, 오늘날 수년이 되도록 아직도 거행되지 못하여 신 등은 이를 바라지 아니하는 자가 없습니다.[29]

위의 글에서 보듯이 권근은 조선초기의 학풍 · 문풍을 결정하는 자리에 있었고, 그의 지위는 이제현 · 이색 · 권근으로 이어지는 조선초기 도통론으로 자리매김 되었다. 비록 이들의 문묘 종사가 실현되지는 못하였으나, 이러한 도통론이 제기된 것은 권근 사후 그의 학풍 · 문풍이 당시 학계에서 정통으로 자리 잡은 결과였다. 실제 권근의 문인들이 세종조 이후의 관학교육을 책임지고 있었고, 그의 학문은 외손인 서거정을 통해 성종 때의 학풍 · 문풍까지 지배하고 있었다.

권근에 의해 정립되어 이후 15세기 조선왕조를 지배한 학풍 · 문풍을 가진 학자들을 가리켜 흔히 관학파라고 한다.[30] 이들은 주로 성균관

---

29) 『世宗實錄』 卷72. 世宗 18년 5월 12일(丁丑).

30) 官學派라는 용어를 가장 적극적으로 사용하고 있는 연구결과로는 김홍경. 1996. 『조선초기 관학파의 유학사상』. 한길사를 들 수 있다. 관학파에 대한 개념 규정은 이 책의 서론을 참고할 수 있다. 그러나 김홍경은 관학파와 훈구파의 차이, 즉 세조 즉위를 계기로 관학파의 학문 · 사상에 중요한 변화가 있었던 사실은 주목하지 않는다. 이 책에서 연구의 대상이 된 대표적인 관학파는 권근 · 하륜 · 변계량 · 윤상 · 김수온 · 양성지 · 강희맹 · 신숙주 · 최항 등이다. 필자 역시 이들 가운데 권근 · 하륜 · 변계량 · 윤상 등이 관학파를 대표하는 학자들이라는 데는 동의한다. 그러나 나머지 인물들의 경우는 관학파로서의 연속성과 함께 세조의 즉위 이후의 학문 · 사상적 변화를 아울러 살펴야 하며, 그런 점에서 관학파와는 구별되는 훈구파라는 개념을 사용하는 것이 타당하다고 생각한다. 물론 시기적으로 세조 즉위 전후에 걸쳐 활동한 인물들의 경우는 개인적 차원에서 관학파에서 훈구파로의 변화가 어떻게 이루어지는지를 살펴야 할 것이다.

에서 교육을 받았고, 과거를 통해 관료로 진출했으며, 집현전을 비롯한 문한기구에 근무하면서 왕조의 학술 · 문화를 책임졌다. 세종 때 활발하게 이루어졌던 국가적 편찬사업은 바로 이들 관학파들이 이루어낸 학문적 성과였다. 이들 관학파와는 학풍을 달리하는 학자들을 가리켜 흔히 '절의파'라고 하거나 혹은 사림파의 연원을 이룬다는 의미에서 사림계라는 표현을 쓰는데, 권근과 동시대의 대표적인 인물로는 길재를 든다. 그리고 후대에는 정몽주 · 길재로 이어지는 도통을 설정하여 관학파와는 구별되는 새로운 도통론을 정립하였다.[31)]

이러한 도통론에 따르면 이미 14세기부터 이색 · 권근과는 계열을 달리하는 정몽주 · 길재 계열의 학자들이 있었던 것처럼 보이기도 한다. 그러나 앞서 조선왕조 개창 이후 반왕조적인 정치세력의 존재를 부정했던 것과 마찬가지 맥락에서 15세기 전반까지는 관학파와는 다른 성격의 학자들의 존재를 강조하는 것은 문제가 있어 보인다. 이 글에서는 길재에 대한 논의를 통해 15세기 전반기 이러한 학자들의 존재에 대해 의문을 표하는 이유를 설명하고자 한다.

아래의 글들은 길재의 문인인 박서생이 쓴 「행장」에서 인용한 것이다. 이 가운데 길재의 수학에 관한 내용을 소개하면 다음과 같다.

> 나이 11세가 되었을 때 비로소 냉산 도리사에서 공부를 시작하여 글씨를 쓰고 시를 짓는 것을 조금 깨우쳤다. 16세가 되어 (중략) 이때부터 책읽기를 좋아하여 책 상자를 지고 스승을 찾는데 멀고 험한

---

31) 정몽주 · 길재 · 김숙자 · 김종직으로 이어지는 도통론이 최초로 제기된 것은 中宗 때 조광조 일파에 의해서였다. 그들은 자신들의 스승인 김굉필의 학문적 연원을 설명하기 위해 정몽주로부터 김굉필에 이르는 계보를 주장했다.

길을 꺼리지 않았다. (중략) 경술년(18세)에 상산의 사록 박분의 관아에 나아가 논어와 맹자 등의 책을 읽으면서 처음으로 성리학에 대해 들었다. (중략) 박분을 따라 혹 말을 타고 혹 걸어서 서울에 이르렀다. (중략) 인하여 목은 이색 · 포은 정몽주 · 양촌 권근 등 여러 선생의 문하에서 비로소 지론을 들었다. 갑인년(22세)에 국자감에 입학하였으니, 생원시 23명에 합격하였다. 계해년(31세)에 사마감시 4명에 합격하였다. 이때부터 학문이 더욱 나아갔고 도가 더욱 밝아졌다. 날마다 양촌 문하에서 노닐었는데, 양촌이 다른 사람에게 말하기를 "나의 문하에서 학문을 받드는 이가 몇 명 있는데 길재가 독보적이다"라고 하였다.[32]

위의 글에서 보듯이, 길재는 11세에 절에 올라가 시 짓기를 배우는 것으로 공부를 시작했다. 아마도 당시에 흔히 그러했듯이 승려에게 글 짓기를 배웠을 것이다. 그 후 18세에 상산〔상주尙州〕에서 사록으로 있던 박분에게 찾아가 논어와 맹자 등을 배우면서 처음 성리학에 대한 지식을 접하게 되었다. 그 해 박분을 따라 서울로 올라가 이색 · 정몽주 · 권근 등 당시 고려를 대표하던 성리학자들에게서 배울 기회를 가졌다. 그 가운데서 길재의 학문에 가장 큰 영향을 미쳤던 이는 권근이었다. 권근은 길재에 비해 나이가 한 살이 많다. 따라서 두 사람을 스승과 제자의 관계로 설명하기에는 무리가 있지만, 길재는 권근과 박분이 죽었을 때 '심상삼년心喪三年'을 하여 분명히 제자로서의 예를 표하였다. 길재의 학문연원으로서 특별히 정몽주를 강조하는 사림파의 도통론은 그들 두 사람의 충절을 드러낸 것이지 실제의 사제관계에서 정몽주의 비

32) 『冶隱先生言行拾遺』 卷上에 실린 朴瑞生의 「行狀」.

중을 제대로 반영한 견해는 아니라고 보아야 한다.

다음 길재의 학문 · 교육과 관련된 내용을 소개하면 다음과 같다.

> 원근의 학자들이 사방에 모여들어 항상 더불어 경전을 토론하고, 성리를 강해하였다. 집에서는 효도하고 밖에서 공경하며 근심을 잊는 것으로 낙을 삼으니 다시는 남에게 알려져 현달하고자 하는 뜻이 없었다. (중략) 닭이 처음 울면 양치질과 세수를 하고는 의관을 갖추어 입는다. 새벽에 사당에 알현하며, 이어 선성에 미친다. 또 제자들과 더불어 서로 읍하기를 마친 뒤 경서를 강론하는데, 반드시 정주의 뜻에 맞도록 노력하였다. (중략) 일찍이 도학을 밝히고 이단을 물리치는 것을 일삼았다. 책상에 단정히 앉아 저녁이 다하도록 변석하고 절충하기를 게을리 하지 않았다. 승려들 가운데 깨닫고 근본으로 돌아온 이는 수십인에 이르는데, 선생의 아우도 승려가 된지 오래였으나 역시 깨닫고 유자가 되어 생원시에 합격하였다. 경술의 선비로 선생의 문에서 나온 이들이 수를 셀 수 없는데 나 역시 그 끝에 참여하여 가르침을 들었다.[33]

위의 글에서 그 시기 모범적인 유학자들을 표현하는 '경명행수經明行修'라는 말에 딱 어울리는 길재의 모습을 찾아볼 수 있을 뿐이다. 그의 학문 · 교육과 관련하여 특별히 거론되는 두 가지는 '정주의 뜻에 맞도록 노력했다'는 점과 '도학을 밝히고 이단을 물리쳤다'는 점이다. 경전을 해석하는 데 정주의 견해를 정통으로 받아들이기 위해 노력하고, 도학을 밝혀 이단을 배척하는 데 힘쓰는 것은 고려 말 이색 이래의 성리

33) 위의 글.

학자들의 공통적인 태도이다. 길재의 학문 · 교육에서 당시 관학파들과는 다른 특별한 내용을 찾을 수는 없다. 또 그가 가르친 경술의 선비를 대표하는 박서생은 당시 관학파 학자들에게 가르침을 받은 학생들과 전혀 다를 바가 없다.[34)]

18세기의 학자인 황윤석의 글에는 다음과 같은 내용이 있다.

> 또 우탁 · 백이정 · 박충좌 · 최성지 · 권부 · 길재 · 김숙자 · 권근 · 황현 · 조용 · 윤상 · 김구 · 김말 등 제공이 전후로 경전을 배우고 가르쳤으나 역시 후한 때 마융과 정현의 부류일 뿐이었다. 또 자못 스스로 불교를 배척한다고 말했으나, 모두들 깊이 밝히고 확연히 물리치기를 맹자와 주자처럼 한 사람이 있었다는 말을 듣지 못했다.[35)]

위의 글에서 황윤석은 길재는 물론이고 김숙자의 학풍까지 동시대의 학자들과 같다고 했다. 그들의 학풍을 한당의 훈고학으로 규정하는 것이 타당한지는 문제 삼을 수 있겠으나, 그들의 학풍이 비슷했다는 점은 사실로 보아도 좋을 것 같다. 이 글이 사림파의 도통론에 비해 오히려 역사적 사실을 제대로 전해주는 것으로 보인다.

길재의 교육내용을 뒷날의 사림파와 관련시켜 볼 수 있는 자료는 김종직의 글에 처음으로 보인다. 김종직은 이준록에서 길재의 교육내용

34) 實錄의 기사에 따르면 朴瑞生은 太宗 7년 4월에 成均學正의 신분으로 文科에 응시하여 卞季良 · 趙末生과 함께 乙科 제1등에 올랐다. 이에 司諫院 右正言을 제수 받았고, 그 후 世宗 때는 司憲府 執義 · 集賢殿 副提學 등의 벼슬을 지냈다. 세종 10년에는 通信使로 일본에 다녀왔고, 공조참의 때는 水車의 보급을 건의했다. 그 후 안동부사을 거쳐 병조참의를 지낸 경력까지 확인된다.

35) 丁克仁의 『不憂軒集』 卷首 附錄에 실린 黃胤錫의 「有明朝鮮國故通政大夫行司諫院正言不憂軒丁公行狀」.

을 다음과 같이 설명하였다.

> 금오산 아래 집을 짓고 자제를 가르치니, 관동들이 구름처럼 모여 들었다. 그의 가르침은 물 뿌리고 쓸며 응대하는 절차에서부터 춤추며 노래하는 데까지 미쳤으며, 차례를 어겨가면서 가르치지는 않았다. 공(김숙자: 필자) 또한 가서 배웠다.[36]

위의 글에서 김종직은 길재의 교육내용의 특징으로 두 가지를 들었다. 그 하나는 그의 교육이 '물 뿌리고 쓸며 응대하는 절차'를 가르치는 것부터 시작하고 있다는 점이며, 또 하나는 '차례를 어기지 않았다'는 것이다. 전자는 사림파들이 교육내용 가운데 가장 강조했던 『소학』의 가르침을 뜻하는 것이며, 후자는 과거교육에 대한 경계를 의미한다. 사림파가 『소학』 교육을 강조했음은 이미 널리 알려진 사실이니 더 이상 언급하지 않는다. 차례를 어긴 가르침에 대한 부정적 인식 역시 사림파의 교육 · 학습에서 볼 수 있는 특징 가운데 하나이다. 하서 김인후의 교육활동과 관련된 다음의 기술에서 학문의 차례에 대한 이해를 얻을 수 있다.

> 선생이 후학들을 가르칠 때 반드시 먼저 『소학』을 읽고 다음에 『대학』을 읽도록 하였다. 한결같이 주문공이 정한 법에 따라 차례대로 나아가게 하여 차례를 뛰어넘지 못하도록 했다. 때문에 그때 사장을 일삼는 자들은 배우러 오지 않았다. 선생의 가르침을 독신하여 오직 성리의 학에 뜻을 두어 시속을 싫어하고 옛것을 배우고자 하여 시종

---

36) 金宗直.『冶隱先生言行拾遺 · 中』.「彝尊錄語」.

변하지 않은 사람이 약간 있었다.[37]

위의 글에서 보듯이 공부에 차례를 정해 어기지 못하도록 하는 것은 성리학의 공부론에 원래 포함되어 있다. 그러나 이 점에 특별히 주목하기 시작한 것은 사림파의 등장부터이다. 그들은 일상생활에서의 도덕적 실천도 제대로 가르치지 않고 기송記誦과 사장詞章을 가르쳐 과거를 준비하도록 하는 교육 내용에 대해 비판적이었다.[38] 중요한 문제는 김종직이 말한 길재의 이러한 교육 내용을 박서생이 쓴 「행장」을 비롯한 다른 글 속에서 찾아볼 수 없다는 점이다. 김종직 단계에 이르러 일반적인 관학교육과는 다른 교육내용에 대한 인식이 성립되었고, 그러한 인식이 길재에까지 소급된 결과가 위와 같은 글로 나타났다고 해석하는 것이 온당하다.

길재의 교육활동에서 명확하게 관학과 구별되는 특징은 그의 교육활동이 사적으로 이루어지고 있었다는 점이다. 흔히 사림파의 기원을 설명하면서 관학파의 관학교육과는 달리 재야에서 이루어지던 서재교육을 강조한다. 그러나 이미 밝혀진 바와 같이 서재교육 역시 관학교육과 다를 바 없는 과업科業 교육이었다.[39] 이 서재교육에 관해 언급할 때 항상 거론되는 자료가 태종 7년 권근이 올린 권학사목의 내용이다.

---

37) 金麟厚. 『河西先生全集』 附錄 卷2. 「敍述」. 先生訓誨後學, 必使先讀小學, 次讀大學. 一從朱文公成法, 循循以進, 不令躐等. 故一時從詞章者, 不往焉. 其篤信先生之敎, 專意性理之學, 厭俗學古, 終始不變者若干人.

38) 許穆. 『眉叟記言』 卷1. 原集 上篇 「學」에는 "공부하는 데에 있어서 큰 병통은 망녕되이 躐等하고 助長하여, 빨리하려 함에 있으니, 이는 私的인 뜻이 벌써 勝한 것인데 私가 앞서고서 學을 이룰 수 있는 자는 없다."는 내용이 있다. 여기서 말하는 '私的인 뜻' 가운데 가장 중요한 내용이 科擧를 통한 出世라고 보아도 좋을 것이다.

39) 李秉烋. 1975. 「麗末鮮初의 科業敎育」. 『歷史學報』 67.

도선굴(일명 야은굴, 경북 금오산)

전조 때에는 외방에 있는 한량유신이 사사로이 서재를 두어서 후진을 교훈하여, 스승과 생도가 각기 편안함을 얻어서 그 학업을 이루었었는데, 지금에는 사유師儒가 간혹 다른 고을의 교수가 되어, 가족과 떨어지게 되고 생업을 폐하게 되므로, 모두 구차히 면하려 하고, 생도는 강제로 향교에 나오게 하여 편안히 공부를 하지 못하고, 수령이 혹은 서사書寫의 일로써 사역을 시키니, 이름은 권학이라 하나 실지는 폐이됨이 많습니다. 이제부터는 외방에 있는 유신이 사사로이 서재를 두고 교훈하는 자는 감히 다른 고을의 교수로 정하지 말도록 하고, 생도도 강제로 향학에 나오게 하지 말도록 하며, 감사와 수령이 권면을 가하여, 각기 편안히 살면서 강학하여 풍화를 돕게 하소서. (중략) 그대로 따랐다.[40]

40) 『太宗實錄』 卷13. 太宗 7년 3월 24일(戊寅).

위의 자료는 일반적으로 여말선초에 향교 중심의 관학교육과 서재 중심의 사학교육이 병존하고 있었다는 사실을 밝히는 것으로 읽힌다. 그러나 위의 글에서 관학교육과 서재교육의 병존보다는 관학교육의 강화에 의해 서재교육이 약화되어 가는 모습을 읽어내는 것이 더 정확한 이해가 아닐까. 이 시기에 발달한 서재교육은 아직 향교의 정비가 제대로 되지 않은 상황에서 향촌사회에서 교육의 수요가 늘어난 데 대한 대응으로 보아야 할 것이다. 따라서 서재교육의 내용이 향교교육의 내용과 차이가 있는 것이 아니었으며, 이후 국가에 의해 향교교육이 정비되면서 서재교육은 약화되어 갔을 것으로 보인다. 설령 위의 글에서 서재교육의 약화를 읽은 것이 무리라고 하더라도, 관학파 인물들 가운데도 사학 교육에 힘을 쏟는 이가 있었다는 사실을 주목한다면 15세기 전반기 관학과 사학의 질적인 차이를 강조하기는 힘들 것으로 보인다.[41]

이처럼 15세기 전반기까지 재야 지식인들은 중앙에서 활약하던 사대부들의 성리학, 즉 관학파 성리학과는 다른 내용의 성리학을 정립했던 것으로 보이지는 않는다. 길재의 경우에서 보았듯이, '불사이군'의 충절을 실천했다는 점을 제외하고는 관학파 유학자들과 다른 학풍 · 문풍을 가진 것은 아니었다. 또 이 충절의 문제와 관련하여 반드시 강조되어야 할 사실은 15세기 전반기까지는 충절로 드러나는 절의라는 가치가 반역성혁명파의 전유물이 아니었다는 점이다. 비록 역성혁명을 전후한 시기에 그들의 충절을 통해 절의라는 가치가 실현되었지만, 이후 관학파 유학자들도 이 절의를 적극적으로 받아들여 자신들의 가치로 삼았다는 사실을 간과해서는 안 된다.

---

41) 정순우. 2010. 「麗末鮮初 '私置學堂'의 역할과 성격」. 『정신문화연구』 33권 제4호.

정종 2년 7월, 당시 세자이던 이방원이 길재를 불러 관직에 나오도록 하였다. 서울에 올라온 길재는 '불사이군'의 충절을 내세우면서 향리로 돌아가고자 하였다. 이방원은 길재의 그러한 태도가 강상의 도리를 지키는 것이라 하여 긍정적으로 받아들였다.[42] 그 후 태종 1년 1월에 참찬문하부사 권근이 상서하여 전대에 절의가 있는 인물들을 포상하기 청하였는데, 이때 그 대상으로 정몽주 · 김약항과 함께 길재를 거론하였다. 이 글에서 권근은 역성혁명을 당하여 절개를 지켜 벼슬을 사양한 자는 길재 한 사람뿐이니 그에 합당한 포상이 있어야 한다고 했다. 그러나 태종 때 국가적으로 길재를 추숭하는 사업이 이루어지지는 않았다. 국가적인 추숭은 세종을 기다려야 했다. 세종은 『삼강행실도』에 '길재항절吉再抗節'이라는 항목을 두고 길재를 우리 나라의 대표적인 충신 가운데 한 사람으로 실었다. 이 조치는 이후 길재에 대한 역사적 평가에 결정적인 영향을 미쳤다. 그리고 길재의 아들 사순을 불러 벼슬을 내리고, 길재 사후에는 벼슬을 추증하여 국가적인 추숭을 표시하였다. 태종 때 비록 국가적인 추숭은 이루어지지 않았으나 권근의 추숭과 태종의 긍정적인 태도의 영향으로 관료들 역시 길재에 대한 존경을 표시하였다. 그 대표적인 인물이 태종 3년(1403) 당시 경상도 관찰사였던 남재다. 경상 감사였던 남재가 길재의 신절과 효행을 기리는 시를 지었고, 이에 다른 사람들이 화답하였다.[43]

기왕의 연구에서 지적한 바와 같이 새 왕조의 군신의리의 확립, 즉 관료윤리 확립의 한 수단으로 활용하게 된 것이 길재의 충절에 대한 조선시대 추숭의 시발이었다.[44] 여기서 주목할 것은 그 관료윤리의 구체

42) 『定宗實錄』 卷5. 定宗 2년 7월 2일(乙丑).
43) 權近. 『陽村集』 권20. 「題吉再先生詩卷後序」.
44) 李泰鎭. 1993. 「吉再 忠節 追崇의 時代的 變遷」. 『韓國思想史學』 4 · 5합집.

적인 내용이다. 물론 그 기본 내용은 '불사이군'의 충절이었고, 따라서 이 충절을 보인 인물이 관료윤리를 실천한 모범적 사례로 거론된다. 길재의 경우가 바로 그러하다. 그러나 조선초기에 확립하고자 한 관료윤리가 충절에만 그치는 것은 아니었다. 『삼강행실도』에 보이는 충신의 여러 행실 가운데는 충절을 지킨 사례와 함께 위험을 무릅쓰고 군주에게 간쟁한 사례가 다수 있다. "평시에 할 말을 다하고 극간極諫하는 자는 절의 있는 선비"[45]라는 인식은 극간과 충절이 같은 가치, 즉 절의의 실현이라는 점을 단적으로 보여준다.

조선초기에 절의라는 가치는 충절과 극간에만 그치지 않는다. 권근의 글에서 절의와 대립하는 개념으로 공리功利를 들고 있다.[46] 공명과 이익을 추구하는 것이 절의에 배치된다는 사실을 의미한다. 이 사실과 연관하여 『경국대전』「예전」'제과諸科'조에서 생원 · 진사시와 문과에 응시할 수 없는 자로서 두 번 시집간 여자의 아들 · 손자와 장리贓吏, 즉 탐관오리의 아들을 들고 있음을 눈여겨 볼 필요가 있다. 재가녀의 아들 · 손자에게 과거 응시 자격을 박탈한 것은 '불경이부'라는 절의의 규범을 어긴 자의 자손이기 때문이다. 그렇다면 장리의 아들에게 과거 응시 자격을 박탈한 것도 마찬가지로 절의의 규범을 어긴데 대한 징벌로 간주할 수 있겠다. 공명과 이익을 추구하는 것이 지나치면 장리가 되는 것이고, 그것은 곧 절의라는 가치에 위배되는 행위인 것이다. '불사이군'의 충절을 지키는 신하, 군주의 잘못을 극간하는 신하뿐만 아니라 염치를 지키는 청백리 역시 절의라는 가치를 실천하는 관료 가운데 한 부류였다.

조선초기 절의라는 가치가 내포하는 내용을 이렇게까지 넓혀 본다면

45) 『成宗實錄』 卷93. 成宗 9년 6월 3일(癸巳).
46) 註 42)

절의는 조선초기의 모범적 관료상을 정립하는 데 필수적인 가치, 즉 관료윤리의 가장 중요한 내용이었다고 할 수 있다. 관학파는 유교적 군신의리의 핵심적 내용인 절의를 적극적으로 내세우면서 새로운 왕조의 정치체제를 안정시켜 갔다. 절의는 오직 '불사이군'의 충절로만 실현되는 것이 아니라 군주의 권력을 두려워하지 않고 간쟁을 일삼는 행위 속에서도 실현된다. 예의염치를 지켜 청렴한 관리가 되는 것 역시 절의의 가치를 실현하는 중요한 내용이다. 절의는 정몽주와 길재처럼 충절을 지킨 인물들뿐만 아니라 새로운 왕조의 관료로 활동하고 있는 자신들도 실현해야 할 가치였다. 따라서 관학파는 정몽주와 길재를 자신들과 다른 부류로 내치지 않고 자신들이 본받아야 할 모범적인 관료로 추숭할 수 있었다.

관학파의 성격을 이렇게 이해한다면, 15세기 전반기까지는 관학파와 다른 학문성향이나 가치관을 가진 지식인 집단, 즉 '절의파' 혹은 사림계로 불리는 인물들을 내세우는 것이 역사적 사실과 부합하지 않을 수 있다. 그렇다면 이들의 학문 · 사상적 입장을 계승한 인물들이 성종무렵부터 사림파로 결집하기 시작한다는 설명은 성립하지 않는다. 사림파의 성립을 설명하기 위해서는 오히려 관학파에 의해 유교문화의 수준이 높아지고, 동시에 그 기반이 확대되고 있었음을 주목하는 것이 온당하다.

조선초기 유교문화의 기반 확대에 가장 큰 기여를 한 것은 전국의 모든 고을에 건립된 향교였다. 현재 전국 고을의 향교가 건립된 구체적 시기를 살핀 연구는 아직 없다. 그러나 태종 6년에 각 고을의 향교 생도의 액수와 토지를 차등 있게 정한 조치가 취해졌을 때는[47] 이미 전

47) 『太宗實錄』 卷11. 太宗 6년 6월 27일(乙酉).

국 대부분의 고을에 향교가 있었을 것으로 보인다.[48] 그 결과 앞에서 본 권근의 권학사목에서와 같은 일이 벌어지게 된 것이다. 그리고 그 이후 향교교육을 통해 조선왕조 유교문화의 기반은 비약적으로 확대될 수 있었다.

지방사회에서 새로운 학풍을 가진 일군의 지식인이 등장할 수 있었던 배경을 살피기 위해서는 이처럼 15세기를 통해 이루어진 유교문화 기반의 확대를 가장 우선적으로 고려해야 한다. 성종 7년 46세의 김종직이 선산부사로 재직할 때, 김굉필·이승언·원개·이철균·곽승화·주윤창 등의 문인들과 함께 선산향교에서 경전의 내용을 토론하였다.[49] 사림파의 도통론에서 중심적 인물인 김종직과 김굉필의 학문적 교류가 이루어진 곳이 선산향교였다. 이 두 사람은 이미 성종 3년에 사제관계를 맺었는데, 이때 김종직은 함양군수로 있었으니 김굉필이 처음으로 김종직에게 배움을 청한 곳 역시 함양향교였을 것이다.[50] 향교교육의 발달이 사림파의 성립을 가져온 직접적인 계기는 아니지만, 향

---

48) 『新增東國輿地勝覽』 卷38, 全羅道 濟州牧의 '學校'條에 "世宗 17년 乙卯에 향교가 지어졌다."는 기사가 있다. 그런데 『世宗實錄』 卷10, 世宗 2년 11월 15일(己卯)의 기사에는 이미 大靜縣과 旌義縣 두 고을에 향교가 건립된 것으로 나타난다. 제주목 보다 대정·정의 두 고을에 향교가 먼저 건립될 수 있었는지 의문이기는 하나, 이 두 기사를 통해 제주도에도 세종 때는 이미 향교가 건립된 사실을 확인할 수는 있다. 전국 고을 가운데서도 제주도의 고을들이 가진 특수성을 생각한다면 늦어도 세종 초기 이전에 전국의 모든 고을에 향교가 건립되었던 것 같다.

49) 金宗直. 『佔畢齋集』. 「佔畢齋先生年譜」. 是歲仲夏, 金秀才宏弼, 李生員承彦, 元參奉槩, 李生員鐵均, 郭進士承華, 周秀才允昌, 會府之鄕校, 討論墳典. 就門下, 問辨數月矣.

50) 위의 글. 成化七年辛卯. 成宗大王二年, 先生四十一歲. 正月上旬. 由鳥嶺路, 赴咸陽任所. 莅事之暇, 選境內聰明冠者童蒙, 敎誘日課講讀. 學者聞之, 自遠方來會. (중략) 成化八年壬辰. 成宗大王三年, 先生四十二歲. 春秋, 設行鄕飮酒儀·養老禮. 八月初五日, 作頭流遊山錄, 撰觀海樓記. 一蠹鄭汝昌與寒暄金宏弼相友. 詣先生門下, 請學. 以古人爲學次第敎之. 先讀小學, 大學. 遂及語, 孟. 日承指敎, 尋知綱領旨趣, 硏窮道義.

교교육의 발달과 사림파의 성립이 대립적인 것이 아님을 이들 사제가 명확하게 보여주고 있다.

4. 관학파의 변질과 사림파의 등장

조선초기 유교문화의 기반이 확대되면서 향촌사회에도 많은 수의 유교적 지식인들이 있었으며, 이들은 과거를 통해 중앙에 진출하여 관학파의 새로운 구성원이 되었다. 그러나 세조의 즉위를 계기로 이러한 상황에 변화가 생기기 시작하였다. 유교적 지식인 가운데 당시의 훈구파는 물론이고 이전의 관학파와도 성격을 달리하는 인물들이 나타나기 시작하였다. 우리는 이들을 가리켜 사림파라고 부른다.

세조의 즉위와 함께 그 이전까지 유교적 가치의 중심에 있던 절의를 둘러싸고 심각한 문제가 발생하였다. 역성혁명의 경우에는 천명사상으로 새로운 왕조의 정통성을 주장할 수 있었다. 따라서 새로운 왕조의 통치가 안정된 세종 때는 역성혁명을 정당화하면서 동시에 절의를 추숭하는 조치를 취할 수 있었다. 전자를 대표하는 것이 『용비어천가』의 편찬이라면, 후자를 대표하는 것이 『삼강행실도』의 편찬이다. 『삼강행실도』는 그 이전까지 강조되던 효윤리에 더해서 충신 · 열녀의 행실을 통해 절의의 가치를 추숭하고 보급하기 위해 편찬한 서적이다. 15세기 전반기에 가장 강조된 유교적 가치가 효와 절의였고, 조정의 관료들은 물론이고 재야의 선비들 역시 이러한 가치를 받아들이고 있었다. 그러나 세조의 즉위와 함께 상황이 바뀌었다.

세조의 즉위는 역성혁명과는 사정이 달랐다. 그 사건을 정당화할 수 있는 유교적 정치이념은 존재하지 않았다. 수양대군 세력이 자신들의 행위를 이념적으로 정당화할 수 있었던 것은 계유정난까지였다. 수양대군의 왕위 찬탈에 협력하여 이후 훈구파라 불리는 지배세력으로 군림하게 된 인물들 가운데 어느 누구도 세조의 즉위를 이념적으로 정당화하는 발언을 하지 않았다. 그것이 그 이전에 확립된 유교의 근본적 가치인 절의에 어긋나는 것이었기 때문이다. 관학파에서 훈구파로의 변질의 가장 큰 특징은 바로 절의라는 가치를 자신의 것으로 할 수 있는지의 여부에 있었다. 그러한 변질을 확고하게 만들어 준 사건이 흔히 '사육신사건'이라고 부르는 단종 복위모의였다. 이 사건 이후 이제 세조의 조정에 남아있는 관료들은 더 이상 절의의 가치를 자신의 것으로 삼을 수 없었다. 그들은 이제 관학파에서 훈구파로 바뀌게 된 것이다.

이후 세조의 왕권이 유교적 정치이념에서는 금기시하는 전제적 성격을 띠어도, 국가적인 불교진흥책을 펼쳐도 훈구파들은 침묵할 수밖에 없었다. 그들 또한 수양대군과 함께 절의를 부정하는 데 참여한 세력이었기 때문이다. 그러나 한편에서는 절의의 가치를 여전히 견지하는 사람들이 있었고, 이들은 세조 정권에 비판적일 수밖에 없었다. 세조 재위 시에는 그의 강력한 왕권으로 자신에 대한 비판을 억누를 수 있었다. 그러나 성종이 즉위하면서 사정은 달라졌다. 이런 저런 방향에서 세조 즉위의 문제점을 드러내는 발언을 하는 사람들이 나타나기 시작했다. 대표적인 인물로는 종친인 이심원과 유학 남효온을 들 수 있다. 성종 9년 주계부정 심원이 당시의 정세를 살피는 내용의 상서를 올렸는데, 그 가운데는 다음과 같은 내용이 있었다.

이로써 보면 비록 조종의 훈신일지라도 진실로 이윤 · 여상 · 자방 같은 무리가 아니면 권세를 빌려 주어서 은혜를 상하게 할 수 없습니다. 이런 까닭에 진평의 재주는 가히 더불어 초나라를 도모할 수는 있었으나 더불어 수성할 수는 없었으니, 기묘한 계책은 많으나 그 중中이 없었기 때문입니다. 우리 세조께서는 하늘이 준 용기와 지혜를 지니고 해와 달처럼 밝아 사람을 쓰는 데에 구비한 것을 구하지 아니하고 장점과 단점을 비교하고 헤아려서 한 가지 재주에 이름이 있는 자는 쓰지 아니함이 없기 때문에 한 때의 선비가 매달리고 따르면서 모두 등용되었는데, 이제 성명聖明이 세조에게 미치지 못하면서 그 신하들을 모두 쓰고자 하니, 그 벼슬을 옮기는 즈음에 어긋나고 잘못됨이 없겠습니까.[51]

위의 내용은 한마디로 세조 때의 훈신들을 더 이상 기용하지 말라는 것이었다. 이에 이어 남효온이 다음과 같은 내용을 포함하는 소문疏文을 올렸다.

그 하나는, 소릉昭陵을 추복追復하는 것입니다. 신이 삼가 살피건대, 세조혜장대왕은 하늘이 준 용기와 지혜를 지니고 해와 달처럼 밝아 하늘과 사람의 도움을 얻어서, 큰 어려움을 깨끗하게 타개하여 집을 나라로 만들어서 종사가 거의 위태롭다가 다시 안정되었고 이 백성이 이미 죽었다가 다시 살아났는데, 뜻밖에 다스리는 교화가 바야흐로 흡족하게 되자 재앙이 그 틈을 일어가서, 병자년에 여러 간신들이 란을 일으켜서 중외가 경동하여 우리 사직이 거의 기울었으나, 곧 잇달아 복주하여 거의 베어서 없앴는데, 남은 화가 소릉에 미쳐서 20

51) 『成宗實錄』 卷91. 成宗 9년 4월 8일(己亥).

여 년 동안 폐함을 당하여 원혼이 의지할 바가 없을 것이니, 신이 모르기는 하나, 하늘에 계시는 문종의 혼령이 홀로 제사를 받기를 즐겨하시겠습니까? (중략) 만약 말하기를, '폐한 지 3대를 지나 조종께서 거행하지 아니한 것을 이제 추복하여 예장하는 것은 불가하다.'고 한다면, 청컨대 세조 무인년의 훈계로써 이를 밝히겠습니다. 예종께 훈계하시기를, '나는 어려움을 당하였으나 너는 태평함을 당할 것이다. 만약 나의 행적에 국한 되어 변통할 줄을 알지 못하면 나의 뜻을 따르는 바가 아니다.'라고 하였으니, 무릇 일은 행할 만한 때가 있고 행하지 못할 때가 있는데, 어찌 전대에 구애되어 변통함을 쓰지 아니하겠습니까?[52]

앞서 제시한 심원의 상서에서도 그러했지만, 남효온 역시 세조의 훈계를 근거로 소릉 추복을 요구하였다. 세조 때의 조치 가운데 도리에 맞지 않는 것을 고치라는 요구였지만, 그 바탕에는 세조 즉위 이후 당시까지의 집권세력에 대한 부정적 인식이 깔려있었다. 그 점은 심원의 경우도 마찬가지였다. 따라서 동부승지 이경동은 "남효온의 상소가 주계부정의 상소와 서로 같으니, 신의 생각으로는, 한 손에서 나온 것인 듯합니다."[53]라고 하였다. 이들 두 사람의 글에 훈구파들이 반발하는 것은 당연하였다. 한명회가 이들의 처벌을 요구하였다.

경연에 나아갔다. 강講을 마치자, 영사 한명회가 아뢰기를, "전일에 주계부정 심원이 올린 글에 이르기를, '세조조의 공신은 쓸 수 없다.'고 하였으니, 노신은 이를 듣고 그 뜻을 이해하지 못하겠습니

52) 『成宗實錄』 卷91. 成宗 9년 4월 15일(丙午).
53) 『成宗實錄』 卷91. 成宗 9년 4월 16일(丁未).

다. 세조는 중흥한 불세출의 임금이신데, 심원이 어느 신하를 가리켜서 쓸 수 없다고 하지 아니하고 세조의 공신은 모두 쓸 수 없다고 말하였으니, 신은 매우 통분합니다." 하자, 임금이 말하기를, "주계의 이 말은 깊은 뜻이 없는 것이다. (중략) 또 상소는 세조를 배척한 것이 아니고 다만 공신을 쓰는 것이 불가하다고 한 것이다." 하니, 한명회가 말하기를, "그 세조 때의 공신을 쓰지 말라고 말한 것은 세조를 비난하고 헐뜯은 것입니다. 또 듣건대 남효온도 글을 올려 소릉을 추복하자고 말하였다 하는데 남효온이 심원과 더불어 교결하였기 때문에 그 말한 바가 서로 같으니, 이를 점점 자라나게 할 수가 없습니다."[54]

위의 한명회의 말을 통해 이심원과 남효온의 글이 세조의 즉위 그 자체에 대한 부정적인 인식으로도 읽힐 수 있음을 엿볼 수 있다.

당시 이처럼 훈구파에 대해 부정적 인식을 갖거나, 혹은 세조의 즉위 그 자체까지 문제 삼는 인물들이 이 · 남 두 사람에 그치지 않았다. 이심원의 상서 속에는 그들과 뜻을 같이 하는 인물로 함양의 정여창, 태인의 정극인, 은진의 강응정 등을 들었다.[55] 재야의 선비들 가운데는 이 · 남 두 사람과 뜻이 통하는 인물들이 상당수 있었고, 그 지역적 범위도 삼남지방 전체에 걸쳐있었다.

그들은 당시의 지배세력인 훈구파와는 다른 학풍을 가진 새로운 성격의 지식인들, 즉 사림파로 자라나고 있었다. 훈구파와 사림파의 가장 큰 차이 가운데 하나가 절의라는 가치를 둘러싼 차이이다. 훈구파가 절의라는 가치를 방기함으로써 사림파만 이 가치를 전유할 수 있었

54) 『成宗實錄』 卷91. 成宗 9년 4월 24일(乙卯).
55) 『成宗實錄』 卷91. 成宗 9년 4월 8일(己亥).

다.[56] 사림파는 절의를 그들이 추구하는 가치의 중심에 놓았고, 절의를 실천하기 위해 위험을 무릅쓰고 당시의 권력에 비판적 자세를 취하였다.

절의라는 가치에 중요한 의미를 부여하기는 관학파도 마찬가지였다. 그러나 사림파와 관학파가 생각하는 절의는 차이가 있었다. 그 차이는 관료윤리로서의 절의와 선비윤리로서의 절의이다. 전자의 절의론은 군신관계의 성립 자체를 당연한 전제로 하고, 그 속에서 어떻게 군신의리를 실천할 것인지를 논의한다. 이에 반해 후자의 절의론은 군신관계의 성립 그 자체를 둘러싸고 어떻게 의리를 실천할 것인지를 논의한다. 다음에 보이는 권근의 글과 성혼의 글은 이 두 세력이 생각하는 절의가 어떻게 다른지 단적으로 보여준다. 권근의 글은 다음과 같다.

> 문인 권근 또한 충주로 폄척되어 가다가 길에서 공(이색李穡 : 필자)을 만나 앞서 사람들에게 들은 말을 공에게 고하니, 공이 이르기를, "이것은 속이는 짓이다. 신하의 도리는 오직 임금의 명령대로 따라서 부르면 오고 물리치면 떠나야 한다. 죽음도 피하지 않는 것인데, 왕래하는 것쯤을 어찌 걱정할 것이 있겠는가." 하였다.[57]

위의 글에서 이색은 임금의 명령대로 따르는 것이 신하의 도리, 즉 군신의리를 지키는 일이라고 하였고, 권근은 이색의 그 말을 그대로 기

---

56) 成宗 때 훈구파들 역시 吉再의 절의를 추숭할 것을 주장하기도 한다. 이들이 국가적인 차원에서 길재 추숭 사업을 행할 것을 건의했을 때, 그들에게 길재는 군주에 대한 충성의 상징이지 권력에 대한 비판의 상징은 아니었다. 이들이 생각하는 절의는 사림파들의 절의는 물론이고, 이전의 관학파들이 생각하던 절의에 비해서도 지극히 협소한 내용, 즉 군주의 권위에 대한 충성이라는 의미밖에 갖지 못했다. 그리고 이들에게 절의는 이미 그들이 추구하는 가치의 중심에 놓여있는 것은 아니었다.

57) 權近. 『陽村集』 卷40. 「牧隱先生李文正公行狀」.

록하였다. 이색의 그러한 견해를 온당한 것으로 받아들였기 때문이다. 이에 반해 성혼은 다음과 같이 말했다.

> 의리는 정미하여 만나는 경우에 따라 일정하지 않으니, 어찌 일찍이 정해진 규칙이 있겠습니까. 출처와 진퇴는 오직 의리가 있는 대로 할 뿐이니, 어찌 반드시 군주의 명을 듣고 바삐 달려가는 것만을 신하의 당연한 분수와 의리로 삼을 수 있겠습니까.[58)]

위의 글에서 '군주의 명을 듣고 바삐 달려가는 것'은 군신관계의 성립 그 자체에 절대적인 가치를 부여하는 태도이다. 그러나 성혼은 군주의 명령을 따르는 것만이 의리를 실천하는 것이 아니라 군주가 불러도 나가지 않는 것 역시 의리를 실천하는 것이 될 수 있다고 했다. 출 · 진하는 것뿐만 아니라 처 · 퇴하는 것 역시 의리의 실천이라고 말했다. 직접적인 군신관계 밖에서의 군신의리의 실천을 말하고 있는 것이다. 이러한 군신의리가 바로 출처의리이다.

관학파에게 절의는 '불사이군'의 충절과 함께 군주의 권력 앞에서도 간쟁을 두려워하지 않는 극간이라는 행실 속에서 실현되는 가치였다. 그리고 청백리로 대표되는 관료상, 즉 예의염치를 지녀 '멸사봉공'하는 관료들 역시 절의를 실천하는 대표적 사례였다. 관학파가 생각하는 충절 · 극간 · 염치는 모두 절의를 실천하는 관료로서 행실이었다. 사림파 역시 이러한 행실을 절의의 중요한 내용이라고 생각했고, 또 그들 스스로 실천하기 위해 노력했다. 염치라는 기준을 내걸고 훈구파의 비리를

58) 成渾. 『牛溪集』 續集 권3. 「與宋雲長翼弼」(癸未 四月).

지적했으며, 훈척의 권력에 맞서 간쟁을 일삼았다. 사림파가 생각하는 절의는 이러한 내용과 함께 출처의리를 포함한다는 점에서 뚜렷한 차이점을 찾을 수 있다. 남효온에 대한 실록의 평가를 주목해보자.

> 남효온이 젊어서부터 글을 읽어 큰 뜻이 있었다. 성종조에 상서하여 일을 말하다가 기휘에 저촉되어 옥에 갇혀 국문을 당하기도 했다. 그러자 스스로 그 뜻을 세상에 행할 수 없음을 알고 드디어 방임하여 얽매이지 않아 시속과 더불어 오르내리지 않았고, 노장의 높고 허탄한 의론을 본받아서 혜강 · 완적처럼 매이지 않는 행동을 하였으며, 문장을 함에 있어서도 역시 뛰어나 고루하지 않았다. 더욱이 시에 능하여 당나라 시인의 풍격이 있었는데, 불공평한 세상에 화가나 세상을 벗어나 이단이 되어 죽음에 이르도록 깨닫지 못했으니, 진실로 우리 도의 죄인이라 하겠다.[59]

남효온에 대한 위의 평가가 과연 적실한지는 논외로 하고, '스스로 그 뜻을 세상에 행할 수 없음을 알고' 벼슬에 나가지 않았다는 점만 살피면 족하다. 남효온의 그러한 결정이 바로 출처의리의 실천이기 때문이다.[60]

---

59) 『燕山君日記』 卷31. 燕山君 4년 8월 16일(己卯).

60) 이 시기에 출처의리가 절의의 새로운 내용으로 자리 잡는 데는 사회경제적 변화 역시 큰 영향을 미쳤다. 收租權的 토지지배의 약화와 地主制의 발달이 그것이다. 私的所有에 바탕을 둔 지주제가 발달하면서 지배층의 국가권력에 대한 경제적 의존도가 현저하게 약화되기 시작했다. 그 이전까지 지배층의 경제적 기반에서 결정적 역할을 하던 科田의 비중이 점차 줄어드는 만큼 지배층의 국가권력으로부터의 자율성은 높아지게 되었다. 이전까지는 과거를 통해 관료가 되는 것이 선비들에게 死活이 걸린 문제였다면 이제부터는 사정이 점차 달라지기 시작한 것이다. 선비들이 지주제에 바탕을 두고 자족적인 경제생활을 꾸릴 수 있을 때 處士라고 불리는 선비들이 사회적 존재로 성립할 수 있었다. 이들 처사들은 자신들의 처신을 출처의리를 실천하기 위한 것이라고 설명했다.

사림파 가운데는 출처의리를 포함한 절의를 실천하기 위해서는 이전의 관학파의 학풍과는 다른 새로운 성격의 학문, 즉 도학이라는 새로운 학풍이 필요하다고 생각하는 인물들도 있었다. 앞에서 보았듯이 관학파 역시 도학이라는 개념을 사용하였다. 그러나 그 도학은 정주의 뜻에 부합하도록 경전을 해석하고, 이단을 배척하는 그런 학문을 가리키고 있었다. 물론 관학파들 역시 경서를 통해 성명의 근원을 탐구하고 심성 수양에 힘쓸 것을 강조한다. 사림파의 도학과 기본적으로 일치하는 내용이다. 그러나 관학파의 경우 그 도학의 성과를 담는 틀로서 시문詩文을 택했다. 과거를 위해서도 시문은 필수적이며, 관료가 된 이후 '화국華國', 즉 국가의 문치文治에 기여하기 위해서도 뛰어난 시문의 능력이 요구되었기 때문이다.

사림파 가운데도 관학파와 마찬가지의 학문 성향을 보인 인물들이 있었다. 김종직 · 김일손 · 남효온 등이 그들이다. 그러나 사림파 학문의 기본 방향은 이와 달랐다. 김굉필 · 정여창의 경우 도학과 훌륭한 시문은 아무런 연관이 없었다. 이들에게 도학을 위해서는 시문 공부가 필요없다고까지 했다. 도학의 성과는 훌륭한 시문으로 나타나는 것이 아니라 뛰어난 행실로 나타나는 것으로 바뀌었다.[61]

16세기에 유성룡은 길재에 대해 다음과 같이 설명하였다.

> 욕심을 절제함이 없다면 누구든지 죽음은 피하고 살길을 찾으며 부귀를 구하는 일을 왜 하지 않겠는가. (중략) 성인이 이를 걱정하여 사람을 가르치는 데는 먼저 그 본심을 세우게 하였다. (중략) 이욕은

61) 관학파와 사림파가 내세우는 도학의 차이에 대해서는 金勳埴. 2006.「寒暄堂 金宏弼에 대한 조선시대의 평가와 그 의미」.『東方學志』 133에 약간의 설명이 있다.

홍수이며, 본심은 지주砥柱이다. 사람이 어찌 자신을 지주하지 못하면서〔본심을 지키지 못하면서〕 능히 세상을 지주할 수 있겠는가〔세상을 바르게 할 수 있겠는가〕. 그러므로 위태롭고 어려운 속에서도 변하지 않는 것은 모두 평소에 본심을 세워서 잃지 않았기 때문이니, 길선생이 이와 같은 사람이다.[62)]

유성룡 역시 권근과 마찬가지로 길재의 '불사이군'의 충절을 칭양한다. 그러나 유성룡은 그러한 길재의 행위가 '평소에 본심을 세워서 잃지 않았기 때문'이라고 해석하였다. 즉 평소의 도학 공부의 결과 위급하고 어려운 상황 속에서도 다른 사람들과는 달리 절의를 실천할 수 있었다고 해석한 것이다. 이런 해석에 따르면 길재는 당연히 사림파들이 생각하는 도학자의 선구로 추숭된다.

지주중류비砥柱中流碑(길재, 경북 구미)

5. 맺음말

이 글은 15세기의 특정한 지식인 집단의 계기적인 발전 속에서 사림파의 등장을 설명하기 보다는 15세기 후반기의 정치적 변화

62) 柳成龍. 『西厓集』 卷19. 碑碣 「砥柱中流碑」.

속에서 사림파 등장의 계기를 찾고자 하였다. 그 결과 사림파의 도통론은 학문 · 사상의 계기적 발전을 반영한 것이 아니라, 오히려 15세기 후반기 이후 사림파의 정몽주 · 길재에 대한 재해석을 통해 성립한 것이라는 생각을 갖게 되었다.

사림파는 절의라는 가치를 내세워 훈구파에 맞섰고, 그 절의를 실천하기 위해서는 도학 공부가 필요하다고 했다. 자신들의 학문적 정통성을 확보하기 위해 도통을 정립할 때 그들이 선택한 인물이 역성혁명을 전후한 시기에 '불사이군'의 충절을 실천했던 정몽주와 길재였다. 역성혁명 이후에 충절을 실천한 인물이 길재 한 사람 뿐은 아니었겠으나 마침 길재는 김숙자의 스승이었고, 김종직은 김숙자의 아들이었다. 정몽주와 길재 사이의 학문적 관계는 권근과 길재 사이의 관계에 비해 훨씬 미약한 것이었지만 절의의 실천이라는 점에서 정몽주에서 길재로 이어지는 계통이 설정되었다.

정몽주와 길재의 학문 · 사상을 실제 계승한 학자들이 사림파로 결집한 것으로 보이지는 않는다. 오히려 사림파로 결집한 학자들이 정몽주와 길재를 자신들의 학문적 선구로 설정했다는 것이 훨씬 더 사실에 가깝다.

16세기 전반 영남 사림파의 동향과 동방오현 문묘종사

이수환 | 영남대학교 국사학과

1. 머리말

본고는 16세기 전반 이른바 사화기 영남사림파의 정치적 동향과 이 시기를 대표하는 사림파인 동방오현의 문묘종사에 대해 살펴보고자 한다. 우리나라 역사상 정치적 파란이 가장 심했던 시기의 하나인 16세기 전반은 조선왕조의 기본적인 통치질서가 그 자체의 모순의 누적으로 점차 동요 · 변화를 보이는 시기였다. 정치적으로는 집권 훈구세력이 점차 귀족화 · 보수화하였고 사회 · 경제적으로는 권세가의 권력을 매개로 한 부정 · 부패가 만연하고 또한 대농민수탈이 강화됨으로써 농민의 부담이 가중되고 있었던 시기였다. 이는 농민유망을 가져왔고 이러한 농민유망에 따른 농촌사회의 동요는 재지 중소지주적 경제기반을 가진 사림파의 재지적 기반을 위협하였고, 나아가 국가의 근본을 위협하는 것으로 인식되었다. 이 시기 사림파의 훈구파에 대한 공격은 여기에서 출발하였다.

이 시기 사림파의 학문 · 정치 · 사회적 활동의 중심에 영남사림파가 있었고, 그 대표자인 김굉필 · 정여창 · 이언적 · 이황은 조광조와 함께 선조즉위 후 사림정치 시대의 개막과 함께 이른바 '동방오현'으로 추존되면서 조선성리학의 적통을 계승한 분으로 확정되었다.

본고는 이 주제와 관련된 기왕의 연구를 토대로 16세기 전반기 영남사림파의 중심 인물인 김종직과 동방오현으로 추존된 김굉필 · 정여창 · 이언적 등을 중심으로 4대사화시기 영남사림파의 동향 및 동방오현의 문묘종사 과정을 살펴보고자 한다.[1)]

2. 사대사화와 영남사림파의 동향

1) 무오 · 갑자사화와 영남사림파

조선초기 정치권력은 역대 공신을 주축으로 한 훈구세력에 의해 장악되었다. 훈구세력들은 세조정변 이후 공신이 계속 확대 재생산되면서, 점차 권귀화의 추세가 뚜렷해지고 현실에 안주하는 대응자세를 보

1) 사화와 동방오현 문묘종사에 대해서는 다수의 논고가 있다. 본고는 이 문제에 대해 새롭게 검토한 것은 아니고, 필자의 능력부족으로 지금까지의 연구성과를 종합적으로 정리한 데 불과하다. 본고와 관련하여 참고한 대표적인 연구를 적기하면 다음과 같다. 李樹健. 1979.『嶺南士林派의 形成』. 영남대출판부; 李秉烋. 1984.『朝鮮前期 畿湖士林派研究』. 일조각; 李秉烋. 1999.『朝鮮前期 士林派의 現實認識과 對應』. 일조각; 金鎔坤. 1983.「16세기 士林의 文廟從祀運動」.『김철준박사화갑기념사학논총』; 李羲權. 1983.「東方五賢 文廟從祀 小考」.『전북사학』7; 薛錫圭. 1994.「朝鮮時代 儒生의 文廟從祀 運動과 그 性格」.『조선사연구』3; 이병휴. 2005.「朝鮮前期 士林派의 推移 속에서 본 金宏弼의 歷史的 座標」.『역사교육논집』34; 이병휴. 1996.「사림세력의 진출과 사화」.『한국사』28.

이면서 한계를 드러내기 시작하였다. 이러한 정치 · 사회적 분위기 속에서 향촌에서 중소지주적 기반을 가지고 성리학에 대한 이해를 심화시켜 가던 사림은 중앙정계에 진출하여 기존의 훈구파와 대립하는 정치세력으로서의 사림파를 형성하게 되었다.[2)]

사림세력이 본격적으로 중앙정계에 진출하여 훈구파에 대칭되는 하나의 정치세력으로 성장한 것은 성종대부터이고, 그 중심에는 김종직이 있었다. 김종직은 세조 5년(1459) 29세의 나이로 문과에 급제한 이래 성종 23년(1492) 62세로 죽을 때까지 많은 문인을 길러내었다. 영남지방에서의 교육활동의 전통은 오래되었으나, 그 학통을 유지한 것은 '길재→김숙자→김종직'으로 연결되는 경우에 불과하며, 후진 교육활동이 본격화 한 것은 김종직부터였다. 김종직의 후진 교육활동은 세조년간의 재경종사시부터 시작되었다고 보이지만, 본격적인 교육활동은 함양군수(성종2-6년) 시절부터였다. 이때부터 그의 문하에 학도가 운집하였는데, 김굉필과 정여창도 이때 김종직의 문하에 들었다. 이후 선산도호부사(성종7-10년) 재직기, 모상母喪(성종10-13년) 중과 그 직후까지 약 12년간은 그의 향촌교화 및 후진 교육기간이라 할 수 있다.

성종 13년에 중앙관직에 복귀하여 본격적인 정치활동을 시작하면서 교육활동이 중지된 때도 있었지만, 김종직의 후진교육 활동은 이후 성균관동지사成均館同知事(성종16, 19년) 재직기, 일시 퇴거기(성종16년)와 은퇴기(성종20년 이후)에도 계속되었다.[3)] 김종직의 이러한 교육활동은 그의 대표적인 제자인 김굉필 · 정여창으로 이어져 이 시기 사림

2) 사림파의 개념과 형성시기에 대해서는 이병휴. 1984. 앞의 책 5-23쪽; 이수건. 1979. 앞의 책. 18-22쪽.

3) 이수환. 2005.「佔畢齋 金宗直의 生涯와 教育活動」.『安東史學』9 · 10.

파의 형성과 확산에 결정적인 역할을 하였다. 성종대 사림파는 김종직의 문인을 주축으로 해서, 여기에 김굉필 · 정여창의 사우 문인이 첨가된 것이다.[4)]

3인의 「사우문인록」과 『동유사우록東儒師友錄』에 근거하면 김종직의 문인은 65명, 김굉필의 문인은 41명, 정여창의 문인은 47명으로 확인된다. 3인의 문인 중 중복된 인물을 감안하면, 사우 · 문인은 105명으로 파악된다. 이중 거주지 연고지가 밝혀지지 않는 4인을 제외한 101명 중 영남지역에 근거지를 둔 인물이 50명으로 49%에 해당한다. 이들의 분포지역을 보면 3인의 근거지인 밀양 · 선산 · 현풍 · 함양을 중심으로 낙동강 본 · 지류에 폭넓게 분포되어 있다.[5)]

이들 사림파는 김종직이 중앙관직에 복귀하면서부터 중앙정계로의 진출이 활발해졌는데, 이들은 주로 언관직, 언관직 가운데서도 홍문관에 보다 많이 진출하였다. 사림파가 언관직을 장악하게 되는 성종 말경에 가면 이들의 언론활동은 기존의 단순한 훈구세력의 비리에 대한 공격에서 나아가 세조체제를 문제 삼는 소릉昭陵복위주장, 조의제문弔義帝文의 사초화 등 훈구파에 대한 비판의 강도가 더욱 강해졌다. 그러나 전체적으로 볼 때 성종대 사림파의 활동은 훈구세력에 대응될 만큼 충분한 수준의 것은 아니었다. 그나마 이 정도의 언론활동이 가능했던 것도 사림파의 결속된 힘에 의한 것 만이라고는 할 수 없고, 문치지향적인 성종 자신의 의지와 관용이 크게 작용하였다.[6)]

---

4) 이수건. 1979. 앞의 책. 258-276쪽; 이병휴. 1984. 앞의 책. 15-34쪽.

5) 이병휴. 1984. 앞의 책. 19-31쪽.

6) 이병휴. 1999. 앞의 책. 제 1편 3장. 「16세기의 정국과 영남사림파의 동향」. 106-111쪽. 이하 서술은 이 논문을 주로 참고하였다.

이러한 사림파의 언론 활동은 훈구파들에게 위기의식을 불러 일으켰고, 훈구파들이 위기의식을 느끼자 사림파의 공격은 그 강도가 더 커져갔다. 무오사화는 이러한 사림파의 공격이 자기들의 집권 기반이 되었던 세조체제를 위협하는 수준에 이르자 위기의식을 느낀 훈구파의 반격이었다.

무오사화는 연산군 4년(1498) 7월 『성종실록』을 수찬하기 위해 사국史局이 열리면서 시작하였다. 당시 사관이었던 김일손의 사초에 이극돈의 개인적인 비행이 기록되어 있었다. 실록청 당상관이었던 이극돈은 처음에 김일손의 사초가 사적인 감정에서 비롯된 것이라 생각하여, 개인적인 차원에서 해결하기 위해 김일손에게 사초를 빼줄 것을 부탁하였지만, 김일손 등 사림파는 훈구파를 견제한다는 차원에서 실행한 것이기 때문에 그의 요구를 거절하였다. 이에 이극돈은 다시 사초 편집과정에서 이를 빼려고 시도하였지만 이목李穆에게 탐지되어 역시 실패로 돌아갔다.

教旨
贈資憲大夫吏曹判書兼
知經筵義禁府事弘文館
大提學藝文館大提學知
春秋館成均館事
世孫左賓客五衛都摠府都
摠管行通訓大夫吏曹正
郎金馹孫
贈諡文愍公者
博聞多見曰文
使民悲傷曰愍
道光[illegible]年五月 日

증직 교지(김일손)

이에 이극돈은 종전의 개인적이고 소극적인 자세에서 적극적인 공세로 나서 다른 훈구대신들의 도움을 요청하고 나아가 김일손의 다른 사초를 문제 삼아 이들 사초를 연산군에게 알렸다. 김일손의 사초에는 세조가 덕종德宗의 후궁인 귀인貴人 권씨를 불렀다는 사실, 대군부인이 학조學祖와 밀통했다는 등 충격적인 궁중비사와 황보인 · 김종서의 죽음을 절사節死로 인정한 기사, 박팽년의 죽음을 의롭게 기술한 기사, 김담金

淡이 하위지와 더불어 세조의 치세를 위험한 나라로 규정한 기사 등 세조의 즉위를 비판적으로 기술한 기사가 많았다.

이후 김일손에 대한 국문 과정에서 사초에 실린 또 다른 내용인 조의제문이 발견되면서 사건이 더욱 확대되었다. 이 조의제문은 사림파들이 세조체제를 전면 부정하고 있다는 결정적 근거로 받아들여졌고, 따라서 그 연루자의 범위도 김종직의 문인 전체로 확대되었다. 이미 죽은 김종직도 대역죄로 몰려 극형을 당하였고, 당시 중앙정계에 진출해 있었던 그의 문인들 대부분이 화를 당하게 되었는데, 그 중 영남사림파 인물도 많았다. 대역

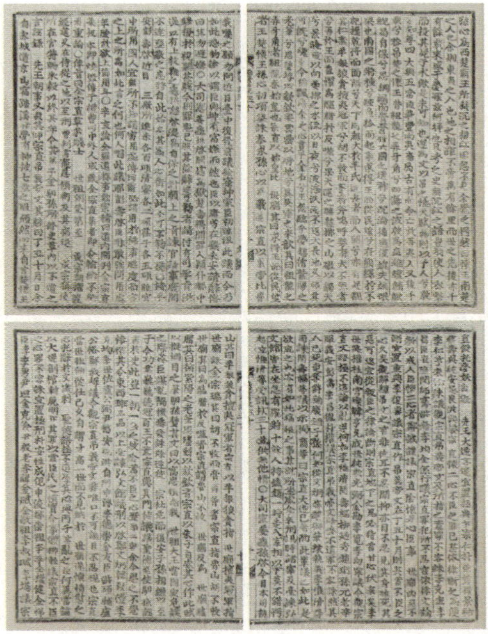

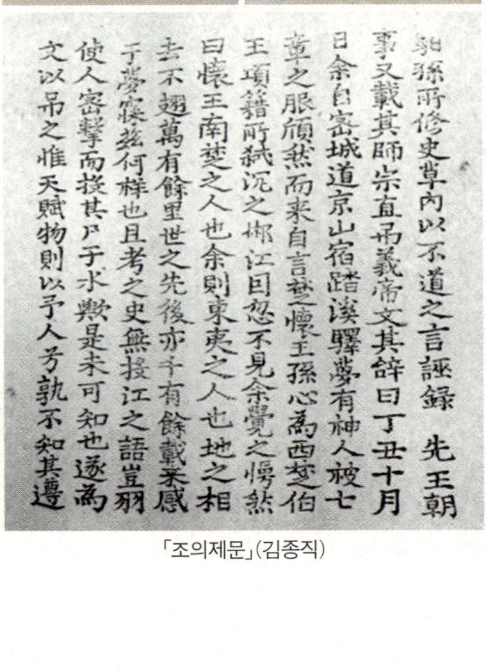
馹孫所修史草內以不道之言誣錄 先王朝
事又載其師宗直弔義帝文其辭曰丁丑十月
日余自密城道京山宿踏溪驛夢有神人被七
章之服頎然而來自言楚懷王孫心爲西楚伯
王項籍所弑沉之郴江因忽不見余覺之愕然
曰懷王南楚之人也余則東夷之人也地之相
去不翅萬有餘里世之先後亦千有餘載來感
于夢寐茲何祥也且考之史無投江之語豈羽
使人密擊而投其尸于水歟是未可知也遂爲
文以弔之惟天賦物則以予人兮孰不知其遵

「조의제문」(김종직)

죄로 능지처참의 극형을 당한 3인 중 김일손 · 권오복權五福 2인이 영남사림파의 핵심인물이었으며, 그 외 유배형에 처한 20인 중 강겸姜謙 · 정여창 · 김굉필 · 표연말表沿沫 · 이종준李宗準 · 강백진康伯珍 · 이주李胄 · 박한주朴漢柱 · 강혼姜渾 · 조위曺偉 등 10인이 영남사림파에 속한 인물이었다.

무오사화 때 원방에 부처되어 살아남았던 영남사림파 인사들은 무오사화 6년 후에 일어난 연산군 10년(1504)의 갑자사화 때 다시 화를 당하였다. 갑자사화는 연산군 생모 윤씨의 폐위, 사사 사건이 연산군에게 전해진 것이 계기가 되었지만, 근본적인 원인은 궁중파宮中派과 부중파府中派의 대립에 있었다. 연산군은 자신의 무절제한 생활로 국가의 재정이 곤궁하게 되자, 백성들에게 공물을 늘려 부과하는 한편 공신들에게 지급되었던 토지와 노비 등도 몰수하려고 하였다. 훈구파들은 이에 반대하면서 연산군의 무절제한 생활에 제한을 가하려고 하였고 이로 인해 양측이 서로 대립하였다.

이러한 사정속에서 궁중과 인연이 있었던 임사홍이 이를 이용하여 훈구세력과 사림파를 제거하였다. 이때 윤비 폐출, 사사 사건의 핵심인물뿐만 아니라 무오사화때 살아남은 잔존 사림파를 제거한 것은, 사림파가 앞으로 자신들의 권력 농단에 장애가 될 것으로 판단하였기 때문이다. 이때 피화된 인물 중에서 죽음을 당한 김굉필 · 박한주 · 강겸 · 변형량卞亨良 · 강백진 · 이주, 유배를 당한 정붕鄭鵬 등이 영남사림파에 속하는 인물들이었다. 그리고 부관참시의 극형으로 추죄된 정여창 · 조위 · 표연말 등도 영남사림파였다.[7)]

---

7) 이병휴. 1999. 앞의 책. 111-114쪽.

이와 같이 사림파가 양대사화로 쉽사리 무너져 버린 것은, 그들이 대개 언관직 또는 한직에 묶여 있었고, 그들 가운데 간혹 정조政曹 계통에 진출한 예가 있었다 하여도 하위직이었으며, 정책결정과 그 실행을 주도하는 정조의 상위직은 훈구파가 독점하고 있었기 때문이다.

무오사화때 직접적인 화를 입었던 자들은 김종직의 문인이었다. 김종직의 문인은 그 성분이 다양하였다. 먼저 출신 지역별로 보면 영남출신과 비영남 출신으로 나눌 수 있고, 학문적인 경향에서도 차이가 있었다. 사림파의 사상적 지향은 경학 특히 성리학의 탐구에 주력한 것으로 이해된다. 그러나 김종직 당시는 사장학에서 경학으로 넘어가는 과도기적인 시기로, 김종직은 사장과 경학을 겸비하고 있었다. 이러한 그의 학문이 지닌 양면성으로 그의 문인 중에는 경학 즉 성리학을 탐구하는 부류와 사장을 추구하는 부류 두 갈래로 계승되었다. 김종직의 3대 문인 중 경학 계열을 잇는 대표적인 제자인 김굉필과 정여창은 많은 제자를 배출하여 사림파의 확산에 크게 공헌하였으며, 김일손은 사장·절의로 이름을 떨쳤지만 교육활동을 통한 문인은 배출하지 못하였다.[8] 사장학에 속하는 정희량鄭希良·남효온南孝溫·홍유손洪裕孫 등은 이른바 방외인方外人으로 구분될 수 있다.

또 정치적 성향에 따라서는 강경파와 온건파로 나눌 수 있는데, 강경파에는 비영남출신과 방외형方外型 문사文士와 종실 출신 등 사장 지향의 인물이 많고, 온건파에는 영남출신과 처사형 인사 등 수기를 지향하는 경학 계열의 인물이 많았다. 김굉필은 한때 그의 스승인 김종직의 현실안주적인 태도를 비판하였지만 그는 정여창·조위 등 여타의

8) 이병휴. 1984. 앞의 책. 29-34쪽.

영남출신 인사들과 마찬가지로 온건파에 속하였다. 그러나 이들은 세조의 등극을 내심 불의로 간주하였다는 점에서는 공통의 정치적 성향을 갖고 있었다.[9)]

무오사화는 김종직 문도 가운데서도 연소기예年少氣銳한 소장인사 등이 서울의 분위기에서 생장한 일부 경화자제들과 합세하여 훈구파에 전면 도전하는 방향으로 나아가면서 발생하였다.[10)] 무오사화 당시 집권 훈구세력에게 위기감을 고조시킨 것은 김종직 문하에서 주로 근기지역 출신의 소장파 인사들이었지만 그 피해는 영남인사들에게도 컸다.

이처럼 양대 사화로 인해 많은 사림파 인물들이 희생됨으로써 중앙 정계에서의 사림파 세력은 거의 도태되었다. 그러나 이러한 희생에도 불구하고 사림파의 성장은 역사적 대세였다. 실제로 양 사화에서 희생된 인물은 대개 김종직의 문인이었고, 김굉필 · 정여창 등의 문인들은 크게 관련되지는 않았다. 그들은 대개 20대 초반 내지 10대의 연령이어서 당시 정계와 깊은 관련을 가질만한 위치에 있지 않았다. 이것이 결국 중종대 사림파 등장에 중요한 구실을 하게 되었다.[11)]

정여창 · 김굉필은 성종중반기 이후 사림파의 대표적인 인물이었지만 정치가라기보다는 도학자 또는 교육자였다.[12)] 김굉필의 환력宦歷은

---

9) 이수건. 1979. 앞의 책. 273-274쪽.

10) 『연산군일기』 권31. 4년 8월 계미조의 洪裕孫의 供述에 의하면 南孝溫 · 貞恩(秀泉正) · 摠(茂豊正) · 趙自知 · 韓景琦(明澮의 孫) · 禹善言 · 賢孫(明陽正) · 柳房(子光의 子) · 曺夔 · 洪裕孫 등은 竹林七賢을 모방하여 詩酒歌舞로 消日하였는데 당시 인명 가운데 洪裕孫을 제하면 대개 京華子弟였다. 이들은 모두 당시 사림파 인사들과 교유하였다.

11) 이병휴. 1984. 앞의 책. 49-51쪽.

12) 김굉필에 대한 평가에 대해서는 김훈식. 2006.「한훤당 김굉필에 대한 조선시대의 평가와 그 의미」. 『동방학지』 133.

도동서원 전경(한훤당 김굉필 주향, 대구 달성)

41세라는 늦은 나이에 유일遺逸로 남부참봉南部參奉에 천거되어 무오사화가 발발한 45세 때까지 약 4년간 짧은 기간을 관직에 있으면서 군자감 주부 · 사헌부감찰를 거쳐 형조좌랑 등을 역임하였을 뿐이고, 정여창도 학행으로 여러 번 천거되었지만, 나아가지 않다가 성종 21년에 문과를 거쳐 안음현감을 역임하였을 뿐이다. 따라서 두 사람은 사화 당시 김종직의 문인으로서 화를 당하였다.

그러나 두 사람은 일찍부터 후진교육에 힘써 많은 제자들을 배출하였다. 두 사람은 무오사화로 적거謫居 생활을 하는 과정에서도 교육활동을 멈추지 않았다. 조광조 · 최수성崔壽峸이 평안도 희천熙川 적소에서, 유계린柳桂鄰(유희춘의 父) · 맹권孟權이 전라도 순천에서 김굉필에게 수업한 것과 고숭걸高崇傑 · 이희증李希曾이 유배지 종성鐘城에서 정여창에게 수업한 것은 그 한 예이다. 특히 김굉필과 조광조의 만남은 이후 중종

조 사림파의 등장에서 중요한 의미를 가진다.[13)]

2) 기묘사화와 영남사림파

중종 9년 조광조의 등용 이후 사림파들의 중앙정계 진출이 활발해졌다. 이 시기 영남사림파의 중앙정계 진출은 기호사림파에 비해 상대적으로 열세였다. 영남사림파 중 연장자였던 이희증 · 정붕 등은 개혁정치가 궤도에 오르기 전에 사망하였으며, 채수蔡壽 · 이우李堣 등도 개혁정치가 시작될 무렵 사망하였다. 사림파의 진출이 활발해지는 중종 9년-14년에는 이장곤李長坤 · 문근文瑾 등이 육조에 진출해 있었고, 언관 상위직에는 손중돈孫仲暾 · 이현보李賢輔 등이, 언관 하위직에는 권벌權橃 · 문근 · 노필 · 이희민李希閔 등이 포진해 있었다. 그렇지만 이들 대부분은 당시의 개혁정치와는 일정한 거리를 두고 있었다.

그러나 권벌과 문근 · 문관文瓘 형제처럼 기호사림파와 연결되어 개혁정치에 적극적으로 참여한 인물도 없지 않았다. 특히 권벌은 언관직에 주로 재직하면서 기호사림파와 함께 무오사화 피화인의 신원, 노산군 · 연산군의 입후立後 문제를 거론하는 등 개혁 대열에 적극적으로 동참하였다. 그러나 그도 개혁의 핵심문제에까지는 접근하지 못한채 개혁의 속도와 수준을 제어하면서 훈구와 사림을 조제양간調劑兩間하는 완충제 역할 정도를 수행하였다. 따라서 영남사림파는 기묘사화 때 기호사림파에 비해 피해가 적었다. 기묘사화때 조광조 · 김정金淨 등 핵심인

---

13) 김굉필의 교육자로서의 평가는 奇大升이 撰한 그의 行狀에 뚜렷이 드러난다. "先生以興起斯文 訓廸後生爲己任 遠近聞風 慕而從之 執經升堂 至不能容 先生誨誘不倦 隨才成就 後多有名於世."(『景賢續錄』 上)

물이 사사되는 등 사림파의 피해가 컸던데 비해, 문근 · 권벌 · 이희민 등 영남사림파는 삭파削罷되는데 그쳤다. 이것이 후일 사림파의 재진출에 일정한 역할을 할 수 있는 토대가 되었다.[14)]

15세기의 영남사림파를 16세기에 와서 크게 발전시킨 사람은 김안국金安國이었다. 그는 김굉필의 제자인 동시에 조광조와는 동문이었다. 그는 기묘명현이 집권할 당시인 중종 13년에 경상도 감사로 재임하면서 도내의 재지사류를 발굴하여 적극 천거하였고 열읍列邑을 순력할 때 마다 지방자제 교육과 성리학적 실천윤리를 권장하였다.[15)] 김안국이 경상감사로 조정에 천거한 도내인사는, 시강관侍講官 기준奇遵이 "경상도에서 천거한 사람들을 들어보니, 대부분 김굉필 · 김종직의 문도들이라 사림이 더욱 기뻐할 것입니다. 이와 같은 사람들을 등용하면 어찌 나라에 도움이 없겠습니까?"[16)]라고 한 바와 같이, 김종직 · 김굉필의 문도가 많았다. 그때 천거인은 모두 32명이며 그들의 행적을 살펴보면 재행을 겸비하고 효제를 실천하는 재지사족들이었다.

김안국은 기묘사화 후에도 사림파를 영도해 나가는 위치에 있었다. 이언적과 권벌 · 이황 등 나중에 영남학파에 속하는 학자들이 그의 거

---

14) 이병휴. 1999. 앞의 책. 114-120쪽.

15) 任輔臣 撰 丙辰丁巳錄(『大東野乘』 1. 소재). "(金安國)嘗爲嶺南方伯 惓惓以敎化爲先 列邑鄕校敎以小學 作詩勸之 勸咸陽學者曰 金公治化鄭公鄕 庠塾薰風盡善良 小學工夫更勉力 兩賢遺範詎宜忘"이라 하였다. 그는 列邑을 순력할 때마다 咸陽에서와 같이 그곳의 학문적인 배경을 고려하여 유생을 격려하였다. 함양에서는 金宗直(군수) · 鄭汝昌(함양출신)을, 善山에서는 김종직을, 玄風에서는 김굉필을 安陰에서는 정여창(현감)의 「小學」 교육의 전통을 각각 계승하도록 적극 권장하였던 것이다.

16) 『중종실록』 권32. 13년 3월 을축. "聞慶尙道薦擧 多有金宏弼 · 金宗直之門徒 以此士林尤喜焉 如此人果用焉 則豈不有補於國哉".

처를 출입하였다는 점에서 볼 때[17] 김안국은 15세기 영남사림파와 16세기 영남학파와의 사이에 교량적인 역할을 하였던 것이다. 그리하여 손소 · 손중돈 계열에서 이언적이 나오고 권벌 · 이우 · 이현보 등의 기반 위에 이황이 굴기崛起하였고, 정여창 · 김굉필 · 김일손 등의 학문적인 전통 위에서 조식이 경상우도에서 나왔다. 마침내 이들 학자에 의하여 영남학파가 확립되어 갔던 것이다.[18]

3. 을사사화와 영남사림파

기묘사화 이후 정국은 훈구파의 주도하에 운영되었다. 이 시기 사림파는 소수가 중앙정부내에 진출해 있었다. 그들은 기묘사림의 개혁정치에 깊이 관여하지 않았거나, 사화 당시 출사 전 또는 출사 중이라도 관력이 짧아 피화에서 벗어난 인물들이었다. 영남사림파 중에는 개혁정치와 일정한 거리를 두고 있었던 이현보 · 손중돈 등과 관력이 짧아 피화에서 벗어났던 이언적 등이 육조와 언관에 재직하고 있을 뿐이었다.[19]

이 시기 영남사림파는 권신 지배하에서 제대로 기능을 발휘할 수 없었지만, 이언적의 활동은 주목된다. 그는 기묘사화 후 2년만에 국왕의 부름을 받아 관직에 나아가서는 훈구척신계의 사림파에 대한 위해에 대해서 강하게 비판하였다. 그는 중종 22년 이항李沆이 지금 대간들 사

17) 許筠. 『惺所覆瓿藁』 권23. 說部二.
18) 이수건. 1979. 앞의 책. 261-262쪽.
19) 이병휴. 1999. 앞의 책. 118-122쪽.

옥산서원(회재 이언적 주향, 경북 경주)

이에 조광조 일당의 여습餘習이 있다고 하였을때 그 오류를 왕에게 극언하였으며, 4년 뒤에는 김안로의 기용을 극력 반대하다가 파직되어 향리로 낙향하였다.

중종 32년 김안로 패사 이후 다시 훈구파가 정국을 장악해 갔지만, 앞 시기에 비해 사림파의 진출이 다소 활발하였다. 영남사림파 중에서도 권벌 · 권응창權應昌 등이 육조에 이언적 · 이황 등이 홍문관을 비롯한 언관에 진출해 있었다. 이들은 이 시기 표면화되는 대 · 소윤의 갈등을 우려하였으며, 그것이 심화된 이후에는 명분상 세자측을 옹호하는 입장에 서 있었다. 이보다 더 중요한 것은 이들은 사림파의 이상을 실현하기 위한 기반을 마련하려는 노력을 하였다는 점에서 주목된다. 이언적은 일강십목소一綱十目疏와 같은 상소와 경연 강의 또는 언론활동을 통하여 현철군주론賢哲君主論에 바탕을 둔 도덕정치와 지배층의 민에 대한 일정한 양보를 전제로 한 위민정치를 추구하고자 노

력하였다.[20]

1544년에 인종이 즉위함으로써 사림파는 좀 더 호전된 상황을 맞게 되었다. 중앙정부 구성상에 있어서 사림파의 비중이 좀 더 커진 것이 그러한 변화들 중의 하나이다. 이러한 분위기 속에서 영남사림파도 활발하게 중앙정계에 진출하고 있었다. 이언적과 권벌이 이상貳相직에 있었고, 이해李瀣는 언관의 장관직에 재직하고 있었으며, 특히 언관 하위직에서는 송희규宋希奎 · 곽순郭珣 · 노수신盧守愼 · 이황 등 다수가 포진하였다.

그러나 인종이 죽고 명종이 어린 나이에 즉위하면서 상황은 급변하여 외척의 영향력이 크게 강화되기 시작하였다. 을사사화는 표면적으로는 중종 말 이래의 계속된 왕위계승을 둘러싼 대 · 소윤의 갈등에서 그 원인을 찾을 수 있지만, 실제로는 사림파의 성장에 따라 상대적으로 위축된 훈구세력과 왕실과의 연계에 의한 반작용으로 볼 수 있다. 명종 즉위 초는 인종대와 마찬가지로 대윤이 약간의 정치적 우세를 지니면서 소윤을 견제했던 시기였다. 사림파도 명분과 정통을 강조하면서 심정적으로 대윤을 지지하며 소윤의 활동을 견제하려 하였다. 이는 즉위 직후의 원상院相에 대윤계 및 사림계 인물이 임명되고 있는데서도 알 수 있으며, 또한 윤원로 탄핵에서도 그러한 분위기가 잘 나타난다.[21]

여기에 대해 소윤은 문정왕후를 등에 업고 훈구대신과 결탁하여 반격을 개시하는데 처음에는 양사를 통해 이들을 탄핵하는 합법적인 방

---

20) 이병휴. 1999. 앞의 책. 120-122쪽.

21) 명종년간의 정국동향에 관한 구체적인 검토로는, 金宇基. 1993.「朝鮮明宗代의 政治勢力과 政局動向」.『朝鮮史研究』2; 李宰熙. 1993.「朝鮮 明宗代 '戚臣政治'의 전개와 그 성격」.『韓國史論』29 참조.

법으로 시도되었으나, 양사에 포진해 있던 집의 송희규, 사간 박광우朴光佑 등을 비롯한 사림파 계열의 완강한 반대로 여의치 못하자 문정왕후의 밀지를 통한 비정상적인 방법이 동원되었다. 이에 다음날 병판兵判 이기李芑, 지중추부사 정순붕鄭順朋, 공판工判 허자許磁, 호판戶判 임백령林百齡 등이 직접 윤임尹任·유관柳灌·유인숙柳仁淑 등 3인의 처벌을 주청하고, 중신들이 충순당忠順堂에 모여 그들의 치죄를 논의하였다.[22)]

이언적과 권벌은 원상의 자격으로 중신회의에 참가하여 대비가 내지內旨를 승정원에 보내지 않고 윤원형에게 내려 일을 명백히 하지 않은 절차상의 잘못을 논한 다음, 그들이 인종에게 전심을 다한 것은 인신의 의리이므로 죄가 될 수 없다고 간곡하게 주장하고 앞으로 화가 확대될 것을 염려하였다.[23)] 그러나 이언적을 비롯한 몇사람의 힘으로써는 당시의 대세를 뒤집을 수 없는 분위기여서 홍언필·윤인경의 의견대로 형량이 결정되고 말았다.

그 과정에서 권벌은 유관·유인숙의 억울함을 주장하는 상소를 올렸으나, 오히려 호역護逆으로 규정되었고, 이후 윤임 등을 더 엄하게 처벌하고자 하는 중신회의가 열리자 그는 논의 도중 퇴장해 버렸다. 이언적은 3인에 대한 치죄 완화를 간곡하게 청하였다. 그럼에도 불구하고 이언적과 권벌은 단순히 충순당의 의론에 참여하였다는 것으로 공신(3등)에 임명되었으나, 이후 사림파를 보호하려는 자세를 견지함에 따라 훈척세력의 탄핵으로 피화함과 함께 훈작도 삭탈당하였다. 을사사화가 대의명분과 정당성이 결여된 처사라 하여 사림파를 주축으로 한 신료들의 비판을 받게 되자, 훈척세력은 이와 같은 구조적 취약점을 보강

---

22) 『명종실록』 권1. 즉위년 8월 임자.
23) 李彦迪. 『晦齋集』 附錄. 「晦齋李先生行狀」.

하는 방안으로 명종 2년에 양재역벽서사건 등을 일으켜 사화를 확대하였다. 이 사건으로 이언적을 비롯해 송희규 · 곽순 · 노수신 등 다수의 영남사림파가 화를 당하였다.[24]

이언적은 이 사건으로 강계에 유배되어 세상을 떠나는 명종 8년까지 약 6년 동안 학문연구에 주력하여 『구인록』 · 『대학장구보유』 · 『봉선잡의』 · 『중용구경연의』 등 많은 중요한 성리학적 저술을 남겼다. 이언적 학문의 핵심은 주희의 주리론적 입장을 정통으로 확립하는 것이었다. 그것은 그의 27 · 8세 때에 망기당忘機堂 조한보曺漢輔와 왕복한 태극논변에서 이미 두드러지게 나타난다. 그는 여기에서 망기당의 노장적 · 선적 요소를 철저히 배제하였다. 이 논변은 후일 퇴계가 "우리의 도의 본원을 밝히고 이단의 그릇된 주장을 물리쳤으며 정精하고 미微함을 꿰뚫고, 상과 하를 관철하여 그 주장이 조금도 흠잡을 데 없이 바른 도에서 나왔다."고 탄복한 영남유학의 개종이 된 탁월한 논문이었다.

이언적은 이른바 '동방오현'으로 추존되었지만 학문적 전수관계로 보면 선배인 김굉필 · 정여창 · 조광조 등 3현과는 학문적 접촉은 없었다. 김굉필 · 정여창과는 연령상 접촉이 있을 수 없었고 또한 양현의 유고인 『경현록景賢錄』과 『일두집一蠹集』이 수습 · 편간되기 전이니 이언적이 양현의 사상이나 학문에 접할 기회는 없었다. 또한 조광조와는 대면수작했거나 학문상 교유는 없었던 것 같다.

다만 이언적은 사림파의 종장인 김종직의 학문을 손소-중돈 부자(이언적의 외조外祖 · 외숙外叔)를 매개로 하여 사림파의 의식세계와 학문을

24) 이병휴. 1999. 앞의 책. 125-128쪽.

접하게 되었다. 이언적은 출사 후 이현보 · 김연金緣 · 권벌 · 노수신 등 영남출신 및 기호사림인 김안국 · 허엽許曄 · 유희춘柳希春 등 당대를 대표하는 인사들과 서로 선후배 관계로 접촉이 있었다. 특히 이언적은 기묘사림인 김안국과는 선후배 사이로서 김안국이 경상도 감사 재임때 자주 접촉한 것 같으며 또 그가 여주에 향거하고 있을 때 이언적은 이황과 함께 출입하는 등 긴밀한 접촉이 있었던 것 같다.[25)]

3. 사림파의 도통확립과 동방오현 문묘종사

1) 사림파의 도통확립

사림파는 신왕조의 건국을 내심으로 반대하였던 국초의 재야세력과 15세기 중엽 세조의 등극을 내심 불의로 간주하였던 절의파의 계통을 계승하고 있었다. 따라서 이들은 일찍부터 훈구파와는 다른 '정몽주→길재→김숙자→김종직'으로 이어지는 학문적인 계보의식을 갖고 있었다.

이러한 사림들의 학문적 계보의식은 중종조 조광조 일파에 의하여 정설화되어 갔는데, 중종 13년 4월에 조광조는 자기의 스승인 김굉필의 학문상의 공헌을 진언하는 자리에서 그의 학통의 유래에 대하여 다음과 같이 언급하였다.

25) 이수건. 1979. 앞의 책. 261-262쪽.

> 김굉필 같은 사람은 비록 당시에 벼슬은 하지 못하였으나, 지금의 선비들이 그의 풍모를 듣고 선행을 하려는 자가 또한 많으니, 이는 모두 굉필의 힘입니다. … 김종직은 처음 길재에게 수업하였으니, 길재는 곧 정몽주의 문인입니다. 그러니 (김)종직이 전업傳業한 연원은 실로 그 근원이 있는 것입니다.[26]

중종대 조광조를 비롯한 기묘명현들의 입장에서는 자기들의 정치적 입장 강화와 관련하여 그들의 영수인 조광조의 학통을 그의 스승인 김굉필에 잇고 그것을 다시 동방이학지조東方理學之祖인 정몽주와 연결시킬 필요가 있었다. 조광조를 비롯한 기묘사림들은 이러한 학문적 계보의식을 갖고 이를 확정하기 위해 정몽주와 김굉필의 문묘종사를 추진하였다.

이때의 문묘종사 논의는 먼저 5년과 9년에 정몽주에 대한 논의가 있었으나, 12년 8월에 조광조와 연결된 성균생원 권전權磌이 정몽주 · 김굉필 양인의 종사를 청하는 상소[27]를 올림으로서 크게 재연되었다. 문묘종사 문제는 문묘에 1인을 배향한다는 단순한 문제가 아니라, 유교를 국가통치이념으로 하는 조선사회에 있어서 유학의 적통자를 밝히는 문제이다. 따라서 이 문제는 그들의 학문적 계승자로 자처하는 조광조를 중심으로 한 사림계열의 입장에서 보면 그들의 도학적 정통성을 부여받는 한 방법이 되며 더 나아가 그들의 정치적 입장과 집권의 명분 강화와도 관련되는 것이다. 따라서 이 문제를 두고 공신세력과 조광조로

---

26) 『중종실록』 권32. 13년 4월 정유. "如金宏弼 雖不顯仕於一時 然今之士子聞其風而欲爲善者亦多 此皆宏弼之力也 … 金宗直初受業於吉再 再卽鄭夢周之門人也 宗直傳業淵源 固有自矣."

27) 『중종실록』 권29. 12년 8월 경술.

대표되는 신진사림 간에 치열하게 대립할 수 밖에 없었다.

조광조 일파는 김굉필이 성경聖經을 드러낸 것은 없으나 정몽주 이후 정주학을 알게 한 것과 심학의 공 그리고 무엇보다 요즈음의 선비들로 하여금 이학에 뜻을 두게 한 공은 과소 평가할 수 없다는 점을 들어 종사를 주장했지만, 공신들은 이학과 사공事功의 면에 있어서 공이 없다고 평가하였다.[28] 이러한 정몽주 · 김굉필의 문묘종사에 대해 훈구파의 입장에서 보면 정몽주의 경우 전조의 인물이라는 데서 수용할 수도 있었지만, 김굉필의 경우 양대 사화에 의해 희생된 인물이라는 점에서 결코 수용할 수 없는 문제였다. 따라서 이 문제는 조광조 일파가 정국의 주도권을 쥐고 있는 상황이었지만, 훈구파의 반발에 부딪쳐 실패하였다.

김굉필의 문묘종사는 실패하였지만 이러한 사림파의 학문적 계보의식은 정설화되어 갔다. 이는 기묘사화 이후 인종때 성균진사 박근朴謹의 상소에서 확인된다.

> 조광조의 학문이 바른 것은 전해온 데에 유래가 있습니다. 젊어서부터 개연히 도를 찾는 뜻이 있어서 김굉필에게서 수업하였습니다. 김굉필은 김종직에게서 수업하고 김종직의 학문은 그 부 사예司藝 숙자에게서 전해졌고, 숙자의 학문은 고려의 신하 길재에게서 전해졌고 길재의 학문은 정몽주에게서 전해졌는데 정몽주의 학문은 실로 우리 동방의 시조이니, 그 학문의 연원이 이러합니다.[29]

28) 『중종실록』 권29. 12년 8월 임자.

29) 『인종실록』 권1. 원년 3월 을해. "光祖之學之正 其所傳者 有自來矣 自少慨然有求道之志 受業於金宏弼 宏弼受業於金宗直 宗直之學傳於其父司藝臣叔滋 叔滋之學傳於高麗臣吉再 吉再之學傳於鄭夢周 夢周之學實爲吾東方之祖 則其學問之淵源類此"

남계서원(일두 정여창 주향, 경남 함양)

이와 같이 사림파내의 학문적 계보는 기묘사화를 전후한 시기의 사림에 의해 제기되어 정통성리학의 계보가 '정몽주→길재→김종직→김굉필 · 정여창'으로, 인종조에는 조광조를 김굉필에 연결시키고 있다.

그러나 김종직의 경우 성종조 사림파의 종장이라는 데에는 이론의 여지가 없었으나 늘 김굉필의 학문적 연원으로서만 거론되었을 뿐, 종사의 논의에는 전혀 오르지 못했던 것은 일차적으로 그가 지닌 학문적 순수성 때문이었던 것으로 보인다. 곧 경학과 사장학 사이를 오간 학문적 양면성에다가 선명성을 결한 현실대응이 늘 부정적 요인으로 작용했던 것이다.[30] 중종대의 김굉필 승무陞廡운동은 훈구세력의 반대에 부딪쳐 실패로 돌아갔지만, 정몽주에서 김굉필로 이어지는 사림파의 학문적 계보의식은 16세기 후반 본격적인 사림정치 시대의 개막과 함께

30) 이병휴. 2005. 앞의 논문. 224쪽.

이황 · 기대승 등에 의하여 하나의 국론으로 통일되다시피 하였다.[31] 이후 명종말 퇴계에 의해 이언적이 추숭되면서 동방사현의 승무운동과 함께 도통이 확정되었다.

이 시기 문묘종사와 관련하여 주목되는 것은 정여창의 부각과 이언적의 편입이라 할 수 있다. 정여창은 중종대 문묘종사 과정에서 김굉필과 함께 사우師友의 도를 탁마했다는 점에서 포장되었으나, 김굉필과는 달리 당시 문묘종사에는 거론되지 않았다. 그러나 선조대 사우연원과 정주학적 이학이 강조되자, 그의 학문에서 보이는 이학적 측면이 부각되면서 문묘종사로 이어지게 되었다.[32] 이언적은 앞에서 언급했다시피 정주학적 이해가 상당한 수준이었고 당시에 이미 방대한 저술로 확인되었다.[33]

특히 이언적의 문묘종사에는 퇴계의 역할이 컸다. 이언적은 명종초 사림을 대표하는 위치에 있으면서, 을사사화 때 척신정치에 대해 온건한 대응방식을 취했다는 점에 대해 당시 사림으로부터 비판이 없지 않았다. 선조조 사림이 당색상 동서 또는 남북으로 분열되면서 당색에 따라 인물평이 상이한 경우가 많았다. 이언적에 대한 논평도 당색에 따

31) 『선조실록』 권1. 즉위년 10월 갑진; 11월 을묘. 4현에 대한 추존은 선조 즉위년부터 본격적으로 시작되었다. 기대승은 朝講에서 조광조를 賢士, 이언적을 賢者, 이황 · 김굉필을 賢人이라고 추앙하고, 정몽주 · 김종직 · 김굉필 · 조광조로 이어지는 학문적 연원을 언급하면서, 조광조 · 이언적을 表章 · 추존하여 기묘 · 을사이래의 시비를 분명히 할 것을 주청하였고, 이어서 이황은 4사람을 賢士로 칭하면서 이들을 伸雪 表章함으로써 기묘이래의 시비를 분명히 할 것을 청원하였다.

32) 『선조실록』 권10. 9년 4월 정해; 『광해군일기』 권26, 2년 3월 임인. 선조조 관학생들은 5현 문묘종사를 청원하면서 정여창은 五經의 歸趣와 聖學의 體用을 궁구하여 斯文을 羽翼하고 후학을 倡起한 공이 크다고 하였고, 이항복도 정여창은 단절되어 가는 도학을 倡明하여 후세에 전한 공이 크다고 평가하였다.

33) 金鎔坤. 1983. 앞의 논문. 411-418쪽.

라 달랐는데 율곡 · 남명계열은 이언적에 대해 비판적이었다. 율곡은 선조 초에 기묘 · 을사피화 인사들의 신원에 앞장서면서 을사사화 때 이언적의 온건 · 신중한 태도에 비판적인 인식을 갖게 되었다.[34] 따라서 그는 당시 관학과 팔도 유생들이 4현 또는 5현의 승무운동을 전개할 때도 이언적의 승무를 반대하였다. 율곡은 이언적 뿐만 아니라 당시 동인편에 섰던 인사들에 대해서도 비판적이었으며 이는 기호사림파들의 공통된 인식이었다.

이러한 분위기 속에서 이언적이 선조조 이후 '동방4현' 내지 '5현'의 한분으로 추존되면서 조선조 정통 성리학 계보상의 정맥으로 자리잡게 되는 것은 당시 사림의 영수인 퇴계의 적극적인 추숭에 의해서였다. 당시 퇴계는 훈척세력의 퇴조와 사림정치의 성립기에 임하여 앞서의 기묘 · 을사사화와 같은 시행착오를 되풀이 하지 않고, 한편으로는 훈구세력에 대한 사림세력의 정통성을 확보하기 위하여 기묘사림에 의해 이미 계보화된 도통을 조광조와 이언적으로 잇기 위하여 양현의 행장行狀을 혼신의 정력을 쏟아 찬술하였다.[35] 특히 퇴계는 이언적의 행장을 찬술함에 있어서 "옛부터 성현이 후세를 위해 '숙인심淑人心 · 숭정학崇正學'의 규범이 되는 것은 전적으로 '입언수후立言垂後'에 힘입어 기반이 마련된다. 그렇지 않다면 공맹정주와 같은 성현도 후세에 무엇에 근거해서 그 단서를 찾고 그 학문을 칭술하겠는가"[36]라 하여 저술이 없는 조광조에 대해서는 매우 곤혹을 느낀 데 반해 최초로 성리학에 관한 체계

34) 李珥. 『栗谷集』 권28. 「經筵日記」 1. 선조 즉위년 10월조.
35) 이수건. 1995. 『영남학파의 형성과 전개』. 일조각. 332-333쪽.
36) 李滉. 『退溪集』 권12. 「答柳仁仲論趙靜菴行狀別紙」.

적인 저술을 남긴 이언적에 대해서는 극찬하였다.[37] 이와 같이 퇴계가 조광조와 이언적의 행장을 찬술한 것은 성리학의 도통확립에 중요한 의미를 가진다. 퇴계는 앞으로 정계와 학계를 주도할 사림파의 도통을 확립함으로써 군신 · 조야를 막론하고 이의가 없게 하였던 것이다.

이와 같이 사림내 도통문제는 기묘사화를 전후한 시기에 사림에 의해 제기되어 정통 성리학의 계보가 정몽주→길재→김숙자→김종직→김굉필 · 정여창으로 이어졌고, 인종조에 가서는 조광조를 김굉필에 연결시킨데 이어[38] 명종말 퇴계에 의해 이언적이 추숭되면서 동방4현의 승무운동과 함께 도통이 확정되었다.

2) 동방오현 문묘종사

선조대 사림의 종사운동은 선조 원년(1568) 4월 태학유생들이 처음으로 김굉필 · 정여창 · 조광조 · 이언적의 사현 종사를 청원하는 상소를 시작으로[39], 선조 6년(1573) 이황을 추가하면서 본격적으로 전개되었다. 선조 6년 이전의 문묘종사 논의는 조신들 사이에서도 의견이 일치하지 않았다. 예컨대 백인걸白仁傑은 조광조만의 문묘종사를 청하였고[40], 영의정 이준경李浚慶은 김굉필 · 조광조 두 사람만의 종사를 주장하였고[41], 유희춘도 김굉필 · 조광조 두사람을 우선 종사하는 것이 공

---

37) 柳希春. 『眉巖日記草』 2책. 戊辰(선조원년) 6월 20일조; 李彦迪 『晦齋集』 附錄. 「晦齋李先生行狀」.

38) 『인종실록』 권1. 원년 3월 을해.

39) 柳希春. 『미암일기초』 2책. 선조 원년 4월 15일.

40) 『선조수정실록』 권4. 3년 4월.

41) 『선조실록』 권4. 3년 5월 병자.

론이라고 하였다.[42] 또 조신들 사이에는 4현을 일시에 종사하는 것은 과다하다는 견해를 가진 사람도 있었다. 이와 같이 이때의 4현 문묘종사는 사림의 의견이 통일되어 있지 않았고, 따라서 조야의 적극적인 호응도 기대하기 어려웠다. 이때의 문묘종사 청원은 선조에 의해 거부되었지만, 그 과정에서 조광조 · 이언적 등 기묘 · 을사 피화인들이 신원되는 성과를 거두었다.[43]

이와 같은 선조초의 종사운동 과정에서 사림들은 문묘종사 실현을 위한 전단계로서 『국조유선록國朝儒先錄』[44]을 간행하였다. 이 책은 4대사화 희생자의 상징적인 존재인 김굉필 · 정여창 · 조광조 · 이언적 네 사람의 학문과 행적을 담아 당대 내지 후대의 교범으로 삼고자 한 것이다. 즉 그들을 중죄인의 족쇄에서 풀어내어 유선儒先 · 전범으로 곧 본받아야 할 인물로 자리잡게 하였던 것이다.[45] 『유선록』이 갖는 의미는 중대해서 그 편입여부가 문묘종사 여하와 관련되고 있었을 뿐만 아니라 학문의 정통성과도 관련되고 있었다. 따라서 각 학파는 『유선록』에 편입하려는 노력이 나타났다. 서경덕의 경우 학문이 수론數論이라 배격된

---

42) 『선조실록』 권5. 4년 12월 신묘.

43) 설석규. 1994. 앞의 논문. 147-156쪽.

44) 『國朝儒先錄』은 부제학 柳希春이 선조 3년(1570)에 임금의 명령으로 편찬하였다. 그 체제와 내용은 유학을 숭상하고 이단을 배척한 『伊洛淵源錄』을 모방하여 정몽주 이후 성리학에 정진한 김굉필 · 정여창 · 조광조 · 이언적 등 四賢의 기록을 엮은 책이다. 김굉필의 문헌은 주로 『景賢錄』에서 뽑았으며, 정여창과 조광조는 견문을 수집하거나『經筵日記』에서 수집해 편집하였다. 그리고 이언적의 글은 『晦齋集』에서 추출하였다. 권두와 권말에 1570년에 쓴 李後白의 序와 유희춘의 跋이 실려 있다.

45) 이병휴. 2005. 앞의 논문. 222쪽: 당시 관학유생들이 4현의 종사를 위한 상소를 준비하고 있을 때 同知中樞府事 유희춘이 대사성 具鳳齡에게 편지를 보내 제지하도록 촉구했다. 그 이유는 종사에 앞서 鄭汝昌의 行狀을 奉常寺에 보내 諡號를 얻도록 하고 儒先錄을 간행해 왕에게 보내는 것이 從祀실현을 위한 순리라고 판단하고 있었기 때문이었다(『眉巖日記草』 8책. 선조 6년 8월 22일).

도산서원(퇴계 이황 주향, 경북 안동)

도산서원(전교당과 동서재 일부)

도산서원(사당 상덕사))

반면 퇴계는 사시賜諡되면서 문묘종사로 편입되는 단서를 마련하였다.

사림의 종사운동은 선조 6년(1573) 이황을 추가하면서 본격적으로 전개되어, 그들은 두 차례에 걸쳐 오현종사五賢從祀 청원 상소를 올렸다. 이와 같이 유생들이 4-5명의 유현을 한꺼번에 종사하려는 시도는 전례가 없는 파격적인 것이었지만, 한편으로는 특정인물에 국한되지 않은 그들의 종사운동은 사림세력을 하나로 결집하고 광범위한 지지를 얻는 데는 상당히 유리한 것이었다. 이러한 사림들의 종사운동은 결과적으로 훈척정권을 와해시키고 사림세력 주도의 정국운영을 위한 지지기반을 확보하려는 의도와 직접적인 관계를 갖는 것이라 할 수 있다.[46] 이와 맞물려 조관들은 선조에게 개별적인 인물들의 종사 당위론을 개진함으로써 유생들을 측면 지원하였다. 선조 9년 유희춘의 김굉필 종사청원, 11년 백인걸의 조광조 종사청원, 14년 이이의 조광조 · 이황 종사청원[47]이 이어졌던 것이다. 이후에도 임진왜란을 겪으면서 다소 주춤하기는 했으나 문묘종사를 위한 그들의 상소운동은 계속되었다.

이러한 사림들의 문묘종사 논의에 대해 선조는 종사는 공론이 오래된 후에라야 결정되는 것이지 한 대의 상소로 가볍게 할 수 없다는 신중론으로 일관하였다.[48] 그러나 선조가 37년(1604) 3월 성균관 생원 조명욱曺明勖 등의 오현의 종사를 촉구하는 상소에 대한 비답 가운데, 이제까지 신중했던 이유를 밝히면서 이언적의 을사사화 당시의 행적을 문제 삼고 나오면서 난관에 봉착하게 되었다.[49] 이러한 선조의 비답은 조야에 커다란 파문을 불러 일으켰다. 그러나 선조의 태도는 냉담하여 이언적이 을사사화 당시 봉성군鳳城君을 청살請殺했다고 한 것은 잘못이라며 철회하기는 했으나 그에 대한 부정적 견해를 전혀 바꾸지 않았다. 선조의 이언적에 대한 이 같은 태도는 이이의 견해에 토대를 둔 것으로 파악되고 있었지만, 선조 개인의 사론私論으로 규정될

46) 설석규. 1994. 앞의 논문. 148-149쪽.

47) 『선조실록』 권10. 9년 10월 임신; 권12. 11년 4월 병신; 권15. 14년 10월 병오.

48) 유희춘. 『眉巖日記草』 8책. 선조 6년 8월 29일. "等以從祀重事 必待公論 而公論久然後定 未可因一時上疏輕擧也".

49) 『선조실록』 권172. 37년 3월 경오.

뿐[50] 서인세력이 거기에 동조했다는 주장이나 흔적은 없었다. 이에 대해 조야에서는 '회재변무소晦齋辨誣疏'가 빗발치게 되었다.

선조의 이언적 폄하 문제가 해결되지 않은 채 장기화할 조짐을 보이자 향촌유생들이 나서기 시작했다. 경상도 생원 김윤안金允安 등이 처음으로 이언적의 행적을 해명하고 오현의 종사를 청원하는 두 차례의 상소를 올렸다. 이후 관학뿐만 아니라 경기 · 충청 · 평안도 등의 향촌유생들이 잇달아 상소하여 종사를 청원하였다. 그러나 유생들의 오현종사 운동은 더 이상 파급되지 못하고 유보되기에 이르렀다.

광해군대에 와서 다시 사림들의 공통된 과제로 선조대에 유보되었던 오현종사 청원운동이 자연스럽게 제기되었다. 광해군대의 종사운동은 향촌유생들이 대거 참여함으로써 공론의 확대와 결속력을 과시하면서 전개되었다. 광해군 즉위년(1608) 7월 경상도 유생 이전李坱 등의 청원소를 시작으로 관학 및 향촌유생들의 상소가 쇄도하였다. 관학유생 한유상韓惟翔 등의 청원소를 비롯하여 강원도 생원 원경순元景諄 등, 전라도 생원 소정운蘇貞雲 등, 황해도 진사 조응집趙應戢 등, 충청도 생원 오위吳暐 등, 평안도 진사 김여협金呂協 등[51] 향촌유생의 상소가 잇달았던 것이다. 이들 유소에 대해 광해군은 조정에서 의논하여 정할 문제라고 하여 허락하지는 않았지만 그들의 종사운동에 대하여는 긍정적으로 평가하였다. 이에 따라 오현의 종사에 대한 재야의 공론은 일단 확인된 셈이었다. 이어 조정에서도 부제학 남이공南以恭 등 홍문관원들이 오현

---

50) 『선조실록』 권172. 37년 3월 을해; 『선조수정실록』 권38. 37년 3월 신해. 당시 史官은 선조의 이러한 이언적에 대한 인식은 율곡의 영향을 받은 것이라 하면서 율곡의 이언적에 대한 편파적인 논평을 비난하였다.

51) 『광해군일기』 권6. 즉위년 7월 병술 · 경술; 권7. 즉위년 8월 무진 · 무인 · 임오 · 병신.

종사의 당위를 광해군에게 제기하고,[52] 사헌부에서도 잇달아 오현종사를 건의하는 것을 계기로 광해군도 태도를 바꾸어 대신들로 하여금 이 문제를 논의하도록 지시하기에 이르렀다.[53] 이같은 지시가 있은 지 한 달 이상이 지난 뒤에 예조가 대신들 사이에 이론이 없었다고 보고하여 비로소 종사가 결정되었다.[54] 이 결정에 따라 9월에 오현이 동서무東西廡에 각기 배향됨으로써[55] 선조대 이래 유생들의 오현종사 청원운동이 결실을 맺게 되었다.[56]

이와 같이 선조 1년부터 광해 2년 9월까지 43회에 걸친 상소와 집중적인 논의가 있었고, 또 종사의 당위성에 대해서도 국왕뿐만 아니라 성균관 유생을 비롯한 전국의 유생 및 신료들이 공감하고 있었지만, 종사가 미루어진 원인은 무엇이었을까. 오현 가운데 이언적과 이황을 제외한 나머지 3인의 학문적 업적을 구체적으로 입증할 만한 자료가 거의 없다는 현실적인 사정과 선대에서 결행하지 못한 국가적 중대사를 자신의 치세에 결정하는 데 따른 위험 부담이 함께 작용한 것으로 짐작된다.[57]

이와 같이 오현 종사는 당시 사림들의 공론에 입각해 성사되었지만, 그 과정에서 보면 당시 정국의 주도권을 장악하고 있었던 대북세력의 경우 적극적으로 참여하지 않았다. 대북의 경우 영수인 정인홍이 이미 『남명집』 편찬과정에서 이황을 비판한 바와 같이, 남인의 정신적 지주

---

52) 『광해군일기』 권29. 2년 5월 병오.
53) 『광해군일기』 권30. 2년 6월 갑술.
54) 『광해군일기』 권31. 2년 7월 기미.
55) 『광해군일기』 권33. 2년 9월 정미.
56) 설석규. 1994. 앞의 논문. 152-153쪽.
57) 이병휴. 2005. 앞의 논문. 224쪽.

인 이언적과 이황의 문묘종사에 반대의 입장을 견지하고 있었다고 보이지만 당시는 이를 제기할 수 있을 정도의 분위기는 아니었다. 대북세력의 본격적인 비판은 오현의 종사가 성사된 다음해인 광해 3년 3월에 정인홍의 '회퇴변척소晦退辨斥疏'가 올라오면서 부터이다.[58] 이 소에 대해 오윤겸吳允謙·김상헌金尙憲 등 승지들이 비난하고 나서고, 이어 유생들이 집중적으로 정인홍을 공격하면서, 서·남인계와 대북계 유생들 사이에 치열한 공방전이 전개되었다.

그 과정에서 관학유생 이목李楘 등 500여 명이 조관이 유림에게서 죄를 얻으면 삭명削名한다는 예규를 근거로 청금록에서 정인홍 이름을 삭제해 버렸다. 이에 광해군이 수창유생을 유적에서 삭명하고 종신 금고토록 조치를 내리고, 유생은 공관空館으로 맞섬으로써 양측 간의 대결이 크게 확산되었다. 그러나 이러한 양측 간의 대결에서 대북세력은 광해군의 일정한 비호를 받고 있었지만, 그들의 사회적 기반이 경상우도에 한정되어 있었다는 점에서 서·남인 연합세력에는 미치지 못하였다. 이 논쟁은 3년 8월 이후 소강상태로 들어가면서 자연 종결되었다.[59]

4. 맺음말

이상에서 16세기 전반 사화기 영남사림파의 정치적 동향과 동방오현의 문묘종사 과정을 간단히 살펴보았다. 이를 요약하면 다음과 같다.

---

58) 『광해군일기』 권39. 3년 3월 을축.

59) 설석규. 1998. 앞의 논문. 153-155쪽; 韓明基. 1988. 「光海君代의 大北勢力과 政局의 動向」. 『韓國史論』20. 299-307쪽.

영남지방에서의 교육활동의 전통은 오래되었으나, 그 학통을 유지한 것은 '길재→김숙자→김종직'으로 연결되는 경우에 불과하며, 후진교육활동이 본격화 한 것은 김종직부터였다. 김종직의 교육활동은 그의 대표적인 제자인 김굉필 · 정여창으로 이어져 이 시기 사림파의 형성과 확산에 결정적인 역할을 하였다. 이 시기 사림파의 구성을 보면 김종직의 문인이 주축이 되고, 김굉필 · 정여창의 사우 · 문인이 첨가된 것이다.

사림파의 종장이었던 김종직의 문인은 그 성분이 다양하였다. 먼저 출신 지역별로 보면 영남 출신과 비영남 출신으로 나눌 수 있고, 학문적인 경향에서도 경학 즉 성리학을 탐구하는 부류와 사장을 추구하는 부류 두 갈래로 계승되었다. 이는 당시의 시대적 상황이 사장학에서 경학으로 넘어가는 과도기적인 시기로, 김종직은 사장과 경학 양면을 겸비하고 있었다. 김종직의 3대 문인 중 경학 계열을 잇는 대표적인 제자가 김굉필과 정여창이고, 이 두 사람은 많은 제자를 배출하여 사림파의 확산에 크게 공헌하였으나, 김일손은 사장 · 절의로 이름을 떨쳤지만 교육활동을 통한 문인은 배출하지 못하였다.

이들은 정치적 성향도 달리했는데, 비영남출신과 종실 출신 등 사장지향의 인물에는 강경파가 많았고, 영남출신으로 수기를 지향하는 경학 계열의 인물은 온건파가 많았다. 김굉필은 한때 그의 스승 김종직의 현실안주 태도를 비판하였지만 그는 정여창 · 조위 등 여타의 영남출신 인사들과 마찬가지로 온건파에 속하였다. 그러나 이들은 세조의 등극을 내심 불의로 간주하였다는 점에서는 공통의 정치적 성향을 갖고 있었다. 무오사화 당시 집권 훈구세력에게 위기감을 고조시킨 것은 김종직 문하에서 주로 근기지역 출신의 소장파 인사들이었지만 그 피해는 영남인사들에게도 컸다. 이후 영남사림파는 중종조 김안국을 거쳐 이언적 · 이황 · 남명 등 영남학파로 이어졌다.

사림파는 신왕조의 건국을 내심으로 반대하였던 국초의 재야세력과 15세기 중엽 세조의 등극을 내심 불의로 간주하였던 절의파의 계통을 계승하고 있었다. 따라서 이들은 일찍부터 훈구파와는 다른 학문적인 계보의식을 갖고 있었다. 사림파내의 학문적 계보는 기묘사화를 전후한 시기의 사림에 의해 제기되어 정통성리학의 계보가 '정몽주-길재-김종직-김굉필 · 정여창'으로, 이어 인종조에는 조광조를 김굉필에 연결시키고 있다. 이러한 사림파의 학문적 계보의식은 명종말 퇴계에 의해 이언적이 추숭되면서 동방사현의 승무운동과 함께 확정되었다.

사림파들은 이러한 도통을 확정짓기 위해 이들에 대한 문묘종사를 추진하였다. 중종대의 김굉필 승무운동은 훈구세력의 반대에 부딪쳐 실패로 돌아갔지만, 선조조 사림정치의 개막과 동시에 본격적인 종사운동이 시작되었다. 이 시기 문묘종사와 관련하여 주목되는 것은 정여창의 부각과 이언적의 편입이라 할 수 있다. 정여창은 중종대 문묘종사 과정에서 김굉필과 함께 사우의 도를 탁마했다는 점에서 포장되었으나, 김굉필과는 달리 문묘종사에는 거론되지 않았다. 그러나 선조대 사우연원과 정주학적 이학이 강조되자, 그의 학문에서 보이는 이학적 측면이 부각되면서 문묘종사로 이어지게 되었다. 이언적은 을사사화 당시의 행적에 대한 일부 비판적인 여론에도 불구하고, 퇴계의 적극적인 추존에 힘입어 동방사현 내지 오현의 한사람으로 문묘에 종사되었다.

선조 1년부터 광해 2년 9월까지 43회에 걸친 상소와 집중적인 논의를 거치면서, 5현의 종사의 당위성에 대해서는 하나의 국론으로 통일되다시피 했지만 오랜기간 종사가 미루어진 원인은, 오현 가운데 이언적과 이황을 제외한 나머지 3인의 학문적 업적을 구체적으로 입증할 만한 자료가 거의 없다는 현실적인 사정과 선대에서 결행하지 못한 국가적 중대사를 자신의 치세에 결정하는 데 따른 위험 부담이 함께 작용한 것으로 짐작된다.

| 제2부 |

조선 초 도학파들의 도학사상

- 권상우 포은 정몽주와 그 문생들의 도학사상
- 최영성 야은 길재와 그 문생들의 도학사상
- 김용헌 점필재 김종직과 그 문생들의 도학사상

포은 정몽주와 그 문생들의 도학사상

권상우 | 계명대학교 교양교육대학

1. 정몽주학맥과 낙중학

성리학이 고려 말 중국으로부터 한반도에 유입된 이래 지역과 학파를 중심으로 다양하게 전개되었다. 각 학파는 대표인물을 중심으로 학문의 이념과 활동에서 일정한 공통성 혹은 연관성을 지니면서, 안으로는 학파의 정체성을 유지하고 밖으로는 다른 학파와 팽팽한 긴장감을 지니면서 전개되었다. 하지만 이러한 학문적 분기는 학파 간의 배타성도 일정부분 지니고 있었지만 다양하고 풍부한 성리학의 이론체계를 갖출 수 있었던 배경이 되기도 하였다. 조선 성리학은 크게는 영남학파와 기호학파로 분기되었고, 두 학파 내부에서도 다양한 학파가 존재하였다. 특히 영남학파 내부에서는 안동지역의 퇴계학파와 진주지역의 남명학파가 분기되어 각자의 학문적 성격을 형성하면서 전개되어진 것으로 알려져 왔다. 그러나 최근에 두 학파의 중간 지역에서 두 학파의 사상적 경향을 달리하는 유학자 집단이 존재했다는 주장이 제기되고 있다. 홍원식은 이 지역의 유학을 '낙중학洛中學'이라고 칭하면서 이에 대해 다음과 같이 정의하고 있다.

> 낙동강 중류 일대에서는 일찍이 조선 초에 정몽주를 이은 야은 길재가 사림의 씨앗을 부은 곳이며, 그것이 싹터 나머지 낙동강 일대로 퍼져 나가고 다시 온 조선으로 퍼져 유교 조선을 만들었던 것이다. 이렇게 낙동강 중류 일대에서는 일찍이 유교의 씨앗이 뿌려졌으며, 조선 중엽에 이르러서는 당대 최대 최고의 면모를 지닌 한주 이진상의 한주학파가 출현하였다. 이렇듯 낙동강 중류 일대에서는 퇴계와 남명이 등장하기 이전에 이미 사림의 온상이 마련되었으며, 그 위에 한려학파가 등장하였고, 이러한 형세는 조선말까지 이어졌던 것이다. 따라서 낙동강 중류 지역의 유학을 낙동강 상류 지역의 퇴계학이나 낙동강 하류 지역의 남명학으로부터 독립시켜 낙상과 낙하 유학과 병렬시켜 이해하는 것이 필요하다고 생각하며, 이를 낙중학이라고 지칭한다.[1]

홍원식이 지적한 바와 같이 낙중지역은 조선 성리학의 발생과 전개 과정에서 매우 중요한 역할을 한 지역이다. 조선 성리학의 비조라 알려진 포은 정몽주, 야은 길재, 강호 김숙자, 점필재 김종직, 한훤당 김굉필, 한강 정구, 여헌 장현광, 한주 이진상 등 걸출한 유학자들이 이 지역에서 활동하였을 뿐만 아니라 성리학이 조선 향촌사회에 뿌리 내릴 수 있는 초석을 다진 지역이기도 하였다. 그래서 이 낙중지역은 영남학파뿐만 아니라 조선성리학의 형성과 전개 과정에서 결코 소홀히 할

1) 홍원식. 2010.「영남유학과 낙중학」.『한국학논집』제40집. 계명대학교 한국학연구원. 7쪽.

수 없는 지역이다.

하지만 낙중학에 대한 연구는 그 지역과 대표적인 학자에 관한 논의가 진행되고 있지만, 그 사상적 특징이 무엇인가에 대한 연구는 막 시작되고 있는 단계라 할 수 있다. 이에 관한 논의에서 낙중학의 학문적 특징을 어떻게 규명할 것인가가 우선적으로 해결되어야 한다. 특정 학파의 정체성에 대한 규명은 그 외연을 확정하는 것도 중요하지만 그 외연을 채울 수 있는 내연에 대한 연구 또한 매우 중요하다. 그래서 낙중학의 학문적 특성에 대해 적극적으로 논의할 필요가 있다.

낙중학은 낙중지역의 성리학이라 한다면, 낙중학의 학문적 특징은 낙중지역과 성리학의 연관성에서 논의해 볼 필요가 있다. 그래서 낙중지역의 역사와 문화의 관점에서 성리학을 어떻게 수용하여 변용시켰는가를 중심으로 규명해 볼 수도 있고, 또 이 지역의 유학자들의 성리사상을 사승관계를 중심으로 정리해 나열해 보고 그들 간의 학문적 유사성을 추출하는 방법으로 학술적 특징을 규명해 볼 수도 있다. 그러나 전자의 방법에서는 지역학만을 강조하면서 성리학이 추구하는 보편적 가치를 상대적으로 소홀히 할 수 있다면, 후자의 방법에서는 낙중지역 유학자들의 성리이론에서 유사성, 또는 공통성을 추출해 낙중유학의 학문적 특징으로 규정해 볼 수도 있겠지만, 이 지역의 사상적 특징이 다른 지역의 유학자들에게서도 발견될 경우에는 낙중이라는 지역적 의미가 희석될 수밖에 없다. 그래서 낙중학의 학문적 특징은 성리학과 지역성 두 요소를 모두 갖추고 있어야 한다. 그래서 낙중 지역의 문화와 역사에 충실히 해야 할 뿐만 아니라 성리학의 근본이념에 대해서도 충실히 다루어져야 한다. 그래서 이 글에서는 이 양자 모두를 견지하면서 정몽주와 그의 학맥이 낙중지역의 유학자에게 어떠한 영향을 미치는가를 중심으로 낙중학의 학문적 특성을 규명해 보고자 한다.

정몽주는 낙중지역 출신이면서 그 이후 이 지역의 유학자들에게도 지대한 영향을 미친 유학자이다. 그래서 이 글에서는 정몽주의 성리사상이 그의 직계 제자들에게 어떠한 영향을 미쳤는가에 관한 논의는 낙중학의 정체성을 규명하는 데 도움이 될 수 있다. 이 논의가 본격적으로 진행되기 위해서 무엇보다도 해결해야 할 과제는 포은학맥을 어떻게 설정할 것인가하는 것이다. 일반적으로 포은학맥은 정몽주가 1385년 단성군端城君 염국보廉國寶와 동지공거가 되어 선발한 33명으로 보기도 한다. 하지만 이들이 그의 문생이 아니라고는 할 수 없겠지만, 과연 포은 학맥에 분류할 수 있는가?[2] 정몽주가 한국 성리학의 비조라 일컬어지는 이유는 그가 성리학적인 조예를 지니고 있었을 뿐만 아니라 그의 실천정신에 기인하기 때문일 것이다. 실제로 영남학파의 계보가 관학파가 아닌 사림파에 속한 이상, 포은 학문의 정체성도 또한 사림파의 학문적 경향성에서 이해되어져야 한다.[3] 그러나 위에서 언급한 정몽주의 문인 대부분이 조선 개국에 참여하고 있다는 점에서 볼 때, 그들은 정몽주의 절의정신과 그의 문인 길재 등과는 분명히 다른 입장을 지니고 있다고 평가할 수 있다. 그리고 정몽주 문인으로는 그들 이외에도 또 다른 정몽주 문인이 존재하였음을 아래 자료에서 찾아 볼 수 있다.

---

2) 홍원식. 2010.「포은 정몽주와 '낙중' 포은 학맥의 도학사상과 철학사상」.『포은학연구』 제5집. 포은사상연구회. 96쪽 참고.

3) 권상우. 2010.「동북아 시민사회 정립을 위한 주자학의 공론 탐색-하버마스의 공공영역을 중심으로」.『사회와 철학』 19호. 한국사회와 철학연구회. 4, 35-70쪽에서는 관학파는 국가 중심의 유학을 추구한다면, 사림파는 향촌사회의 공론과 도덕성 확립을 추구하는 성리학파로 구분하고 있다.

> 내가 홍무2년 임자(1372, 공민왕 21년)에 사명을 받들고 경사에 다녀온 이후, 16년 동안 객리로 떠돌아다니느라 겨를이 없어 여러 벗들과 함께 놀지 못하였는데, 오늘 달성 동화사에 와서 머물러 지기들을 만나 한가히 놀았다. 이보림, 이종학, 길재, 홍진유, 고병원, 김자수, 김약시, 윤상필, 홍로, 이행, 조희식, 도응, 안성 등 13인 벗이 모두 술을 많이 마시었다. 고려 태조(왕건)께서 손수 지어 유장군에게 준 시 한수를 봉관하고 각자 연구를 지어 스스로 쓰게 하였다. 정묘(1387년, 우왕13년) 8월 5일 정몽주[4]

위의 내용은 정몽주가 대구 팔공산에서 그가 15년 전 명나라 사행에서 얻어온 태조 왕건의 친필「소사시所思詩」1수를 가지고서 각자 연구聯句를 단 시첩에 기록되어 있다.[5] 위의 모임에 참여한 문인 중에는 정몽주가 동지동거의 신분에서 선발한 학자는 한 사람도 찾아볼 수 없다. 이들이 모인 시기는 정몽주가 이방원에게 화를 당하기 직전인 5년 전이고, 이성계의 위화도 회군하기 1년 전이며, 이들 대부분 정몽주에게서 학문을 배운 적이 있는 것으로 추정된다. 이 시첩에서 정몽주는 16년 간 바쁜 공무로 인해 학인들과 함께 할 자리가 없었음을 평소에 아쉽게 생각하여 모임을 가지게 되었다고 기록하고 있다. 그러나 이들은 그 당시 개경에서 바쁜 일상생활을 보내고 있었으며, 정몽주, 홍로와 길재, 김자수를 제외하고는 영남과 아무런 연고가 없는 관료들이었다.

---

4) 鄭夢周.『圃隱集』.「續錄」卷4. "白猿帖, 余自洪武午年壬子, 奉明如京師, 十有六載之間, 逆旅無暇, 未能與諸君遊. 今日到達成桐華寺, 留相知己遊適也. 李寶林, 李種學, 吉再, 洪進裕, 高炳元, 金自粹, 金若時, 尹想弼, 洪魯, 李行, 趙希植, 都膺, 安省 等 十三友旣大飮, 奉觀太祖手題所思, 贈劉將軍時一首, 各賦聯句, 使自書 丁卯八月十五日."

5) 洪魯.『敬齋先生實記』.「白猿帖」참조; 홍원식. 2010. 앞의 논문. 96쪽.

이들은 단지 시 한수와 회포를 풀기 위해서 몇 백리나 떨어진 이곳에서 모임을 가졌다는 사실에 주목해 볼 필요가 있다.

그렇다면 이들이 이곳에서 모임을 갖게 된 목적은 어디에 있었을까? 이에 관한 구체적인 자료를 찾아 볼 수는 없다. 하지만 이들이 모인 장소가 개경 근방이 아니라 개경에서 몇 백리 떨어진 팔공산 동화사라는 사실에 주목해 볼 필요가 있다. 대구 팔공산은 고려 왕조에서 매우 중요한 장소이다. 고려 태조가 후백제 견훤과 치열한 전쟁을 치루면서 생명의 위기를 넘긴 곳이다. 신숭겸이 왕건을 구하기 위해 그와 복장을 바꾸어 입고 도망치자 견훤이 신숭겸을 왕건으로 간주하고 추적한 사이에 왕건은 무사히 도망쳐 생명을 구할 수 있었다. 이와 같이 신숭겸의 왕건에 대한 충절을 알 수 있는 장소가 바로 대구 팔공산이다. 고려가 위기에 처한 시기에 정몽주와 그의 문인들이 신숭겸이 충절을 바친 팔공산에 모여 몇 백 년 전의 왕건의 친필을 보고서 그들은 분명히 감회가 새로웠을 뿐만 아니라 신숭겸의 충절을 되새기면서 그들 또한 고려 중흥을 위해서 자신의 목숨까지도 바치겠다는 각오를 했을 것으로 짐작해 볼 수 있다.

실제로 이 모임이 있은 그 다음 해에 이성계가 위화도 회군하면서 자신의 혁명의 꿈을 실현하고자 도모하였고, 정몽주는 이성계의 이러한 전략을 파악하고 그를 없애기 위해서 기회를 엿보다가 불행하게 이방원에게 살해되었다. 길재 또한 돌아가는 현실이 더 이상 고려가 지탱될 수 있을 것으로 보지 않고, 즉 고려에서 그들의 성리학적인 이상을 실현시킬 수 없다고 보고 고향인 선산으로 낙향하였을 뿐만 아니라 또한 군위군 한밤마을 출신인 홍로도 아무에게도 알리지 않고 낙향하였으며, 이들 대부분 두문동 72현으로 꼽히고 있다는 사실 등에서 이들 모두가 고려에 충절을 지키고자 한 학자임을 알 수 있다.

위에서 대구 팔공산과 절의정신에 대한 언급을 통해 낙중학맥과 관련성을 지니는 역사적 사건을 언급해 보았다. 그렇다면 그들의 충절이 과연 성리학과 어떠한 관련성을 지니는가? 위에서 낙중지역의 역사적 사실에 대한 탐색이었다면, 이러한 역사적 사실이 낙중지역의 성리학에 어떠한 영향을 미치게 되었는가를 살펴 볼 필요가 있다. 즉, 정몽주가 한국 성리학의 비조로 일컬어지고 있다면, 그와 그 문인들의 충절은 과연 성리학과 어떠한 관련성을 지니는지에 대해 살펴보아야 한다. 포은 문인이 추구한 근본적인 목표와 낙중지역은 분명히 밀접한 관련성을 지닐 수밖에 없으며, 이러한 학문적 특징이 이후 낙중학맥에 어떠한 영향을 미치게 되는가에 대한 논의는 분명히 낙중학의 정체성을 확립하는 데 매우 중요한 작업이 될 수 있다.

조선중기 기대승은 조선성리학은 정몽주, 길재, 김숙자, 김종직, 김광필, 조광조로 전개되어졌다고 주장한 이후로, 이 설은 조선 성리학 내부의 정설로 받아들이고 있다. 그러나 율곡 이이는 정몽주가 충신이지 유학자는 아니라고 평가하면서 그가 조선성리학의 비조鼻祖가 될 수 없음을 제기하였다.[6] 이을호도 또한 정몽주의 진유로서의 면목은 그의 정치적 순절에 있는 것이지 성리학자로 보기에는 무리가 있다고 주장한다.[7] 그는 정몽주는 적어도 성리학자는 아니며 단지 정치도의의 구현자요 실천윤리의 궁행자로 보아야 한다고 주장한다. 양자 간의 상반된 입장은 정몽주 사상의 본질을 어떻게 보는가의 입장 차이에 기인한

6) 송하경. 1990.「이율곡의 도통론에 관한 고찰」.『대동문화연구』. 24쪽 참조.

7) 이을호. 1978.「조선조 전기의 유가철학」.『한국철학연구』(중). 한국철학회 편. 동명사.

다. 기대승과 조광조가 정몽주의 성리학에 대한 긍정적인 평가를 내리고 있지만, 16세기 조선 성리학의 심화 과정에서와 같은 그런 수준을 기대하기는 어려울 것이다. 반대로 이이의 평가와 같이 포은 정몽주는 유학자가 아니라는 평가는 쉽게 받아들일 수 없어 보인다. 왜냐하면 성리학은 불교와 도교와 구별되어지는 정체성을 심성론이나 형이상학에서 찾기 보다는 인륜人倫의 도道에서 찾고 있다.

유가의 인륜은 인간이 타인과의 관계에서 의무를 말하는 것이며, 이에 관한 대표적인 규범으로 바로 부자유친, 군신유의, 부부유별, 장유유서, 붕우유신의 오륜五倫을 들 수 있다. 성리학은 유학의 인륜의 도를 불교와 도교의 출세간적인 가치관에 도전받게 되자 불교와 도가의 심성본체론과 우주론을 수용하여 인륜의 도를 재해석하고자 함을 학문의 목적으로 삼고 있다. 그래서 성리학은 형이상학과 인륜의 도가 결합되어진 형태이며, 성리학적 이론구조에서는 형이상학의 도를 '성리지학性理之學'이라 하며, 인륜의 도를 '의리지학義理之學'으로 표현하고 있다. 즉 성리지학이 본체本體와 공부에 대한 이론적 탐색이라면, 의리지학은 작용作用과 행위규범에 대한 실천적 특성을 지닌다. 성리학에서는 전자를 학통學統으로 칭하고, 후자를 바로 도통道統으로 칭한다. 기대승이나 조광조가 주장한 바와 같이 정몽주에 대해 학통과 도통을 모두 강조하고 있지만, 이이는 단지 학통의 관점, 즉 형이상학과 공부론의 관점에서만 정몽주를 평가하고 있다. 조선성리학의 발전과정에서 초기에는 유가의 도통을 강조한 경향이 있지만, 조선 중기 이후 성리학이 심화되면서 의리지학보다는 성리지학에 전념하였다고 볼 수 있다.

그래서 이이와 같이 성리지학의 관점에서만 정몽주를 평가하면, 정몽주와 길재는 충신과 의리는 높이 평가될 수 있어도 성리학자로서는 높이 평가받을 수 없게 된다. 하지만 정몽주가 단지 절의정신만을 중시하면서 그의 성리학적 조예에 대해서는 소홀히 한 것이 결코 아니다. 성리학이 학통과 도통의 융합이라는 차원에서 볼 때 조선의 중기 이후 성리학은 이 양자의 균형이 다소 무너지고 학통만이 강조된 경향이 없지 않다. 정몽주와 그의 문인은 이 양자를 분리되지 않는 관계로 보았고, 이러한 이론적 구조는 그들 이후 낙중지역 유학자들의 핵심이념인 '명체적용明體適用'과 '이일분수理一分殊'적 구조로 이어지고 있다.

그래서 논문에서는 포은의 낙중학맥과 그 후학을 대구 팔공산의 역사적 사실을 공유한 학자들로 제한하고, 그들에게서 나타난 공통된 성리학적인 특징인 학통과 도통의 관계를 '이일분수理一分殊', '명체적용明體適用'의 관점에서 논의해 보고자 한다. 제2장에서는 포은 정몽주의 성리사상을 논의해 보고, 제3장에서는 그의 학인學人인 길재吉再, 김자수金子粹, 홍로洪魯의 성리사상을 살펴볼 것이며, 제4장에서는 정몽주와 포은학맥의 도학사상이 조선성리학에서 어떠한 의미를 지니는가를 간단히 논의해 보고자 한다.

2. 포은 정몽주의 성리사상

포은 정몽주는 1337년(충숙왕 복위 6년) 경상북도 영천군 우항리(현 임고)에서 출생하였다. 그는 21세 때(공민왕 6년. 1357) 국자감시에 합격하고,[8] 24세 때(공민왕 9년. 1360)에 지공거知貢擧 정당문학政

8) 鄭夢周, 『圃隱集』. 「年譜攷異」.

유허비와 비각(정몽주, 경북 영천)

當文學 김득배金得培와 동지공거同知貢擧 추밀직학사樞密直學士 한방신韓方信의 문하에서 급제해 관직에 오르게 되었다.[9] 그 이후에는 예문관검열을 제수 받았고, 공민왕 12년 1363년 여진을 정벌하기 위하 화주에서 출정하기도 하였다. 이때 정몽주는 처음으로 이성계를 알게 되었고, 그 이후에도 그와 함께 출정하여 삼선과 삼개의 난을 평정하였으며, 그 이후 공민왕의 명령을 받고 명나라를 치기 위해 출정하였다가 이성계의 불가사론에 의해 회군하였다. 그 이후 이성계의 새로운 왕조를 건립하고자 한 기획을 알고, 이성계에게 병문안 갔다가 돌아오는 길에 이방원李芳遠의 지시를 받은 조영규趙英珪 일파에 의해 선죽교에서 피살되었다. 이때 그가 단심가丹心歌를 지어 고려왕조에 대한 충절을 나타냈으며, 지금까지 절의의 표본으로 삼아 존경하고 있다.

9) 金宗瑞 · 鄭麟趾 외. 『高麗史』 卷73. 志27. 選擧1 科目1 選場.

이 몸이 죽고 죽어 일백 번 고쳐 죽어
백골이 진토되어 넋이야 있고 없고
임 향한 일편단심이야 가실 줄 있으랴[10)]

정몽주는 이방원의 하여가에 대해 단심가를 지어 자신의 고려에 대한 충절을 표현하고 있다. 그래서 그는 고려왕조에 순절함으로써 불사이군不事二君해야 한다는 도학정신道學精神을 실천하면서 윤리강상을 조선사회에 정착시키는 데 지대한 영향을 미쳤다. 조선 건국 후 태종 원년(1401년)에 문충文忠이라는 시호諡號를 받게 되었고, 『삼강행실도三綱行實圖』에 기록되었으며, 중종 12년에는 문묘에 배향되었다. 정몽주가 조선성리학에 추존받는 이유는 그의 순절과 충의에서 찾아 볼 수 있다. 이러한 그의 가치관은 유가의 도통道統에 근거한다. 유가사상에서는 인군과 신하의 관계를 구분해야 한다고 한다. 즉, 신하는 임금에게는 충절을 다해야 하며, 임금은 신하의 조언을 신뢰할 수 있어야 한다. 유가에서는 이 양자의 관계를 수평적인 관계로 보면서 서로가 상대방에 대해 도덕적 의무를 다해야 한다고 본다. 그래서 정몽주는 이러한 유가적 가치관에 근거해 신하로서의 절의를 사명감으로 삼았다. 이러한 절의를 조선성리학에서는 높이 평가하고 있다. 그러나 정몽주의 숭고한 절의(하학下學, 도중용道中庸)에만 초점을 맞출 경우, 그의 성리학(상달上達, 극고명極高明)에 대한 조예는 잘 드러나지 않을 수 있다. 그러나 실제로 정몽주는 이색으로부터 '동방 리학의 시조' 라고 칭송되기도 하였다.

---

10) 鄭夢周. 『圃隱集』. 「文詩」. 「丹心歌」. "此身死了死了, 一百番更死了, 白骨爲塵土, 魂白有也無, 向主一片丹心, 寧有改理也歟."

그 당시 동방의 경서는 주자집주뿐이었는데, 몽주의 강설이 탁월하여 당시 학자들의 생각을 뛰어넘어, 듣는 사람들이 자못 의심하였다. 그러나 후에 운봉雲峰 호병문胡炳文의 『사서통四書通』을 얻어 보게 되어서는 몽주의 강설講說이 여기에 꼭 부합하지 않는 것이 없으므로 선비들은 더욱 더 탄복하였고, 이색은 자주 그를 칭찬하여 "몽주의 논리는 횡설수설하더라도 이치에 맞지 않는 것이 없으니 동방이학의 시조로 추대할 만하다."고 하였다.[11]

그의 이학理學에 대한 조예는 당시 학자들로부터 의심을 받곤 하다가 원대 유학자 호병문의 『사서통』이 고려에 유입되면서 그의 강설이 『사서통』의 내용과 다르지 않음을 알고 크게 탄복하였다고 한다. 호병문의 『사서통』은 주자의 『사서집주』의 주석서로 주자의 학설을 객관적으로 해석하고 있는 책이며, 주자성리학의 정수를 담고 있는 책으로 알려져 있다. 그의 이학理學에 대한 견해가 호병문의『사서통』과 부합된다는 사실은 정몽주가 당시에 이미 주자학의 정수를 깊이 이해하고 있었음을 알 수 있다. 그래서 당시에 그가 하는 말 모두가 이학理學에 어긋나지 않는다고 평가될 정도로 그는 성리학의 정수를 내면에 깊이 체득하고 있었다고 볼 수 있다.

염락濂洛의 도를 창명하고 불노佛老의 말을 배척하여 강론을 할 때는 오로지 정하게 하여 성현의 오지를 깊이 체득하게 하였다.[12]

(정몽주는) 말년에 역학에 심취하여 이천伊川을 사모하였고, 복희씨의 팔괘는 장차 소옹의 전하는 바를 계승하였도다.[13]

---

11) 金宗瑞 · 鄭麟趾 외. 『高麗史』 卷117. 列傳30. 鄭夢周條.
12) 鄭夢周. 『圃隱集』. 「圃隱先生行狀」.
13) 鄭夢周. 『圃隱集』. 詩. 「冬至吟」.

정몽주는 주렴계, 소옹, 이정, 주자의 성리학에 학문적 토대를 두고 있으며, 성리학에 대한 깊은 조예는 당대 최고의 권위를 자랑하고 있었다. 고려는 당시 불교의 폐단을 성리학을 수용해서 극복하고자 하였다. 불교는 현실을 도피하면서도 귀족들의 이익을 대변하는 종교로 전락하였고, 이를 대체할 수 있는 사상으로 유학의 인륜지도를 부흥하고자 하였다. 그러나 그들은 유가의 세간적 가치관이 도교나 불교보다도 우월하다고 자부할 수 있었지만 이론적인 측면에서 도교의 우주론이나 불교의 본체론이 부족함을 알고 있었다. 그래서 그들은 도교와 불교에 대응하기 위해서는 강상윤리의 우주론과 본체론을 확립하고자 하였다. 그래서 당시의 성리학자들은 불교를 맹렬하게 비판하였고, 이러한 입장에서 볼 때 정몽주 또한 예외는 아니었다.

> 하늘이 둥글고 넓은 것과 같이 크고도 끝이 없고,
> 거울의 비춤과 같이 미묘한 데까지 이르도다.
> 이것은 불교에서 도와 마음을 비교한 것인데,
> 유가에서도 이를 이치에 가깝다고 받아들이고 있도다.
> 그러나 둥글다고 해서 만물에 모두 응할 수 있겠으며,
> 비춘다고 해도 정의精義에까지 궁구할 수 있겠는가.
> 내가 영산의 모임에 나아가서 석가에게 한마디 따지지 못한 것이
> 한이로다.[14]

> 크기도 하고, 작기도 하여 만 갈래로 갈렸으니,
> 찬란하게 빛나는 이치가 여기에 있네,

---

14) 鄭夢周.『圃隱集』卷2.「圓照卷子」. "如天之圓, 廣大無邊, 如境之照, 了達微妙. 此浮屠之所以喩道與心, 而吾家亦許之. 以近理然, 其圓也, 可以應萬事乎, 其照也, 可以窮精義乎. 吾恨不得時遭乎. 靈山之會詰一言於黃面老子."

처하기를 지극히 한다면, 만물과 나 사이에는 안과 밖이 없도다.
(그러나) 중들이 말하는 것은 이와 달라서 허공에 걸어 묘한 뜻만
말하며,
모든 것은 덧없는 데로 돌아간다 하니,
임금과 어버이도 서야 할 곳을 잃었도다.
이로부터 천 백년 내려오면서 의론이 벌떼처럼 마구 이는데,
상인은 허심한 자이니까 원컨대 더불어 정시를 찾기 바라오.[15]

정몽주는 불교와 유가가 공통된 이론적 기반에 있음을 암시하고 있다. 성리학이 불교의 본체론에 호응하기 위해 화엄종의 리理개념을 수용하여 성리학의 본체론으로 재해석한다. 그래서 유가의 우주만물을 포섭하는 본체와 불교에서의 마음속에 삼라만상을 포섭하는 심체는 유사한 면이 있다고 말한다. 그래서 유가와 불가의 차이성은 본체론에 있기 보다는 가치론에 있다. 불교는 모든 사물은 마음의 산물이라 보면서 더 이상 임금도 어버이도 없다는 출세간적인 태도를 취한다면, 유가는 바로 현실의 실재성을 인정하면서도 도덕주체와 하나가 되는 정신경지를 추구하는 세간적인 태도를 취하고 있다. 그래서 한유는 『원도原道』에서 "마음을 다스리고자 하면서 천하국가를 도외시하는 것은 천상을 없애는 것"이고 주장하였다.[16]

이와 같이 유학의 도덕심은 현실세계의 구체적인 인간관계에서 실현하여, '수기치인修己治人', '성기성물成己成物' '체용합일體用合一', '내성외

15) 鄭夢周. 『圃隱集』 卷12. 「幻庵卷子」. "鉅細紛萬殊, 粲然斯有理, 虛之苟臻極, 物我無表裏. 浮屠異於此, 懸空譚妙旨, 一切歸幻妄. 君父失所止. 自是千百年, 議論竟起, 上人虛心者, 願與求正是."

16) 韓愈. 『昌黎先生集』. 「原道」.

왕內聖外王'의 경지에 도달할 수 있다고 본다. 이러한 이론구조를 정이는 바로 '이일분수理一分殊'로 해석하였다. 즉, 이일理一은 하나지만, 구체적인 현상에서는 다양하게 전개되어지는(분수分殊)인 것으로 해석하였다. 여기서 말하는 분수는 일상생활에서의 구체적인 실리實理를 의미한다. 그러나 이러한 실리實理는 바로 일리一理에 의해 그 정당성을 보장 받을 수 있으며, 일리一理는 바로 분리分理로써 드러날 수 있다고 본다. 그래서 성리학은 본체론을 언급하고 있지만 그 목적은 인륜관계의 실현에 있었다. 그래서 주자는 이일理一(본체)이 어려운 것이 아니라 분리分理(인륜의 실현)가 더욱 어렵다고 하였으며, 공자도 또한 인에 대한 체득이 어려운 것이 아니라 구체적인 행위에서 도덕적 행위를 하는 것이 더욱 어렵다고 말한 적이 있다. 그래서 정몽주는 결국 유교와 불교의 차이성은 바로 본체론(이일理一)에 있는 것이 아니라 일용日用의 도(분리分理)에 있다고 보고 있다. 그래서 정몽주는 일용日用의 학문을 도학道學의 특징으로 말하였다.

> 유학자의 도道는 모두 일용평상의 일로, 음식과 남녀는 모든 사람이 함께 하는 것이니, 지극한 이치가 그 가운데 존재하는 것이다. 요순의 도道도 또한 여기서 벗어나지 않으니, 동정動靜과 어묵語默에 그 올바름을 얻는 것이 바로 요순의 도리로 처음부터 대단히 높아서 행하기 어려운 것이 아닙니다. 저 불교의 가르침은 그렇지 않으니 친척을 버리고 남녀관계를 끊으며 홀로 바위굴 속에 앉아 풀로 옷을 해 입고 나무를 먹으며 공을 보아 적멸을 추구함을 종지로 삼습니다. 이것이 어찌 평상의 도리이겠습니까?[17]

17) 鄭夢周.『圃隱集』. 續錄.「經筵繫辭」.

정몽주는 사회구성원이 각자의 의무를 수행하지 않으면 사회 기강이 무너지게 된다고 보면서, 일상생활에서의 자신의 본분과 의무를 다하는 것을 매우 중시하였으며, 이러한 인륜을 도학으로 규정하고 있다. 이러한 도학이 바로 그가 정치적 순절을 하게 된 이론적 배경이 된다. 율곡 이이 또한 "도학이란 이름은 오래된 것이 아니다. 옛날의 선비는 들어와서는 효도하고, 나아가서는 공경하며, 벼슬을 위해서는 도로써 임금을 섬기고 임금과 이상이 서로 부합되지 않으면 몸을 받들어 은퇴하였느니 이와 같으면 선이라 하고, 이와 같지 않으면 악이라 하였을 뿐 별도로 도학이라고 이름 하지 않았다."[18] 라고 한 것에서 알 수 있듯이 도학은 추상적인 논의자체에 있는 것이 아니라 인륜의 구체적인 실천행위를 지향함에 있음을 말하고 있다. 그래서 정몽주는 유학의 도를 불교와 비교하면서 아래와 같이 말하고 있다.

> 어지러운 사설은 백성을 그르치는데, 어느 누가 먼저 말하며 이를 깨우치려나.
> 그대의 집에서 듣는 도의 소리 매화가 피어나는 것 같도다.
> 서로 만나 세심경洗心經(주역)을 다시 읽어 보세나
> 이 마음이 허령함은 본래부터 알거니와 닦으면 깨우친 것 다시 깨닫네.
> 간괘艮卦의 육서만을 자세히 보아도 화엄경을 죄다 읽은 것보다 나으리.[19]

---

18) 李珥.『栗谷全書』. 卷28.「經筵日記」. "道學之名, 非古也. 古之爲士者, 入則孝, 出則弟, 仕則以道事君,不合則奉身而退, 如此者謂之善, 不如此者謂之惡, 不以道學, 別立名目 及其世降道衰, 聖賢之統不傳."

19) 鄭夢周.『圃隱集』卷1.「讀易其子安大臨兩先生」. "紛紛邪說誤生靈, 首唱何人爲喚醒, 聞道君家梅欲動, 相從更讀洗心經, 固識此心虛且盈, 洗來更覺己全醒, 勢看艮卦六劃耳. 勝讀華嚴一部經."

정몽주는 당시의 불교의 폐단에 주의하면서 성리학에 근거해서 현실적인 문제를 내면의 수행을 통해서 해결하고자 한다. 성리학은 선진유학의 도덕성을 천도의 관점에서 논의하면서 본체와 공부가 둘이 아님을 논의하는 학술체계이기 때문에, 그는『주역』을 단지 자연의 이해나 정치제도의 정당성의 근거로서 이해하지 않고, 도덕적 수양의 방법으로 이해하고 있다. 그래서 그는 마지막 구절에서 주역의 간괘艮卦를 가지고서 화엄경을 비판한다. 유가는 일용지도日用之道를 부정하고 허적한 세계를 추구하는 불교와는 달리 구체적인 일상생활에서 실천행위를 강조하며, 구체적인 행위를 통해서 그 본체(리理)를 실현하고자 한다. 이런 의미에서『주역』간괘艮卦는 바로 '멈춘다'는 의미로서 상대방에 임해서 (상대방에 호응해서) 자신의 본분을 다한다는 실천적인 의미로 해석하고 있다.[20] 이는 바로 공자의 정명正名론에서 "군자는 군자답고, 신하는 신하답고, 아버지는 아버지답고, 자식은 자식다움"의 천도적 해석이다. 이와 같이 정몽주는 군신의 분을 엄격히 하면서, 군주가 해야 할 일과 신하가 해야 할 일을 분명하게 구분하고자 하였다. 그래서 정몽주는 원元 간섭기 이래로 친원 세력의 횡포와 공민왕 때 신돈의 권력 전횡, 그리고 이인임, 임견미 등의 사적인 국정운영에 이르기까지 거의 100여 년 간이나 실추되어 온 왕권을 회복하고자 노력하는 공양왕대의 정치상황과도 관련이 있다. 이러한 상황에서 정몽주는 당시에 실추된 고려왕조를 중흥하기 위해서는 군신의 구분을 분명히 함으로써 신하에 의한 군주권의 침해를 막을 수 있다고 생각하

---

20) 程顥道 · 程頤川.『二程集』.「遺書明道生語」. "艮其止, 止其所, 各止其所, 父子止於恩, 君臣止於義之謂. 艮其背止, 於所不見也."

였다.[21] 이와 같이 정몽주는 실제로 일용지도, 즉 구체적인 도덕행위를 매우 강조하였으며, 이러한 그의 성리학적 소양이 자신의 뜻을 굽히지 않고 고려 신하로서의 충절을 지킨 것과 밀접한 관련이 있다. 그래서 정몽주는 충절을 지킨 것과 같은 실천행위는 내 마음이 허령하고 사욕이 없는 마음상태에 의해서 가능하다고 보고, 마음공부를 중시한다.

> 건도는 쉬는 일이 없고,
> 곤효는 순전히 음이니,
> 일양이 처음 움직이는 곳에서 천심을 볼 수 있도다.
> 조화에는 치우치는 기가 없으며,
> 성인은 오로지 음을 누르는도다.
> 일양이 처음 움직이는 곳에는 나의 마음을 증험할 수 있도다.[22]

정몽주는 복괘復卦에 근거해서 천심天心을 논하고 있다. 복괘復卦는 육효六爻 중에서 초효初爻만이 양효陽爻이고, 나머지 효는 음효陰爻이다. 그러므로 자연의 이치로 본다면 음이 물러나고 양이 도래하는 형상이지만, 인심人心에서는 악한 심이 사라지고 선한 마음이 싹트는 조짐을 말한다. 이와 같이 정몽주가 공부론을 인심에서만 논하지 않고 천심에서 논의하는 것은 불교의 인심 위주의 공부에서 벗어나 자연의 원리에 근거해서 논의하고자 하였다. 이러한 논의는 성리학적 공부론에 완전히

---

21) 유경아. 2000.「정몽주 세력과 고려 중흥을 위한 개혁 방안」.『이화사학연구』 제27집. 이화사학학회.

22) 鄭夢周.『圃隱集』卷2.「冬至吟」. "乾道未嘗息, 困爻純是陰, 一陽初動處, 可以見天心. 造化無偏氣, 聖人猶抑陰, 一陽初動處, 可以驗吾心."

부합된다. 이를 위해 그는 『중용』과 『대학』을 학문의 요체로 삼아 이를 교육의 주지로 삼았다.

> 정도전이 16-17세 때 시율을 익히어 대우를 맞추고 있는데, 하루는 여강 민자복이 와서 말하기를 "나는 정선생 달가를 만났더니, 그가 하는 말이 사장은 말예에 불과하고 이른바 수기 정심의 학이 있는데, 그 설이 대학 중용의 두 책에 갖추어져 있다라고 하였다. 그는 지금 이순경과 같이 삼각산의 절에 가서 이 두 서적을 강구하고 있는데, 그대는 이 사실을 아는가"라고 하였으므로 나는 이 말을 듣고서 이 두 책을 구해서 읽었는데, 비록 얻은 것은 없었으나 자못 스스로 기뻐하였다. 마침 빈흥과를 설치하자 선생은 삼각산에서 내려와 연괴삼장으로 장원하여 명성이 자자함으로 찾아가 본 즉 더불어 이야기하기를 평생의 친구와 같이 하여 드디어 가르침을 주어서 날마다 듣지 못하였던 것을 듣게 되었다.[23]

정몽주는 젊어서부터 사장은 지엽적인 재주에 지나지 않으며 그보다도 수신修身의 학에 전념하였다. 그는 사서四書에 두루 통하였지만, 특히 『대학』과 『중용』의 중요성을 깊이 인식하고 이에 심취하였다고 볼 수 있다. 그는 당시 학자들이 과거에 중요시하였던 사장의 학을 말예末藝로 취급하면서 심성의 학으로 『대학』과 『중용』을 공부할 것을 권유하기도 하였다. 정몽주는 『중용』과 『대학』을 짝을 이루는 책으로 간주하여 『중용』을 심성수양서로, 『대학』을 실천과 행위에 관한 책으로 보고 있다. 정몽주의 학문태도에 대해 정도전은 다음과 같이 평가하고 있다.

---

23) 鄭道傳. 『三峯集』 卷3. 「圃隱先生奉使藁序」.

> 도학道學의 연원淵源을 거슬러 올라가 전장문물典章文物이 낙건洛建[24]에 까지 따라 올라가고, 은주殷周에 까지 점점 나아갈 수 있었던 것이 다 선생에게서 시작된 것이니, 나라를 다스려 보존하고 충성을 다하여 인仁을 이룬 것은 선생의 여사餘事이다.[25]

정도전은 정몽주의 학문이 은주殷周의 전장문물典章文物에서 시작하여 주자의 성리학에 이르기까지 이를 하나로 관통시키고 있다고 평가하고 있다. 여기서 말하고 있는 전장문물은 군신, 부부 사이의 질서성과 조화성을 유기적으로 결합시키는 예악문화禮樂文化를 말한다. 즉 군주는 바로 군주의 역할을 다해야 하고, 신하는 신하의 역할을 다해야 하는 이념이 바로 예禮라면, 군자와 신하가 서로 다르지만 어우러져 조화 상태를 이루어야 한다는 이념이 바로 악樂이 된다. 정몽주는 이러한 예악을 주자학, 즉 형이상학과 심성론과 연결시키고 있다. 성리학에서는 이 양자가 결코 분리되지 않는다고 본다. 그래서 이정과 주자 모두 체용일원, 현미무간 등을 강조하면서 마음의 본체를 밝게 하면 작용은 반드시 그 대상에 따라 다양하게 드러나게 된다(명체적용明體適用)고 한다. 그래서 정몽주의 충절은 특정한 인물이나 왕조에 대한 보답을 위해서가 아니라 성리학의 이념인 리理를 몸소 실천하고자 하는 데 있었음을 알 수 있다.

---

24) 程朱學을 말한다. 二程은 洛陽에서, 주자는 建陽에서 수학하였다. 이 양자를 합에서 '洛建'이라고 하였다.

25) 鄭道傳.『三峯集』.「神道碑銘」.

3. 포은의 낙중학맥의 도학사상

앞에서 정몽주와 그의 문인 관계를 팔공산 모임에 참여한 인물들로 보아야 함을 언급하였다. 그래서 본 장에서 포은 정몽주의 도학사상이 그들의 사상에 어떠한 영향을 주었는지에 대해 길재, 홍로, 김자수를 중심으로 논의해 보고자 하다. 물론 길재는 선산출신이며, 홍로는 군위 출신으로 낙중지역에 속하기 때문에 낙중학맥으로 볼 수 있다. 하지만 김지수는 안동에서 출생하여 활동하였다. 그래서 김자수는 이 지역 출신이 아니기 때문에 낙중학맥에 포함시킬 수 없어 보인다. 하지만 낙중학맥의 외연을 지역 출신의 문제가 아니라 이 지역의 역사와 문화에서 접근한다면, 김자수 또한 포은의 낙중문인이라 할 수 있다. 그래서 김자수가 불사이군의 자료를 통해서 볼 때, 그의 가치체계는 분명히 충절 등의 일상생활에서 실천을 강조하였다.

1) 야은冶隱 길재吉再의 도학사상

길재吉再는 호가 야은冶隱이고 1353년에 선산부善山府 속현屬縣인 해평海平에서 태어났으며, 1419년(세종 1년)에 죽었다. 길재의 학문과정은 일반적으로 세 단계로 구분한다. 그는 18세에 상주에 살던 박분朴賁을 찾아가 『논어』와 『맹자』를 수학하면서 성리학에 관한 학설을 접하기 시작하였고, 박분을 따라 상경하여 이색, 정몽주, 권근의 문하에 들어가 성리학과 심학心學을 공부하기도 하였다. 그는 22세에 생원시生員試에 합격하였고, 34세(1386년) 때 진사시進士試에 급제하여 청주목淸州牧의 사록司錄에 임용되었으나 부임하지 않았으며, 다음 해인 35세 때 성균관成

均館 학정學正에 부임한 뒤 성균관成均館 박사博士가 되었으며, 37세 때 문하주서門下注書가 되었다. 이 무렵 고려 조정에는 심각한 사태가 벌어졌다. 우왕 14년 정월에 이성계李成桂와 최영崔瑩 등이 협력하여 이인임李仁任 일파를 제거하면서 정권을 장악하였고, 그 이후에는 대명對明관계를 둘러싸고 이성계와 최영 간에 갈등이 발생하게 된다. 최영은 명明의 철령위鐵嶺衛 설치에 크게 반발하면서 요동遼東 공벌攻伐을 제기하였고, 이성계는 최영의 계획에 반대하였다. 그러나 최영이 우왕의 지지를 얻어서 요동 정벌을 강행하자 이성계도 출정하지 않을 수 없게 되었다. 이때 길재는 이성계의 계획을 예견하고 고려의 명운을 걱정하면서 그 심정을 다음과 같이 읊고 있다.

> 용수산 동쪽 머리 짧은 담장(나라)은 기울고,
> 미나리 밭(반궁泮宮) 가의 푸른 버들 드리웠네
> 몸은 비록 다른 사람보다 특이한 것 없지마는
> 뜻만은 수양산 백이, 숙제처럼 마치고 싶구나.[26)]

이 때 길재는 고려의 운명이 멀지 않았음을 감지하면서, 한번 섬긴 임금을 배반하지 않는 백이伯夷 숙제叔齊와 같은 삶을 살아야 한다고 결심하고 있다. 그래서 그는 공양왕 2년 관직에서 은퇴하여 세종 원년 세상을 떠날 때 까지 정계에 은퇴한 채 후학 교육에 전념하면서 고려에 대한 충절을 지키면서 살고자 하였다. 이러한 그의 불사이군의 절의는 "고려 오백년에 교화를 배양하여 사풍을 장려한 효과가 선생의 한 몸

---

26) 吉再.『冶隱集』卷上. 遺詩「泮宮偶吟」. "龍首正東傾短墻, 水芹田畔有垂楊, 身雖從衆無奇特, 志則夷齊餓首陽."

에 모여 거두었고, 조선 억만년의 강상綱常을 세워 신하의 절의의 근본을 밝힘이 선생의 한 몸으로부터 시작되었다. 그의 명교에 드리는 공이 더 없이 크다."[27] 그의 고려 왕조를 섬기는 절의는 조선 건국 이후 강상명교를 밝히는 지대한 공헌으로 일컬어지기도 하였다. 그의 강상명교의 모범적인 자세에 대해 유희춘은 다음과 같이 평가하고 있다.

> 야은은 바탕이 아름답고, 학문이 순수하며 의를 좋아하고 예禮를 높였다. 부모에게 효도하고 임금에게 충성하며, 스승을 높여서 신하와 자식과 제자로서의 세 가지 직분을 다하였다. 이미 이렇게 몸을 바치고 또 이렇게 사람을 가르쳤으니 옛날 순수한 선비라고 하더라도 여기에는 미치지 못할 것이다.[28]

길재는 당시에 유행하던 불교의 출세간적 가치관에서 벗어나 일상생활에서 타인과의 관계에서 자신의 본분을 다하고자 하였다. 일반적으로 유학에서는 관계적 삶의 방식을 중시한다. 유가사상에서는 개인이 원자적 개체로 독립적으로 존재하는 것이 아니라 반드시 일상생활에서 타인과의 적절한 관계를 통해 존재의미와 가치를 부여하는 삶의 방식을 추구한다. 그래서 유가에서는 한 개인의 자아동일성을 타인으로부터 분리시키거나 배제시키면서 확립하지 않고 오히려 자신과 주변 존재들과의 끊임없는 관계를 통해서 자신의 행위를 결정하게 된다. 이러

---

27) 吉再. 『冶隱集』. 冶隱先生言行拾遺. 卷下. 「讚詠諸詩幷序」. "密陽 朴堅基 有高麗五百年 培養敎化, 以勵士風之效, 萃先生之一身, 而牧之, 有朝鮮億萬年, 扶植綱常, 以明臣節之本, 自先生之一身, 而基之, 其有功於名敎甚大."

28) 李德懋. 『靑莊館全書』 卷69; 吉冶隱, "(柳)希春曰, 質美而學粹, 好義而崇禮, 孝於親, 忠於君, 隆於師, 盡臣子在三之節, 旣以此終身, 又以此敎人, 雖古之諄儒不是過也."

한 인간관계의 대표적인 범주가 바로 오륜이며, 그 중에서 가장 중요한 덕목이 바로 부모에게 효도하는 것이다. 이러한 인륜관계는 가족에서 출발하여 국가로 확대되어져야 한다. 실제로 고려 말 절의파와 혁명파의 차이 또한 이 문제에서 차이가 있다. 길재와 같은 절의파는 가족에서 시작하여 향촌과 사회의 기강을 확립해야 한다는 입장이라면, 당시 혁명파는 이러한 일상의 기강을 부정하고 제도를 통해서 사회문제를 해결하고자 하였다. 그래서 성리학의 훈도를 받은 절의파의 입장에서 국가제도 위주의 혁명파의 기획은 결코 수용할 수 없었다. 이러한 성리학의 이념에 철저한 길재는 불사이군하면서 향촌사회의 기강을 확립하기 위해 노력하였다.

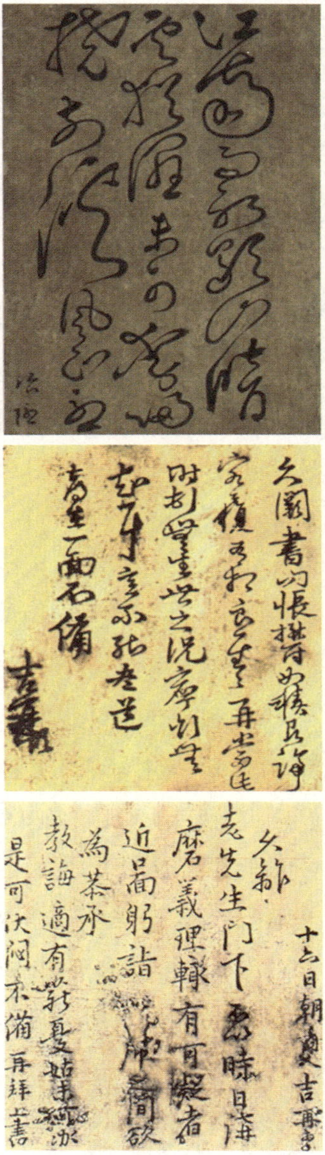
친필(길재)

> 남은 생명이 기구하여 시골로 물러나 있는데, 은총이 특별하시어 다시 조정의 반열에 서는 혜택을 입었습니다. 생각하건데 분수에 넘침이 너무도 심하니 어찌 함부로 이를 감당하겠습

> 니까? 이에 힘써 이를 사양하오니 승낙 있으시기 바랍니다. 옛 사람의 행적을 보건데 모두가 때를 만나기가 어려움을 근심하였습니다. 두 임금을 섬기지 않음은 어찌 신하가 지조를 지켰다는 이름을 얻기 위해서였겠습니까? 신하가 되지 않겠다는 것은 다만 윤리를 문란시킨다는 이유만이 아니라, 사실 세상에 나오고 세상에 숨는 일을 옳게 하려는 관계이며, 혹 유교 교리에 도움이 될까하여 한 것입니다.[29]

길재가 조선이 건국된 이후에는 조선 왕조를 비판하기보다는 조선 군주와 재상들이 도덕정치를 해 주기를 당부하는 말에서나 그의 아들이 벼슬에 나아갈 때 "임금이 먼저 신하를 부르는 것은 삼대 이후에 드물게 하는 일이다. 네가 초야에 묻혀 있는 몸으로 임금을 부름을 받았으니, 비록 작록을 얻지 못하였더라도 그 은혜와 의리는 다른 신하된 자와 비교할 바가 아니다, 너는 마땅히 고려를 잊지 못하는 나의 마음을 본받아서 너의 조선의 임금을 섬겨라. 네 아비의 마음은 이밖에 다른 희망이 없다."라는 언급에서도 길재의 선택은 단순한 특정한 왕조에 대한 애착이 아니라 유교적 이념을 실천하고자 함에 있음을 알 수 있다. 이와 같이 길재의 불사이군은 단순한 국가나 개인적인 차원에서 실천한 것이 아니라 유학자로서 삶을 살아가고자 한 그의 가치관에 기인한다고 볼 수 있다.

그러나 길재는 유학의 도통만을 계승하고자 할 뿐만 아니라 성리학 즉 학통의 소양을 갖춘 학자이다. 그가 남긴 문헌에서는 그의 성리학에 관한 공부가 어떠했는지 알 수 있는 직접적인 자료를 찾아 볼 수는 없

29) 吉再.『冶隱集』. 附錄.「辭太常博士箋」. "殘生險, 已退鄉閭, 寵渥殊憂, 復沾朝秩, 顧僭踰之已甚可冒昧以敢當, 遂以力辭, 期於頷可, 竊觀古人之跡, 皆患遭遇之亂, 不事王侯, 豈所以沽節, 罔爲臣僕, 非徒以亂倫, 實關出處之宜, 庶有名教之報.(或作補)"

지만, 그가 활동하던 시기에는 성리학이 유행하였으며, 정몽주, 이색, 권근에게서 성리학을 배운 적이 있다는 기록을 통해 그가 성리학적 소양을 갖추고 있었음을 쉽게 추론해 볼 수 있다. 그의 성리학적 소양은 그가 지은 시에서도 엿볼 수 있다.

> 고금의 벗들은 몸을 새롭게 변하였지만,
> 천지강산은 바로 내 벗이로다.
> 천리天理와 인심人心은 나를 알아 줄 것이니
> 인심은 늙지 않고 영원히 청춘일세.[30)]

위의 시에서 길재는 조선이 건국하자 변절하여 조선왕조에 참여하는 지식인을 보면서, 세상이 변하고 인심이 변한다고 하더라도 자신은 절의를 지킬 것을 스스로 맹세하고 있다. 그는 강상명교는 시공을 초월해 절대 변할 수 없는 인간의 도덕적 규범으로 이해하고 있다. 그는 주위에서 자신의 행위를 비난한다 하더라도 자신에게 내재한 천리天理만은 결코 비웃을 수 없다고 믿고 있다. 왜냐하면 충효는 행하든 행하지 않든 반드시 실천해야 할 덕목이며, 이는 바로 인간에게 부여된 천리로 보고 있다. 이와 같이 길재는 인륜을 천리天理가 구현된 형태로 이해하고 있다. 그래서 길재는 천리에 기반을 두고 인간의 보편성으로 내재된 규범원리에 의하여 인간의 올바른 도를 실천하고자 하였다. 그는 의리사상에 근거한 행위를 정당한 행위로 받아들이고 있다. 길재는 이러한 불멸의 도덕성을 체화해서 깊이 깨닫고 있었다고 볼 수 있다. 이와 같

30) 吉再.『冶隱集』卷上. 遺詩.「足夢中聯句」.

이 길재가 자신의 행위를 천리에 근거해서 한 것은 정몽주의 성리사상을 계승하고 있다고 할 수 있다.

길재는 유가의 실천적인 측면을 매우 중시하였다. 그래서 그는 『주자가례』를 실천하고자 하였으며, 또한 『주자가례』의 보급을 통해서도 사회기강을 바로잡고자 노력하였다. 이러한 그의 노력은 김숙자와 그의 아들 김종직 등에 이어지면서 유향소 복립 운동을 하게 한 학술적 기반이 되었으며, 김종직 · 김굉필의 영향을 받은 조광조 등은 사림파 지치주의가 정치 일선에 등장하고 사화를 전후하여 이들 선비 세력이 각기 향촌사회에 파고들면서, 성리학을 민중들에게 보급시킬 수 있는 이론과 실천적 기반을 제공해 주었다. 그리하여 마침내 조선에 사림의 시대를 열 수 있었다. 그래서 조선 중기 기대승은 정몽주, 길재에서 김숙자, 김종직, 김광필, 조광조로 이어지는 도학 정통이 이어지게 되었다고 주장하였다.

2) 김자수의 도학사상

김자수金子粹(1351-1413)는 호가 상촌桑村이며, 여말선초에 활약한 유학자이다. 그는 고려 말의 신진사대부들과 마찬가지로 귀족가문 출신이 아니라 재지사족 출신이다. 그는 일찍이 목은 이색과 포은 정몽주의 문하에서 수학하였으며, 공민왕 23년에 이무방과 염흥방의 문하에서 장원으로 과거에 급제하면서 관료로 나가게 되었다. 그는 성리학에 의거하여 자신의 생활철학을 몸소 실천하였으며, 두문동 72현에 포함되었다. 조선 태종은 평소부터 그의 덕망을 존중하여 형조판서의 직을 내렸지만, 그는 "나라가 망하니 충의도 더불어 망하는구나. 내가 평생에 충효를 기약하면서 살아왔는데, 이제 만약에 내가 몸을 굽힌다면 어떻게 지하에서 임금과 부모님을 뵈올 수 있단 말인가. 내가 스스로 죽을 곳이 있노라"[31]고 하면서 자결하였다. 그는 자살 직전에 "나는 이제 죽어서 오직 신하된 절개를 다할 뿐이니, 내가 여기서 죽거든 이곳에 매장하고 비석은 세우지 말라"고 하였다. 길재가 태상박사 직을 완곡히 사양하면서 향리에 내려와 후세의 교육에 전념한 수절守節의 신하라면, 김자수는 사절死節의 신하로 일컬어진다. 그의 충절지정을 아래 시에서도 알 수 있다.

> 충신과 열사들 지금은 어디에 있는가?
> 날아가는 산새들은 옛 봄을 노래하네.
> 옥계玉階의 꽃술들은 바람 뒤에 시들었고
> 금릉金陵의 나무 빛깔은 빗속에 파리하네.
> 알괘라 청향각淸香閣에는 해가 짧아졌을 것이고
> 필시 관덕인觀德人에게도 날씨는 차가울 것이다.
> 대臺 위에 선 이 길손은 강개한 마음에 옷을 떨치는도다
> 이때를 당하여 몇 번이나 우리 임금 생각하고 울었던가?[32]

위 시에서 김자수는 '충신열사가 어디에 있는가?' 라고 탄식하면서, '이 때에 몇 번이나 군주를 생각하고 울었던가'라 하면서 고려 왕조에 대한 충절을 토로하고 있다. 그는 또한 지극한 정성으로 어머니를 봉양하였으며, 어머니가 돌아가신 후에는 『주자가례』에 입각하여 여묘廬

31) 金子粹. 『桑村實錄』 卷2. 「桑村先生金公神道碑銘」.
32) 金子粹. 『桑村實錄』 卷1.

墓살이 3년을 지냈으며, 그의 효행이 세상에 알려지자 조선 왕조가 그의 여묘 생활을 그림으로 그리게 하고, 이를 『동국삼강행실록』에 게재하게 하였다. 『삼강행실록』에는 다음과 같이 기록하고 있다.

> 고려 공양왕 대 도관찰사를 지낸 김자수는 안동인으로 성격이 지극히 효성스러웠다. 편모를 섬김에 있어 온갖 정성을 다하여 밤낮으로 조금도 흐트러짐이 없이 봉양의 도를 다하니 칭송이 자자하였다. 어머니가 돌아가시자 여묘를 3년 동안 하였는데, 이 동안 한번도 집에 간 일이 없으며, 맛있는 음식을 먹지 않았다. 날마다 묘 앞에 엎드려 가슴을 치면서 통곡하니, 지나가는 자와 나무꾼들도 이를 보고는 눈물을 흘리지 않는 자가 없었다. 애훼哀毁함이 극에 이르니 얼마 되지 않아 성정을 상하기에 이르렀다. 국왕께서는 이를 듣고 가상히 여기시어 정려旌閭를 명하시고 화공에게 명하여 출거여도出居廬圖(여묘廬墓하는 모양을 화폭에 담은 그림)을 그리게 하고는 이를 동국삼강행실도에 게재하도록 하였다.[33]

김자수의 저서에서도 성리학에 관한 직접적인 자료를 찾아보기는 쉽지 않다. 그래서 그가 성리학에 대한 조예가 어떠했는지를 가늠하기 어렵다. 그러나 구절 아래 부분에서도 알 수 있듯이 그는 주자학의 경敬공부를 강조하고 있다. 그래서 김자수는 다음과 같이 말한다.

> 원컨대 전하께서는 마음을 조존操存하시기를 마치 상제를 대하여 있는 듯 하시고, 비록 아무도 안보는 곳에 계시더라도 늘 상제가 굽

33) 金子粹.『桑村實錄』卷2.「三綱行實錄」.

> 어보는 듯 할 것이며, 그 (사물을)응접하는 즈음에는 더욱 그 생각의 싹이 나올 때 (선인지 악인지) 삼가서 보고 듣고 말하고 행동할 때에는 반드시 예禮로써 하고, 나가고 들어오고 일어나고 앉는 일을 '경敬하지 않는 것이 없게 하여, 일을 처리함에 사욕에 가리어지지 않고 잠시라도 멈추지 않는다면 이 경敬하는 마음이 하늘의 마음을 감동시켜 재변을 소멸하고 교화를 새롭게 해서 나라를 흥하게 할 것입니다.[34]

김자수는 주자의 '거경궁리居敬窮理'와 '존심양성存心養性'에 근거해서 말하고 있다. 그러나 이러한 주자학의 수행론은 분명히 불교와 유사해 보인다. 불교도 또한 형이상학적 논리체계를 지니고 있고, 심성수양을 그 어느 학파보다도 강조한다. 그러나 불교는 아버지와 군주를 인정하지 않고, 더욱이 그들에 대해 어떠한 의무를 부정하고 있다. 이에 반해서 주자는 경공부를 흙덩이처럼 혼자 앉아서 하는 불교의 선공부와는 달리 도덕주체와 대상과의 조화를 이루고자 하는 공부로 설명하고 있다.[35] 이는 바로 도덕주체가 구체적인 상황에서 타인과의 바람직한 관계를 통한 인륜세계를 건설하기 위함을 목적으로 하고 있다. 이와 같이 김자수의 절의 또한 성리학의 경공부에 근거해서 나온 행동임을 알 수 있다. 그리고 김자수는 정몽주의 절의정신을 안동에 널리 퍼트린 학자이며, 안동에서의 절의정신의 모범이 되었다고 한다. 어쩌면

---

34) 金宗瑞 외. 『高麗史節要』 卷35. 「金子粹傳」. "願殿下, 存心以居對越上帝, 雖居有暗之中, 常若有臨之者, 及其應接之際, 尤謹其念慮之萌, 視聽言動, 必以禮, 出入其居, 罔不敬, 而其處事不蔽於私欲, 不流於姑息, 卽此心之敬, 足以敬天心, 而消變異, 敎化而興邦國矣."

35) 朱熹. 『朱子全書』 卷48. 「周子」. "聖人定之以中正仁義而主靜, 正是要人靜定其心, 自作主宰. 程子又恭只管靜去, 遂與事物不相交涉, 却說箇敬. 云敬則自虛靜, 須是如此做工夫."

그의 경敬철학이 이후 영남퇴계학파와 어떠한 연관성을 지닐 수도 있을 것으로 보인다.

3) 경재敬齋 홍로洪魯의 도학사상

홍로는 1366년 군위군 대율리에서 태어났으며, 1392년 27세를 나이로 죽었다. 그의 자는 득지得之이고 호는 경재敬齋이다. 그는 20세 때 생원시에 합격하고 25세 때 별시문과에 급제하여 이때 정몽주의 추천으로 한림학사를 거쳐 문하사인이 되었다. 그 당시 조정의 정치가 날로 그릇되고 정세가 날로 어지러워지자 마침내 그는 27세 때 병을 핑계로 사직하고 낙향하였다. 그는 고향으로 돌아온 뒤 도연명의 행적을 좇아 집 앞에 다섯 그루 버드나무를 심고 울분을 삼키고 근심을 달래며 살았다. 정몽주의 피살 소식을 듣고, 그는 몹시 슬퍼하였으며, 곧 병을 얻어 위급해지자, "어젯밤에 태조대왕을 꿈에 뵈었는데, 오늘 돌아가리라" 하고 의관을 정제하여 사당에 배알하고서 마당에 자리를 펴 북쪽을 향해 네 번 절 한 후에 "신은 나라와 함께 죽사오니 무슨 말을 하겠나이까?" 라는 말을 남기고 운명하였다.[36] 그의 묘갈명에서 번암 채재공은 그의 충절을 다음과 같이 기록하고 있다.

> 고려의 국운이 기울어짐에 야은이 가고 포은이 죽고 목은이 절개를 꺾지 않고 몸을 마치니 이것은 그 의를 행함에 있어 각기 그 방법은 다르나 나라를 위해 헌신함에 있어서는 같은 것이다. 홍경재 홍공

---

36) 홍원식. 2009.「포은 정몽주와 낙중 포은 학맥의 도학사상과 철학사상」.『포은학연구』포은학회 3집. 10쪽.

> 은 그의 뜻을 숨기었고, 사람에게 알려지지 않으려 한 그의 자취는 아름다운 일이라 하지 않을 수 없다. 군자들이 논평하기를 선생을 삼은三隱의 무리에 두었으니 어찌 근거 없이 평한 것이리오.[37]

홍로는 정몽주의 추천으로 문하사인에까지 올랐다. 그가 개성에 머문 기간은 대략 3년 정도이며, 이 기간에 정몽주 등의 여러 스승이나 동료들과 교류하였다. 그러나 그가 개성에 있을 당시 고려는 이성계가 회군하여 혁명을 통해서 새로운 왕조를 세우고자 하면서 국가가 혼란스럽게 되자, 스승인 정몽주에게도 알리지 않고 낙향하였다. 그가 낙향한 이후에 정몽주가 그 사실을 알고 말하기를 "득지得之로다 득지得之로다"라고 하였다고 한다. 그는 낙향 사실을 그의 스승인 정몽주에게도 알리지 않았다고 한다. 홍로의 아버지가 그 연고를 묻자, 그는 "그분의 마음을 알고 있사온데 찾아가면 무엇을 말할 수 있겠습니까?"라고 했다. 그리고 그가 낙향한 이후에는 상심하여 나날을 보내다가 그의 부친이 이웃에 사는 길재를 만나보고 오라고 제안을 했다. 그러나 그는 "길재는 시망이 있어 더불어 내왕하면 스스로 표를 내는 것밖에 안 됩니다"라고 했다. 홍로는 그의 충절을 그 누구에게도 알리려고 하지 않았고, 단지 고향에서 도연명의 행적을 따라 집 앞에 다섯 그루 버드나무를 심고 국운을 걱정하였다. 그의 학우 허조는 그에 대해 다음과 같이 기록하였다.

> 공은 젊은 나이에 급제하여 효도로 어버이를 섬기고 경연에서 도

37) 洪魯.『敬齋先生實記』.「墓碣銘幷序」. "蓋當麗氏運訖, 冶隱去圃隱死牧隱罔僕以終身, 此其義名殊然, 自靖自獻, 蓋未嘗不同耳. 若敬齋洪公其跡婉其志微, 不欲使人知, 而君子之尙論者, 以公爲三隱之徒, 豈無所稽而然哉."

양산서원(경재 홍로 주향, 경북 군위)

> 의를 강론하였으며, 충성으로 임금을 섬기었으니 신하와 자식으로
> 서의 직분을 다했었다.[38]

그는 신하와 자식의 직분에 충실히 하여 부모에게 효도하고 군주에 충성하면서 유가의 일용지도를 실천하였음을 말하고 있다. 그는 「가훈시」에서도 후손들에게 도학의 중요성을 일깨워주고 한다.

> 뜻은 언제나 도道에다 두고 가난하다고 근심하지 마라
> 일심으로 도학을 닦으면 만사가 스스로 이루어지느니라.[39]

---

38) 洪魯. 『敬齋先生實記』. 「敬齋先生詩集序文」.
39) 洪魯. 『敬齋先生實記』. 「敬齋先生家訓詩」.

척서정(경재 홍로의 충절을 기려 세운 정자, 경북 군위)

그는 안자顔子의 대나무 그릇에 담은 밥 한 그릇을 먹고 한 표주박의 물을 마시며 누추한 곳에 거하지만 그것을 즐겁게 받아들여 고치지 않는다는 안빈낙도의 생활을 하고자 하였다. 그리고 그는 일을 함에 있어서 공리적인 목적을 위해 하지 않고 도에 근거해 하면 모든 일이 이루어지게 된다고 후손들에게 권하고 있다. 그러면 그는 이러한 도학의 연원을 어디에 두고 있는가?

> 공의 시 몇 편이 전하여지고 있는데 세상 사람들은 말하기를 우리나라의 정주학은 포은으로부터 시작되었다고 하는데, 지금 공의 시를 보면 의취와 견식이 완연히 정주학에서 나왔음을 알 수가 있고, 공의 학문의 연원은 포은으로부터 얻었으며 출처의 바름과 지절의 굳음이 소박한 학문에서 유래되지 않음이 없음을 더욱 믿게 되

었다.[40)]

위의 기록에서 볼 때 한국의 정주학은 정몽주에 연원을 두고 있으며, 홍로는 정몽주로부터 정주학을 배웠으며 그 내용을 일용지도로 이해하고 있다. 홍로의 일상생활에서의 실천행위 즉, 효와 충, 출처, 지절의 굳음 등은 성리학에 근거하고 있다고 말하고 있다. 이와 같이 홍로가 당시의 비도덕적 사회풍토를 비판하고 낙향하여 안빈낙도의 삶을 살고자 한 절의정신 또한 성리학에 근거하고 있다.

그리고 홍로는 자신의 일상생활에서 행위 규범의 근거를 주돈이의 우주론과 정靜공부에 두고 있음을 다음의 기록에서도 알 수 있다.

태극이 무엇인지 그대 알았느뇨
나는 이제 분명히 알았노니
하늘과 땅이 처음 열리기 전에
리와 기가 먼저 움이 터져
음양과 오행이 서로 얽히고 합하여
실끝처럼 헝클어져 온갖 조화 생겨나네
상산도 일찍이 알지 못해
있다 없다 논쟁 우습기도 하구나.

태극이란 음과 양의 현묘한 것
처음 그 이치에 좇아 조화가 생기네
허한 가운데 참다운 이치가 있어
음양이 돌고 돌아 그침이 없네
있다고 어찌 드러나 보이며,

---

40) 洪魯.『敬齋先生實記』.「墓碣銘竝書」.

없다고 어찌 보이지 않는다 하리
주렴계가 초연히 홀로 깨달아
영원히 어두운 무리 깨우쳤네.[41]

버들가지에 고요히 바람이 자니 연못의 물결도 잔잔하구나
이와 같은 무한한 정취가 오로지 이 가운데 차지했도다.[42]

홍로의 성리학설은 그의 「태극도설」에 대한 시와 「정중음靜中吟」에서 알 수 있다. 그는 주돈이의 「태극도설」, 더욱 정확하게 말하면 주희의 「태극도설주석」을 매우 중시하였다. 그는 이를 통해서 성리학의 우주본체론에 대해 이미 식견을 지니고 있었음을 알 수 있으며, 「정중음」을 통해서 도덕수양에 대해서도 이미 밝았음을 알 수 있다. 홍로는 특히 주돈이의 허정虛靜공부를 중시했음을 알 수 있으며, 이 두 시를 통해 그의 식견이 정미하고 그의 공부가 정전靜專하니 선생의 소양이 깊고 정밀하기 때문에 선생의 절개 또한 그의 학문으로부터 나온 것임을 알 수 있다.[43] 이와 같이 홍로의 낙향과 그의 죽음은 모두 성리학적인 이론기반에 의해서 행해진 행위임을 알 수 있다.

---

41) 洪魯. 『敬齋先生實記』. 「與崔伊論太極圖說 二首」. "太極君知否, 吾今辨析明, 方圓初未闢, 理氣已先萌, 二五精凝合, 紛綸萬化生, 象山曾不曉, 胎笑有無爭。/極是陰陽妙, 初從造化生, 虛中包實理, 二氣斡無停, 有豈云依著, 無何謂杳冥, 濂溪超獨寂, 千載牖群旨."

42) 洪魯. 『敬齋先生實記』. 「靜中吟」. "楊柳光風細方塘, 活水恬一般無限, 趣聃向此中占."

43) 洪魯. 『敬齋先生實記』. 「詩集跋文」.

4. 포은학맥이 영남성리학에 미친 영향

위에서 정몽주, 길재, 김자수, 홍로 등의 절의정신은 단순한 개인의 기질에 근거한 것이 아니라 성리학적 가치관에 근거한 것임을 논의해 보았다. 친親낙중학파로 분류될 수 있는 유성룡은 「포은집발」에서 정몽주의 의리충절을 다음과 같이 말하였다. "커다란 집이 기울어지는데 한 그루 나무가 그것을 부지하고, 너른 바다가 가로 흐르는데 한 줄기 갈대풀이 저항하는구나, 그것이 불가함을 알면서 오히려 다시 그것을 하는 것은 분이 정해져 있기 때문이다."[44] 그는 정몽주와 같은 충절은 하늘이 사물에 명령하는 바이면서 사물이 법으로 삼는 바라고 규정하고, 위에서 말한 나무가 큰 집을 버티는 것이나 갈대풀이 바다에 저항하는 것은 모두 신하가 임금과 어버이에게 충과 효를 하면서 정성을 다하고 절의를 다함으로써 생명을 끊는 행위로 모두 역시 '분分'이라고 말하고 있다.[45] 이와 같이 그들의 충절은 유가의 가치관에 충실히 따르고 있음을 알 수 있다.

이러한 정몽주의 도학사상은 길재, 김숙자, 김종직, 김굉필, 조광조 등으로 전해지면서 영남유학의 정통이 되었다. 실제로 정몽주와 그 학맥에서 볼 때 조선 중기 이후의 성리학 내부와 같은 분기는 일어나지 않았다. 정몽주 후학 대부분은 실천적 학문인 효제충신孝悌忠信, 오륜적 질서를 강조하면서 당시의 풍속을 교화시키기 위해 노력하였고, 실제로 유교적 예속을 널리 진작시키고자 하였다. 하지만 중종 14년의 기묘사화 이후 조광조를 비롯한 일군의 사림 세력이 지향하던 지치주의

44) 柳成龍.『西厓先生文集』卷18.「圃隱集拔」.
45) 柳成龍.『西厓先生文集』卷18.「圃隱集拔」.

가 실패로 끝나자 학풍은 크게 변하기 시작하였고, 많은 학자들이 산림거사로 자처하며 성리학적 이론탐구에 몰두하는 경향이 나타나면서 생활유학에서 이론유학으로 전환하게 되고 성리에 대한 해석을 둘러싸고 다양한 학파로 분기되었다.

하지만 낙중지역의 유학자들에게는 위와 같은 정몽주의 성리학이 여전히 계승되고 있었다고 볼 수 있다. 낙중지역 출신인 한강 정구와 여헌 정현광에게서는 "다른 지역에서 찾아보기 힘든 강력한 성인의식이 나타났다. 성인이 되고자 하는 입지와 '명체적용'의 인격적 이상은 유학자들이 공유하는 것이지만, 두 명의 중요한 스승이 이룬 통합적의 업적은 지역의 학인들로 하여금 학파적 우월의식을 불러왔던 것으로 보인다."[46) 그리고 그의 동시대에 상주 출신 학자인 정경세와 이준 등의 심학은 실사를 중시하고 충의정신, 분정分定의 사고를 매우 중시하는 학풍을 이루었다고 말한다. 정몽주 문인 이후 낙중 지역의 유학자들 사상 또한 정몽주의 사상을 계승하고 있다고 평가해 볼 수 있다.

조선 중기 이후 정몽주는 조선사림의 비조라고 칭해졌으며, 정몽주라는 인물은 영남 사림파를 결집하고 소통시킬 수 있는 매개 역할을 하기도 하였다. 이러한 사례는 그를 기리기 위해 건립한 임고서원을 통해서 알 수 있다. 임고서원 건립 이전에는 영천을 비롯한 낙중지역은 영남학파 내부에서 학문적 비중이 그다지 높지 않았다. 하지만 낙중지역은 정몽주라는 제향 인물의 도학상의 지위와 퇴계학파 이황의 지속적인 관심과 지원으로 임고서원이 건립되면서부터 영남지역만이 아니라

46) 김낙진. 2010. 「조선 중기 한려학파의 철학사상」. 『한국학논집』 제40집. 계명대 한국학연구원. 169쪽.

조선성리학에서도 중요한 위상을 점하는 계기가 된다.[47)]

포은학은 바로 한국 성리학의 줄기이며, 근원이라고 할 수 있다. 그리고 여기서 다양한 학술사조가 등장하게 되었으며, 영남의 퇴계학, 진주의 남명학도 포은학의 지류에 불과하다고 볼 수 있다. 그러나 이러한 지류가 본류보다도 그 넓고 크게 흐르면서 영남유학은 낙상유학이 아니면 낙하유학으로 분기되었지만, 그 동일한 원류에 귀착한다는 사실을 소홀히 한 감이 있다. 그리고 실제로 이러한 분기는 또한 낙중지역으로 흘러가서 종합되기도 하였다. 그 한 예가 바로 정구 한강에서 퇴계학과 남명학의 융합을 위해 노력하였다는 점을 알 수 있다. 이와 같이 낙중학이 다른 학파에 비해서 융합성, 종합성을 지닐 수 있었던 것은 바로 성리학의 본원성에 기인하고 있기 때문으로 평가해 볼 수 있다.

47) 김학수. 2011.「조선후기 영천지역 사림과 임고서원」.「포은학연구」제6집. 포은연구회. 154-158쪽 참고.

야은 길재와 그 문생들의 도학사상

최영성 | 한국전통문화대학교

1. 머리말

야은 길재에 대한 연구 성과는, 한국유학사에서 그가 차지하는 위치나 명성에 비해 초라할 정도이다. 내용 역시 차별성이 없어 보인다. 그의 도학적 삶과 유학사에서의 위상을 다룬 것들이 대부분이다. 그 이유는 무엇일까? 필자는 그것이 '자료난'에 기인한다고 본다.

길재의 『야은집』이 전하고는 있지만 정작 그의 글은 손가락으로 꼽을 정도다. 후학들의 제가기술諸家記述과 추모의 글, 추숭追崇과 관계된 글들이 원집原集의 두세 배에 달한다. 또 길재의 글이라고 하는 것도, 학문과 사상을 살필 수 있는 것들이 아닌, '도학적 삶'이란 주제 속에 수렴될 수 있는 시문 몇 편이 전부다. 문인들의 경우 자료난이 더 심하다. 유문遺文을 남긴 학자가 거의 없기 때문이다. 사정이 이렇다 보니 길재의 학문과 사상, 나아가 그의 문인들까지 연구하겠다고 선뜻 나서는 것이 주저될 만도 하다.

길재의 '도학적 삶'은 선유先儒들이 남긴 수많은 상론尙論에서 자세하게 다루어졌다. 이후에 나온 논고에도 부족하지 않을 정도로 정리되어 있다. 유학사에서 차지하는 길재의 위상 역시 되풀이해서 발표할 필요가 없을 정도다. 이제는 길재의 학문에서 이론적인 부분을 좀 탐구할 필요성을 느끼지만 문제는 자료난이다. 자료가 있었다면 사정은 달라졌을 것이다. 필자는 한국학연구소 측의 부탁을 받고 고심하였다. 주어진 제목에 맞게 논문을 완성할 자신이 없었다. 이미 발표된 업적들과 어느 정도 차별화시키는 데도 힘이 부친다.

이 글은 길재의 도학적 삶에 논점을 맞추었다.[1] 선택의 여지가 별로 없기 때문이다. 다만 길재의 도학적 삶이 지닌 의미, 그리고 그 특성이 무엇인지를 탐색함으로써, 길재 이후 김숙자→ 김종직으로 이어지는 사림파의 학문 전통이 자연스럽게 드러나도록 하였다. 사실 지금까지 사림파의 학문 전통에 대해서는 말만 많았지 그 실상은 분명하게 밝혀지지 못한 측면이 있다.

정치상의 목적이 개입된 동국도통론 차원에서의 길재의 위상에 대한 언급은 되도록 자제하려 한다. 이미 많이 다루어졌기 때문이다. 동국도통이 확립되면서 묻혀버린 역사적 사실들에 대해서는 특정 한 인물이나 한 학파에 대한 잘못된 인식을 바로잡는다는 차원에서 지면이 허락하는 대로 소개하려 한다.

자료는 제1차 자료를 기본으로 하였다. 길재의 삶과 학문에 대한 전반적인 내용은 그의 수제자首弟子의 한 사람인 박서생朴瑞生 소찬所撰 「야은 선생 행장」에 근거하였다. 후학들의 관련 기술을 보면 중요한 사항

1) 길재에 관한 전반적인 내용은 鄙著, 『한국유학통사』 상권에 실린 것을 재정리하였음을 밝혀둔다.

에서 이동異同이 있고, 이 때문에 자료상의 혼선을 초래하기도 한다. 이런 혼선과 논란을 해소시키기 위해서는 스승 길재에 대해 누구보다 잘 알았을 박서생의 「야은 선생 행장」을 제1급 자료로 취급해야 할 듯하다.

문인들에 대한 고찰은 저간의 성과가 미미한 점을 감안, 분량을 다소 할애하였다. 이점 이해 있기를 바란다.

2. 길재의 고절과 도학적 삶

야은 길재(1353~1419)는 이색 · 정몽주 · 권근의 문인이다. 정몽주의 뒤를 이어 동국도통의 정맥을 계승하였다. 18세 때(1370) 상산商山(상주尙州)의 사록司錄 박분朴賁에게 나아가 『논어』 · 『맹자』를 배우고, 또 부친을 따라 개경으로 가서 정몽주 · 권근 등의 문하에 출입하면서 성리학을 수학하였다. 22세 때 국자감에 들어가 생원시에 급제하고, 31세 때 사마감시司馬監試에 급제, 이로부터 학문과 덕행이 더욱 무르익었다. 권근은 그에게 큰 기대를 걸면서 "내 문하에서 학문을 이어받은 사람치고는 길재가 독보이다"고 칭찬하였다 한다.

34세 때(1386) 과거에 급제하여 성균박사成均博士에 보임되었다. 2년 뒤 위화도회군이 일어나자 고려가 망하게 될 것임을 짐작하고 "몸은 비록 중인衆人 같아 기특한 것 없다마는, 뜻만은 백이 · 숙제처럼 마치고 싶구나"[2]라는 시를 지어 종생終生의 뜻을 나타내었다. 창왕 2년(1389) 문하주서門下注書에 승진하였으나, 이듬해 노모 봉양을 구실로

2) 吉再.『冶隱言行拾遺』 권상. 5a. "龍首正東傾短墻, 水芹田畔有垂楊. 身雖從衆無奇特, 志則夷齊餓首陽."

사직한 뒤 낙향하여 금오산에 은거하면서 독서함양讀書涵養과 후진 양성에 힘썼다.

조선이 개국한 뒤, 정종 2년(1400) 태종 이방원이 동궁東宮으로 있으면서 동학同學의 구의舊誼를 생각하여 조정에 천거하고 이어 태상박사太常博士에 제수토록 하였다. 이에 길재는 자신의 심정을 이밀李密의 「진정표陳情表」에 견주면서, 충신불사이군忠臣不事二君의 절개를 이룰 수 있게 해달라는 글을 올리고 끝내 지조를 바꾸지 않았다. 정종은 그의 뜻을 빼앗지 않고 우례優禮로 대접하여 돌려보냈다. 세상 사람들은 태종이 길재를 초빙함을 후한 광무제光武帝(유수劉秀)와 엄광嚴光(자는 자릉子陵)의 고사에 비유하기도 하였다.

세종이 즉위한 뒤 상왕인 태종의 권유로 길재의 절의를 가상嘉尙하여 그의 아들 사순師舜을 등용하였다. 나라의 부름에 응해 벼슬길에 나가는 아들에게 길재는 다음과 같이 간곡히 타일렀다.

> 임금이 먼저 신하를 부른 것은 삼대三代 이래 별로 들어보지 못한 일이다. 초야에 묻혀 있는 너를 임금이 먼저 부르시니, 그 은혜와 그 의리는 보통 신하에 비할 바 아니다. 너는 내가 고려에 기울인 마음을 본받아 조선의 임금을 섬겨야 될 것이다.[3)]

이를 보면, 고려유신高麗遺臣으로서의 그의 충정忠貞과 함께 군신·부자간의 명분과 한계에 조연照然한 인품을 짐작할 수 있겠다.

길재는 자질이 아름답고 학문이 순수하며 충효를 겸전하였다. 왕조

3) 吉再, 『冶隱言行拾遺』 권상, 19b, 「行狀」(朴瑞生撰).

가 뒤바뀌는 전환기에 살면서도 고결한 지조와 절의를 의연히 지킴으로써 이후 일세의 사표가 되었다. 그는 일찍이 16세 때 「술지述志」[4]라는 시를 지었다.

臨溪茅屋獨閑居　시냇가 오막살이에 홀로 한가히 지내니
月白風淸興有餘　달 밝고 바람 맑아 흥겹구나.
外客不來山鳥語　바깥 손은 오지 않고 산새만 지저귀는데
移床竹塢臥看書　대숲에 평상을 옮기고 누워서 책이나 볼거나.

이를 보면 후일 망국대부亡國大夫로서 일민적逸民的 삶을 살았던 자신의 일생을 예견이라도 한 듯하다. 30세 이전에 지은 것으로 보이는 「산가서山家序」[5]에서도 「술지」에 보이는 지취志趣를 엿볼 수 있지만, 도연명의 「귀거래사歸去來辭」에서 느낄 수 있는 완전한 해탈감은 찾아보기 어렵다. 어떤 나그네가 속세를 초탈하여 유유자적悠悠自適한 삶을 사는 그에 대해 '근심이 없는 사람'이라고 하자, 그는 "어찌 근심이 없겠는가. 묘당廟堂에서는 백성을 걱정하고 멀리 강호江湖에 처해서는 임금을 걱정하는 것이니, 나는 백성을 근심하고 임금을 근심한다"고 하였다. 그러다가 이윽고 자신이 포의布衣의 처지임을 생각하여 "낙천지명樂天知命이라, 내 무엇을 근심하리요"라고 말머리를 돌렸다. 이것은 그가 세상 밖의 청고淸高한 삶을 희구하면서도 우국우민憂國憂民하는 유자의 본령을 지켰

4) 吉再. 『冶隱言行拾遺』 권상. 4b. 「遺詩」.

5) 퇴계 이황은 이 「山家(居)序」의 내용에 불만을 표시하면서, 다른 사람의 저작이거나 아니면 소싯적의 저술일 것이라고 하였다. 『退溪文集』 권22. 19b. 「答李剛而」 "其中所錄山居序者, 甚不滿人意. 恐或他人所作, 或少作, 皆未可知, 而刊入流傳, 甚未安."

음을 나타내는 것이다.

「후산가서後山家序」에 의하면, 그가 어려운 가정 환경 속에서도 주경야독으로 형설십년螢雪十年의 공을 쌓은 뜻은 오로지 '치군택민致君澤民'하는 데 있었다고 한다. 그러나 불행히도 자신의 뜻을 펼쳐보기도 전에 나라가 망하는 슬픔을 만나 십 년의 공이 무너지고 말았다는 것이다.

> 아아! 하늘이 이렇게 하였으니 탓해 무엇하랴. 이에 방황하며 탄식하다가 번연翻然히 마음을 바꾸었다. 은연자회隱然自晦하여 나월蘿月에 관冠을 걸고 청풍에 시를 읊조리며, 천지간에 부앙俯仰하고 한 세상을 소요逍遙하여 시대를 감당하는 책임을 받지 않고 길이 성명性命의 정正을 보전하련다. 이렇게 하면 하늘을 뚫고 올라가 우주 바깥으로 나갈 수 있으니, 어찌 천사만종千駟萬鍾의 부귀가 부럽겠는가.[6)]

어찌 보면 중장통仲長統의 「낙지론樂志論」을 연상하게 한다. 그러나 이는 노장의 초탈超脫과는 차원이 다르다. 그는 자신의 비운을 초속적인 삶 속에 달래면서, 그러한 삶을 '낙천지명'의 경지로 승화시켰다.

길재는 벼슬길에서 물러나 금오산 아래에 사숙私塾을 열고 후학을 교도하면서, 그들을 재주에 따라 인도하며 토론하는데 게으르지 않았다. 매양 도학을 밝히고 이단을 물리치는 것으로 자기의 임무를 삼았다. 경서를 강론함에 정주程朱의 유지遺旨에 맞도록 힘썼다. 늘 사람들에게 "사람이 낮에 언행에 잘못이 있는 것은 밤에 존심공부存心工夫를 하지 않았기 때문이다"고 하였는데, 밤이 되면 모든 생각을 잠재우고 정좌불언靜

---

6) 吉再. 『冶隱言行拾遺』 권상. 9a. 「遺文」.

길재 묘소 전경(경북 구미)

坐不言하였으며, 한 밤중이 되어서야 잠자리에 들고 때로는 이불을 껴안은 채 밤을 새우기도 하였다.[7)]

길재의 학문은 진지眞知와 실득實得을 중시하였다. 항상 충효와 예의를 앞세워 일언일행이라도 이에 근거하지 않음이 없었다. 그의 가르침은 쇄소응대灑掃應對로부터 답무영가踏舞詠歌하는 데 이르렀으나 등급을 건너뛰지 못하게 하였다. 상제喪祭에 극진하여 부모의 상을 당하였을 때 3년복을 입었다. 또 장자 사문師文이 죽었을 때도 참최斬衰의 복을 입었다. 한결같이 주자가례를 준행遵行하여 풍속을 개혁하는 데 몸소 본보기를 세웠으니, 임종시에도 "상사喪事는 모두 주자가례를 따르라!"는 유언을 남길 정도였다. 그리고 57세와 64세 때 스승인 권근 · 박분이 세상을 떠나자 사생師生의 예로써 각각 심상心喪 3년을 입었다. 늙어

7) 吉再. 『冶隱言行拾遺』 권상. 附. 「行狀」.

서도 예의를 독실하게 행함이 이와 같았다. 이러한 그의 학행에 감오感悟하여 승려 가운데 환속하여 부모를 봉양한 자가 수십 명이었다. 그의 아우 구久도 깨달은 바 있어 불설佛說을 버리고 유학으로 돌아와 생원시에 급제하였다고 한다.

길재는 충효를 겸전하고 거기에 동방이학의 정맥을 이어받아 정신적 · 실천적 측면에서 유학에 큰 공이 있었다. 특히 여말에 이미 사직을 부지扶持할 수 없음을 알고 이내 물러나와 천추에 청절淸節을 드리웠으니, 『주역』에 이른바 '견기이퇴見幾而退' 바로 그것이었다고 하겠다.

양촌 권근은 길재가 거취를 결정한 뒤에 더욱 그의 도학과 절의에 미치지 못함을 탄식하였다. 또 자신을 사사한 길재에게 '선생'이라 일컬으며 높였다. 조정의 진신縉紳들이 길재의 의리와 풍도를 흠모하여 시를 지어주자, 거기에 다음과 같이 서문을 썼다.

> 고려 오백 년에 교화를 배양하여 사림의 기풍을 격려한 효과가 선생의 한 몸에 모여 거두어졌으며, 조선 억만 년에 강상綱常을 부식扶植하여 신절臣節의 근본을 밝힘이 선생의 한 몸에서 기틀이 잡혔다. 그가 명교名敎에 공헌한 바가 매우 크다.[8]

당시 사람들은 권근의 이러한 평을 적절하다고 했다 한다.

후일 이색 · 정몽주와 함께 '여말삼은'의 한 사람으로 추앙되었고, 김숙자 → 김종직 → 김굉필 → 조광조로 학통이 이어짐으로써 조선 도

8) 權近. 『陽村集』 권20. 8a. 「題吉再先生詩卷後序」. "嗚呼! 有高麗五百年, 培養敎化, 以勵士風之效, 萃先生之一身而收之, 有朝鮮億萬年, 扶植綱常, 以明臣節之本, 自先生一身而基之, 其有功於名敎甚大."

학의 연원을 이루었다. 그리고 그의 영향을 받은 영남의 사림을 중심으로, 기성 훈구파에 맞서는 비판 세력이 형성되었다. 조선의 사림파는 길재로부터 시발하여 성종조 이후 정계에서 큰 영향력을 발휘하였다. 길재의 도학과 절의는 조선 초기 실천유학의 정향定向을 가늠하는 기준이 되었고, 이후 성리학이 만개하는 데 그 초석이 되었다고 하겠다.

3. 길재 문인들의 도학적 삶

길재의 문인은 몇 명이나 되는지 정확히 알기 어렵다. 필자가 여러 사서史書 등을 열람한 결과, 강호江湖 김숙자金叔滋, 율정栗亭 박서생朴瑞生, 모암慕菴 김극일金克一, 김치金峙, 정재靜齋 조상치曺尙治, 응계凝溪 옥고玉沽, 최운룡崔雲龍, 길구吉久, 송운松雲 길사순吉師舜 등 9명을 확인할 수 있었다.[9)]

강호 김숙자(1389~1456)는 12, 3세에 길재의 문하에 들어가 배웠다. 또 별동別洞 윤상尹祥이 황간현감黃澗縣監으로 있을 때 찾아가 『주역』을 배운 뒤 일취월장하여 역학에 정통하였다.[10)] 세종 1년(1419) 증광문과增廣文科에 급제하여 벼슬이 성균사예成均司藝에 이르렀다. 세조가 즉위하자 밀양에 내려가 후진을 양성하였다.

그는 천성이 염담恬淡하여 소쇄小瑣한 일에 구애 받지 않았다. 또 '졸拙' 한 성격을 자신이 지닌 보배로 생각하여 평생토록 허위와 가식 없이 살

9) 박세채의 『東儒師友錄』 및 편자 미상의 『儒林考』(9책. 필사본. 奎7797), 『儒學淵源錄』에서는 길재의 문인으로 김숙자 · 김치 · 박서생 · 길구 4인을 들었다.

10) 金宗直. 『佔畢齋集』. 『彛尊錄』 하. 「先公事業」 참조.

고자 하였다 한다.[11] 지극히 효성스러웠으며, 어버이 섬기는 것을 『소학』에 의해 행하였다. 후진을 교도教導하면서 애친愛親 · 경장敬長 · 융사隆師 · 친우親友의 도를 익혀 본원本源을 함양한 뒤 경사經史의 순서를 밟도록 하여 엽등獵等을 경계하고 육예六藝를 모두 갖추도록 하였다.[12] 그의 학문은 정주학을 본령으로 하되 이론보다는 실천궁행實踐躬行을 주로 하였고, 이러한 학풍은 그의 아들 김종직에게 이어졌다.

김숙자의 삶과 행적은 김종직이 편찬한 『이준록』에 자세하다. 그의 학문과 삶은 『소학』으로 시작하여 『소학』으로 마쳤다고 할 수 있다. 『소학』의 기본 정신으로 율기律己와 치인治人에 힘썼으니, 행동 하나하나가 모두 『소학』에서 나온 것이다. 도학자이면서도 훌륭한 목민관, 관료가 될 수 있었음은 그 내원來源이 있다고 하겠다.

김종직은 김숙자의 저술이 '간결정치簡潔精緻'하다고 하였다. 그러나 오늘날 전하는 것은 없다. 후대에 편집한 『강호선생실기江湖先生實記』가 있을 뿐이다. 이 가운데 척불소斥佛疏와 척불의斥佛議에서 불교를 배척하고 사림이 취할 바를 논하였다. 정도전의 척불론에 비해 치졸한 편이다. 그의 성리학에 대한 조예는 정확히 알기 어렵다. 다만 그가 역학에 정통하였다는 점, 평소 아들들에게 성리학에 종사할 것을 강조한 점, 주자의 『중용혹문』과 『대학혹문』을 필독하도록 강조한 점 등[13]으로 보아, 성리학의 이론적 탐구에서 일정한 경지에 올랐던 것 같다.

율정 박서생(?~?)의 자는 여상汝祥, 호는 율정. 중랑장中郎將 점漸의 아들이다. 선산의 율곡에 살았다. 뒤에 비안比安 박씨의 중시조로 받들어

11) 같은 곳. "嘗言, 世人以我爲拙, 安知拙者誠吾之大寶? 予因樂受而無辭焉."
12) 金叔滋. 『江湖先生實記』 권1. 17a~17b. 「學規」 참조.
13) 金宗直. 『佔畢齋集』. 『彝尊錄』 하. 「先公事業」 참조.

졌다. 길재가 낙향한 뒤 그의 문하에 나아가 제자가 되었다. 음보蔭補로 성균학정成均學正이 된 뒤 태종 1년(1401) 증광문과에 병과로 급제하였다. 동 7년(1407) 문과 중시에 을과로 급제, 성균관 대사성, 집현전 부제학, 공조참의, 병조참의, 판안동대도호부사判安東大都護府事 등의 벼슬을 역임하였다. 세종 10년(1428) 11월 역사상 최초로 일본 통신사가 되어 도일渡日하였다가 이듬해 12월에 돌아왔다. 동 15년에는 통신사로 일본에 갔을 때 보았던 수차水車를 사용할 것을 조정에 건의하였으나, 시험한 결과 효과가 없어 채택되지 못하였다.[14] 세종 때 청백리에 녹선錄選되었고, 은퇴한 뒤 길재의 구거舊居에 살면서 후학들을 양성하였다.[15]

박서생은 스승 길재를 위해 세종 4년(1422) 「행장」을 찬하였고 이후 『야은 언행록』도 엮었다. 그는 「행장」에서 스승이 견지했던 충절과 효성, 학자적 면모를 부각시키는 데 초점을 맞추어 서술하였다. 『동유사우록』에 인용되어 전하는 「가장家狀」[16]을 보면, 그는 길재의 삶의 궤적을 답습한 것 같은 인상을 준다. 「가장」에서 "천리가 독실하며 야은의 학통을 전하였다"고 한 것은 그의 학문과 삶을 잘 요약하였다고 본다. 그 가운데 담박淡泊한 삶을 살았고, 청백리에 녹선된 점은 길재의 학풍과 관련하여 주목할 바라 하겠다.

모암 김극일(1382~1456)은 본관이 김해로 경상도 청도 사람이다. 어떤 경로로 길재의 문인이 되었는지는 자세하지 않다. 그는 성품이 지극히 효성스러워서 어릴 때부터 조부모와 부모를 지성으로 봉양하였

---

14) 『世宗實錄』. 15년(1433) 4월 8일 辛卯條.

15) 2009년 4월 28일, 전국문화원연합회 경북도지회 주관으로 "율정 박서생 선생의 업적 및 생애" 학술대회가 의성군 탑산약수온천 대연회장에서 열린 바 있다.

16) 朴世采. 『東儒師友錄』 권3. 吉冶隱門人. 「朴大憲」; 불함문화사 영인본. 67~69쪽 참조.

다. 장성한 뒤에는 장인이 벼슬길에 나갈 것을 간곡하게 권유하였으나 양친 봉양을 구실로 거절하고 성심으로 봉양을 다하였다. 할머니가 등창이 나자 종기의 고름을 입으로 빨았고 할아버지의 병간호를 하면서 유검루庾黔婁 '상분嘗糞'의 고사를 따라 설사 똥의 맛을 맛보기도 하였다. 양친이 돌아가신 뒤에는 전후 6년 동안 여묘살이를 했다.[17)]

세종 때부터 효행이 조정에 보고되었다. 단종 2년(1454) 팔도 관찰사가 효자 · 절부를 보고할 때에도 사친극효事親極孝의 실상이 보고되었으며,[18)] 세조 10년(1464) 효자 정문旌門이 세워지기에 이르렀다. 이후 효행이 『신증동국여지승람』,[19)] 『속삼강행실도』(1514), 『동국신속삼강행실도』(1617) 등에 실렸다. 이덕무는 『청장관전서』에서 김극일의 효행을 특필하면서 사람됨을 다음과 같이 말하였다.

> 성품이 평온하고 조용해서 벼슬하기를 바라지 않았다. 장인인 부윤府尹 이간李暕이 벼슬길에 나가기를 권하였으나 어버이가 늙었다는 이유로 사양하고 하루도 어버이 곁에서 떠나지 않으려 하였다. 항상 방을 깨끗이 청소하고 관을 바로 쓰고 똑바로 앉아서 『소학』을 읽었다. 자제들을 가르칠 때는 반드시 장공예張公藝의 고사를 들어 권면하였다.[20)]

죽은 뒤 청도의 자계서원紫溪書院에 제향되었고, 후학들이 선생을 기리

17) 金宗直. 『佔畢齋集』 권3. 「金處士孝門銘」; 『國朝人物考』 권40. 「士子」 참조.
18) 『端宗實錄』. 2년(1454) 8월 17일 丙申條.
19) 『新增東國輿地勝覽』 권26. 경상도 청도군. 「孝子」조.
20) 李德懋. 『靑莊館全書』 권69. 「寒竹堂涉筆 下」.

는 뜻에서 사시私諡를 올려 절효節孝라 하였다. '사시'는 조선 전 시기를 통틀어 몇 안 되는 드문 일이다.[21]

김극일은 세조 2년(1456) 6월 사육신이 화禍를 당하자 시국을 개탄하여 식음을 끊었고, 그해 11월에 75세로 별세하였다. 그의 절효를 몸소 보고 들은 자손들이 성장하여 학식과 절행으로 이름을 날렸다. 아들 맹孟(남계南溪)과 손자 준손駿孫·기손驥孫·일손馹孫이 그들이다. 김일손 삼형제는 모두 문과에 급제하였고 서로 갑을甲乙을 다투었다. 다 같이 김종직의 문하에 들어가 일급 문인이 됨으로써 다시 한 번 길재의 학통을 확고히 지키려 했다.

김치(?~?)의 자는 기보基甫, 본관은 선산善山이다. 선산 영봉리迎鳳里에서 동문 김숙자와 이웃에 살았다. 우왕 때 과거에 급제한 뒤 세종 1년(1419)에 지사간知司諫으로 참시관參試官이 되었고 김해부사金海府使에 이르렀다.[22] 은퇴한 뒤 영봉리에 살면서 자제들을 가르치고 마을 사람들을 교화시켰다.

김종직은 『이준록』에서 김숙자의 은문恩門 및 수업受業 사수師授한 사람 19명을 소개하였다.[23] 김치는 그 가운데 한 사람이다. 그는 길재·조용·윤상 등과 함께 김숙자를 가르친 스승에 해당된다. 그렇다면 김숙자에게는 스승이면서 동문이 된다. 김치가 길재의 문인이었다는 것은 의문의 여지가 있지만 현재로선 이를 확인할 자료는 없다.

---

21) 李裕元. 『林下筆記』 권16. 「文獻指掌編」. "'玄靜'은 고려의 及第 吳世才의 사시이고, '廉義'는 고려의 형부상서 鄭云敬의 사시이며, '節孝'는 본조의 처사 金克一과 급제 成守琮의 사시이고, '篤誠'은 본조의 처사 金翼虎의 사시이다."

22) 김종직. 『彛尊錄』 상. 「先公師友 第三」 참조.

23) 같은 곳. "已上皆先公恩門, 及嘗所受業學文者. 其他師授, 亦多有之. 孤所不及聞知, 故不能錄也."

최운룡은 본관이 탐진이다. 고려 장경공莊景公 사전思全의 후예이다. 벼슬은 좌랑을 지냈다고 한다. 일설에는 금남錦南 최보崔溥의 증조부라고 한다. 그러나 이것이 사실인지는 단언하기 어렵다. 최보가 갑자사화 때 비명에 간 뒤 후사가 끊어졌다. 그의 조부 이상의 세계世系를 밝혀줄 증거가 없었는데, 조선 말에 족보를 편찬하면서 일부 후손들이 무계誣系함으로써 많은 논란이 있었기 때문이다. 다만 최운룡이 증조부가 아닌 방계 조상이라 할지라도 그가 길재의 문인이었다는 사실은 중요한 의미가 있다. 길재의 학문이 호남 지방에 이어질 수 있는 씨앗을 뿌렸다는 점에서 그렇다. 최보 또한 이 사실을 잘 알았기 때문에 과거에 급제한 뒤 자연스럽게 길재 학통의 적전嫡傳이라 할 수 있는 김종직의 문하에 나갈 수 있었을 것이다. 그 뒤 최보의 학통은 외손 미암眉巖 류희춘柳希春으로 이어져 호남 사림의 정신적 기반의 하나가 되었다.

정재 조상치(?~?)의 자는 자경子景, 본관은 창녕昌寧이다. 세종 1년(1419) 증광문과에 장원으로 급제, 사간원 정언 등을 거쳐 집현전 부제학에 이르렀다. 세종 · 문종 · 단종 삼대를 섬기면서 성삼문 · 박팽년과 함께 총애를 받았다. 세조가 왕위를 찬탈한 뒤 벼슬을 버리고 경상도 영천永川에 낙향하였으며, 남은 생애 동안 서쪽을 향해 앉지 않았다고 한다. 또 자신의 사후 비석에 "노산조 부제학 포인조상치지묘 魯山朝副提學逋人曺尙治之墓"라 새길 것을 당부하면서, "'노산조'라 한 것은 오늘의 신하가 아님을 밝힌 것이고, 벼슬 품계를 쓰지 않은 것은 임금을 구제하지 못한 죄를 드러낸 것이며, 부제학이라 한 것은 사실을 그대로 쓰기 위함이요, '포인'이라 한 것은 세상을 피해 숨은 사람임을 말한 것이다"고 하였다 한다. 후일 의절신義節臣으로 높이 평가 받아 시호가 내려지고 포증褒贈이 이루어졌다.

조상치는 임종시에 시문을 모두 소각하여 오늘날 전하는 것이 없다. 다만 이긍익의 『연려실기술』에는 『조상치유사曺尙治遺事』, 『취원당 조광원 수록聚遠堂曺光遠手錄』이 실려 조상치 부자의 출처의리를 엿볼 수 있게 한다.[24] 이에 의하면, 조상치의 부친 조신충曺信忠은 우왕 9년(1383)에 과거에 급제한 뒤 이숭인 · 이색 · 하륜과 친하게 사귀었다. 그러다가 우왕과 창왕이 잇달아 폐위되자 스스로 불안하게 여겨 영천으로 낙향하였다. 고려가 망한 뒤 수상으로 있던 하륜이 그에게 장수의 재능이 있다 하여 천거하였지만 사양하고 끝내 취임하지 않았다. 그 뒤 아들 상치가 과거에서 장원하자 태종이 눈여겨보면서 "네가 왕씨의 신하 조신충의 아들이냐?" 묻고 곧 정언 벼슬을 주었다 한다. 또 일찍이 조신충이 조상치에게 말하기를 "나는 전조前朝 재상의 아들로 과거에 올라 녹을 먹었으니 수절하여 도연명의 절의를 지켜야 되겠지만, 너는 나라가 바뀐 뒤에 났으므로 숨어 살 의리가 없다. 힘쓰라!"고 하였고, 이에 상치가 뜻을 굽혀 과거에 급제하였다 한다. 전후 사정을 살펴보면 길재가 생각하는 출처의리와 같다. 길재와의 사상적 연관성을 살필 필요가 있다고 본다.

응계 옥고(1382~1436)는 자가 대수待售, 본관은 의령이다. 군위에 살았다. 일찍 부친을 여의고 모친의 가르침을 따라 길재의 문하에 나가 학문에 힘썼다.[25] 정종 원년(1399) 18세 때 문과에 장원 급제하여 집현전에 들어갔고, 이어 성균관에 배치되어 박사 · 전적 겸 교수 등을 지내면서 사도師道를 엄히 하고 후진 교육에 힘썼다. 박팽년 · 성삼문 등은

---

24) 李肯翊, 『燃藜室記述』 권1. 「太祖朝故事本末」. 〈曺信忠〉 참조.

25) 옥고는 閔霽의 門生이기도 하다. 『太宗實錄』 8년(1408), 9월 25일 庚午條를 보면, 閔無疾(민제의 아들)의 옥사 때 그와 왕래하였다 하여 곤욕을 치룬 것으로 되어 있다.

당시 그에게 교육을 받았던 생도였다. 그가 성균관 교수가 되어 제생에 대한 교도를 게을리 하지 않았다는 점과 박팽년 · 성삼문 같은 이가 당시 성균관의 생도로 그의 교화를 입었을 것이라는 점[26]을 생각할 때, 육신의 절의에 미친 길재의 정신적 영향을 추측해봄직하다.

이후 정언 · 정랑 · 장령과 안동통판安東通判 등을 거쳐 대구부사에 이르렀다. 5년 동안 대구부사로 재임하면서 치적을 쌓고 선정을 베풀었으며 청백리로 존경을 받았다. 세상을 떠난 뒤 안동 묵계서원默溪書院에 제향되었다. 『세종실록』에 실린 졸기卒記를 소개한다.

> 장령 옥고가 죽었다. 특별히 관棺과 쌀 · 콩 10석을 내렸다. 이에 앞서 병에 걸렸을 때 임금이 의원을 보내 치료하게 하였다. 옥고는 어버이를 섬김을 긴급히 여겼다. 일찍이 이조정랑으로 있다가 승진되었으나 사직하고 돌아가 어머니를 봉양하니, 한때의 사림士林이 탄상歎賞하지 아니하는 이가 없었다. 세 고을의 수령을 거쳤는데 청렴하고 근검 근신勤檢謹愼하여, 아전이 간사하게 굴지 못하였다.[27]

저술로 문집 『응계집』 2권과 『행적行蹟』 1권이 군위 종손 집에 보존되어 왔으나, 병란 때 모두 인멸되었다고 한다. 현재 그의 학술과 사상을 살필 수 있는 문헌으로는 『응계선생실기凝溪先生實紀』가 있다.[28] 이 가운데 「인심

---

26) 玉沽. 『凝溪先生實紀』 권2. 7b. 「遺事」 "嘗爲館學教授, 師道甚嚴, 禮法自持, 訓誨不倦. 勉以格致誠正之工, 明太學教養之本, 而深斥其從事章句之末者. 學中諸生, 知所趨向, 多有成就. 如朴彭年成三問等, 皆其時生徒也."

27) 『世宗實錄』. 16년(1434), 6월 1일 丙午條.

28) 이밖에도 權斗經. 『蒼雪齋集』 권14. 「司憲府掌令凝溪先生玉公墓碣銘」; 李栽. 『密庵集』 권17. 「凝溪玉先生墓誌銘」; 李光庭. 『訥隱集』 권11. 「玉凝溪遺墟碑銘」 등의 자료가 있다.

선악상반도人心善惡相反圖」와 「음양변역성괘지도陰陽變易成卦之圖」 두 편은 치사致仕한 뒤 만든 것으로 저자의 성리학에 대한 조예를 살피는 데 좋은 자료이다. 나아가 조선 초기 성리학의 수준을 고찰하는 데 참고 자료가 된다. 「인심선악상반지도」는 양촌 권근의 「천인심성합일지도天人心性合一之圖」를 바탕으로 하면서 인간의 심성 문제를 더욱 깊이 파고 들어간 것이다. 항상 벽에 걸어놓고 자경잠自警箴으로 삼았다 한다.[29] 「음양변역성괘지도」는 '일본이만수지리一本而萬殊之理'를 밝히기 위해서 만든 것으로, 저자의 『주역』에 관한 조예가 돋보인다. 길재 문하의 학자들이 대개 역리易理에 밝았다고 하는데, 이것은 성리학과 관련하여 주목할 만한 것이다.

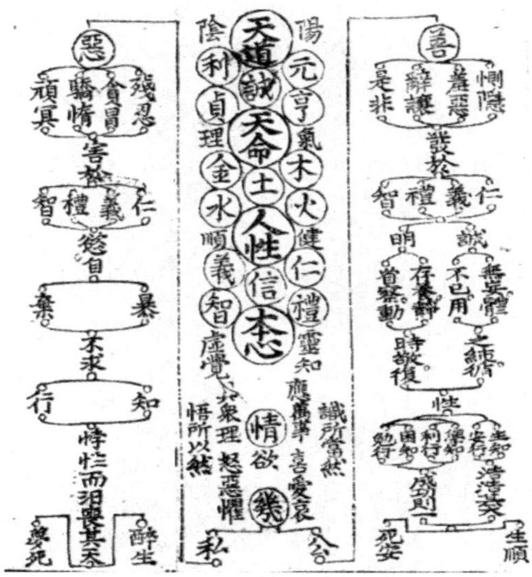

「人心善惡相反圖」

29) 玉沽. 『凝溪先生實紀』 권1. 2b. 「人心善惡相反圖」 "此謹依陽村先生天人心性合一之圖, 作爲是圖, 而頗詳於陽村之圖. 揭諸窓壁, 以爲平日自警之箴云."

「陰陽變易成卦之圖」

이 두 편의 도에 대해 이광정李光庭(1674~1756)은 "선생은 길야은 선생에게 배워 성명의 온오蘊奧를 궁구하고 조화의 묘妙를 천명하였다. 그가 만든 두 도圖를 통해 평상시 용공用工의 실상을 볼 수 있으니, 그가 학문을 쌓아 도를 응축시킨 것을 알게 된다"[30]고 평하였고, 권두경權斗經(1654~1725)은 "주염계·소강절의 유의遺義에 계합한다"[31]고 하였다.

길구는 길재의 아우이다. 본디 출가하여 승려로 있다가 형 길재의 가

30) 李光庭. 『訥隱集』 권11. 「玉凝溪遺墟碑銘」 "先生學於吉冶隱先生, 究性命之蘊, 而闡造化之妙. 其所作二圖, 可見其平日用功之實, 則其積學以凝道者可知."

31) 權斗經. 『蒼雪齋集』 권14. 「司憲府掌令凝溪先生玉公墓碣銘」 "可見其資深析微, 契乎周邵之旨者矣."

르침을 받고 깨달아 유가儒家로 돌아왔다. 이후 생원시에 급제하였으며, 해평海平 향교의 학장으로 있으면서 후학들을 지도하는 데 힘썼다.[32] 이 밖의 사실은 문헌이 무징無徵하여 알 수 없다.

송운 길사순은 길재의 아들이다. 세종이 절사節士의 자손이라 하여 사순을 한양으로 불러 관직을 제수하였다. 집과 가재도구를 마련해주고 혼인하여 살아갈 수 있도록 배려하였다.[33] 벼슬은 판관을 지냈다. 세종 14년(1432), 효령대군이 한강에서 7일 동안 수륙재水陸齋를 개설하자 글을 올려 중지를 청하였다.[34] 비록 오랜 관습이고 임금의 친형에 관계된 일이라 받아들여지지는 않았지만, 도학을 밝히고 이단을 배척하는 것을 유자의 기본 임무로 삼았던 길재의 유훈이 잘 지켜졌음을 엿볼 수 있다.

4. 길재 계열 도학사상의 특성과 의의

길재의 학문은 소학풍小學風의 원대 성리학을 기반으로 한다. 길재는 16세기 중반까지 지속되었던 소학풍의 실천유학의 시단始端을 연 학자로 평가된다. 이는 길재로부터 이후 김종직을 거쳐 조광조에 이르기까지 지속되어 사림파의 사상적 · 정치적 기반이 되었다. 길재를 학문 연원으로 하는 사림파는 『소학』을 성인聖人을 만드는 근기根基라고 보았다. 또 그 학풍을 이끌었던 원유元儒 노재魯齋 허형許衡을 높이 평가하였다. 그

32) 『新增輿地勝覽』 권29. 경상도 선산도호부. 「學校」 條.

33) 『世宗實錄』. 즉위년(1418) 12월 29일 甲辰.

34) 『世宗實錄』. 14년(1432) 2월 14일 癸卯.

들은 『소학』을 기초로 본원本源을 함양涵養하는 것을 진덕進德의 기반으로 삼고, 성리性理를 탐구하는 것을 수업修業의 근본으로 삼았는데 기실 후자보다 전자에 더 비중이 있었다. 이런 생각은 16세기를 살았던 남명南冥 조식曺植(1501~1572)에게까지 이어진다. 조식은 '정주이후程朱以後 불필저술不必著述'이라는 태도를 견지하였다. 정 · 주 이후 학자들에게 남은 것은 천리踐履 뿐이라고 하였다.

길재 계열의 성리학은 허형 계열의 주자학과 달리 춘추의리春秋義理와 명분론이 강조되었다. 이것은 주자가 강조하던 인仁과 의義의 균형을 상실하고 주자의 애국적 대의大義도 거세되었으며, 형식적인 의례만이 숭상되었던 원대의 주자학과 차이를 보인다. 즉, 안향 · 백이정 등에 의해 전래, 수용된 제1단계 정주학은 조복趙復 · 허형許衡 등 원나라 하북河北 정주학풍과 연결되었지만, 정몽주가 선도한 제2단계 정주학은 절강浙江 · 금화金華를 중심으로 하는 남방 정주학의 의리학풍과 연결되었기 때문에 반원향명反元向明 노선으로 전화轉化할 수 있었다.[35] 친명노선으로의 전환은 정치 · 학술 · 문화 등의 측면에서 의의를 부여할 수 있다. 정치상으로는 13세기 말 이래 계속된 원나라의 압제에서 벗어나는 계기가 되었고, 학술상으로는 중국 남방계 정주학풍이 학계에서 주류로 정착하는 계기를 조성하였다. 정주학통의 교체는 고려 · 조선의 왕조교체와도 연결된다. 길재의 의리사상은 이런 학술계의 변화와도 긴밀한 관계가 있다.

길재 학통의 학인들은 역리易理에 밝았다. '역'은 성리性理의 근원이다.

---

35) '絶元歸明'을 외치면서 對明 외교정책을 首倡했던 정몽주는 1372년 명나라에 다녀와 親明士類의 지도급 인사가 된 이래 전후 3차에 걸쳐 명나라에 다녀왔다. 1384년에는 명나라와 국교 문제를 타결하여 고려 정국의 방향을 새롭게 돌려놓았다.

채미정(금오산, 경북 구미)

역리에 밝다는 것은 곧 성리학에 밝다는 말과 통한다. 한편으로 '역'의 가르침은 선비가 출처진퇴出處進退를 정하는 데 중요한 가치 기준이 되었다. 유자儒者의 출처진퇴에 대해서는 유교의 모든 경전에서 중요한 문제의 하나로 다루었다. 특히 『주역』에서는 출처진퇴의 도가 철학적 차원에서 논의되었다. 『주역』에 '진퇴'란 말이 7회나 나온다. 또 군자는 기미를 알고 행동하는 것이 중요하다고 하는 뜻에서 '견기見幾', '연기研幾', '지기知幾' 등의 말이 주요 단어로 등장한다.[36] 유교 경전에서 유자의 출처진퇴를 중시하는 것은, 유자가 한 시대에 사회의 지성인으로서, 나아가거나 물러나거나 간에 그 어느 경우에도 절실한 임무와 역할이 부여된 중요한 존재이기 때문이다. 다시 말해서, 유자의 출처거취는 그 자신 한 사람의 문제에 그치는 것이 아니라, 한 나라 한 시대의 풍화風化와

36) 『周易』, 「繫辭上」, "夫易聖人之所以極深, 而研幾也."; 같은책, 「繫辭下」, "子曰, 知幾其神乎."; 같은책, "其知幾乎."; 같은책, "君子見幾而作."

흥망성쇠에 끼치는 영향이 지대하기 때문인 것이다.[37)]

길재 학통은 출처진퇴의 문제에서 상당히 융통성이 있었다. 흔히 출처진퇴의 문제는 경직된 경우가 많은데 그와는 대비적이다. 길재의 아들 사순이 세종의 부름을 받고 한양으로 떠날 때 길재가 "너는 내가 고려를 잊지 못하는 그 마음을 본받아서 네 조선의 임금을 섬겨야 된다"고 한 것이라든지, 문인 조상치의 부친 조신충이 아들에게 "나는 전조前朝의 녹을 먹었으니 절의를 지켜야 되겠지만, 너는 숨어 살 의리가 없다"고 한 것은 마치 한 입에서 나온 말과 같다. 출처진퇴 문제를 자손이나 문하 제자들에게까지 요구하지 않고 자신에게 국한시켜 융통성을 발휘한 것은 그 예가 흔치 않다. 「박서생 가장家狀」을 보면, 길재가 문인들이 벼슬길에 나아가는 것을 힘써 권하였다(力勸仕進)고 한다. 공자의 이른바 "남의 아름다운 일을 이루어 주는 것(成人之美)"과 "세상에 나아가 천하를 구원하는 것(兼善天下)", 그리고 "각자의 위치에서 자기의 소임을 다하는 것(盡己之謂忠)"을 문인, 후학들의 출사 명분으로 터 준 것은 아닐까?

길재의 독특한 출처관은 후대에 큰 영향을 끼쳤다. 문인들은 대체로 스승의 출처관에 구애받지 않고 과거 등을 통해 벼슬길에 나갔다. 출처 문제 때문에 벼슬길에 나가지 않고 입산자정入山自靖한 사람은 없다. 김숙자 · 박서생 · 옥고 · 조상치 등은 과거에 급제하여 능력 있는 관료, 선정을 베푼 목민관으로 활약하였으며 청백리로 칭송을 받았다. 이것은 지금까지 정몽주 · 길재의 후예들이 조선왕조의 개창에 반대하고 향촌에 물러가 후진 양성에만 힘썼다고 하는 일반적 인식을 바꿀 수 있

---

37) 졸고. 1996. 「조남명의 학문정신과 출처관 연구」. 『남명학연구』 제4집. 남명학연구원. 37쪽.

는 근거가 된다. 성종 때 사림파의 영수 김종직이 정계에 진출하여 강력한 세력을 형성하였던 것은 이전에 쌓아온 정치적 기반이 있었기 때문에 가능한 것이었다.

길재 계열의 두드러진 특징 가운데 하나는 후진 교육에 남달리 힘썼다는 점이다. 이것은 뒷날 사림파가 정치적으로 성장하는 데 큰 배경이자 동력이 되었다. 길재가 향리에 머물며 후진을 양성하자, 원근 사방에서 많은 학자들이 모여들어 수백 명을 헤아릴 정도였다. 길재는 제자를 지도함에 주자朱子의 학규學規를 철저히 준수하였으며 쇄소灑掃·응대應對에서 무도舞蹈·영가詠歌에 이르기까지 순서를 뛰어넘지 않게 하였다. 또 학문은 정주程朱의 본지에 합치되도록 힘쓰고, 언필칭 충효忠孝를 위주로 하였다. 자제 교육에서 충효를 최우선으로 한 것은 길재 학통의 두드러진 특성이다.

길재는 학문을 강설함에 의심되는 점을 변론하며 온종일 지칠 줄을 몰랐고, 이단의 글은 듣거나 보지 않았다. 그가 무도와 영가를 중시한 것이 돋보인다. 도학자는 흔히 궁리진성窮理盡性에 치중한 나머지 고무진신鼓舞盡神의 묘妙를 놓치는 경우가 많았다. 이에 비추어 볼 때 이채가 아닐 수 없다. 길재의 후학들도 스승의 가르침을 따라 한결같이 사문斯文을 진작시키고 후학을 가르쳐 인도하는 것을 자신의 책임으로 삼았다. 쇄소灑掃의 예를 행하고 육예六藝를 두루 갖춘 제자들이 양성되었다.

길재 학통에서는 교육 방법에서 독특한 일면이 있었던 것 같다. 길재는 남을 가르침에 아무리 우매하고 노둔한 자일지라도 반드시 이모저모 자세히 타일러서 개오開悟시킴으로써, 회초리 없이 사람마다 즐겁게 배울 수 있도록 유도하였다고 한다. 이른바 '감발흥기感發興起'를 연상케 하는 교육 방법이다. 김숙자의 경우 동몽童蒙들을 가르침에 먼저 『동몽수지童蒙須知』·『유학자설幼學字說』·『정속편正俗篇』을 가르쳐 주고,[38] 이것을 배송背誦하게 한 다음『소학』을 가르쳐서 애친愛親, 경장敬長, 융사隆師, 친우親友의 도리를 알게 하였다. 이어『효경孝經』을 거쳐 사서四書와 오경五經을 차례로 읽게 하였고, 그 다음에야『통감通鑑』및 제사諸史와 백가百家를 각자 마음대로 읽도록 하였다. 학문에 철저를 기하기 위해 엽등獵等을 금지한 것이 특징이다. 또 활쏘기, 글씨 쓰기, 산가지 놓는 방법 등에까지도 두루 통하게 함으로써 육예에 통한 전인 교육을 중시하였다. 이밖에 권과강독勸課講讀과 향음주의鄕飮酒儀 등을 통해 유학 교육의 체계화에 힘썼던 것도 빼놓을 수 없다.

교육을 통한 감화 또한 특기할 만하다. 길재와 그 문인들은 국가 정책의 입안과 시행에 깊숙이 간여할 정도의 위치에 있지 않았지만, 각자 자신의 위치에서 제자들과 백성들을 교화시키고 감화시키는 일에 앞장섰다. 길재의 경우 그의 가르침에 감화된 승려 수십 명이 유학으로 되돌아왔고, 마을의 부녀자들까지도 감오感悟하여 예禮로써 자기 몸을 지킬 줄 알았다고 한다. 한 예로 길재와 같은 마을에 살던 약가藥哥라는 미천한 여인은 길재로부터 "충신은 두 임금을 섬기지 않고 열녀는 두 남편을 섬기지 않는다"는 말을 자주 들은 나머지 그 말을 입에 달고 살다시피했으며, 길재 집안의 노비들은『시경』과『서경』의 구절을 외며 절구질을 할 정도였다고 한다. 학업을 받는 자들이 스스로 감발흥기할 수 있도록 이끌었던 것은 이후 사림파의 중요한 교육 방법으로 정착되었다. 이런 교육 방법이 있었기에 문하에서 효자·충신·인인지사仁人志

38) 이들 교재는 중종 때 治道에 관계 있는 11개 책을 교과서용으로 펴낸 것의 근간을 이룬다. 이 가운데『童蒙須知』는 正蒙養을 위해,『口訣小學』은 培根本을 위해,『諺解正俗』·『諺解呂氏鄕約』는 正鄕俗을 위해 펴낸 것이다. 姜渾,「二倫行實圖原序」참조.

士 · 청백리 등 명사들이 배출될 수 있었을 것이다.[39]

길재 학통의 학인들은 결속력이 강하였다. 길재 문인의 자손들은 나중에 김종직의 문인이 됨으로써 동문의식同門意識을 다시 한 번 확인한 바 있다. 김극일의 손자인 김일손 삼형제가 김종직의 문인이 된 것이라든지, 최운룡의 증손인 최보가 호남 출신임에도 김종직 문하에 나갈 수 있었던 것은 은연중 가학연원과 동문의식이 있었기 때문이라 하겠다.

길재 학통은 '충신불사이군忠臣不事二君 열녀불경이부烈女不更二婦'[40]의 의리정신을 생활화하여 유학의 의리정신을 조선에 토착화하는 데 크게 기여했다. '두 임금을 섬기지 않는다'는 말은 우리나라에서 대개 고려말에 부각되었고, 정몽주 · 길재 계열과 두문동杜門洞 칠십이현 사이에서 많이 인용되었다. 정몽주는 사직과 함께 죽음으로써 이를 적극적으로 실천하였고, 길재는 교육을 통해 이 정신이 후세 길이 뿌리내리도록 했다. 이 의리정신의 실천에는 길재가 강학을 했던 선산 출신 학인들이 앞장섰다.[41] 길재와 동시대를 살았던 농암聾巖 김주金澍를 비롯하여 강호 김숙자, 단계丹溪 하위지河緯地 등이 대표적 인사들이다. 사육신의 한 사람인 하위지는 길재가 살았던 영봉리 출신이다. 이러한 정신은 김종직에게 이어져 그가 「조의제문弔義帝文」을 지어 충분忠憤을 표했던 사상적 · 이념적 바탕이 되었다. 김종직은 성종의 탑전榻前에서 성삼

39) 길재의 딸(幼學 李孝誠 妻)의 효행담도 실록에 올라 있다. 『端宗實錄』. 3년(1455) 2월 29일 乙巳條.

40) 중국 전국시대 齊나라 사람 王蠋이 한 말이다. 연나라가 제나라를 침략하였을 때 연나라 대장 악의樂毅가 왕촉의 명성을 듣고 부르자 "충신은 두 임금을 섬기기 않고 열녀는 지아비를 바꾸지 않는다"는 말을 남기고 스스로 목숨을 끊었다고 한다. 『史記』 권82. 「田單列傳」 참조.

41) "조선 인재의 반은 영남 출신이고 영남 출신의 반은 선산 출신이다"는 말이 있을 정도로 선산은 인재의 고장이었다.

문을 충신이라 했고, 혹여 임금에게 변고가 있으면 자신은 성삼문이 될 것이라고 한 바 있다.[42)]

길재의 문인 조상치는 세조의 찬위簒位에 항거, '불사이군'의 정신을 적극 실천했다. 사육신 성삼문 · 박팽년은 일찍이 성균관에서 길재의 문인 옥고로부터 교도敎導를 받았고, 하위지는 길재가 살던 마을에서 생장하여 길재의 절의정신에 큰 영향을 받았다. 이렇게 본다면, 길재의 불사이군의 정신은 고려 멸망 이후 세조의 찬위 과정에서 다시 한 번 점화되었고, 이런 절의정신이 조선의 국맥을 유지하는 원동력이 되었다. 육신 등의 절의를 이른바 관학파 내부의 일로 인식하는 것은 재고의 여지가 많다.

5. 길재의 학통과 출처의리에 대한 관견管見

세종은 백성들의 심성을 순화시키기 위해 교육용으로 펴낸 『삼강행실도』에 '포은운명圃隱殞命'과 '길재항절吉再抗節'이라는 항목을 넣도록 하였다. 중국의 고사가 중심이 된 이 책에 전조前朝의 절신節臣 두 사람을 특별히 넣은 것은 나름의 필요에 따른 것이다. '통합'과 '소통'의 리더십이라는 측면에서 볼 수도 있지만, 역시 절의는 국맥을 부지하는 데 원동력이 되기 때문일 것이다. 그런 점에서 조선 후기 학자 안방준安邦俊(1573~1654)의 다음과 같은 말은 지언至言이라고 생각한다.

---

42) 李珥. 『栗谷全書』 권29. 98a. 「경연일기(二)」 참조.

국가에게서 절의는 사람에게서 원기元氣와 같다. 사람에게 원기가 있으면 비록 심한 병이 들었더라도 죽음에 이르지는 않듯이, 나라에 절의가 있으면 비록 큰 변이 있더라도 망하는 데까지는 이르지 않는다. 나라의 존망은 절의가 얼마만큼 부식扶植되어 있느냐 여하에 달려 있을 따름이다.[43]

대저 절의는 국가의 원기이다. 사람은 원기가 없으면 죽고 나라는 원기가 없으면 망한다. 옛날에 창업을 했거나 중흥을 이룩한 군주가 모두 절의를 기리고 높이는 것으로써 급선무를 삼았던 것은 진실로 이 때문이다.[44]

세종이 정몽주 · 길재의 충절을 『삼강행실도』에 편입함으로써 그의 행실은 범국가적으로 공인을 받았다. 후세 사람들이 길이 추앙할 수 있는 길이 열린 것이다. 중종 때 조광조 등 지치주의 도학파가 집권하면서 도통道統 수립의 차원에서 이들에 대한 추숭 작업이 이루어졌다. 여기에는 도통론을 배경으로 사림파의 정치적 위상을 높이려는 복선이 깔려 있었다. 중종 12년(1517) 정몽주가 문묘文廟에 종사從祀된 뒤 이후 1백여 년 동안 도통론에 입각한 문묘 종사 운동이 계속된 끝에 광해군 2년(1610), 동방오현(김굉필 · 정여창 · 조광조 · 이언적 · 이황)이 종사되기에 이른다.

도통론의 시각에서 조선 유학사를 보는 것은 대개 조광조 당시부터 시작되었고, 선조 즉위 이후 사림이 집권하면서부터는 아예 공론화의 길을 밟았다. 그런데, 기실 도통론의 계보에 든 이들의 생각은 사림의

---

43) 安邦俊. 『隱峯全書』 권3. 5b. 「與延平李相公別紙」 "節義之於國家, 猶元氣之於人也. 人有元氣, 則雖甚病, 不至於死. 國有節義, 則雖大亂, 不至於亡. 故國之存亡, 惟在於節義之扶植如何耳."

44) 安邦俊. 『隱峯全書』 권2. 28a. 「言事疏」 "夫節義國家元氣, 人無元氣則死, 國無節義則亡. 是以古之創業中興之君, 莫不以褒崇節義爲急先之務者, 良以此也."

금오서원(야은 길재 주향, 경북 구미)

공론과 다른 측면이 있다. 한 예로 김숙자의 경우, 아들 김종직이 『이준록』에서 길재에게 배웠다는 사실만 기록했을 뿐, 도통의 체계는 거론하지 않았다.[45] 김종직 또한 자신의 학통에 대한 자부심을 크게 드러내

45) 金宗直. 『彛尊錄』 상. 「先公師友 第三」에서 門生 및 師授한 사람 19명을 적었는데, 길재를 趙庸 · 尹祥과 함께 김숙자의 스승 가운데 한 사람으로 기록하였을 뿐이다.

지 않았다. 도통 체계는 16세기 사림의 필요에 의해 제기된 시대적 산물이다. 당시 확립된 도통 체계가 후대 학자들에게 지대한 영향을 끼쳤던 것이 사실이지만, 이것을 근거로 소급하여 정몽주나 길재를 연구하는 데는 일정한 한계가 있다.

길재의 학문 과정을 보면, 처음 상산商山에서 사록으로 있던 박분朴賁에게 『논어』 등 기초 교육을 받았다. 박서생 찬 「행장」을 보면 이때 처음으로 성리학에 대해 들은 것(시문성리지학始聞性理之學)으로 되어 있다. 이후 개경에 가서 정몽주 · 이색 · 권근의 문하에 나아가면서 성리학에 대해 보다 심도 있는 공부가 이루어졌으며,[46] 생원시 · 사마감시에 급제한 뒤는 '학익취學益就 도익명道益明'의 경지에 이르렀다고 한다.

그런데 길재가 정몽주에게 수학했던 사실을 구체적으로 증명할 만한 단서는 없다. 성리학의 이론적 측면에서는 권근의 영향을 더 많이 받았던 것 같다. 이것은 권근이 "내 문하에 들어와 학문을 계승한 사람이 몇 있지만 길재가 독보이다(踵余門而承學者有幾, 吉再父其獨步也)"고 평한 것으로도 짐작할 수 있다. 더욱이 길재는 권근과 박분이 죽었을 때 각각 심상心喪 3년을 입었다. 심상은 스승을 위해 입는 복이다. 이에 대해 남계 박세채는 "길재가 박분의 상에 심상을 입은 것은 각별한 정의를 고려한 것이지 예법에 맞는 것은 아니다"[47]고 하여 사실상 '연정실례緣情失禮'라 하였다. 그러나 포저浦渚 조익趙翼은 다른 차원에서 사실을 해석하였다.

---

46) 「行狀」에서는 "비로소 지론을 듣게 되었다(始聞至論)"고 하였다.

47) 朴世采. 『南溪集』 권54. 編錄. 「隨筆錄」. 〈丁未十二月十二日 始錄〉 "幼年受業如冶隱之於朴賁者, 恐亦只得別以情義處之也. 心喪三年, 似非其倫矣."

박분의 학문과 덕행은 세상에 전하지 않는다. 야은이 소싯적에 배운 것을 감안한다면 아마도 구두句讀나 떼어 주는 선생 정도가 아니었을까 한다. 포은이나 목은은 당시의 현대부賢大夫였다. 그러나 그들의 문집 속에 의리義理를 논한 내용은 보이지 않는다. 양촌은 비록 글을 지어서 의리를 논했다고 하지만, 그가 만든 『입학도설』을 보면 정밀하게 논한 내용은 보이지 않고 천착穿鑿한 듯한 측면이 많다. 양촌의 학문은 조예가 깊지 못했던 것 같고, 또 큰 절조節操를 완전하게 지키지도 못하였다.

야은은 포은과 목은에 대해서는 거상居喪을 하지 않았던 반면 박과 권을 위해 거상을 했다. 이것을 보면 야은이 수업受業한 것은 오로지 박과 권을 통했을 가능성이 높다. 그러나 박과 권은 학문의 조예가 깊지 못했으므로, 야은이 보여준 드높은 행의行義는 스스로 터득한 것이라 할 것이다.[48]

정몽주와 길재 사이에 전도수업傳道授業의 실상을 논하기에 어려운 측면이 있음을 넌지시 밝힌 것이다. 필자는 조익의 이 말에 주목한다. 길재는 절조의 측면에서는 정몽주와 가는 길을 같이했지만 성리학의 이론적 측면에서는 권근에게 의지한 바 더 컸다고 생각한다. 이것은 길재의 문인 옥고가 만든 두 편의 도설圖說을 통해서도 엿볼 수 있다. 『태극도설』에서 시작된 도설은 우리나라에서 권근의 『입학도설』(1390)로 이어졌고, 이후 중종 32년(1537) 정지운鄭之雲의 『천명도설天命圖說』이 나오기까지 한동안 이렇다 할 도설이 나오지 않았으나, 그 사이 옥고와 같은 이들에 의해 도설의 전통이 이어졌음은 주목할 만한 사실이다.

한국유학사에서 길재의 위치는 확고하다. 절의지인節義之人뿐만 아니

---

48) 趙翼. 『浦渚集』 권27. 「冶隱先生言行拾遺跋」 참조.

라 동국 도통의 전수자傳授者로서의 위치는 부동의 것이라 하겠다. 그런데 길재는 정몽주와 함께 일부 후학들로부터 출처진퇴에 문제가 있다는 비판을 받기도 하였다. 정몽주의 경우, 왕씨와 함께 신씨辛氏를 섬겼다는 것이 비판의 주된 요지다. 문제를 제기한 대표적 인물로 남명 조식과 그의 문인 한강 정구를 들 수 있다. '동방이학지조東方理學之祖'요 충의忠義의 화신化身으로 추앙을 받던 정몽주에 대한 비판은 정명론正名論에 초점이 맞추어져 있다.

> (정포은) 우왕과 창왕이 신씨辛氏인지 왕씨王氏인지 변설辨說하지 아니하였다. 그때로 말하면 신돈辛旽이 조정을 더럽히고 어지럽히며 최영崔瑩이 상국上國을 침범하는 등, 군자라면 벼슬살이를 하지 않을 때인데도 도리어 떠나지 아니하였으니, 이는 매우 의심스러운 것이다.[49]

> 조남명이 일찍이 정포은의 출처에 대해 의심을 하였습니다. 저의 생각으로도 정포은의 한 번 죽음은 자못 우스운 것이었습니다. 공민왕조에 대신 노릇을 삼십 년이나 하였으니, '불가하면 벼슬을 그만둔다'는 (옛 성현의) 도리에 부끄러운 일입니다. 또 신우 부자辛禑父子를 섬겨 그들을 왕씨 출생이라고 여기면서도 다른 날 추방하는 데 참예參預한 것은 무슨 이유에서였을까요? 십 년을 신하의 위치에서 섬기다가 하루아침에 추방하고 살해하였으니 이것이 될 일입니까? 만일 왕씨에게서 출생한 것이 아니라면 그것은 곧 여정呂政(진시황秦始皇)이 제위帝位에 오름으로써 영씨嬴氏는 이미 망한 것과 같은 것입니다. 그런데도 아무렇지도 않게 종사하여 그 녹祿을 먹었습니다. 이와

---

49) 曺植.『南冥別集』권2. 18a.「言行總錄」. "先生嘗論圃隱出處曰: 禑昌之是辛是王, 不容辨說, 其時, 辛旽穢亂朝家, 崔瑩侵犯上國, 非君子仕宦時, 而猶不去, 是甚可疑."

> 같은 일이 있은 뒤에도 다른 임금을 위하여 죽었으니, 저로서는 깊이 깨닫지 못하는 바가 있습니다.[50]

이에 대해 정몽주를 옹호하는 편에 섰던 퇴계 이황은 정몽주의 성덕成德과 대절을 보아야 할 것이요 조그만 허물을 먼저 보아서는 안 될 것이라고 하였다. 또 "왕위를 계승한 사람은 비록 신씨였으나, 왕씨王氏의 종사는 망하지 않았기 때문에 포은이 여전히 섬긴 것이다. 그것은 마치 저 진秦나라의 여씨呂氏나 진晉의 우씨牛氏와 같은 것이니, 『자치통감강목』에서도 왕도王導의 무리를 배척하여 말하지 않았다. 포은은 진실로 이 뜻을 얻었다 할 것이다"고 변설하였다.[51] 이황은 일찍이 선조 1년(1567) 명나라 사신이 와서 동국의 명유名儒를 물었을 때 16명의 명유를 꼽으면서 길재를 그 가운데 포함시킨 바 있다.[52]

길재에 대한 비판은 정몽주에 대한 비판의 연장선상에서 나온 것이지만 내용은 좀 다르다. 『동국여지승람』을 보면, 길재는 자신을 조정에 부른 태종에게 글을 올려 "신조辛朝에서 과거에 급제하여 첫 벼슬을 하다가 왕씨王氏가 복위復位함에 미쳐 즉시 고향에 돌아가(及王氏復位, 卽歸于鄕) 몸을 마치려고 하였습니다. 이제 옛정을 기억하고 부르

---

50) 李滉. 『退溪文集』 권39. 12b. 「答鄭道可逑問目」 "南冥曺先生, 嘗以鄭圃隱出處爲疑. 鄙意鄭圃隱一死, 頗可笑. 爲恭愍朝大臣三十年, 於不可則止之道, 已爲可愧. 又事辛禑父子, 謂以辛爲王出歟, 則他日放出, 己亦預焉, 何也? 十年服事, 一朝放殺, 是可乎? 如非王出, 則呂政之立, 嬴氏已亡, 而乃尙無恙, 又從而食其祿, 如是而有後日之死, 深所未曉." ○ 『南冥別集』 권2, 18b에 실린 原文과는 다소의 출입이 있다.

51) 『退溪言行錄』 권5. 類編. 「論人物-李德弘記」 참조.

52) 薛弘儒侯聰, 崔文昌侯致遠, 崔文憲公冲, 安文成公裕, 禹祭酒倬, 鄭文忠公夢周, 李文貞公穡, 吉冶隱再, 尹別洞祥, 金佔畢齋宗直, 金文敬公宏弼, 鄭文獻公汝昌, 趙文正公光祖, 金文敬公安國, 李文元公彦迪, 徐花潭敬德.

심에 뵙고 즉시 돌아가자는 것이지 벼슬하는 것은 나의 뜻이 아닙니다"[53]고 하였다 한다. 여기서 '신조辛朝', "왕씨가 즉위함에 미쳐" 운운한 것에 대해 후학들의 기평譏評이 있었다. 위 인용문은 길재 자신이 우왕(1365~1389) 때 벼슬하였고, 또 신씨 한 성만을 섬기겠다는 의지로 물러났는데, 조선왕조를 섬길 리 있겠느냐는 의미로 해석될 수 있다. 그러나 길재가 위조僞朝로 일컬어지는 우왕 때 벼슬을 한데다가, 우창비왕설禑昌非王說이 비등하고 이성계 등에 의해 폐가입진廢假立眞이 논의되던 시기에 왕씨인 공양왕이 즉위하자 즉시 벼슬을 버리고 낙향한 것은, 신씨 성의 우왕이나 창왕 개인에 대한 충성은 될지언정 고려조에 대한 충성이 되기에는 부족하다는 비평이 있을 수도 있다. 즉, 길재의 낙향이 조선왕조 건국과 직접적인 관계가 없이 이루어졌는데, 곧바로 왕조가 바뀌면서 '충신불사이군'의 과대한 칭송이 그에게 부여되었다는 논리다.

추강秋江 남효온南孝溫은 금오산金烏山을 지나면서 지은 시에서, "신조辛朝의 주서 길야은은 서리보다 차고 물보다 맑다(辛朝注書吉冶隱, 秀於嚴霜淸於水)"고 하면서 다음과 같이 읊었다.

鴻毛命輕義山重	목숨은 기러기 털보다 가볍고 의義는 산보다도 무거움을
公與達可知此理	공(길재)과 달가達可가 이 이치를 알았네.
達可身經二姓王	달가는 몸소 두 성 임금을 거쳤으니
杞梓寸朽鑑中玭	좋은 재목이 한 치가 썩고 거울에 티 있는 듯.
公身所委惟一君	공의 몸 맡긴 곳은 한 임금뿐이니

53) 『新增東國輿地勝覽』 권29. 경상도 선산도호부. 〈人物〉조.

眞知獨行誰與比　　참으로 알고 홀로 행한 건 누가 이에 비기랴.[54]

'달가신경이성왕達可身經二姓王'은 정몽주가 신조辛朝와 왕조王朝에 벼슬한 것을 기롱한 것이며, '공신소위유일군公身所委惟一君'은 길재가 신우辛禑에게 충성을 다하려고 낙향한 것을 꼬집은 것이다. 실제로 길재는 우왕이 이성계에 의해 살해당했다는 말을 듣고 방상方喪 삼년을 행한 바 있으므로, 이런 기롱이 나올 법도 하다.

그런데, 박서생이 찬한 「야은 행장」을 보면 길재의 상서上書 가운데 논란이 된 부분이 "위조僞朝에 벼슬하였으니 다시 성조盛朝를 섬기는 것은 마땅치 않다"고 되어 있고, 『삼강행실도』에는 "신조辛朝에서 과거에 급제하였다. 신하에겐 두 임금이 없는 법이다"고 되어 있다. 이밖에 길재의 상서를 인용한 문헌이 적지 않지만, 대체로 「행장」에 근거한 것들이고 '왕씨王氏가 복위하자 즉시 고향으로 돌아갔다'는 대목은 없다. 『여지승람』에서 「행장」의 내용을 일부 추술追述한 것인지, 아니면 『여지승람』 이후에 나온 기록에서 '왕씨 복위' 운운한 부분을 제거한 것인지는 정확히 알 수는 없다. 다만 남효온은 문제의 대목을 사실로 인정한 듯하다.[55] 길재가 '신조'니 '위조'니 했을 리 없다는 해명도 있는데,[56] 누구보다 스승의 마음을 잘 헤아리고 스승을 선양하고자 했던 일급 제자 박서생이 「행장」에서 상소문을 인용하면서 '위조'

---

54) 南孝溫. 『秋江集』 권2. 「過金烏山」.

55) 南孝溫. 『靑莊館全書』 권69. 「寒竹堂涉筆 下」. 〈秋江論冶隱圃隱〉 참조.

56) 吉再. 『冶隱先生言行拾遺』 卷中. 附錄. 〈輿地勝覽〉. "按陽村詩敍及行狀, 稱臣稱僞朝. 三綱行實, 稱名而又稱辛朝. 輿地勝覽, 稱臣稱辛朝. 此乃先生辭職一疏之辭, 而散出諸書者若此其不同, 何也. … 恐非先生本語, 而特出於撰者之追述也. 或者以此爲先生措語未瑩, 則不亦遠乎."

라 한 것까지 추술로 단정하기는 어려울 성 싶다.[57] 그렇다면 우왕의 방상까지 입은 길재가 후일 우왕의 조정을 '신조'니 '위조'니 하면서 말을 바꾼 것은 비판을 면하기는 어렵지 않을까 한다. 사필史筆이 엄정하기로 이름난 순암 안정복이 이에 대해 다음과 같이 읊은 것은 일리 있다고 하겠다.

先生苦節儘崢嶸	선생의 굳은 절개 참으로 우뚝하니
王氏綱常隻手擎	왕씨 강상을 한 손으로 치켜 들었네.
最恨言辭隨世異	가장 한스러운 건 세상 따라 말이 달랐으니
辛朝二字可無評	'신조'라는 두 글자 그냥 넘길 것이랴.[58]

이에 대해서는 추후 학계에서 조금도 기휘忌諱 없이 논의되기를 바라는 바다.

6. 길재 연구와 관련한 일제언一提言

필자는 2011년 9월 29일 한 심포지엄에서 "국사교과서 이대로 좋은가"라는 주제로 현행 국사 교과서의 문제점을 진단한 바 있다. 문제점 가운데 이분법적이고 대립적인 서술은 정도가 심각하였다. 사림파와

57) 朴世采.『東儒師友錄』권3. 吉冶隱門人.〈朴大憲〉. "冶隱之子師舜, 泣請於先生曰, 先親之門人雖多, 而先親之素心, 重莫如執事. 先親行狀, 非執事, 莫可撰出. 先生辭之, 不得而撰之."

58) 安鼎福.『順菴集』권1.「讀麗史有感」.

관학파의 대립은 그런 서술 가운데 중요한 것의 하나이다.

사림파와 관학파는 정치적 · 이념적으로 성향을 달리한 측면이 있다. 그러나 학문적으로는 대립, 갈등하지 않았다. 길재의 문인 가운데 관학파 학자들과 뚜렷하게 대립각을 세운 사람은 없는 것 같다. 오히려 상호 교류에 힘쓴 측면이 더 강하다고 본다.

또 조선 성리학은 동국도통의 시조이자 선구자인 정몽주 · 길재 계열이 주도한 것은 사실이다. 다만 성리학의 이론적 탐구 측면에서는 권근 계열이 앞서 갔던 일면이 있다. 길재와 권근은 정치적으로 길을 달리했지만 학문적 교유를 지속했고, 이것은 그의 후대에도 이어졌다. 그리고 김종직의 단계에 와서 하나로 만나게 된다. 또 성리학은 초창기 영남 출신 학자들이 주도하였지만, 곧 이어 호남으로도 전파되어 상당한 결실을 맺기에 이른다. 길재 계열과 권근 계열의 성리학의 전통이 하나로 만난 예를 조선 성종 때 전라도 화순和順에 살았던 일송一松 홍치洪治(1441~1513)[59]를 통해 엿볼 수 있다.

필자는 근자에 화순 출신의 홍치라는 이름 없는 한 시골 선비가 혼신의 힘을 다해 엮은 『심학장구집주대전心學章句集註大全』(2권 1책)이란 책을 발굴한 바 있다. 내용을 보면 유가 경전과 주자의 『장구章句』, 『집주集註』 등에 흩어져 있는 심학心學 관계 글을 모은 뒤 거기에 동문들과 토론한 내용 등을 소개하고, 안설按說을 붙여 자신의 견해를 제시하였다. 그는 성리학을 심학으로 보고 이 심학을 정착시키려는 일념에서 이 책을 저술하였으며, 특히 이 책이 임금에게 헌상되어 임금이 성왕지학聖王之學을 연마하는 데 도움이 되었으면 하는 소원을 피력하였다.

59) 본관은 豊山이다. 광주에서 활동했던 인권운동가 翠英 洪南淳(1913~2001) 변호사의 선조이다.

'조선판 심경心經'이라고 할 만한 책이다.

송유宋儒 진덕수眞德秀의 『심경』이 이미 저술되었음에도 이 책을 편찬한 것은 이유가 있다. 당시 진덕수의 『심경』이 학계에 거의 알려지지 않았기 때문이다. 평생토록 『심경』을 신명처럼 받들었다는 퇴계 이황도 만년에 가서야 『심경』을 접할 정도였으니, 이황보다 60년을 앞서 살았던 시골 선비가 그 책을 접할 리 없었을 것이다.

퇴계 · 율곡보다 거의 한 세기 앞서 살았던 홍치가 성리학을 심학으로 규정한 것이라든지, 심학을 성학聖學으로 이끌어 올리려 했던 것은 주목을 받아 마땅하다. 특히 이황에게는 여러 측면에서 학문적 선구가 된다고 할 수 있다. 『심학장구집주대전』에는 권근의 「입학도」와 그 아우 권채權採의 「작성도作聖圖」 이후 명맥이 시들해진 도설이 다시 등장하여 이목을 끌게 한다. 「심성정도心性情圖」 같은 것은 이황의 『성학십도』 가운데 「심통성정도心統性情圖」와 통하는 측면이 있다(별첨 참조). 더욱이 사단과 칠정을 리기理氣에 분속分屬시키면서 "사단지정四端之情, 리발이기수지理發而氣隨之, 칠자지정七者之情, 기발이리승지氣發而理乘之"라고 규정하여 이황과 꼭 같은 인식을 보였다. 학계에서는 지금까지 "리발이기수지理發而氣隨之", "기발이리승지氣發而理乘之"라는 정의를 사실상 이황의 독창으로 알아왔다. "사단리지발四端理之發, 칠정기지발七情氣之發"이라고 했던 주자朱子 이론의 미비점을 이황 나름대로 보완하려 한 것으로 이해하여 왔다. 그러나 리기호발론의 선구가 되는 이 이론을 홍치가 먼저 제기하였다는 점에서, 퇴계 성리학에 끼친 선대 유학자들의 영향을 다시 한 번 고찰하지 않을 수 없게 되었다. 이황에게 영향을 끼쳤다면 어떤 경로로 이 책이 이황에게 전해졌으며, 또 중국과 우리나라를 통틀어 "리발이기수지理發而氣隨之", "기발이리승지氣發而理乘之"란 정의를 내린

학자가 있었는지 등에 대해 면밀한 검토가 있어야 할 것이다.[60]

『심학장구집주대전』에는 저자 홍치가 배우고 사귀었던 사우師友들의 학설이 다수 인용되어 있다. 사우는 저자의 스승이었던 고은皐隱 안지安止를 비롯하여, 최보崔溥 · 이목李穆 · 권오복權五福 · 이계맹李繼孟 · 신영희辛永僖 · 허반許磐 등 김종직의 문인들, 그리고 그 계열의 조유형趙有亨 · 박은朴誾, 관학파 계열의 임수겸林守謙 · 최담崔潭, 인근 영암 출신 박권朴權 등 모두 12명이다. 저자가 관학파 계열의 학자 안지의 문인이면서도 사림파의 영수 김종직의 문인들과 깊숙이 사귀었다는 점이 이채롭다. 홍치가 김종직의 문인들과 학문적 교류를 하게 된 배경은 현재로선 자세히 알기 어렵지만, 해남 출신인 금남 최보가 교량 역할을 하였을 것으로 짐작된다. 『심학장구집주대전』을 보면 최보와의 만남이 가장 빈번한 것으로 드러난다.

이 책에서는 무오사화와 갑자사화를 입어 문집 자체가 전하지 않거나, 전하더라도 정치적 · 학문적 내용이 없는 시문 일색인 김종직 문인들의 성리학에 대한 이해 정도를 잘 보여준다. 허반 · 신영희의 경우처럼 문집 자체가 전하지 않은 학자들의 학설이 실려 전할 수 있었던 것은 시골에 묻혀 정치와는 선을 긋고 살았던 홍치의 이력 때문이다. 피화被禍의 위험을 무릅쓰고 사우들과 학술적으로 토론한 내용을 실어 밝은 세상에 전해지기를 바랐던 진한 우의友誼가 돋보인다. 토론 내용은 김종직 문하의 문인들이 단순히 천리踐履에만 힘쓴 것이 아니고 이론 탐구에도 일정한 경지에 이르렀음을 보여주는 중요한 자료가 될 것이다.

홍치는 집안에서 부친에게 수업受業하였다고 한다. '수업'이라는 표현

60) 논문 집필에 앞서 중간보고 삼아 짤막하게 소개함을 이해하시기 바란다.

을 통해 그의 부친 계桂 역시 성리학에 밝았음을 알 수 있다. 그 뒤 21세가 되던 세조 7년(1461)에는 전라도 김제 출신 안지의 문하에 나아가 성리학을 연마한 것으로 알려진다. 안지는 권근의 아우 매헌 권우의 문인으로, 동문 정인지와 함께 용비어천가를 찬진撰進하고 한글 창제에도 간여한 당대의 대학자였다. 그는 권우로부터 성리학을 체계 있게 배웠다. 특히 『주역』의 요체를 전수 받아 실제 사실이나 사물에서 천지자연의 수를 알아내고, 사물을 접할 때마다 이치를 관찰하는 '촉물관리觸物觀理'의 정신을 발휘하였다.[61] 그가 수리에 밝아 산법算法 연구에 힘쓴 것이라든지, 한글 창제에 직, 간접으로 참여한 것은 모두 『주역』에 밝았기 때문이라고 할 수 있다.

안지는 군자의 수기치인의 요체를 묻는 홍치에게 "경敬과 서恕일 뿐이라"고 하면서, 늘 구방심求放心 공부에 힘쓸 것을 당부했다고 한다. 홍치가 『대전』의 마지막을 「구방심시求放心詩」와 「야기명夜氣銘」으로 장식한 것은 스승의 유의遺意를 잘 받든 것이라고 할 수 있다. 성리학에 대한 안지의 성취 정도를 직접 확인할 수 있는 자료는 현재 찾기 어렵다. 그의 문집 『고은집』을 보아도 시문 일색일 뿐 학술 관계 글은 없다. 그러나 자료가 없다고 해서 그들의 수준을 낮추어 보는 것은 금물이다. 당시 성균관을 중심으로 이루어졌던 성리학 강의는 우리가 생각하는 것 이상이었던 것 같다. 『성리대전』이 한글 창제를 비롯한 세종조 문화 사업에 끼친 영향을 생각한다면 과소평가는 곤란하다고 생각한다.

---

61) 安止. 『皐隱集』 권1. 「梅軒先生集跋」. "時余受易于先生函丈之下. 一日先生論奇偶之數而曉譬之曰, 此易知也. 人每當飯, 先執匙後下筯, 匙單而筯雙, 此其數也. 但人自不察耳. 余雖愚昧, 竦然聞之, 悅如有得, 私竊以爲厥工豈知有陰陽之理寓於日用之間先後之中? 然旣有天地自然之數, 故雖陶冶之賤, 亦不得不爲之然也. 自是以後, 因事知數, 觸物觀理者, 盖亦不少."

홍치의 『심학장구집주대전』은 성균관을 중심으로 한 관학파 학자들의 성리학에 대한 이론적 탐구와 길재를 선구로 한 사림파 학자들의 실천 중시의 경향이 하나로 만나 이루어진 중요한 성과라고 생각한다. 특히 두 학파의 학문 전통이 '호남'에서 하나로 만나 또 다른 전통을 만들어냈다는 점은 간과하기 어렵다. 이점은 길재와 그 문하의 학문, 학통(도통)을 연구할 때 중요하게 고려해야 할 사항이라고 생각한다.

길재의 절의정신은 '원대 성리학의 영향'이라는 틀만 가지고는 제대로 이해되기 어렵다. 남송 성리학의 영향도 아울러 보아야 한다.

현재 학계에서는 안향이 원나라로부터 『주자전서』를 필사하여 가지고 들어온 충렬왕 16년(1290)을 주자학 전래의 시발로 본다. 그러나 주자학이 아닌 성리학의 시발로 말하자면, 무신의 난 이전에 고려 학자들이 북송의 도학에 접한 단서가 적지 않다. 이규보 등 일부 학자들의 글에서는 성리학의 편린이 나타나기도 한다. 고종 때 학자 정의鄭義는 부賦 작품에서 성리학의 리일분수理一分殊 이론을 말할 정도였다.[62] 그동안 문헌이 뒷받침 되지 못하여 추정에 그쳤던 사실들이 역사적 사실로 드러나고 있다. 고려 유학사를 다시 써야 할 필요성까지 제기된다.

남송 성리학의 유입 역시 고려 말 친명배원 노선으로의 회귀와 관련시켜 보기도 하지만, 사실 그보다 유입 시기가 훨씬 빠르다. 그 한 예로 남송 때 형부원외랑刑部員外郞을 지낸 절강성浙江省 포강현浦江縣 사람 정신보鄭臣保(?~1271)를 들 수 있다. 정신보는 남송이 멸망할 조짐을 보이자 충신불사이군의 의리를 지키기 위해 지금의 서산시 간월도看月島에 망명하였고, 후학들에게 이정二程의 책으로 성리학을 강학하였다고 한

62) 자세한 논의는 최영성. 2006. 『한국유학통사』 상권. 245~252 참조.

다.[63] 이것은 고려 충렬왕 때 상장군을 지낸 채모蔡謨의 「정신보 묘갈명」과 조선 정조 때의 학자 여와餘窩 목만중睦萬中(1727~1810)의 「충신송상서형부원외랑 정공신보 고려중찬 양렬공 인경합전忠臣宋尙書刑部員外郞鄭公臣保高麗中贊襄烈公仁卿合傳」에서 확인된다.[64] 정신보가 가르친 성리학의 내용은 이정을 주로 한 것으로, 남송 성리학의 의리사상을 떼어놓고는 설명하기 어렵다. 정신보가 망명한 시기는 남송 이종理宗 가희嘉熙 1년이요 고려 고종 24년인 1237년이다.[65] 안향이 주자학을 전래한 1290년에 비해 50여 년이 빠르다.

정신보의 절의는 『동국신속삼강행실도』라는 관찬서官撰書에서 공식 확인하고 있으므로[66] 이에 대한 이의가 있기 어렵다. 다만 그가 후학들에게 성리학을 가르쳤다는 사실은 사찬서私撰書에 실려 있으므로 신빙성에 의문이 제기되기도 한다. 그러나 채모가 찬한 묘갈명은 자료적 가치가 적지 않다. 비록 『가승』에 실려 있기는 하지만, 정신보와 같은 시기에 살았던 채모가 직접 찬술한 것이고, 또 묘갈에서 직접 탁본을 하여 『가승』에 실었다고 믿어지기 때문이다.[67] 문제는 성리학 전래보다도 그것이 후학들에게 어떻게 전수되었느냐 하는 점이다. 아쉽게도 오늘날에는 문헌적 뒷받침이 될 만한 것이 거의 없다. 정신보의 아들 정

---

63) 蔡謨. 「追封金紫光祿大夫門下侍郞平章事判禮賓事行尙書刑部員外郞浙江鄭公墓碣銘」. "時麗俗專尙佛敎, 公以性理之學, 敎誨生徒. 東方人, 始得覩兩程之書."(『瑞山鄭氏家乘』 卷上)
이것은 조선 중기 학자 韓汝賢이 편찬한 서산읍지 『湖山錄』. 〈古今人物〉조에서도 재차 확인된다.

64) 睦萬中. 『餘窩集』 권16(한국문집총간 속집 제90권. 310~320); 『瑞山鄭氏家乘』 卷上 참조.

65) 『瑞山鄭氏世譜編年圖』 참조.

66) 『東國臣續三綱行實圖』. 충신편. 〈鄭臣保〉.

67) 묘갈명에는 중간에 缺字 표시가 더러 있다. 이것은 탁본을 한 뒤 실었다는 증거이다.

인경鄭仁卿(1241～1305)이 불교가 성행하는 현실을 개탄하고 제자들을 성리학으로 가르쳤으며, 그가 가르친 후학들의 책상에는 언제나 이정의 책이었다는 사실이 『서산정씨세보』에 실려 전할 뿐이다.[68] 그러나 정인경이 『고려사』 열전에 실릴 정도의 비중 있는 인물임에 비추어 볼 때 그의 성리학이 후학들에게 적지 않은 영향을 끼쳤을 것으로 생각된다. 이와 관련된 문헌적 뒷받침이 절실히 요구된다.

필자는 근자에 지구知舊를 통해 1931년 편찬된 『서산정씨세보』를 입수하였다.[69] 거기에 보면, 서산정씨의 시조 정인경의 5세손에 부성부원군富城府院君 정윤홍鄭允弘이라는 이가 있다. 윤홍은 서산정씨 영남 입향조入鄉祖인 윤숭允崇의 아우이다. 윤홍의 사위 가운데 한 사람이 매계梅溪 조위曺偉(1454～1503)의 조부인 조심曺深이다. 조심의 아들이 조계문曺繼門이고, 조계문은 1남 1녀를 두었으니, 아들은 매계 조위이고 사위는 김종직(1431～1492)이다. 조위는 김종직의 처남이자 문인이다. 조위의 묘는 현재 김천시에 있는데 부성부원군 정윤홍의 묘역 안이다. 서산정씨 가문과 조위 가문 사이의 유대 관계를 엿볼 수 있는 대목이다. 서산정씨와 긴밀한 관계에 있는 조위 집안의 사위가 된 김종직 역시 정신보→정인경으로 이어지는 서산정씨의 가학 내력에 대해 직, 간접으로 접하였을 것이다.[70] 『점필재집』이나 『매계집』에 이와 관련한 내용이 실려 있지는 않지만, 이들 문집이 사화 때문에 온전하지 못한 것임을 감안할 때,

68) 『世譜』 권7.「양렬공 연보」 56세조 "麗俗專尙佛敎, 士大夫家大小祥, 設齋于山寺. 往往有卿相致仕, 妥佛軀. 或影幀于別堂籠室, 以崇奉之. 先生大加排斥之, 每以性理之學訓敎, 後進案上, 只有兩程之書."

69) 자료를 제공해주신 李恩雨 선생께 감사한다.

70) 조선조에 들어 정인경의 8세손 鄭僖가 김종직의 문인이 되었던 것도 이와 무관하지는 않은 것 같다. 정희는 자가 無悶으로, 연산군 2년(1496)에 式年試 丙科 19위로 급제하였다.

문집 이외에 방증 자료가 될 만한 것들을 수집蒐集할 필요성을 느낀다.

현재로는 비록 추정에 그칠 수밖에 없으나, 남송 성리학과 사림파 사이의 관계를 밝힐 수 있는 정황들이 드러나고 있다. 앞으로 이에 대한 자료가 발굴되어 새로운 사실로 확인되기를 바란다.

7. 맺음말

야은 길재는 정몽주와 함께 조선 도학의 정맥正脈을 일군 선구자이다. 그러나 세상에서 그의 절의와 선비정신은 알지만 도학에 대해서는 잘 알지 못한다. 절의가 도학을 가린 점이 있다. 그는 평소 "도학을 밝히고 이단을 물리치는 것"으로 자임하였다. 이단을 배척하고 성리학적 교학敎學 풍토를 정착시키려는 그의 노력은 평생토록 계속되었고, 문인 후학들에게 이어져 커다란 학풍을 이루었다.

길재는 이론적 측면보다 실천에 치중하였다. 그의 학문은 '천리독실踐履篤實', '충효위선忠孝爲先'으로 요약할 수 있다. 『소학』으로 본원을 함양하여 도학자가 되는 근본으로 삼고, 율기律己를 미루어 치인治人의 단계에까지 나갔으니, 그의 문하에서 충효지인, 양리良吏, 청백리가 많이 배출되었음은 물론이다. 자신은 고려유신高麗遺臣으로 남았지만, 제자들에게는 벼슬길에 나갈 것을 권유하였고, 갈고 닦은 학문을 바탕으로 치세治世를 이루는 데 앞장서도록 하였다. 이것은 후일 사림파가 집권하여 성리학을 정교의 이념으로 삼아 5백년의 국맥을 유지하는 데 원동력이 되었다.

길재는 임하林下에서 후진을 양성하는 일에 매진하면서, 교육을 통한 유교입국儒敎立國을 기약하였다. 그러기에 '교육' 면에서 철저한 점이 있었다. 그의 교과 과정은 체계적이었고 주밀하였다. 감화와 교화를 통한 교육방법은 이성을 중시하는 성리학의 학풍에 새 바람을 불어 넣었다. 궁리진성과 함께 고무진신의 측면을 아우르고 '육예'에 두루 통하는 전인교육을 지향하였다. 이것은 오늘날의 교육 풍토에도 시사하는 바가 크다.

길재의 문인들은 스승의 유지를 받들어 신생 조선이 이념적 사상적으로 조속히 뿌리를 내릴 수 있도록 노력하였다. 문인들의 도학적 삶은 일사불란한 감이 있다. 길재의 그것을 전적으로 계승하면서 각 부문별로 확대 발전시켜 나갔다고 할 수 있다. 그들은 의리사상을 바탕으로 남다른 동문의식을 발휘하였으며 강한 결속력을 보여주었다. 현실 대응 양상에서도 소극적이지 않았다.

『소학』은 그들에게 이념적 실천적 기반이 되었고, 『주역』은 성리학의 철학적 이해와 현실에 대한 예지력, '견기이작見幾而作'할 수 있는 판단력을 배양하는 데 바탕이 되었다. 이런 학문적 · 사상적 기반이 견고하게 구축되었기 때문에 뒷날 '문기팔대지쇠文起八代之衰'로 평가를 받는 김종직 계열이 학계 · 정계에 진출할 수 있었고, 마침내 훈구파에 필적할 만한 존재감을 드러낼 수 있었던 것이다.

사림파는 관학파와 정치적 · 이념적으로 길을 달리 하기는 했지만, 학문적으로 대립하거나 갈등으로 점철된 것은 아니다. 어느 면에서는 사림파가 관학파와의 소통을 추구한 측면도 있다. 이점은 길재 및 그 문인에 대한 연구에서 중요하게 고려해야 할 사항의 하나다. 또 민족주의적 색채, 절의 중시적 성격이 도태된 원대 성리학의 영향만으로는 길재와 그 학파의 절의정신을 제대로 연구하기 어렵다. 남송 성리학과의 연관성을 탐색할 필요가 있다. 이에 대해 학계에서 육속 연구가 이어지기를 기대하는 바 크다.

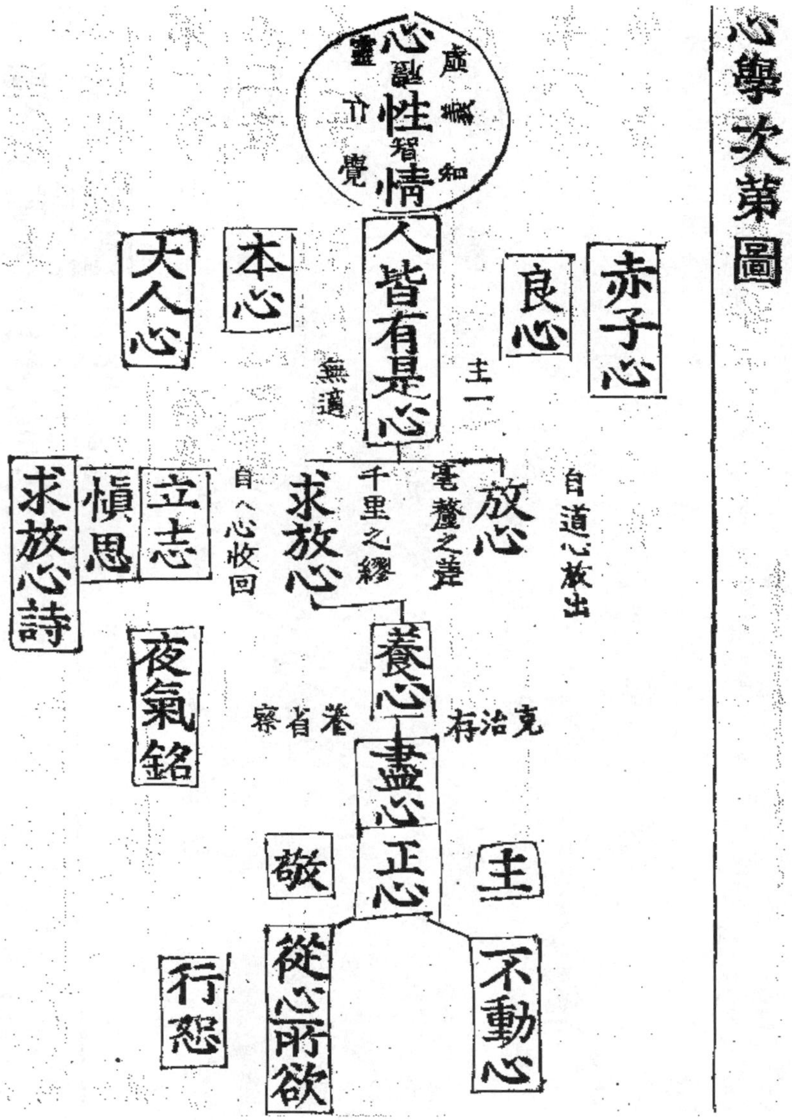
心學次第圖
心
性
情
虛
靈
知
覺
人皆有是心
赤子心
良心
本心
大人心
主一
無適
放心
求放心
自道心放出
毫釐之差
千里之繆
自人心收回
立志
愼思
求放心詩
養心
夜氣銘
盡心
正心
敬
主
從心所欲
不動心
行恕

「심학차제도」

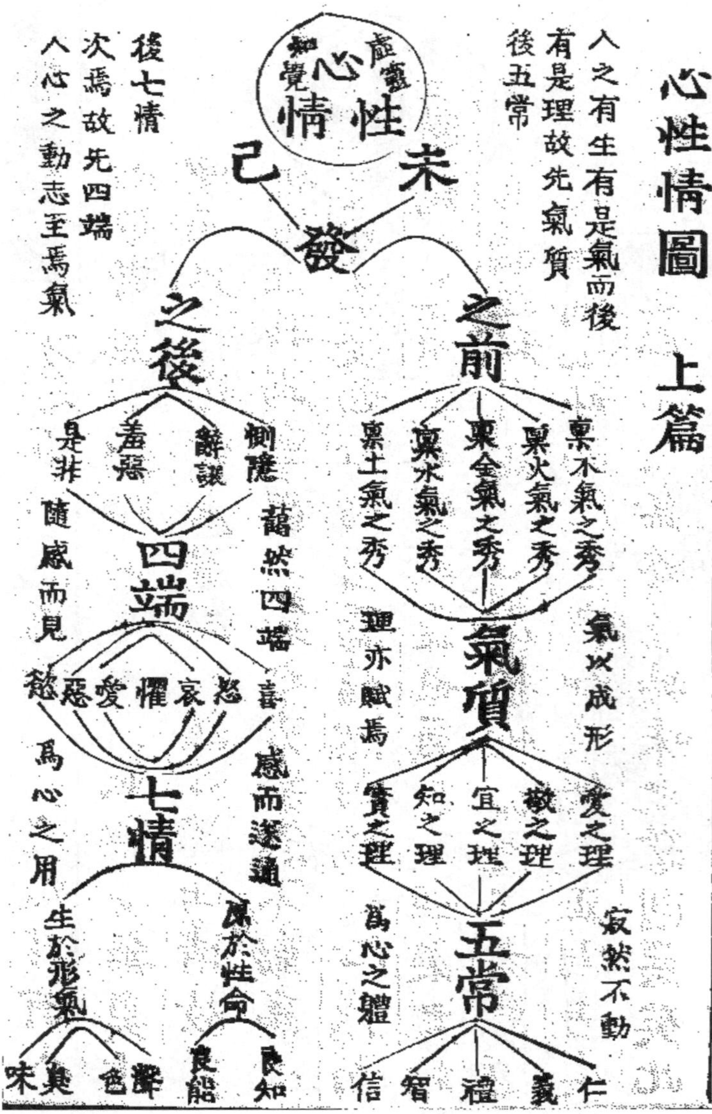
心學章句集註大全卷之一
心性情圖 上篇
人之有生有是氣而後有是理故先氣質後五常
虛靈知覺 心 性情
未 已
發
之前 之後
稟木氣之秀 稟火氣之秀 稟金氣之秀 稟水氣之秀 稟土氣之秀
氣以成形
氣質
理亦賦焉
愛之理 敬之理 宜之理 知之理 實之理
寂然不動
五常
爲心之體
仁 義 禮 智 信
惻隱 辭讓 羞惡 是非
藹然四端
四端
隨感而見
喜 怒 哀 懼 愛 惡 慾
感而遂通
七情
爲心之用
原於性命
生於形氣
良知 良能 聲 色 臭 味
後七情
次焉故先四端
人心之動志至焉氣

「심성정도」

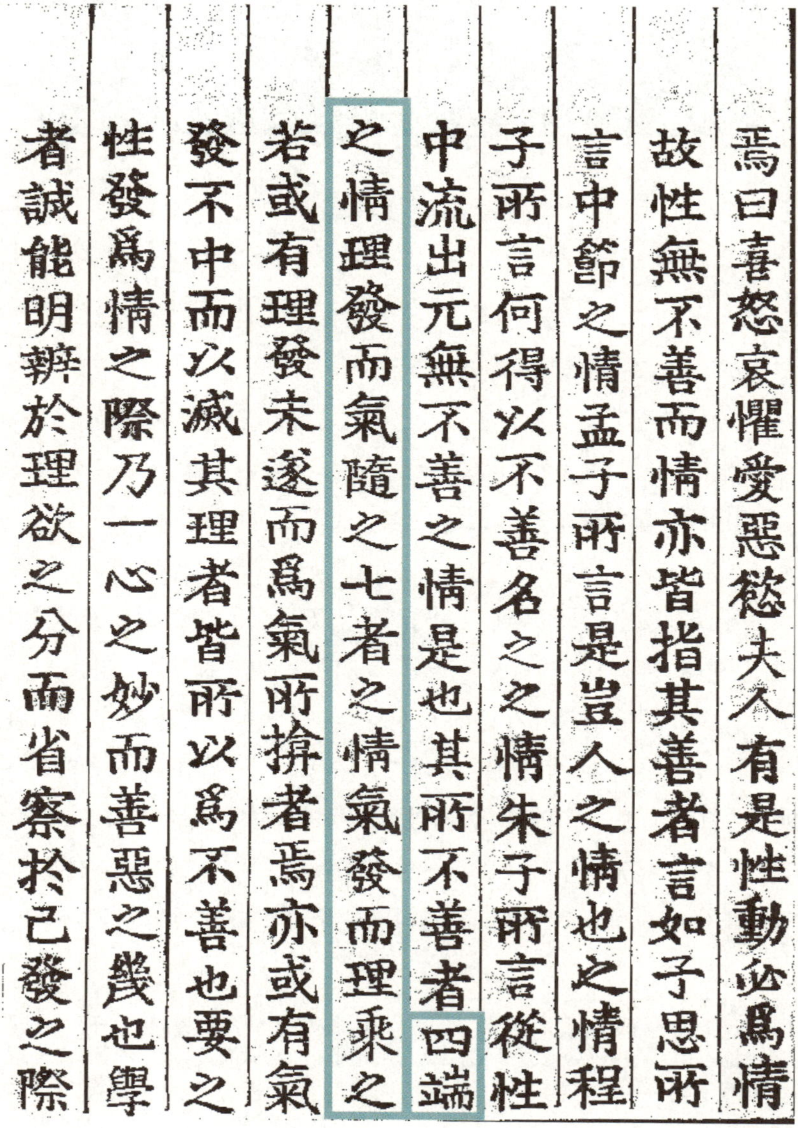
焉曰喜怒哀懼愛惡慾夫人有是性動必爲情
故性無不善而情亦皆指其善者言如子思所
言中節之情孟子所言是豈人之情也之情程
子所言何得以不善名之之情朱子所言從性
中流出元無不善之情是也其所不善者四端
之情理發而氣隨之七者之情氣發而理乘之
若或有理發未遂而爲氣所揜者焉亦或有氣
發不中而以滅其理者皆所以爲不善也要之
性發爲情之際乃一心之妙而善惡之幾也學
者誠能明辨於理欲之分而省察於已發之際

『심학장구집주대전』 제2장 가운데 일부분

점필재 김종직과 그 문생들의 도학사상

김용헌 | 한양대 철학과

1. 머리말 : 도학과 도통의 형성

흔히 조선 전기 사림파의 학문적 · 사상적 특성을 도학으로 규정하지만, 도학의 실체가 무엇인지는 명확하지 않다. 실제로 도학이라는 말은 사림파 학자들이 등장하기 훨씬 이전, 즉 고려 말부터 사용됐다. 이제현은 백이정이 정주의 성리서를 구해 오고 권보가 『사서집주』를 판각하여 보급함으로써 도학이 알려지게 되었다고 하였다.[1] 이색은 정주도학, 즉 정자 · 주자의 도학이라는 표현을 자주 사용했으며,[2] 조운걸은 선왕 때 강관을 두어 도학을 강명하도록 했다면서 서연을 다시 열어 강학을 하자

1) 李齊賢. 『櫟翁稗說』. 「前集 2」. 10a. “其後白彝齋頤正, 從德陵留都下十年, 多求性理之書以歸, 我外舅政丞菊齋權公, 得四書集註, 鏤版而廣其傳, 學者又知有道學矣.”

2) 李穡. 『牧隱集』. 『牧隱詩藁』 권8. 「憶梅花」. 4a. “程朱道學窮天命/李杜才名騁國風”; 『牧隱詩藁』 권10. 「寄贈金敬叔少監」. 1a. “程朱道學配天地/直揭日月行徐徐”; 『牧隱詩藁』 권14. 「卽事」. 20a. “魏晉淸談雖自絶/程朱道學竟誰傳”

는 내용의 상소를 한 적이 있다.[3] 한편 정도전은 노불의 간특한 해로움을 파헤쳐 오랜 세월 동안 어두웠던 도학을 열어야 한다고 주장했다.[4] 이와 관련해 박초는 정도전이 공맹 · 정주의 도학을 창명했다고 했으며,[5] 권근도 정도전이 항상 도학을 밝히고 이단을 물리치는 것으로써 자신의 임무로 삼았다고 했다.[6] 또 하륜은 태종에게 예전의 유생은 도학을 중요하게 여겼는데, 지금은 힘써 배우지 않는다고 우려를 표하기도 했다.[7]

심지어 도학은 훈구파 계열의 학자들에게도 바람직한 학문으로 인정받았다. 이를테면 유자광은 "지금 전하께서 유교를 숭상하고 도학을 존중함이 지극한데, 관리가 법을 받들어 가르치고 기르지 않아 쇠퇴함이 여기에 이르렀으니, 신은 진실로 마음이 아픕니다."[8]라고 했다. 성현成俔은 "옛날의 제왕은 다 선비를 높이고 도학을 소중히 여겼으며, 문치를 숭상하고 교화를 하여, 학교에 나아가서 나이 많은 사람을 공경하고 경서를 펴들고 어려운 것을 물었으며"[9]라고 했다. 이렇듯 조선 초기에 도학은 정 · 주에 의해 재발견된 공 · 맹의 도를 배우고 실천하는 학문을 뜻하는 것으로 사림파만의 전유물은 아니었다. 오히려 조선 초기 도학의 전형으로 꼽히는 김종직金宗直 · 김굉필金宏弼 · 정여창鄭汝昌 등은 도학이나 도통에 대해 명확한 언급을 남기지 않았다. 이는 이들이 자신들의 학문이나 실천을 도학이나 도통과 명확하게 연관 짓지 않았음을 함축한다. 이들의 학문과 실천을

---

3) 『高麗史』 권112. 「列傳」 권25. 「趙云仡」. 42b.
4) 鄭道傳. 『三峯集』 권10. 「心問天答序」. (權近). 19b.
5) 『高麗史』 권120. 「列傳」 권33. 「金子粹」. 41ab.
6) 鄭道傳. 『三峯集』 권10. 「心氣理篇序」. (權近). 9b.
7) 『태종실록』. 원년(1401) 12월 5일(기미).
8) 『성종실록』. 23년(1492) 11월 11일(무인).
9) 『연산군일기』. 7년(1501) 1월 30일(기묘).

도학 또는 도통과 관련해서 이해한 것은 후대 사림들이었다.

사실 세종 시대만 하더라도 우리나라의 도통이 이제현-이색-권근으로 이어진다는 주장이 유력했다. 세종 15년(1433) 김반金泮은 이제현 · 이색 · 권근을 문묘에 종사할 것을 청하면서, "최치원 · 설총 · 안향 이후에 오직 이제현이 도학을 창명했고 이색이 실로 그 정통을 전했는데, 신의 스승 권근이 홀로 그 종지를 얻었습니다."[10]라고 하여 이제현-이색-권근으로 이어지는 도통을 제시했다. 세종 18년(1436)에는 김일자 등이 "성명의 이치가 천하에 밝혀진 것은 공자와 맹자의 공이며, 공맹의 도학이 우리나라에 실행된 것은 이제현 · 이색 · 권근 세 분의 공"이라면서 이들을 문묘에 종사하자고 주장했다.[11]

반면에 정몽주가 문묘 종사자로 처음 거론된 것은 세조 때이며,[12] 그가 이제현 · 이색 · 권근 대신에 유력한 문묘 종사자로 인정받은 것은 성종 때 와서이다.[13] 이 무렵 이제현 · 이색 · 권근은 문묘에 종사하기에 적절하지 않은 인물로 인식되기 시작했다.[14] 한편 김굉필을 문묘에 종사하자는 주장이 처음 제기된 것은 중종 12년이다.[15] 이 당시

---

10) 『세종실록』. 15년(1433) 2월 9일(계사).

11) 『세종실록』. 18년(1436) 5월 12일(정축).

12) 『세조실록』. 2년(1457) 3월 28일(정유).

13) 『성종실록』. 8년(1477) 7월 21일(병술).

14) 김용헌. 2010. 『조선 성리학, 지식권력의 탄생』. 프로네시스. 75-80쪽.

15) 조선 전기 · 중기 문묘 종사에 관한 주요 연구로는 다음과 같은 것들이 있다. 이희권. 1983. 「동방오현의 문묘종사 소고」. 『전북사학』 7. 전북대사학회; 지두환. 1985. 「조선 전기 문묘종사 논의: 정몽주, 권근을 중심으로」. 『부대사학』 9. 부산대사학회; 김용곤. 1994. 「조선전기 도학정치사상연구」. 서울대박사학위논문; 진상원. 2005. 「조선중기 도학의 정통계보 성립과 문묘종사」. 『한국사연구』 128. 한국사연구회; 김영두. 2007. 「중종대 문묘종사 논의와 조선 도통의 형성」. 『사학연구』 85. 한국사학회; 김영두. 2008. 「선조초 문묘종사 논의와 도통론의 변화」. 『한국사상사학』 31. 한국사상사학회; 정성희. 2008. 「조선 도통론의 비판적 검토-김종직을 중심으로-」. 『유교사상연구』 31. 한국유교학회.

성균관 생원 권전 등은 정몽주와 김굉필의 문묘 종사를 건의하면서, 요순-공자-맹자-주돈이-이정-주희로 이어지는 도통이 우리나라에서는 정몽주-김굉필로 이어진다는 도통론을 제시했다.[16] 이어서 조광조도 "김종직은 처음에 길재에게 배웠고, 길재는 정몽주의 문인"[17]이라고 하여, 정몽주-길재-김종직-김굉필로 이어지는 학문적인 수수 관계를 언급했다. 그 후 중종 39년(1544)에는 신백령 등이 조광조의 신원을 요청하면서 정몽주-길재-김종직-김굉필-조광조로 이어지는 도통을 제시했다.[18] 김숙자가 빠져 있긴 하지만, 김종직이 김숙자의 아들임을 감안하면 정몽주에서 조광조로 이어지는 도통은 사실상 이 상소에서

김종직 종택(경북 고령)

16) 『중종실록』. 12년(1517) 8월 7일(경술).

17) 『중종실록』. 13년(1518) 4월 28일(정유). "金宗直初受業於吉再, 再卽鄭夢周之門人也. 宗直傳業淵源, 固有自矣. 在今稍知爲善者, 受業於其門者也."

18) 『중종실록』. 39년(1544) 5월 29일(병인).

김종직 영정

확립되었다고 할 수 있다. 김숙자까지 포함된 온전한 도학의 계보는 그 이듬해인 인종 원년(1545)에 박근 등이 역시 조광조의 신원을 요청하면서 올린 상소에 처음 등장한다.[19)]

이렇게 보면, 정몽주에서 조광조에 이르는 도통이 흔히 사림파로 일컬어지는 조광조 및 그 후예들에 의해서 만들어진 것임을 알 수 있다. 이는 사림파의 도학이 자기 완결적으로 존재했다기보다는 일정한 역사적 과정을 거쳐 형성되었음을 뜻한다. 물론 그 과정은 사림 세력이 훈구 세력에 맞서 자신들의 학문적 권위를 높이고 정치적 주도권을 장악해 가는 과정, 다시 말해 도학의 정통성을 확보해 가는 과정의 일환이었다.[20)] 조선 초기에는 하나의 도학만이 존재하지 않았다. 도학이 사림파의 도학으로 단일화된 것은 역사적 과정의 산물이다. 그렇다고 후대 사림파 학자들이 자신들의 학문적 계보와 사상적 정체성을 사실과 무관하게 날조했다고 보기는 어렵다. 정몽주에서 조광조에 이르기까지 최소한의 학문적인 수

---

19) 『인종실록』. 1년(1545) 3월 13일(을해). 그 후 기대승이 선조 2년 한 경연에서 우리나라의 학문이 리학의 시조인 정몽주로부터 길재-김숙자-김종직-김굉필-조광조로 이어진다고 했는데, 이는 그 이전에 형성된 도학의 계보를 재확인 한 것이다.(『선조실록』. 2년(1569) 윤6월 7일(기유)) 도통의 형성 과정에 대해서는 김용헌. 2010. 『조선 성리학, 지식 권력의 탄생』. 프로네시스. 129-134쪽 참조.

20) 김용헌. 2011. 「조선 전기 사림파 성리학의 전개와 특징」. 『국학연구』 19집. 한국국학진흥원. 56-57쪽.

수 관계가 존재했으며, 그들 사이에는 끊임없는 갱신의 과정을 거치면서도 일정한 학문적 · 사상적 정체성이 유지되었기 때문이다. 물론 그 학문적인 수수 관계나 도의 전승 과정이 단선적일 수는 없다. 이를테면 정몽주가 길재에게 의발을 물려준 적이 없으며, 김종직 역시 김굉필을 자신의 가장 충실한 계승자로 여겼을지 의문이다. 오히려 길재는 권근에게 가장 뛰어난 제자라는 평가를 받았으며, 김굉필은 관료의 책무와 학문의 방향에 대해 김종직과 이견을 보였다.

김일손은 김종직의 문하에서 친교를 맺은 사람들 가운데, 도학은 김굉필 · 정여창 · 이심원이고, 문장은 강혼 · 이주 · 이원 · 이목이고, 유일遺逸은 남효온 · 신영희 · 안응세 · 홍유손이고, 음률은 이총 · 이정은이라고 한 바 있다.[21] 김종직이 도학에도 밝았지만 특히 문장에 뛰어났다는 것은 많은 사람들이 인정했던 것인데, 실제로 그의 문하에서 뛰어난 도학자와 문인이 여러 명 배출되었다. 반면에 김굉필은 도학에 밝았으나 문장과는 거리가 있었고, 문장을 학문의 본령으로 여기지도 않았다. 김굉필이 김종직의 학문을 온존하게 계승하지 않았다는 것인데, 그럼에도 불구하고 김종직과 김굉필 사이에는 분명 학문적 · 사상적인 연계 고리가 있었고, 바로 그 점 때문에 후대 도학자들에게 도통을 주고받은 사이로 인식될 수 있었다.

김종직은 제자들에게 시문만을 가르쳤다거나 평생 문장의 화려함에만 힘썼다는 부정적인 평가를 받기도 했다. 도학의 측면에서 미흡했다는 의미이다. 이는 뛰어난 도학자로 평가받는 김굉필 · 정여창과 김종직 사이에 연속성만이 아니라 일정한 단절도 존재했다는 방증이다. 김

---

21) 鄭汝昌, 『一蠹集 · 遺集』 권2, 「事實大略」, 3b.

종직이 조선 도학의 역사에서 큰 역할을 한 것은 사실이지만, 그렇다고 도학이 그에게 완성된 형태로 존재했다고 보기는 어렵다. 오히려 도학은 김굉필 · 정여창 단계에서 김종직의 한계를 극복하면서 새로운 내용을 채워갔고, 다음 세대로 거듭 전승되면서 심화되어 갔다고 보는 것이 도학에 대한 올바른 이해이다. 김굉필 · 정여창의 도학 역시 후대 도학자들로부터 새로운 자양분을 수혈 받으면서 더욱 풍부한 내용을 갖춘 학문 · 사상으로 성장해 갔다는 뜻이다. 이런 측면에서 보자면, 조선 전기 사림파의 도학사 역시 도학 형성의 역사일 수밖에 없다. 이 점에 주목하여 김종직과 그의 문인인 김굉필 · 정여창의 학문적 특성을 살피고, 그것이 사림파 도학의 형성 과정에서 어떤 의미를 지니는지를 검토하는 것이 이 글의 목적이다.

2. 김종직의 도학

1) 상반된 평가 : 도덕박문과 박문다견

김종직은 후대 사림들로부터 정몽주-김숙자-김종직-김굉필-조광조로 이어지는 조선유학의 도통을 전승한 인물로 평가받았지만, 정작 그의 글에는 도학에 대한 직접적인 언급이 발견되지 않는다. 그의 학문을 도학으로 규정하거나, 그가 도통을 이었다고 평가한 것은 그의 문인이나 후대 학자들이었다. 이를테면 그의 「연보」에서는 "선생은 문인 정여창 등과 함께 상읍례相揖禮를 하고나서 경전을 강론했는데, 반드시 정주의 본지에 합치하도록 힘쓰고, 말마다 반드시 충효를 위주로 했다. 그리고 아무리 질병이 있는 때라도 손에서 책을 놓지 않았고 항상 도학을 밝히는 것을 사업으로 삼았다."[22]고 하였다. 그의 손자 김유金紐는 선조 8년(1580)에 찬한 「점필재집후서」에서 우리나라 도학의 큰 줄기가 정몽주에게서 발원하여 길재가 그 정맥을 얻었고, 김숙자가 그 전통을 이어 김종직에게 전했다고 하였다.[23]

김종직의 문하에서 김굉필 · 정여창 · 유호인 · 홍유손 · 남효온 · 이심원 · 김일손 등 수많은 학자들이 배출되었고, 이들이 성종 시대 이래로 훈구 세력을 비판하고 견제하는 정치 세력으로 성장했기 때문에 그는 후대 사림들로부터 도통을 이어주는 중요한 고리로 인정받았던 것이 사실이다.[24] 조광조는 중종 13년(1518) 한 경연에서 "김종직은 처음에 길재에게 배웠는데, 길재는 곧 정몽주의 문인입니다. … 지금 조금이라도 선행을 할 줄 아는 사람들은 그의 문하에서 공부를 했습니

22) 金宗直. 『佔畢齋集』. 「佔畢齋先生年譜」. 21b-22a. "遠近學者四集, 先生與門人鄭汝昌等, 相揖訖, 講論經傳, 必務合於程朱之旨, 言必以忠孝爲主. 雖有疾病, 手不釋卷, 常以明道學爲事業."

23) 金宗直. 『佔畢齋集』. 「佔畢齋集後序」. 13a. "吾東方道學宗派, 發源於圃隱鄭先生. 冶隱吉先生, 受業於圃隱之門, 而得其正脉. 曾王父直提學江湖先生, 又學於冶隱之門, 接其統緖, 而傳之家庭, 則王父佔畢齋先生學問淵源之粹然一出於正, 爲如何哉."

24) 훈구 세력에 대한 비판 의식은 김종직 문하의 사림들이 가졌던 주요한 특성 가운데 하나이다. 예를 들어 이심원은 임사홍 등 세조 대의 훈신들을 등용하지 말도록 건의했고,(『성종실록』, 9년(1478) 4월 8일) 남효온은 소능의 복위를 주장하고 「육신전六臣傳」을 지었다.(『성종실록』, 9년(1478) 4월 15일) 김굉필과 홍유손은 김종직이 시사를 건의하지 않고 남의 작록을 취한다면서 그의 타협적인 자세를 비판했다. 南孝溫. 『秋江集』 권7. 「師友名行錄」. 22a; 같은 글, 25b) 김일손 · 권오복 등은 김종직의 「조의제문」을 사초에 기록했다. 이처럼 김종직의 문인들을 중심으로 한 신진 사림들은 삶의 방식과 이념적인 지향에서 꼭 일치하지는 않았지만, 훈구 세력을 극복하고 낡은 정치를 개혁하고자 하는 공감대를 가지고 있었다. 훈구 세력이 김종직과 그를 따르는 사림들을 경상도 선배당이라고 지목하며 경계했고,(『성종실록』 15년(1484) 8월 6일) 결국 무오사화를 일으켜 그들을 제거했던 데는 이러한 이유가 있었다.

다."[25]라고 했다. 여기서 '지금 조금이라도 선행을 할 줄 아는 사람들'이란 사림파 학자들을 지칭하므로 조광조의 언급은 사림파의 학문적 연원이 김종직과 길재를 거쳐 정몽주로 소급된다는 뜻이다. 김굉필이 김종직의 문하에서 공부했다는 것을 감안하면사실상 조광조에 의해서 정몽주–길재–김종직–김굉필의 도통이 정립된 셈이다.

그럼에도 불구하고 김종직이 진정한 도학자인가에 대해서는 이견이 없지 않았다. 이황은 "김종직이 쇠퇴한 학문을 일으켰고 도를 구하는 사람들이 그의 문하에 가득했네"[26]라고 하여 그를 도통의 맥락에서 평가하면서도, 김종직이 학문하는 사람이 아니어서 평생 힘쓴 것이 문장의 화려함일 뿐이라고 평가절하 하기도 했다.[27] 훗날 허균, 장유, 이긍익 등도 김종직의 출처 의리에 의문을 제기하고 비판했다.[28] 더욱이 제자인 홍유손 · 김굉필이 그에게 고위 관료임에도 국사를 건의하는 일이 없다는 이유로 문제를 제기한 것은 김종직의 도학적 위상에 결정적인 하자일 수밖에 없다.[29]

그에 대한 평가가 극명하게 갈리는 것은 그의 시호를 둘러싼 논쟁에서 잘 드러난다. 김종직은 성종 23년(1492)에 문충文忠이라는 시호를 받았는데, 이 시호는 그의 제자로서 당시 봉상시奉常寺 봉사奉事였던 이원李黿의 의견이 적극적으로 반영된 것이었다. 이때 이원이 쓴 성종의

25) 『중종실록』. 13년(1518) 4월 28일(정유). "金宗直初受業於吉再, 再卽鄭夢周之門人也. 宗直傳業淵源, 固有自矣. 在今稍知爲善者, 受業於其門者也."

26) 李滉. 『退溪集』 권1. 『增補 退溪全書』 1. 「和陶集飮酒二十首(其十六)」. 52b.

27) 李滉. 『退溪先生言行錄』 권5. 『增補 退溪全書』 4. 「論人物」. 5a.

28) 정성희. 2009. 『김종직』. 성균관대학교 출판부. 64-76쪽; 정출헌. 2011. 「젊은 제자들이 마음에 그린 점필재 초상」. 『점필재 김종직과 그의 젊은 제자들』. 지식과 교양.

29) 南孝溫. 『秋江集』 권7. 「師友名行錄」. 22a; 같은 글, 25b.

교시를 보면, 김종직이 훌륭한 인품을 가졌음은 물론 사도師道를 맡아 가르치길 게을리 하지 않는 등 사문斯文, 즉 유교 문화의 진흥을 자신의 책무로 삼은 인물로 그려져 있다. 한 마디로 김종직이 도덕과 문장에 뛰어났고 유교 문화에 공이 많았다는 것인데, 문충이라는 시호 역시 "도덕박문道德博文을 문이라 하고 염방공정廉方公正을 충이라고 한다"는 시호법에 따른 것이었다.[30] 여기서 문제의 핵심은 김종직이 도덕박문, 즉 도덕과 학문이 탁월했다는 것인데, 이러한 평가는 그 문하생들의 일반적인 생각이었던 것으로 보인다. 이는 김종직에 대해 "도덕과 문장이 한 세대의 사표였다"[31]고 한 조위의 언급과 "문장과 도덕이 한 시대 사대부의 영수였다"[32]고 한 남효온의 언급에서 확인된다.

김종직에게 문충이라는 시호가 내려지자, 그 시호가 너무 지나치다며 강력히 반발한 사람들이 있었다. 그 해 12월 의정부 대신들은 두 가지 이유를 들어 그 시호가 적절하지 않다고 주장했다. 첫째는 김종직을 성인처럼 평가했다는 것, 둘째는 '도덕박문道德博聞'은 정이 · 주희와 같이 도통을 전한 사람에게만 쓸 수 있다는 것이 그것이다. 한마디로 김종직은 도통의 전수와 무관하므로 시호를 개정해야 한다는 주장이었다.[33] 이에 이원은 시호를 정한 연유를 다음과 같이 보고했다.

---

30) 金宗直.『佔畢齋集』.「佔畢齋先生年譜」. 23ab. "文章道德, 高出於世, 眞三代遺才, 其有功於斯文, 重矣. 諡法, 道德博文, 曰文, 廉方公正, 曰忠." 여기서 도덕박문의 文은 聞의 잘못으로 보인다.

31) 曺偉.『彝尊錄』.『佔畢齋集』.「彝尊錄序」. 1a. "文簡公佔畢齋先生, 道德文章, 師範一世, 學問淵源, 出於先司藝公, 如致堂之於文定, 九峯之於西山."

32) 南孝溫.『秋江集』 권4.「潭陽鄕校寶上記」. 29a. "金公號佔畢齋, 文章道德, 爲一代搢紳領首. 朝廷有事, 問焉, 學者有疑, 質焉, 所謂民有父母, 國有蓍龜者也."

33)『성종실록』. 23년(1492) 12월 14일(경술). "今觀金宗直諡議, 乃如議聖人, 且其文字解曰, 道德博聞, 如非程朱之傳道統者, 不能當之. 臣等謂, 定諡必與才行相稱乃可, 宗直之諡不相稱, 請改之."

> 선비의 습속이 밝지 않은 것은 도학이 행해지지 않는 데에서 말미암은 것이고, 도학이 행해지지 않는 것은 사도師道가 전해지지 않는 데에 근원한 것입니다. 김종직은 '마음을 바르게 하는 학문'(正心之學)을 처음으로 제창하여 후진들을 인도하고 도와주었으며 마음을 바르게 하는 것으로 근본을 삼았습니다. 그리고 몸소 사도斯道를 떠맡아 사문斯文을 흥기시키는 것을 자기의 책무로 삼았으니, 그 공이 사업을 통해 공적을 쌓고 이름을 날린 사람보다 도리어 현명합니다. 시호법에는 '학문을 널리 닦고 견식이 많은 것'(博文多見)을 문文이라고 하고, '널리 들어 알고 재능이 많은 것'(博聞多能)을 문文이라 하고, '도덕이 높고 널리 들어 아는 것'(道德博聞)을 문文이라 합니다. 만약 '견식이 많고 재능이 많은 것'으로 시호를 정한다면, 김종직이 마음을 바르게 하는 학문을 근본으로 삼고 몸소 사도斯道를 떠맡은 공적은 후세에 없어질 것이기 때문에, '도덕이 높고 널리 들어 아는 것'으로 시호를 의논한 것입니다.[34]

이 글에서 이원은 문文이 도덕박문道德博聞의 뜻임을 재확인했다. 박문다견博文多見과 박문다능博聞多能 역시 문이라고 하지만, 이 경우에는 정심지학正心之學을 제창하고 사도斯道[35]를 자신의 임무로 삼은 것이 제대로 드러나지 않기 때문에 도덕박문의 뜻으로 문이라는 시호를 썼다는 것이다. 정심지학과 사도가 김종직이 걸었던 삶의 두드러진 특징이라는 것인데, 이것은 김종직을 도학의 측면에서 파악했다는 의미이다. 그래서 이원은 선비의 습속이 밝지 않은 것은 도학이 행해지지 않았기 때문이고 도학이 행해지지 않은 것은 사도가 전해지지 않았기 때문이라고

34) 『성종실록』. 24년(1493) 1월 9일(을해). "… 若以多見多能名之, 則宗直正心爲本, 身任斯道之功, 泯滅於後, 故以道德博聞議謚."

35) 「점필재선생연보」에 수록되어 있는 이원의 글에는 師道로 되어 있다.

주장했던 것이다. 사도가 행해지지 않았기 때문에 도학이 행해지지 않았고, 나아가 선비의 습속이 밝아지지 않았다는 주장이다. 그런데 김종직이 정심지학, 즉 마음을 바르게 하는 학문을 제창하고 그것으로 후진을 가르쳐 도학을 흥기시키는 것을 자신의 책무로 삼았다는 것은 김종직이 도학의 발전에 결정적인 역할을 했다는 것을 함축한다. 이러한 주장에 대해 의정부에서는 또다시 다음과 같은 반론을 펼쳤다.

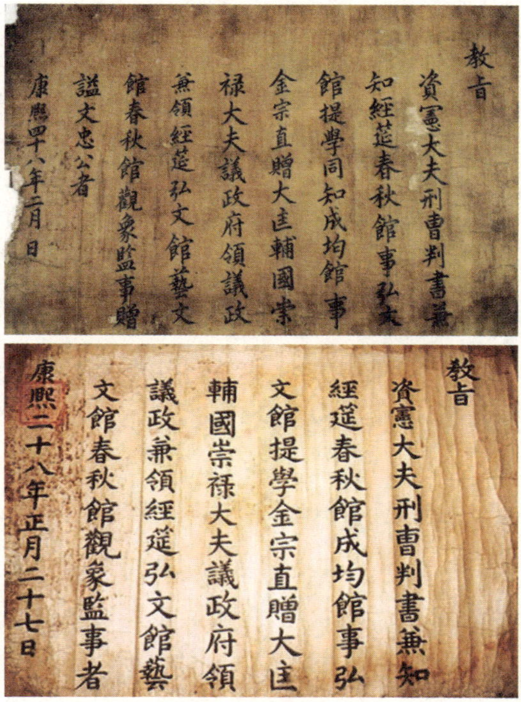
教旨
資憲大夫刑曹判書兼知經筵春秋館事弘文館提學同知成均館事金宗直贈大匡輔國崇祿大夫議政府領議政兼領經筵弘文館藝文館春秋館觀象監事贈謚文忠公者
康熙四十八年二月日

教旨
資憲大夫刑曹判書兼知經筵春秋館成均館事弘文館提學金宗直贈大匡輔國崇祿大夫議政府領議政兼領經筵弘文館藝文館春秋館觀象監事者
康熙二十八年正月二十七日

증시 교지(김종직)

> 신들은 김종직이 불초하다고 여기는 것이 아닙니다. 다만 그 시호를 의논함에 '청렴하되 소견이 좁지 않고 온화하되 시류에 휩쓸리지 않았다.'고 했으며, 또 '덕과 인에 의거했다.'고 했으니, 이는 모두 성인의 일입니다. 또 이원이 올린 글에 '도학이 행해지지 않는 것은 사도가 전해지지 않는 것에 근원한다.'고 했는데, 정자 · 주자 · 장자

같은 사람이 되어야 비로소 도학을 했다고 말할 수 있습니다. 그 외에 사마공 · 소강절 같은 사람도 오히려 도학에 전일할 수 없었는데, 하물며 김종직은 말할 것이 있겠습니까? 또 '마음을 바르게 하는 학문을 처음으로 제창했다.'고 했는데, 마음을 바르게 하는 학문이 과연 김종직에게서 비롯되었습니까? 또 '후진들을 인도하고 도와주었다.'고 했는데, 그가 인도하고 도와준 것은 다만 시문뿐이고, 도학으로 인도하고 도와준 것은 신들이 알지 못하겠습니다.[36]

앞부분은 시호를 내릴 때 이원이 쓴 교시에 대한 반박이며, 뒷부분은 이원이 올린 보고서에 대한 반박이다. 마음을 바르게 하는 학문이 김종직으로부터 비롯된 것이 아니며, 김종직은 후진들에게 시문만을 가르쳤을 뿐 도학을 가르치지 않았다는 것인데, 한마디로 김종직이 도학에 그다지 공헌을 하지 않았다는 주장인 셈이다. 여기에서 확인되는 것은 당시 대신들로 대표되는 훈구 세력은 김종직을 도학과 연계시키는 것을 극구 경계했다는 점이다. 이는 김종직이 마음을 바르게 하는 학문을 제창하고 도학을 흥기시켰다는 이원의 주장과 뚜렷하게 대비된다.

결국 김종직의 시호는 논란 끝에 문간文簡으로 개정되었는데, 그렇다면 그의 학문을 도학으로 규정한 것은 전혀 근거가 없는 것일까? 시호를 문간으로 개정한 이유가 무엇인지 살펴보자.

봉상시에서 김종직의 시호를 고치는 것을 의논하여 아뢰기를, "김종직은 사람됨이 뜻과 행실이 청렴하고 정직하며, 총명함이 남보다 뛰어났습니다. 널리 많은 책을 박람하여 연구하지 않은 것이 없었으

36) 『성종실록』. 24년(1493) 1월 9일(을해).

며, 후진을 가르쳐 선비들이 존경했습니다. 벼슬자리에 있거나 집안에 머물면서 간이함을 힘써 따랐는데, 문장과 정사에 뛰어남을 볼 수 있었습니다. 삼가 시호법을 살펴보건대, '널리 듣고 많이 보는 것'을 문(文)이라 했고, '거경居敬하고 행실이 간략한 것'을 간簡이라 했으며, '덕을 지키고 간사하지 않은 것'을 효孝라고 했고, '깨끗하게 절개를 지키는 것'을 정貞이라 했으니, 시호를 문간文簡이나, 문효文孝나, 문정文貞으로 하게 하소서."하였다. 이에 임금이 영돈녕領敦寧 이상과 의정부에 의논하도록 명령했다. 윤필상 · 정문형 · 이극균은 의논하기를, "지금 시호를 논의한 것을 살펴보니, 문간文簡을 시호로 내리는 것이 마땅합니다."하였다. 이극배 · 노사신 · 윤호 · 허종 · 이철견 · 유지 등은 의논하기를, "시호를 헤아려 보니 합당한 듯합니다."하였다. 이에 윤필상 등의 의논을 따랐다.[37]

김종직의 학식, 문장, 교육, 지조, 덕성 등을 바탕으로 문간이라는 시호를 정한다는 내용이다. "널리 듣고 많이 보는 것(博聞多見)을 문文이라 하고, 거경居敬하고 간략하게 행하는 것(居敬行簡)을 간簡이라 한다"는 원칙에 따라 시호를 문간으로 정했다는 것이다. 문충이라는 시호를 내릴 때와 크게 달라진 것은 염방공정廉方公正의 뜻을 지닌 충이 거경행간居敬行簡이라는 뜻의 간으로 바뀐 것이다. 그러나 이보다 더 중요한 것은 문의 의미가 도덕박문道德博聞에서 박문다견으로 바뀐 것인데, 박문다견博文多見이나 박문다능博聞多能의 뜻을 취할 경우에 김종직의 공적이 제대로 드러나지 않는다는 이원의 뜻과 완전히 배치된다. 이는 김종직의 학식만을 인정하고 도덕적 탁월성을 인정하지 않겠다는 것으로 그를 도학의 발전선상에 위치 지울 수 없다는 훈구 대신들의 강한 의지가

37) 『성종실록』. 24년(1493) 4월 14일(무신).

담겨 있다. 김종직이 많은 제자들을 길러내고 또 그들로부터 존경을 받았다는 사실을 인정하면서도 그가 후학에게 가르친 것은 시문일 뿐 도학이 아니라는 것이 훈구 대신들이 일관된 견해였다. 김종직과 그를 따르는 사림들을 경상도 선배당[38]이라고 지목하여 경계했던 훈구 세력으로서는 김종직에게 도학의 정통성을 부여하려는 사림들의 의도가 당연히 달갑지 않았을 것이다.

그럼에도 김종직은 '지조가 있다', '후진들을 가르쳐 그들로부터 존경을 받았다', '경을 실천했고 행위가 정직했다'는 것 등을 인정받았다. 이 부분만큼은 당시 훈구 대신들도 인정할 수밖에 없는 것이었다. 사헌부 지평 민수복도 "김종직은 정직하고 청렴하며 글을 잘한 사람에 지나지 않는다"면서 김종직에 대한 이원의 평가가 너무 과장됐다고 비판했는데,[39] 역설적으로 그 역시 김종직의 정직, 청렴, 학문을 인정한 셈이다. 김종직이 도학과 연결될 수 있는 고리는 바로 여기서 찾아야 할 것이다.

2) 『소학』 공부와 교육

김종직이 아버지 김숙자의 행적을 기록한 『이준록彝尊錄』은 김종직 자신과 관련된 내용이 다수 포함되어 있을 뿐 아니라 한 학자의 삶과 학문을 바라보는 그의 관점이 담겨있다는 점에서 그의 학문적 경향을 읽어낼 수 있는 자료이다. 『이준록』에 보이는 김종직의 학문 경향을 다음

38) 『성종실록』. 15년(1484) 8월 6일(경신). "宗直, 慶尙道人也. 博文工詞章, 樂於訓誨, 前後受業者, 多登第. 以故慶尙之儒仕于朝者, 推尊爲宗匠, 師譽其弟, 弟譽其師, 過其實. 朝中新進之輩, 亦莫覺其非, 多有從而附者. 時人譏之曰, 慶尙先輩黨."

39) 『성종실록』. 24년(1493) 1월 16일(임오).

과 같이 정리할 수 있다.

첫째는 공부 내용이다. 김종직은 김숙자가 12,13세 때에 길재의 문하에 나아가 공부했다고 하면서, 길재가 이 당시 "쇄소灑掃 · 응대應對의 절차로부터 도무蹈舞 · 영가詠歌에 이르기까지 다 가르치되, 등급을 뛰어넘지 못하게 했다"고 기록했다. 그는 길재와 김숙자 사이에 있었던 교육 내용, 즉 『소학』에 주목을 했다. 김종직은 또 15,16세 때에 김숙자가 경전에 뜻을 독실하게 하여 염락濂洛 · 고정考亭의 학문을 찾아서 위로 공맹의 근원을 거슬러 올라갔다고 기록했다. 그리고 그는 김숙자가 이어서 윤상에게 『주역』을 배웠다는 것과 성균관에서 공부할 때 경술에 뛰어났다는 이야기를 덧붙였다.[40] 김숙자가 『소학』 공부에 이어 정주학에 의거하여 경전 공부를 했음을 알 수 있다.

둘째는 교육 내용이다. 김종직은 김숙자가 후학을 어떻게 가르쳤는지에 대해서 다음과 같이 기록했다.

예림서원 (김종직 주향, 경남 밀양)

40) 金宗直.『佔畢齋集』.「彝尊錄」하. 1b-2b.

> 선공은 남을 가르치는 일에 게을리 하지 않았다. 아무리 우매하고 노둔한 자일지라도 반드시 이모저모 자세히 타일러서 깨닫게 하고야 말았다. 어린아이들을 가르치는 데는 먼저 『소학』을 가르쳐서, 어버이를 사랑하고 어른을 공경하며 스승을 높이고 벗들과 서로 친하게 지내는 데 종사하여 그 근본을 함양하게 한 다음에야 다른 글을 읽도록 허락했다. … 우리들을 가르칠 때에도 학문을 하는 데 등급을 뛰어넘지 못하게 했다. 그래서 처음에는 『동몽수지童蒙須知』, 『유학자설幼學字說』, 『정속편正俗篇』을 가르치고 이것을 모두 암송한 다음에야 『소학』에 들어가게 했다. 그 다음으로는 차례로 『효경』, 『대학』, 『논어』, 『맹자』, 『중용』, 『시경』, 『서경』, 『춘추』, 『주역』, 『예기』를 읽게 하였고, 그런 다음에야 『통감』 및 제사諸史와 백가百家를 마음대로 읽도록 했다.[41]

학생들에게 기초적인 문자 학습을 하게 한 뒤 먼저 『소학』을 가르쳐 인륜을 실천하고 마음을 함양하게 한 다음에 사서와 오경, 그리고 역사서 등을 차례로 읽도록 했다는 내용이다. 역시 두드러진 점은 "먼저 『소학』을 가르쳐서, 어버이를 사랑하고 어른을 공경하며 스승을 높이고 벗들과 서로 친하게 지내는 데 종사하여 그 근본을 함양하게 한 다음에야 다른 글을 읽도록 허락했다."는 것에서 드러나듯이 김숙자가 『소학』 공부와 그 실천을 매우 중요하게 여겼다는 것이다. 김종직 역시 김굉필에게 『소학』 공부를 강조했던 것에서 알 수 있듯이, 후학을 가르칠 때 『소학』을 중시하는 교육 방법을 따랐을 것으로 생각된다. 길재에서 김숙자를 거쳐 김종직-김굉필로 이어지는 『소학』 중시의 전통은 도통의 전승과 관련해서 주목되는 특징 가운데 하나이다.

---

41) 金宗直, 『佔畢齋集』, 「彝尊錄」 하, 15b-16b.

셋째는 의례 공부에 대한 강조이다. 김종직의 기록에 따르면, 김숙자는 누구나 『예기』를 읽지 않아서는 안 된다고 강조했다. 평상시에 상례 · 제례 등의 예법을 강구해 두지 않으면 급한 일을 당함에 미쳐서 아득히 아무 것도 아는 것이 없게 된다는 것이 그 이유였다. 사람들이 불교에 빠지고 무당에게 미혹되어 신종愼終 · 추원追遠의 의리를 잃어버리는 것 역시 평소에 예법을 공부하지 않았기 때문이라고 했다.[42]

넷째는 성리학 공부이다. 김종직은 성균관에서 공부하던 시절에 김숙자로부터 리학을 주제로 글을 지어 보았느냐는 질문을 받고, 완전하게 깨닫지 못해 글짓기가 어렵다고 대답한 적이 있다. 그 후 김종직은 성리학 공부에 매진했고, 결국 무슨 시제試題이든 제술하지 않은 것이 없었다.[43] 훗날 김종직은 "성리의 학문을 공부하여 친구들과 마을에 권유한다면, … 또 한 고을이 감화되어 모두 효제충신의 행실에 힘쓸지 어찌 알리요."[44]라고 하여 성리학 공부를 강조하기도 했다.

이상을 종합해 보면 김종직은 자신의 학문적 계보가 길재에서 부친인 김숙자로부터 이어진 것으로 인식하고 있었음이 확인되는데, 그 학문적 전통에는 다음과 같은 특징이 있다. 첫째, 『소학』을 경전 공부에 앞서 해야 할 기초적이고 필수적인 공부로 여겼다는 것이다. 여기에는 『소학』은 가장 기본적인 인륜이 무엇인지를 알게 하고, 이를 통해 마음의 함양을 가능하게 하는 책이라는 인식이 있었다. 이를 『소학』공부론이라고 할 수 있다. 둘째, 사서 · 오경과 같은 경전 공부

42) 金宗直. 『佔畢齋集』. 「彝尊錄」 하. 17a.
43) 金宗直. 『佔畢齋集』. 「彝尊錄」 하. 17b.
44) 金宗直. 『佔畢齋集』. 「文集」 권1. 「與密陽鄕校諸子書」. 25a.

를 하되 그 공부에는 주돈이 · 이정 · 주희의 학문을 통해 공맹의 근원으로 거슬러 올라간다는 의도가 있었다. 이는 공맹의 도가 정주로 계승된다는 것을 그가 명확하게 인식하고 있었음을 의미하는 것으로 성리학 공부를 강조한 것과 관련이 있다. 셋째, 예의 실천을 위해 예에 대한 공부를 강조했다. 여기에는 여전히 강하게 남아 있던 불교 · 무속과 같은 비유교적 습속을 유교 의례로 전환시키려는 의도가 있었다. 이렇게 보면 길재-김숙자-김종직으로 이어지는 공부의 전통은 사장학에 경도되어 있던 당시의 일반적인 학문 풍토와는 확연하게 구별된다.

3) 도본문말론

김종직의 문장론은 흔히 도문일치론 또는 도본문말론으로 이해된다. 그는 경술과 문장의 관계에 대해 "문장이란 경술에서 나오니 경술은 바로 문장의 뿌리이다. 초목에 비유하자면 뿌리가 없는데 가지가 뻗고 잎이 무성하며 꽃과 열매가 번성한 것이 어디 있겠는가?"라고 했다.[45] 뿌리와 가지 · 잎 · 열매가 어우러져 하나의 나무를 형성하듯이 경술과 문장이 하나라는 측면에서 보면 도문일치론이 된다.[46] 실제로 그는 경술과 문장을 둘로 나누어 서로 관계가 없는 것, 즉 서

45) 金宗直. 『佔畢齋集 · 文集』 권1. 「尹先生祥詩集序」. 46a. "經術之士, 劣於文章, 文章之士, 闇於經術, 世之人有是言也. 以余觀之, 不然. 文章者, 出於經術, 經術, 乃文章之根柢也. 譬之草木焉, 安有無根柢, 而柯葉之條鬯, 華實之穠秀者乎. 詩書六藝, 皆經術也, 詩書六藝之文, 卽其文章也."

46) 정성희. 2009. 『조선 도학의 분수령: 김종직』. 성균관대학교 출판부. 119-127쪽; 정출헌. 2011. 「젊은 제자들이 마음에 그린 점필재의 초상」. 『점필재 김종직과 그의 젊은 제자들』. 지식과 교양. 43-46쪽.

신도비와 비각(김종직, 경남 밀양)

로 도움이 되지 않는 것으로 여기는 견해에 대해 천박한 소견이라고 비판했다.[47] 반면에 문장이 경술에서 나온다고 하여 경술을 뿌리로, 문장을 가지 · 잎 · 꽃 · 열매에 비유하여 이해했다는 측면에서 보자면 경술을 근본, 문장을 말단으로 여긴 도본문말론이 된다.

김종직이 「윤선생상시집서尹先生祥詩集序」를 쓰면서 이와 같은 문장론을 제기했던 의도는 무엇일까? 결론적으로 말하자면, 경술에 조예가 깊으면 문장도 훌륭해진다는 것이 그가 하고 싶었던 말이다. 그는 육경을 열심히 공부하여 "그 이치가 그 문장과 더불어 내 마음에서 융회되면, 그것이 표출되어 언어와 사부詞賦가 되니 스스로 잘 하려고 하지 않아도 좋은 글이 된다. 옛날부터 문장으로 한 시대를 울리고 후세까지

47) 金宗直.『佔畢齋集 · 文集』권1.「尹先生祥詩集序」. 46b. "於是乎, 遂歧經術文章爲二致, 而疑其不相爲用, 嗚呼, 其見亦淺矣."

전한 이들은 이와 같았을 뿐이다."[48]라고 했다. 경술을 제대로 하면 문장은 저절로 이루어진다는 주장이다. 김종직은 그 표본으로 윤상을 꼽았는데, 그의 글은 모두 육경에서 흘러나와 이루어졌기 때문에 흥취가 있다는 것이 그 이유였다.[49] 이 글로 판단하자면 김종직의 문장론은 도본문말론이라고 할 수 있다.[50]

이와 같은 김종직의 문장론은 대표적인 사장파 문장가인 성현의 견해와 확연한 차이를 보인다. 성현은 김종직과 마찬가지로 경술과 문장을 분리해서는 안 된다고 하면서도,[51] 경술과 문장의 구체적인 관계에 대해서는 김종직과 다른 견해를 보였다. 그는 "가지 · 꽃 · 잎이 울창한 후에 뿌리를 덮을 수 있고 서로가 번창할 수 있다"면서, 가지와 잎을 베어 버리고 무성한 나무가 되기를 바라서는 안 된다고 했다.[52] 어떤 이유에서든지 문장을 제한해서는 안 된다는 것으로 문장의 독자적인 영역을 인정하는 견해 또는 문장을 경술보다 우위에 두는 견해이다. 이는

---

48) 金宗直.『佔畢齋集 · 文集』권1.「尹先生祥詩集序」. 46ab. "詩書六藝, 皆經術也. 詩書六藝之文, 卽其文章也. 苟能因其文, 而究其理, 精以察之, 優而游之, 理之與文, 融會於吾之胸中, 則其發而爲言語詞賦, 自不期於工而工矣. 自古, 以文章鳴於時, 而傳後者, 如斯而已."

49) 金宗直.『佔畢齋集 · 文集』권1.「尹先生祥詩集序」. 47a. "乍見若質俚, 而細玩之, 綽有趣味, 皆自六經中流湊而成."

50) 송재소. 2003.「점필재 김종직 문학 연구의 몇 가지 문제」.『대동문화연구』44. 대동문화연구원. 하지만 송재소의 지적대로 같은 도본문말론이라고 해도 문의 가치를 부정하고 도만 추구한 사람도 있었고, 도보다는 문에 힘쓴 사람이 있었고, 도가 근본이긴 하나 문도 그에 못지않게 중요하다고 생각한 사람도 있었다. 그러므로 도문일치론이든 도본문말론이든, 아니면 문이관도론이든 문이재도론이든 명칭에 크게 구애될 필요가 없어 보인다. 중요한 것은 실질적인 내용이기 때문이다.

51) 成俔.『慵齋叢話』권1.『大東野乘』. "經術文章非二致. 六經皆聖人之文章, 而措諸事業者也. 今也爲文者不知本經, 明經者不知爲文, 是則非徒氣習之偏, 而爲之者不盡力也."

52) 成俔.『虛白堂集 · 文集』권13.「文變」. 57a.

김종직의 도본문말론에 대한 반박으로서 그가 「문변文變」을 쓴 것도 김종직의 문장론을 비판하기 위해서였다.[53] 성현은 김종직이 편찬한 『동문수』와 『청구풍아』에 대해 "오직 문장이 변화한 것을 싫어하여 다만 온후한 글만을 취했다"거나 "시가 조금이라도 호방한 것은 버리고 수록하지 않았다"면서 고지식하고 융통성이 없다고 비판하기도 했다.[54] 이렇듯 사장학이 만연하던 학문 풍조 속에서 제시된 김종직의 도본문말론은 문장에서 경술의 지위를 확보하고 도의 중요성을 역설한 도학적 문장론이라는 의미를 갖는다.

『소학』 공부를 강조한 『소학』 공부론과 문장에서 도의 중요성을 강조한 도본문말론은 김종직의 학문이 지닌 주요한 특징이다. 특히 그의 『소학』 공부론은 김굉필 · 정여창의 『소학』 실천론으로 이어져 도학의 기본적인 공부 방법론으로 자리 잡게 된다. 이는 김종직이 부친상 때 3년 동안 여막에 거처하며 예를 다한 것, 『주자가례』에 따라 모친상을 치룬 것, 주돈이를 존경하여 경련당景蓮堂을 지은 것, 『주자가례』 시행을 주장한 것, 향음주례와 향사례를 실시한 것 등과 관련이 있다. 후대 도학자들의 엄격한 기준에서 보자면 김종직은 도학자의 전형이 아니라 뛰어난 문장가에 불과할 수 있다. 하지만 그는 많은 학자들과 문인들을 길러냈고, 그들은 신진 사류로서 세조 정권의 비합법성을 비판하고 훈구 세력에 맞서는 정치 세력으로 성장했다. 이로써 그는 자연스럽게 성종 대의 신진 사류, 즉 사림 세력의 구심점이 되었고, 더 나아가 기묘사림들로부터 자신들의 학문적 근원으로 평가받을 수 있었다. 그러한

---

53) 成俔. 『虛白堂集 · 文集』 권13. 「文變」. 58b. "此嵩善子膠柱固執之見也, 嵩善雖死, 而譊譊者猶未已. 故作文變, 以曉世之學爲文者."

54) 成俔. 『慵齋叢話』 권10. 「大東野乘」.

평가가 가능했던 것은 그가 길재-김숙자로 이어진 학문적 전통을 그의 문도들에게, 멀게는 기묘 사림들에게 전수했기 때문이다.

3. 김굉필의 도학

1)『소학』 실천

김굉필이 도학의 사표로 부각된 것은 중종 12년이었다. 중종 12년 8월 성균관 생원 권전 등이 "도를 자기 임무로 삼아 은연히 멀리 정몽주의 계통을 잇고 깊이 염濂·락洛의 연원을 찾은 사람은 김굉필이 그 사람입니다."라고 하면서 정몽주와 김굉필을 문묘에 종사하자고 주장한 것이 그 시작이다.[55] 이 상소를 계기로 김굉필은 일약 정몽주의 도통을 이은 인물로 부각되었고, 광해군 대에 이르러 오현의 한 사람으로 문묘에 종사되었다. 김굉필에 대한 평가는 "도를 자기의 임무로 삼았다", "성학에 뜻을 독실하게 하고 실천에 힘썼다", "인의·도덕에 뜻을 품었다", "의리의 학문을 열었다", "『소학』에 전념했다", "지경의 공부에 힘썼다", "교육에 힘써 선비들에게 성현의 학문이 있음을 알게 했다" 등 실천에 대한 것이 주조를 이룬다.[56]

김굉필에 대한 이러한 평가들은 그를 문묘에 종사하거나 추숭하기 위한 것이므로 그를 지나치게 미화하는 등 객관성이 결여됐을 가능성

55)『중종실록』. 12년(1517) 8월 7일(경술).

56)『중종실록』. 12년(1517) 8월 7일(경술);『중종실록』. 12년(1517) 8월 8일(신해);『선조실록』. 3년(1570) 5월 9일(병자) 등 참조.

이 없지 않다. 남효온의 평가가 주목되는 것은 이러한 이유에서이다. 남효온은 김종직의 문인일 뿐만 아니라 김굉필과 동갑이므로 김굉필에 대한 그의 기록과 평가는 어느 자료보다 신빙성이 있다. 그는 「사우명행록師友明行錄」과 「냉화冷話」에서 김굉필에 대해 다음과 같이 기록했다.

> 고상한 행실은 비할 데가 없어 평상시에도 반드시 의관을 갖추었고, 본부인 외에는 일찍이 여색을 가까이하지 않았다. 손에서 『소학』을 놓지 않았으며, 밤 10시가 된 뒤에 잠자리에 들고 닭이 울면 일어났다. 사람들이 국가의 일을 물으면, 반드시 말하기를 "『소학』을 읽는 아이가 어찌 큰 의리를 알겠는가." 했다. 일찍이 시를 짓기를, "학문에 종사해도 천기를 알지 못했지만 『소학』의 글 속에서 어제의 잘못을 깨달았네"라고 했다. 점필재 선생이 평하기를 "이것은 곧 성인이 되는 근본 터전이니, 노재魯齋 이후에 어찌 그러한 사람이 없다고 하겠는가." 하였으니, 그를 존중함이 이와 같았다. 나이 30이 된 뒤에 비로소 다른 책을 읽었고, 후진을 가르치는 데에 게을리 하지 않았다. 이현손 · 이장길 · 이적 · 최충성 · 박한공 · 윤신과 같은 사람이 모두 그의 문하에서 나왔으니, 그 무성한 재질과 독실한 행실이 그 스승과 같았다. 나이가 들수록 도가 더욱 높아졌기에, 세상이 만회될 수 없고 도가 행해질 수 없음을 익히 알아 빛을 감추고 자취를 숨겼다. 그러나 사람들이 또한 이러한 것을 알아주었다.[57)]
>
> 김굉필이 『소학』으로 몸을 다스리고 옛 성인을 표준으로 삼아 후학을 불러 차근차근 잘 이끌어가니, 쇄소灑掃의 예禮를 행하고 육예의 학문을 닦는 사람이 앞뒤로 가득했다. 그를 비방하는 논의가 장

57) 南孝溫. 『秋江集』 권7. 「師友名行錄」. 21b-22a.

차 비등하려 하자, 정여창이 그만두도록 권하였으나 김굉필이 듣지 않았다.[58]

남효온의 기록에 따르면 김굉필은 『소학』을 탐독하고 이를 엄격하게 실천했으며, 뛰어난 재질과 독실한 행실을 갖춘 여러 명의 제자들을 길러냈다. 특히 "쇄소灑掃의 예를 행하고 육예의 학문을 닦는 사람이 앞뒤로 가득했다"는 것은 그와 그의 제자들이 가졌던 학문적 지향을 잘 보여준다. 이에 대한 비방이 우려될 정도로 그의 학문과 교육에는 남다른 면모가 있었다.[59] 더욱이 그의 도반, 정여창의 만류에도 불구하고 교육을 포기하지 않은 것은 그의 학문과 실천이 확고한 신념에 근거한 것이었음을 말해준다. 이러한 실천 태도는 "세상이 만회될 수 없고 도가 행해질 수 없음을 익히 알아 빛을 감추고 자취를 숨겼다"고 한 데서 알 수 있듯이 기본적으로 시대에 대한 비판 의식과 맞물려 있었다. 김굉필의 학문과 실천은 한 마디로 제자들과 함께 한 『소학』 공부와 실천이었다.

남효온은 김굉필의 학문과 행적을 도학과 직접적으로 연관 지어 논하지 않았다. 하지만 김종직이 그를 허형에 비견했다는 것은 김종직이 김굉필의 학문을 정주학, 즉 도학의 맥락에서 이해했음을 의미한다. 김굉필의 학문을 분명하게 도학의 맥락에서 파악한 것은 그의 제자인 이적(李績/李勣)이다. 다음은 그가 쓴 김굉필 「행장」의 일부이다.

58) 南孝溫. 『秋江集』 권7. 「冷話」. 19a.

59) 이 대목은 기대승이 쓴 「행장」에도 나오는데, 정여창이 김굉필에게 장차 비방이 일어날 것을 염려해 강학과 수업을 중지할 것을 권유했으나 김굉필이 듣지 않았다고 한다. 정여창은 김굉필의 문인들이 많아짐에 따라 하나의 정치 세력으로 비춰지고, 결국 정치적인 탄압을 받게 될 것을 우려한 것으로 보인다. 金宏弼. 『景賢續錄』 상. 『國譯 景賢錄』. 「行狀」. 146쪽.

김굉필 종택(대구 달성)

우리나라는 기자 때부터 비로소 문자가 있었고, 삼국과 고려를 지나 우리 왕조에 이르기까지 문학은 찬란했으나 도학에 대해서는 들어 본 일이 없었다. 도학을 처음으로 제창한 분은 오직 공 한 사람뿐이다. 일찍부터 글을 잘한다는 명성이 있어 경자년의 사마시에 합격하고 크게 분발하여 문장가에 대한 공부를 힘썼는데, 『소학』을 읽다가 곧 깨닫고 시를 짓기를, "『소학』에서 어제까지의 잘못을 깨달았다." 하니, 점필재가 평하기를 "이 말은 성인이 되는 근기다. 노재 이후에 어찌 사람이 또 없겠는가." 했다. 공은 성현의 취지와 다른 여러 학자의 학설을 배척하고 날마다 『소학』과 『대학』의 글을 읽어 이것을 기본으로 육경을 탐구했으며, 성과 경을 힘써 지켜 존양 · 성찰을 체로 삼고 제가 · 치국 · 평천하를 용으로 삼아 위대한 성인의 경지에 이를 것을 목표로 삼았다. 평상시에 첫닭이 울면 반드시 머리 빗고 세수하고 의관을 정제한 후 가묘에 절한 다음 어머님께 문안드리고, 서재에 나가서 꿇어앉아 있기를 소상塑像처럼 했다. 배우는 사람들을 불러 마음을 다스리는 요령을 강론할 때에는 어린 사람에게

> 는 하학공부를 말해주고 나이 먹은 사람에게는 의리로써 말하여 차근차근 게을리 하지 않았다. 저녁이 되면 어버이에게 잠자리 보아드리기를 예법대로 하고, 밤이 깊도록 학문을 강론했다. 30여 년 동안이나 정밀히 한 공부가 쌓이고 힘써 실천함이 오래니, 학식이 넓으면서도 거칠지 않으며, 정통하면서도 흐르지 않고, 견고하고 독실하여 오히려 미처 실천하지 못할까 두려워했다. … 아아, 공의 학문이 전해지지 않던 학문을 얻어 우뚝 홀로 섰다.[60]

『소학』과 관련된 내용은 남효온의 증언과 일치하며, 이적이 김굉필의 문인이므로 나머지 내용도 큰 오류가 없을 것으로 판단된다. 이 글에서 이적은 김굉필이 도학을 처음 제창한 인물이라고 선언했는데, 이는 그의 학문이 부전지학, 즉 전해지지 않던 학문을 얻었다는 평가와 같은 맥락에서 이해할 수 있다. 이적의 관점에서 보자면, 김굉필의 학문은 단순히 누구에게 배운 것이 아니라 홀로 터득한 것이었다. 이러한 평가가 가능했던 이유는 무엇일까? 위 인용문을 분석해 보면 김굉필의 학문과 실천에는 몇 가지 특징이 있다. 첫째, 『소학』 공부를 학문의 근본으로 여겼다. 둘째, 『소학』·『대학』을 기준으로 육경을 공부했다. 셋째, 성誠·경敬으로 존양·성찰하고, 나아가 제가·치국·평천하를 함으로써 위대한 성인의 경지에 이르는 것을 삶의 목표로 설정했다. 넷째, 아침에 일어나서 밤에 잠들 때까지 매우 절제되고 엄격한 실천을 했다. 다섯째, 제자들에게 마음을 다스리는 공부를 가르치되 아이들에게는 하학 공부를 어른들에게는 의리 공부를 가르쳤다.

60) 金宏弼, 『景賢錄』 상, 『國譯 景賢錄』, 「行狀」, 26-30쪽.

이렇듯 김굉필의 학문과 실천의 주요 내용은 『소학』 중시, 경전을 통한 궁리 공부, 성 · 경에 의거한 마음공부(존양 · 성찰), 수기는 물론 안인 · 치인을 자신의 임무로 삼는 유교적 실천 정신, 일상에서의 엄격한 『소학』 실천, 그리고 하학과 의리의 교육 등으로 정리된다. 이러한 것들이 김굉필의 학문과 실천을 구성하는 내용들인데, 역시 일상생활에서 『소학』을 엄격하게 실천한 것이 그 핵심이다. 도학의 일상적인 실천, 다시 말해 도학 실천을 일상에서 생활화한 것이야 말로 김굉필 도학의 두드러진 특징이다.

2) 계신 · 공구와 성誠 · 경敬의 실천

김굉필은 다섯 살 연하인 반우형潘佑亨이 찾아와 제자의 예를 다하고 돌아갈 때 섭섭한 마음을 달래기 위해 수기修己와 접물接物의 방법에 관한 글을 써 주었다. 그것이 곧 「한빙계寒氷戒」이다. 이 글은 정심솔성正心率性 · 정관위좌正冠危坐 · 통절구습痛絶舊習 · 질욕징분窒慾懲忿 · 지명돈인知命敦仁 · 안빈수분安貧守分 · 독서궁리讀書窮理 · 주일불이主一不二 · 지경존성持敬存誠 등 모두 18조목으로 되어 있다.[61] 조목의 제목에서 알 수 있듯이 「한빙계」는 한마디로 도학자들에게 요구되는 도학적 실천의 지침이라고 할 만한데, 비록 제자에게 준 글이지만 김굉필 스스로도 경계하고자 하는 뜻이 담겨 있었다.[62]

---

61) 이 이외에 동정유상動靜有常 · 심척선불深斥仙佛 · 거사종검去奢從儉 · 일신공부日新工夫 · 불망언不妄言 · 극념극근克念克勤 · 지언知言 · 지기知幾 · 신종여시愼終如始가 있다.

62) 金宏弼. 『景賢附錄』 상. 『國譯 景賢錄』. 「寒氷戒」. 387쪽. "故薄言旋歸, 我心悠悠, 手書修己接物之方若干條, 名之曰寒氷戒, 贈其行, 而亦自驚焉."

김굉필이 이 글을 쓴 목적은 반우형의 기록에 잘 나타나 있다.

> 선생이 손수 「한빙계」 18조목을 써 주시면서 이르시길, "옛 사람의 말에 청색이 쪽에서 나왔음에도 쪽보다 푸르고, 얼음이 물에서 나왔음에도 물보다 차다고 한 것은 제자가 스승보다 나은 것을 칭찬한 말이다. 너의 재주와 덕으로써 비록 학문을 늦게 시작했다고 하나 어찌 나에게 『소학』을 배우는 데서 그치겠는가. 그러므로 청색과 얼음이라고 하지 않고 특별히 「한빙계」라고 한 것은 그 공부가 나보다 훨씬 높기를 바라는 동시에 얇은 얼음을 밟듯이 하라는 뜻으로 경계하기 위함이다. 『소학』에 이르지 않았는가. 증자가 '깊은 연못을 마주한 듯이 하고 얇은 얼음을 밟듯이 하라'고 한 것은 계신 · 공구의 지극한 것으로 실로 『소학』 공부의 대강령이 되니, 인의예지 · 효제충신 · 생각에 사특함이 없는 것 · 경하지 않음이 없는 것 · 경이 태만을 이기는 것 · 구사九思 · 구용九容 · 쇄소응대 · 스승을 높이고 벗과 친하게 지내는 도가 모두 말미암는 문호이다. 만일 계신 · 공구의 정성誠이 깊지 않으면 경전을 배우는 것이 한갓 겉치레일 뿐 실질적인 공부가 되지 못한다. 내가 『소학』을 읽은 이래로 전전긍긍하는 마음을 깊이 가져서, 일을 따라 행하여 보니 이 마음이 언제나 가슴 속에 존재하여, 사지에 퍼지고 사업상에 표현되는 것을 스스로 믿게 되었다. 그러므로 이 「한빙계」의 여러 조목은 내가 진심으로 너에게 주는 것이니, 혹시라도 틈이 있으면 지금 세상에 화를 면하기 어려우니 경계하지 않을 수 있겠는가."라고 했다.[63]

이렇듯 김굉필은 만학의 제자에게 학문에 더욱 정진할 것을 촉구하면서 항상 계신 · 공구의 자세를 가져야 함을 강조했다. 계신 · 공구

63) 金宏弼. 『景賢附錄』 상. 『國譯 景賢錄』. 「題寒氷戒後」. 420-421쪽.

는 글자 그대로 경계하고 삼가며 두려워하고 조심한다는 뜻이다.[64] 계신 · 공구의 전형적인 예로 김굉필은 증자가 인용한 『시경』의 "전전긍긍하기를 깊은 연못을 마주한 듯이 얇은 얼음을 밟듯이 하라"는 구절을 들었다.[65] 혹시 깊은 연못에 빠지지나 않을까, 발밑의 얼음이 깨지지나 않을까 전전긍긍하는 마음이 곧 계신 · 공구하는 마음이라는 것이다. 그런데 김굉필은 증자가 '깊은 연못을 마주한 듯이 하고 얇은 얼음을 밟듯이 하라'고 한 것이 계신 · 공구의 지극한 것으로 『소학』 공부의 대강령이 된다고 했다. 그에 따르면, 인의예지 · 효제충신을 비롯한 온갖 올바른 실천은 계신 · 공구하는 마음에서 나오며, 계신 · 공구의 마음이 깊지 않으면 경전 공부 역시 한낱 겉치레에 불과할 뿐 실질적인 효과를 얻을 수 없다.

이처럼 김굉필의 『소학』 해석에서 두드러진 것은 계신 · 공구를 『소학』 공부의 핵심으로 파악했다는 점이다. 그가 『소학』 실천에 철저했다는 것은 곧 계신 · 공구에 힘썼다는 것이고, 이는 그가 자기 규율에 철저했음을 의미한다. 실제로 계신 · 공구에 대한 강조는 「한빙계」 본문에서도 반복적으로 등장한다. '동정유상動靜有常'에서 "학자는 당연히 정靜을 위주로 하여 망동하지 말아야 한다"고 한 것, '불망언不妄言'에서 말이 화근이 되므로 함부로 말하지 말라고 한 것, '신종여시愼終如始'에서 "진실로 마지막도 시작할 때처럼 삼간다면 어찌 성현의 지위에 이르지 못할 것을 걱정하겠는가" 라고 한 것 등이 그 예이다. 계신 · 공구

64) 『中庸』. 1장. "君子戒愼乎其所不睹, 恐懼乎其所不聞."

65) 이 구절은 『小學』. 「稽古」에 나오는데, 이는 『論語』. 「泰伯」에서 인용한 것이다. "曾子有疾, 召門弟子曰, 啓予足, 啓予手. 詩云, 戰戰兢兢, 如臨深淵, 如履薄氷. 而今而後, 吾知免夫, 小子."

야말로 「한빙계」를 관통하고 있는 기본 정신인 셈이다.

「한빙계」에서 또 강조되고 있는 것은 성誠과 경敬의 실천이다. 경에 대한 김굉필의 생각이 잘 드러나는 것은 '주일불이主一不二'인데, 이 글에서 김굉필은 주희의 「경재잠」의 전문을 인용한 후 경을 주일主一로 규정했다. 주일이란 주일불이 · 주일무적이라는 말에서 보듯이 하나에 집중한다는 뜻으로 몸과 마음에 한 치의 흐트러짐도 없는, 일종의 정신 집중의 상태 또는 도덕적 긴장 상태를 말한다. 성은 만물을 낳는 것을 본질로 하는 하늘의 운행, 즉 천도를 개념화 한 것으로 인간의 도덕적 실천의 가치적 원천이기도 하다.[66] 하늘의 성誠이 도덕적으로 완전무결한 순수 상태라면 인간의 실천 덕목으로서의 성은 하늘의 성에 끝임 없이 다가간다는 노력의 의미가 함축되어 있다. 그것이 성지誠之이고 성의誠意이다. 끊임없이 사적인 욕구를 배제하고 도덕적 순수성을 확보하려는 것이 성인 셈인데,[67] 이런 측면에서 성은 경과 본질적으로 다르지 않다.[68] 그래서 그는 '지경존성持敬存誠'에서 경敬과 성誠에 대해 '마음의 신묘함을 밝게 하는 방법' 또는 '수신 · 제가 · 치국 · 평천하의 핵심'이라고 하여 성 · 경의 실천을 역설했다.[69]

성과 경은 사적인 욕구로부터 도덕적인 본성 또는 도덕적인 마음을 보호한다는 점에서 계신 · 공구와 별개의 것이 아니다. 김굉필은 "그대는

---

66) 『中庸』. 20장. "誠者, 天之道也, 誠之者, 人之道也."

67) 『中庸』. 20장. "誠者, 不勉而中, 不思而得, 從容中道, 聖人也. 誠之者, 擇善而固執之者也."

68) 김굉필은 성과 경의 관계에 대해서 "誠意正心之要, 有二, 崇敬畏, 戒逸欲."이라고 했다. 金宏弼. 『景賢附錄』 상. 『國譯 景賢錄』. 「寒氷戒」. '持敬存誠'. 406쪽.

69) 金宏弼. 『景賢附錄』 상. 『國譯 景賢錄』. 「寒氷戒」. '持敬存誠'. 405-407쪽. "曰敬曰誠, 皆所以明此心之妙也. 於仁義禮智, 無不敬, 於孝悌忠信, 無不成, 誠敬, 卽修身齊家治國平天下之要也."

삼갈지어다. 말을 조심스럽게 하는 도는 성·경에 있다. 그러므로 말하기를 '성과 경은 말을 함부로 하지 않는 것에서 시작된다'고 하였다."고 했다.[70] 성·경은 계신·공구에서 시작되는 것이자 계신·공구를 관통하는 구체적인 내용인 셈이다. 그는 또 '정관위좌正冠危坐'에서 "눈길을 존엄하게 하라거나 앉기를 시동처럼 하라는 것은 모두 경을 말하는 것"이라면서, 방자하고 태만하지 말라고 경계했다. 또 "위엄 있는 자세를 잃는 것은 학문하는 데에 큰 병통이니, 경하고 경하라."고도 했다.[71] 계신·공구와 성·경이 본질적으로 다른 것이 아님을 알 수 있다.

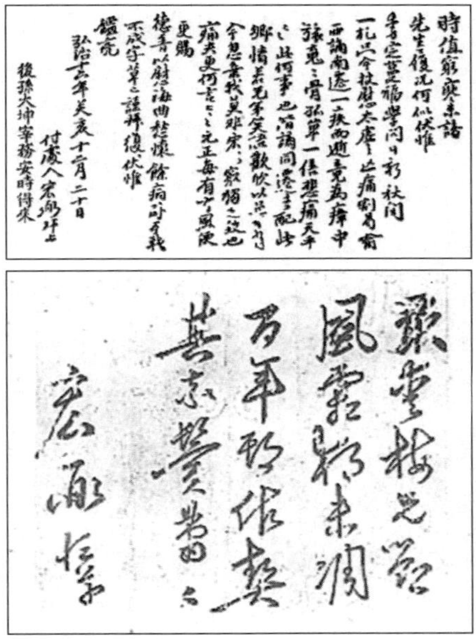

서찰(김굉필)

김굉필이 「한빙계」에서 강조한 것은 계신·공구와 성·경의 실천이다. 이것은 기본적으로 자신의 인격적 완성을 위한 위기지학으로서 도학의 수기修己적 실천 또는 수신修身적 실천에 해당한다. 물론 김굉필은 그 실천이 개인의 도덕적 완성에서 끝난다고 생각하지 않았다. 그 역

70) 金宏弼.『景賢附錄』상.『國譯 景賢錄』.「寒氷戒」.'不妄言'. 398-399쪽. "子其愼之哉. 謹言之道, 在乎誠敬. 故曰, 誠敬, 自不妄語始."

71) 金宏弼.『景賢附錄』상.『國譯 景賢錄』.「寒氷戒」.'正冠危坐'. 390-391쪽.

시 인격의 함양이 정치적 실천, 즉 제가 · 치국 · 평천하로 이어져야 비로소 성인의 경지에 이를 수 있다는 수기 · 치인의 실천론을 견지하고 있었다.[72] 이는 그가 『대학』의 팔조목을 성인이 서로 전한 심법으로 파악한 데서도 확인된다.

김굉필은 팔조목을 좌우에 써 두고 『소학』의 「가언嘉言」과 「선행善行」을 참고하여 밤으로 외고 낮으로 보면서 끊임없이 노력하여 이욕의 근원을 끊으라고 했다.[73] 이렇듯 『대학』의 8조목과 『소학』을 연계시켜 공부와 실천의 방법론을 제시했을 만큼, 『소학』은 그의 공부론 내지 실천론에서 중요한 의미를 갖는다. 이는 성 · 경에 기반을 둔 그의 수기적 실천이 『소학』 실천과 표리 관계를 이룬다는 것을 의미한다. 김굉필의 도학은 일상에서 『소학』을 실천하는 것이고, 그것은 곧 성 · 경의 실천이고 수기의 실천이었다.[74] 하지만 앞에서 본 것처럼 그의 『소학』 실천은 단순히 수기적 실천에서 머물지 않고, 그것을 바탕으로 제가 · 치국 · 평천하를 실현하여 성인이 되려는 목적을 지니고 있었다. 이런 측면에서 그가 성학에 깊이 마음을 두었다거나 오로지 성학에 뜻을 두었다고 한 평가는 적절해 보인다.[75]

이와 관련해서 주목되는 것은 그의 출처관인데, 이는 김종직과의 관

72) 이적은 김굉필에 대해 "성과 경에 힘써 지켜 존양 · 성찰을 체로 삼고 제가 · 치국 · 평천하를 용으로 삼아 위대한 성인의 경계에 이를 것을 목표로 삼았다."고 했다. 金宏弼. 『景賢錄』 상. 『國譯 景賢錄』. 「行狀」. 26쪽. "力持誠敬, 以存養省察爲體, 齊治平爲用, 期至大聖閫域."

73) 金宏弼. 『景賢附錄』 상. 『國譯 景賢錄』. 「寒氷戒」. '持敬存誠'. 405-407쪽.

74) 윤사순은 김굉필에 대해 "소학에 의거하여 수기적 의리의 실천에 모범을 보인 선비"라고 했다. 윤사순. 1986. 「사림파의 선비정신」. 『한국유학사상론』. 열음사. 50쪽.

75) 『중종실록』. 13년(1518) 4월 28일(정유).

계에서 잘 드러난다. 김종직이 성종 13년(1482) 3월 홍문관 응교로 제수되었을 때 김굉필은 나라를 다스리겠다는 것은 너무 성급한 생각이라며 나라의 병폐를 지적하고 출사를 만류했던 것으로 보인다.[76] 더욱이 김종직이 이조참판이라는 고위직에 있으면서 제 역할을 하지 못한다고 비판했고 그 결과 두 사람 사이가 소원해진 점을 감안하면,[77] 김굉필이 단순히 『소학』의 일상적인 실천에 자족한 것이 아니라 그것의 정치적 구현, 즉 치국 · 평천하에 깊은 관심을 가졌고, 이에 따라 출처의리를 분명히 했다고 보아야 할 것이다. 훈구 세력에 대한 비판 의식은 김종직 문하의 사림들이 가졌던 주요한 특성 가운데 하나이다. 예를 들어 이심원은 임사홍 등 세조 대의 훈신들을 등용하지 말도록 건의했고,[78] 남효온은 소능의 복위를 주장하고 「육신전六臣傳」을 지었다.[79] 홍유손은 김굉필과 마찬가지로 김종직의 타협적인 자세를 비판했으며,

76) 이때 김굉필의 시 다섯 수를 보내오자 김종직은 이에 화답하는 시 다섯 수를 보냈다. 다음은 첫 수와 다섯 번째 수이다. "그대는 나라 다스리는 것을 성급한 생각이라고 하는데(君言醫國太早計)/우리의 도는 예로부터 굴곡이 심하다오(吾道從來骪骳難)." "큰일을 내가 어떻게 감히 담당하리오(大事吾何敢擔當)/고질병에는 예로부터 좋은 처방이 없다네(膏肓從古少良方)/어전에서 임금의 고문에 장차 대비하자면(細氈顧問如將備)/그대의 시 다섯 장을 외워야 하리(要取君詩誦五章)." 金宗直. 『佔畢齋集 · 文集』. 「年譜」. 16b-17a. 이에 대해서는 이종범. 2011. 「점필재 김종직의 내면세계와 초기사림파」. 『점필재 김종직과 그의 젊은 제자들』. 지식과 교양 참조.

77) 南孝溫. 『秋江集』 권7. 「師友名行錄」. 21b-22a. 남효온에 의하면, 김종직이 성종 17년에 이조참판이 되었으나 국사를 건의하는 일이 없자, 김굉필이 그를 책망하는 시를 지어 올렸고 이에 김종직이 화답함으로써 두 사람이 갈라지게 되었다. 이황은 그 뜻이 다소 모호한 이 두 시를 명쾌하게 해석한 바 있는데, 다만 그는 그들의 결별 이유에 대해 김종직이 시문을 제일 중요한 것으로 여겨 도학에 뜻을 두지 않았고, 이를 김굉필이 책망했기 때문이라고 했다. 金宏弼. 『景賢錄』 하. 『國譯 景賢錄』. 「答李剛而書別紙」. 88-91쪽

78) 『성종실록』. 9년(1478) 4월 8일(기해).

79) 『성종실록』. 9년(1478) 4월 15일(병오).

남효온은 그러한 사실을 기록으로 남겼다.[80] 김일손 · 권오복 등은 김종직의 「조의제문」을 사초에 기록했다. 이처럼 김종직의 문인들을 중심으로 한 신진 사림들은 삶의 방식과 이념적인 지향에서 꼭 일치하지는 않았지만, 훈구 세력을 극복하고 낡은 정치를 개혁하고자 하는 공감대를 가지고 있었다. 훈구 세력이 김종직과 그를 따르는 사림들을 경상도 선배당이라고 하여 경계의 눈초리를 보냈고,[81] 마침내 사화를 일으켜 그들을 제거했던 데는 이러한 이유가 있었다.

4. 정여창의 도학사상

1) 성정발현론

『조선왕조실록』에 정여창의 이름이 처음 보이는 것은 주계부정 이심원李深源이 성종 9년(1478년)에 한 상소에서이다. 김종직의 문인이기도 한 이심원은 이 상소에서 정여창을 정극인 · 강응정과 더불어 성현의 무리라고 하여 높게 평가했다.[82] 반면에 임사홍은 남효온 · 강응정 · 정여창 · 박연 등이 무리를 만들어 강응정을 추숭하여 공자라고 하고 박연을 안연이라고 하며, 항상 『소학』의 도를 행한다고 이름 하여 서로

---

80) 南孝溫. 『秋江集』 권7. 「師友名行錄」. 25b. 홍유손 역시 김종직에게 "선생님께서 시사를 건의하시지 않으니, 어지 헛되이 남의 작록을 취하는 일을 하십니까? … 둥글게 행하고 모남을 싫어하는 것이 노자이고 홀로만 행하고 남을 돌보지 않는 것이 부처입니다."라고 하여 김종직이 그를 대단히 미워했다고 한다.

81) 『성종실록』. 15년(1484) 8월 6일(경신).

82) 『성종실록』. 9년(1478) 4월 8일(기해). "以臣耳目所記, 尙有數三, 居咸陽縣曰鄭汝昌, 居泰仁縣曰丁克仁, 居恩津縣曰姜應貞, 皆聖賢之徒也."

이론異論을 숭상한다고 비난했다.[83] 이심원에게 배척 대상으로 지목되었던 임사홍의 말을 곧이곧대로 받아들일 수는 없으나, 정여창을 비롯해 김종직의 일부 문인들이 가깝게 지내며 『소학』의 실천을 중시했다는 정황만큼은 충분히 짐작할 수 있다.

그 다음 정여창에 대해 믿을 만한 정보를 제공해 주는 자료는 그의 나이 41세 때인 성종 21년에 조효동趙孝仝이 올린 상소문이다. 이 상소에서 조효동은 정여창을 천거하면서 그가 매우 효성이 지극하고 행실이 바르다는 것을 반복해서 강조했다. 이를테면 17세 때에 이시애의 난으로 죽은 아버지의 시신을 함길도에서 거두어 와서 정성으로 장례를 치른 일이나 정성껏 봉양하던 어머니가 돌아가시자 애통해 하며 예법에 따라 장례를 치른 일과 같은 것이다. 조효동은 또 정여창이 "글을 읽으면 반드시 힘써 행하며 실천하는 것을 위주로 하여 구구하게 과거 공부를 하지 않아, 나이가 거의 40인데도 홀로 성세聖世의 일민逸民이 되었다"고도 했다.[84] 정여창이 지극한 효자로서 실천에 돈독했다는 것인데, 이를 『소학』의 실천이라는 맥락에서 이해할 수 있을 것이다. 이와 같은 내용은 남효온의 기록과 일치한다.[85]

정여창과 김굉필은 그 관계가 지동도합志同道合으로 평가되듯이 매우 절친했을 뿐만 아니라 이념적 지향과 학문 경향에서 같은 길을 걸었다. 그들은 만날 때마다 도의를 연마하고 고금의 일을 토론하여 혹 밤

---

83) 『성종실록』. 9년(1478) 4월 15일(병오).
84) 『성종실록』. 21년(1490) 7월 26일(병자).
85) 南孝溫. 『秋江集』 권7. 「師友名行錄」. 23a.

을 새우기까지 했다.[86] 남곤은 둘의 관계에 대해 "같은 때에 태어나서 서로 갈고 닦아 정진했으니 마치 주희와 장식張栻의 관계와 같다"고 한 바 있다.[87] 임보신任輔臣은 "김굉필과 정여창의 행실은 『소학』으로 자신을 규율하여 삶의 방식이 실로 남효온과는 달랐다"면서 둘의 우정을 지란지교에 비유하기도 했다.[88] 실제로 이 두 사람이 함께 추숭되고 함께 문묘에 종사됐던 것은 그들의 학문과 실천이 그만큼 비슷했다는 방증이다.

정여창에게서 발견되는 두드러진 점 가운데 하나는 성정발현론性情發現論이라고 하는 그의 문학관이다. 시, 나아가 문학에 대한 그의 견해를 알 수 있는 자료는 역시 남효온의 기록이다.

> 정여창은 주周·정程·장張·주朱의 견해가 있고 오경을 깊이 통달했으나 유독 시를 전공하는 선비를 취하지 않았으며, "시는 성정의 발현이니, 어찌 번거롭게 억지로 공부한단 말인가."라고 했다. 그의 뜻은 비록 시를 짓지 않더라도 덕이 갖추어지고 경서에 통하면 또한 무엇이 문제가 되겠느냐는 것이다. 도무지 이와 같다면 썩은 선비의 소견과 다를 것이 없다. … 시의 공효도 사람에게 있어 또한 그러하여 사람의 마음을 맑게 하고, 회포를 비우게 하고, 사특한 마음이 없게 하고, 호연지기를 기르게 한다. 온갖 형태를 포괄하여 천지 사이에 가득 넘치는 것은 옛사람처럼 자연스러운 경지에 이를 수 없더라

---

86) 金宏弼. 『景賢附錄』 상. 『國譯 景賢錄』. 「事實」. 20쪽. "與咸陽鄭一蠹汝昌, 志同道合, 特相友善, 每相遇, 與之講磨道義, 商確古今, 或至達曙."

87) 『중종실록』. 12년 8월 20일(계해). "儒臣鄭汝昌, 與宏弼生於一時, 相爲切磋之益, 如考亭之於南軒也. 今旣獎宏弼, 而不及於汝昌, 則恐爲闕典."

88) 鄭汝昌. 『一蠹集·遺集』 권3. 「讚述」. 33a; 金宏弼. 『景賢續錄補遺』 상. 『國譯 景賢錄』. 「敍述」. 251쪽. "二公操履, 以小學自律, 其所造, 實如秋江異. 然交契相厚, 眞所謂芝蘭同臭也."

도 시는 반드시 애써 생각하고 공부를 쌓은 뒤라야 그 만분의 일에라도 가까워질 수 있는 것이다. … 정여창이 시를 이단으로 여긴다면, 주돈이와 소옹을 이단시하고 주희를 이단시 한다는 것인가. 점필재 김 선생이 "시는 성정을 도야한다."고 했으니, 나는 스승의 설을 따른다.[89]

"시는 성정의 발현이니, 어찌 번거롭게 억지로 공부한단 말인가."라는 정여창의 말은 다음 두 가지를 함축한다. 첫째, 시는 성정의 자연스러운 표현이므로 시를 지을 때 작위성을 배제해야 한다. 시의 기교나 형식적 화려함이 시의 본질이 아니므로 좋은 시를 쓰기 위해 인위적인 노력을 할 필요가 없다는 뜻이다. 둘째, 시는 성정의 발현이므로 좋은 시를 쓰기 위해서는 먼저 좋은 성정이 전제되어야 한다. 성정을 갈고닦는 공부를 하게 되면 자연스럽게 좋은 시를 쓸 수 있다는 의미이다. 남효온의 말에 따르면, 정여창은 덕이 갖추어지고 경서에 통하면 시를 짓지 않더라도 문제가 되지 않는다고 여겼다. 하지만 그 역시 시를 지은 것으로 보아, 시를 억지로 공부할 필요가 없다는 것은 글자그대로 시문에 매몰된 사장학적 학문 풍토에 대한 비판이었지 시 무용론으로 확대해석할 필요는 없어 보인다. 그럼에도 시에 대한 정여창의 생각은 "시가 성정을 도야한다."고 본 김종직 · 남효온이나 "사장이 도학에 배치되는 것은 아니다."[90]라고 했던 김일손과는 명확히 다르다. 이는 김종직 및 문장에 뛰어났던 제자들과 도학에 밝았던 제자들, 즉 정여창 · 김

89) 南孝溫.『秋江集』권7.「冷話」. 20b-21b.

90) 金馹孫.『濯纓集』권1.「題權睡軒關東錄後」. 20b. "若夫詞章, 特末矣. 然有道者必有言, 言之精而有以感發乎人者爲詩, 則詞章, 亦非與道背馳者也."

굉필을 구분 짓는 구분점이기도 하다.[91]

김종직은 사장학의 필요성을 인정하면서도 경학을 문장의 뿌리로 여긴 도본문말론 내지 도문일치론을 주장하여 사장을 중시했던 사장파와는 견해를 달리 했다. 경학과 문장의 관계에 대한 그의 견해는 사장에 경도된 학문 풍토를 비판하고 경학의 중요성을 강조했다는 의미를 갖는다. 그럼에도 김종직의 학문에 대한 평가는 시문을 주로 했다는 것이 지배적이었다. 이황은 그에 대해 학문하는 사람이 아니어서 평생 힘쓴 것이 문장의 화려함일 뿐이라고 평가절하 하기도 했다.[92] 또 "다만 시문을 가장 중요한 것으로 생각하였고 일찍이 도학에는 뜻을 둔 적이 없었다"고도 했다.[93] 그가 이러한 평가를 받게 된 것은 문장을 작은 기예라고 보면서도, "성정을 다스리고 풍교風敎를 이루어 당세를 울리고 무궁토록 전하는 것은 실로 시부詩賦

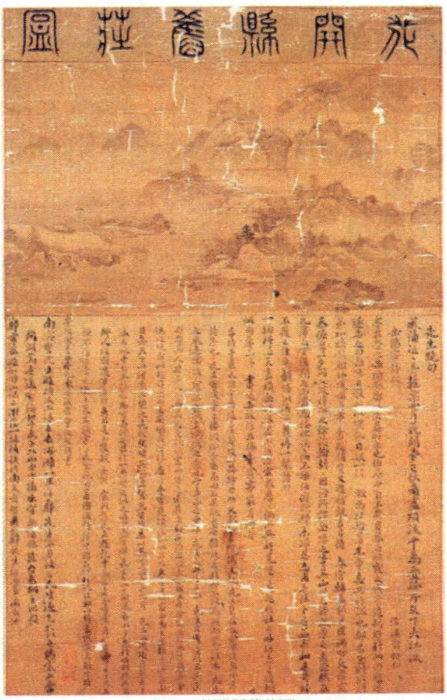

「화개현구장도花開縣舊莊圖」(정여창)

91) 정우락은 정여창의 문학관을 남효온의 성정도야론性情陶冶論과 대비하여 성정발현론으로 규정하고, 그것이 강우학파, 즉 남명학파로 계승된다고 파악했다. 정우락. 2004. 「일두 정여창의 문학사상의 양상과 의의」. 『일두 정여창의 학문과 사상』. 남계서원.

92) 李滉. 『退溪先生言行錄』 권5. 『增補 退溪全書』 4. 「論人物」. 5a.

93) 金宏弼. 『景賢錄』 하. 『國譯 景賢錄』. 「答李剛而書別紙」. 88-90쪽.

덕분이다."[94]라는 언급에서 보듯이 시부가 성정 도야의 기능을 갖는다는 견해를 가졌기 때문이다. 이처럼 김종직은 경술을 근본적인 것으로 보면서도 문장 또는 시부의 중요성을 가볍게 여기지 않았는데, 이러한 견해는 권근의 견해와 유사하다.

권근은 시와 문장이 유학자의 말기末技라고 보면서도 인재의 성쇠에 관계되므로 폐지할 수 없다고 여겼다.[95] 경학 · 도덕이 근본이긴 하지만 문장 · 사장이 필요하다는 것인데, 이는 여말 선초의 주자학자들이 일반적으로 가졌던 생각이었다. 세종 18년(1436)에는 성균 생원 김일자 등이 "공자와 맹자의 도학이 우리나라에 실행된 것은 이제현 · 이색 · 권근의 공"이라면서 이 세 사람을 문묘에 종사하자고 주장했다.[96] 이 주장에 따르면, 이제현 · 이색 · 권근은 우리나라 도학의 발전에 큰 공을 세운 사람으로 성명의 이치를 열거나 성리의 학문 또는 정주의 학문을 크게 일어나게 했다는 공통점이 있다. 여기서 주목할 만 한 점은 도학이 사장학과 배타적이지 않았다는 것이다. 이 상소에서 이제현은 도덕과 문장을 함께 갖춘 사람이고, 이색은 사장에만 힘쓰던 습성을 버리고 성명의 근원을 궁구하게 한 사람이며, 권근은 정주의 학문과 자유 · 자

94) 金宗直. 『佔畢齋集 · 文集』 권1. 「永嘉連魁集序」. 38a. "文章, 小技也, 而詩賦, 尤文章之靡者也. 然而理性情, 達風敎, 鳴于當世, 而傳之無窮, 詩賦實有賴焉."

95) 권근은 이와 관련해 다음과 같이 말했다. "시와 문장으로 唱和하는 것은 유자의 末技이기는 하나, 또한 인재의 성쇠에 관계되므로 이를 편벽되게 폐할 수 없습니다. 또 성정을 吟詠하면 감발하여 흥기하는 바가 있으니 예전에 冑子를 典樂이 詠歌로써 가르치던 뜻입니다. … 지금은 모두 혁파하고 오로지 經術만을 힘써서, 끝은 버리고 근본으로 향하니 아름다운 법이라 하겠습니다. 그러나 지금 유자가 비록 經書에 통했다고 하더라도 문장에 뛰어난 재주가 적고, 詩道에 있어서도 크게 잘하지 못하니 대개 두 가지를 다 잃어버린 것입니다." 『태종실록』, 7년 3월 24일(무인).

96) 『세종실록』. 18년(1436) 5월 12일(정축).

하의 문장을 갖춘 사람으로 평가되었다. 이 세 사람은 부문浮文 · 사화詞華에 매몰된 학문 풍토를 비판하는 한편 도학의 중요성을 강조하고 도학의 영역을 확보했다는 점에서 높은 평가를 받았던 것이지 사장의 폐지를 의도한 것은 아니었다.[97]

김종직이 도학자로서 시문에 뛰어났다는 것은 이와 같은 맥락에서 이해할 수 있다. 실제로 성종 시대만 하더라도 유생들이 헛된 문장만을 일삼고 경학에 힘쓰지 않는 풍조가 강했고,[98] 그 결과 성균관의 유생들이 『논어』 · 『맹자』를 제대로 알지 못할 정도였다.[99] 이러한 상황에서 김종직이 경술의 중요성을 강조한 것은 도학사적 맥락에서 의미가 크다. 하지만 경학과 문장의 관계에 대한 그의 생각이 이제현 · 이색 · 권근의 것과 본질적으로 다르다고 보기는 어렵다. 반면에 시는 성정의 발현이므로 시를 억지로 공부할 필요가 없다고 한 정여창의 문학

97) 이제현이 "어느 누가 진유를 배반하고 석가를 따를 것이며 실학을 버리고 장구를 학습하겠습니까? 앞으로 자질구레한 글귀나 다듬는 무리들(雕蟲篆刻之徒)이 모두 경전에 밝고 행실이 닦여진 선비(經明行修之士)로 변하게 될 것"(李齊賢. 『櫟翁稗說』. 「前集」 1. 13b)이라고 했던 것 역시 지나치게 수사적인 기교나 문장의 화려함만을 추구하는 극단적인 사장학에 대한 비판으로 보아야 할 것이다. 이에 대해 이민홍은 "문장이 기교에 흘러 실질이 약화된 만당의 四六文이나 송초의 西崑體 등이 문장의 형식미에 치중된 창작 경향에 대한 저항의 한 표현이었다"고 했다.(이민홍. 2000. 『증보 사림파문학의 연구』. 월인. 49쪽.) 임형택 역시 이제현의 문학관을 고문의 창도와 문풍의 개신이라는 맥락에서 이해하면서 "여기서 실학은 문장 기교에 집착해서 공허하게 된 사장학에 대립되는" 것이라고 했다.(임형택. 1984. 「고려말 익재의 고문창도」. 『한국문학사의 시각』. 창작과 비평사. 30쪽. 이 글은 본래 『진단학보』 51(1981)에 발표된 것임) 이와 관련하여 정도전은 "문은 도를 담는 그릇"(文者, 載道之器)이라고 전제하고 "이제현이 고문의 학을 창도하고 이곡과 이인복이 그를 따라 화답하였으며, 이색이 이곡에게 배우고 중국에서 성명 · 도덕의 학설을 공부한 뒤 돌아와 후학들을 가르쳤는데, 정몽주 · 이숭인 · 박상충 · 김구용 · 권근 · 윤소종 · 정도전 등이 큰 영향을 받았다"고 한 바 있다.(鄭道傳. 『三峯集』 권3. 「陶隱文集序」. 40a-41a.)

98) 『성종실록』. 원년(1470) 11월 8일(임오).

99) 『성종실록』. 원년(1470) 12월 1일(갑진).

관은 이들의 견해에서 한 걸음 더 나아간 것으로 후대 도학자들의 문학관으로 이어진다.

김굉필 역시 정여창과 문장에 대한 견해를 같이 했다. 이에 대해 『중종실록』에서는 "김종직의 학문이 문장에 치우치므로 김굉필은 그를 마음속으로 꺼리다가 곧 버리고 오로지 성학에 뜻을 두었다."고 했다.[100] "김종직은 대체로 문장을 숭상하였으나 김굉필은 힘써 실천을 하던 사람"[101]이라는 평가 역시 김종직과 김굉필 사이에 놓인 차이를 잘 보여준다. 이황이 김종직에 대해 평생 힘쓴 것이 문장의 화려함일 뿐이라고 비판했던 것은 이러한 맥락에서 이해할 수 있다. 조광조가 "문장이 나쁜 것은 아니지만 잘못 집착하게 되면 마음을 잃게 된다."[102]고 한 것이나 이이가 "옛사람은 도로써 문을 했기 때문에 문을 하지 않아도 문이 된다."[103]고 한 것은 도학자들의 문학관을 잘 보여주는데, 이는 정여창 · 김굉필의 문학관을 계승한 것이라고 해야 할 것이다.

2) 성동기이론과 리선기후론

김굉필 문집에는 성리학 이론에 관한 글이 그다지 풍부하지 않다. 남효온과 이적도 김굉필의 성리학 이론에 대해 직접적으로 언급하지 않

100) 『중종실록』. 13년(1518) 4월 28일(정유).

101) 『선조실록』. 즉위년(1567) 10월 23일(갑진).

102) 趙光祖. 『靜菴集』 권4. 「復拜副提學時啓」 14. 6b. "人心一有所之, 則離道矣. 此言甚爲精微. 文章未是惡事, 而偏着足以喪心."

103) 李珥. 『栗谷全書』. 『拾遺』 권3. 「與宋頤菴」. 6b-7a. "古之人, 以道爲文. 以道爲文, 故不文而爲文. 噫, 孰知夫不文之文, 是乃天下之至文耶?"

았다.[104] 성리학에 대한 이론적 탐색은 김굉필 학문의 본령이 아니었다는 방증이다. 이이가 김굉필이 도학을 한 사람이지만 공부하는 상세한 방법은 알지 못했다고 한 것은 바로 이 점을 지적한 것이다.[105] 제한적이나마 그의 리기심성론을 엿볼 수 있는 글은 「한빙계寒氷戒」와 「추호가병어태산부秋毫可並於太山賦」 정도이다.

「한빙계」의 '정심솔성正心率性'에서 김굉필은 "마음이 바르지 않으면 사사로운 기가 침공하고 성을 따르지 않으면 악한 생각이 마구 침범하니, 단호하게 반성하여 사사로움과 악을 정벌해야 한다."면서, "인심은 위태롭고 도심은 은미하니, 마음을 바르게 함으로써 닦은 연후에 위태로운 것이 안정되고 은미한 것이 드러난다. 습성은 거칠고 천성은 곧으니, 성을 따름으로써 인도한 연후에 거친 것이 바르게 되고 곧은 것이 밝아진다."고 했다.[106] 정심正心과 사기私氣, 솔성率性과 악념惡念, 도심과 인심, 천성天性과 습성習性을 각기 대립 항으로 설정하고, 전자를 통해서 후자를 극복하는 것은 주자학의 전형적인 심성론과 수양론에서 발견되는 것이다.

「추호가병어태산부」에는 리일분수의 관점이 담겨 있다. 형이하, 즉 분의 관점에서 보면 천하의 사물이 서로 다르지만, 형이상, 즉 리의 관점에서 보면 모든 사물이 태극을 갖추고 있다는 점에서 동일하다는 것이 그것이다. 물론 김굉필은 두 관점 가운데 어느 하나에 매몰되어서는

104) 김굉필의 외증손 鄭崑壽가 기록한 『景賢錄』 상의 「事實」에는 "先生, 以小學律己, 精深性理之學, 篤志力行."이라고 하여 성리학에 조예가 깊었다고 했다. 金宏弼. 『景賢附錄』 상. 『國譯 景賢錄』. 「事實」. 18쪽.

105) 『선조실록』. 6년(1573) 11월 26일(임인)

106) 金宏弼. 『景賢附錄』 상. 『國譯 景賢錄』. 「寒氷戒」. '正心率性'. 389-390쪽.

안 되고 두 가지를 다 보아야 한다고 주장한다.[107] 리일과 분수의 적절한 긴장 관계는 정주 성리학의 세계 인식에서 발견되는 주요한 특징이다. 아무튼 이 글을 통해 그가 태극으로부터 음양을 거쳐 만물이 생성된다는 주돈이의 「태극도설」의 생성론과 정주의 리일분수설을 세계 인식의 기본 틀로 삼고 있음을 알 수 있다. 다만 리일분수와 태극설을 논하는 방식과 용어 사용이 주자학의 전형적인 리기론적 논법과는 차이가 있다. 기, 성과 같은 정주 성리학의 기본 개념이 등장하지 않으며 무극이라는 용어가 사용된다는 것이 그 예이다.[108]

한편 남효온과 이적은 김굉필의 경우와는 달리 정여창에 대해서는 성리학에 조예가 있었다는 평가를 했다. 공교롭게도 이적은 김굉필뿐만 아니라 정여창의 「행장」도 썼다. 이적은 정여창의 「행장」에서 그의 지극한 효행과 모범적인 관직 생활에 대해 기록하였는데, 김굉필의 「행장」에 비추어 특별히 주목할 만한 것은 역시 그가 성리의 학문에 정통했다는 내용이다. 이적은 이 「행장」에서 정여창이 어려서 학문에 뜻을 두고 『중용』과 『대학』에 마음을 써서 여러 해 공부하여 성리의 학문에 정통했다고 기록했다. 아울러 그는 정여창이 계묘년(1483, 성종 14)에 사마시에 합격하여 성균관에 들어갔으며 성균관의 여러 동료들이 그를 리학으로 추천했다는 것도 기록했다.[109]

한편 성종 21년에 성종에게 정여창을 천거했던 조효동 역시 정여창의 지극한 실천에 대해 상세하게 설명한 다음 그의 학문에 대해서 "자

107) 金宏弼. 『景賢錄』 상. 『國譯 景賢錄』. 「秋毫可並於太山賦」. 48~51쪽.

108) 물론 그가 무극을 태극의 상위에 존재하는 그 무엇을 지칭하는 존재론적 개념으로 사용하지는 않은 것으로 보인다.

109) 鄭汝昌. 『一蠹集 · 遺集』 권3. 「行狀」. 8ab.

사子史에 널리 통하고 예경禮經에 밝았으며 더욱이 성리의 학문에 조예가 깊었다."고 했다.[110] 정여창의 경학과 관련하여 『성종실록』의 한 사관은 "정여창이 일찍이 태학에 유학할 적에 장관長官이 유생을 모아 『중용』·『대학』을 강론하였는데, 정여창이 의심스럽고 어려운 것을 질문하니, 장관이 능히 대답하지 못했다."고 기록했다.[111] 또한 「추계연보楸溪年譜」는 정여창이 33세 되던 해에 남원으로 윤효손尹孝孫을 방문하여 그와 함께 『주서朱書』를 강론한 것으로 되어 있다.[112]

정여창의 학문과 삶이 지닌 특성을 가장 직접적으로 보여주는 것은 역시 그를 옆에서 지켜본 남효온의 기록이다.

> 정여창은 자가 자욱自勗[113]이다. 지리산에 들어가서 3년 동안 나오지 않고 오경을 밝혀 그 깊은 뜻을 터득했다. 그 결과 체와 용은 근원이 같으나 나뉨이 다름을 알았고, 선과 악은 성性이 같으나 기氣가 다름을 알았고, 유교와 불교는 도가 같으나 행적이 다름을 알았다. 그의 성리학을 이심원이 존중하여 따랐다. 경자년(1480, 성종 11)에 주상이 성균관에 하교하여 경전에 밝고 행실이 바른 유생을 찾도록 하니, 성균관에서 정여창을 일등으로 천거했다. 지성균관사 서거정이 정여창을 내보내어 경전을 강론하게 하려 했으나 그가 사양하고 물러났다.[114]

---

110) 『성종실록』. 21년(1490) 7월 26일(병자). "汝昌博通子史, 精於禮經, 而尤深於性理之學, 讀書必以力行實踐爲主, 而不規規爲擧業, 年幾四十, 獨爲聖世之逸民."

111) 『성종실록』. 21년(1490) 7월 26일(병자).

112) 鄭汝昌. 『一蠹集 · 遺集』 권2. 「事實大略」. 3b-4a.

113) 정여창의 호는 伯勗인데, 『秋江集』에는 모두 自勗이라고 했다.

114) 南孝溫. 『秋江集』 권7. 「師友名行錄」. 22b~23a. "鄭汝昌, 字自勖. 入智異山, 三年不出, 明五經, 窮極其蘊, 知體用之源同分殊, 知善惡之性同氣異, 知儒釋之道同迹差. 性理之學, 醒狂敬之. …" 『一蠹集』에도 이 글이 채록되어 있는데, 거기에는 성리지학 네 글자가 빠져 있다. 鄭汝昌. 『一蠹集 · 遺集』 권3. 「讚述」. 28a.

남효온은 『소학』 공부와 실천을 김굉필의 두드러진 특징으로 파악한 바 있는데, 정여창에 대해서는 이처럼 성리학과 관련된 언급을 몇 차례 남겼다. 이 글에서도 그는 오경의 깊은 뜻을 터득하여 성동기이性同氣異의 원리를 안 인물로 그려지고 있다. 더욱이 사서오경에 조예가 있었던 이심원[115]이 그의 성리학을 존중했다는 것은 그의 성리학 실력이 뛰어났음을 말해준다. 그렇다면 정여창의 성리설은 구체적으로 어떤 것이었을까? 유감스럽게도 사화 때 『용학주소庸學註疏』·『주객문답主客問答』·『진수잡저進修雜著』와 같은 저술이 불태워졌기 때문에 그의 성리설의 전모를 밝히는 것은 거의 불가능하다.[116] 현재 그의 성리설을 대충이나마 파악할 수 있는 자료는 남효온이 남긴 몇 편의 글에 불과하다.[117]

그의 성리설에서 먼저 주목되는 것은 위 인용문에서 "체와 용은 근원이 같으나 나뉨이 다름을 알았고, 선과 악은 성性이 같으나 기氣가 다름을 알았고, 유교와 불교는 도가 같으나 행적이 다름을 알았다."고 한 대목이다. 이 가운데 정여창이 "선악은 성이 같으나 기가 다르다."는

115) 南孝溫, 『秋江集』 권7, 「師友名行錄」, 30b.

116) 鄭汝昌, 『一蠹集·遺集』 권3, 「贊述」, 32a.

117) 1870년경에 발견되어 『一蠹續集』에 수록된 3편의 글, 즉 「理氣說」·「善惡天理論」·「立志論」은 鄭介淸(1529~1590)의 『愚得錄』에도 거의 똑같은 형태로 수록되어 있다. 이는 이 세 편의 글이 정여창의 것이 아니라 정개청의 것이라는 것을 뜻한다. 물론 정개청이 정여창의 글을 전사했을 것이라는 의심도 있을 수 있지만, 『愚得錄』의 전체 내용과 편집·간행 과정, 그리고 그 글들에 보이는 몇 가지 형식적인 측면들을 고려할 때 그 글들은 정개청의 것임이 분명하다. 따라서 이 세 편의 글로 정여창의 성리설을 파악한 기존 연구는 재고되어야 할 것으로 생각된다. 『愚得錄』은 모두 3권으로 되어 있는데, 이 글들은 모두 권1에 들어 있다. 다만 「善惡天理論」은 「善惡皆天理論」으로, 「立志論」은 「論立志」라는 제목으로 되어 있다. 한편 表沿沫의 『藍溪集』 권1의 「論學」도 『愚得錄』 권1에 수록되어 있다.

것을 알았다는 것은 인간의 본성은 본래 선한데 기로 인해 악이 발생하며, 그렇기 때문에 악도 성과 무관한 것이 아니라는 두 가지 의미가 중첩되어 있다. 악도 성과 무관하지 않다는 것을 좀더 직접적으로 표현하면 악도 성이다라는 명제가 된다. 이는 정호의 선악천리설[118] · 생지위성설生之謂性說[119]과 주희의 성동기이설性同氣異說 또는 리동기이설理同氣異說을 받아들인 것이다.[120]

남효온은 「추강냉화」에서 "정여창은 주周 · 정程 · 장張 · 주朱의 견해가 있고 오경을 깊이 통달했다."[121]고 하면서도 그의 리기설을 비판하는 기록을 남겼다. 다음이 그것이다.

> 정여창이 주자의 『중용장구』의 "하늘이 음양오행으로 만물을 화생한다."는 것만 취하고 "기로써 형체를 이루고 리 또한 부여했다."는 것은 취하지 않으며, 말하기를 "어찌 기보다 뒤에 있는 리가 있겠는가." 했다. 내가 듣고서 매우 훌륭하게 여겼지만, 그러나 병통이 없을 수 없다. 이른바 리가 기에 앞선다는 것은 리의 본체이고, 이른바 기가 리에 앞선다는 것은 리의 작용이다. 만약 사람이 인의예지를 총괄하여 성이라 하고 인의예지의 단서를 드러내 나누고 그것을 성이

118) 程顥 · 程頤. 『二程全書』. 「二先生語錄」 권2 상. 2b. "天下善惡, 皆天理. 謂之惡者, 非本惡, 但或過或不及, 便如此."; 『二程全書』. 「二先生語錄」 권2 상. 5b-6a. "事有善有惡, 皆天理也. 天理中物, 須有美惡, 蓋物之不齊, 物之情也. 但當察之, 不可自入於惡."

119) 程顥 · 程頤. 『二程全書』. 「二先生語錄」 권1. 13a. "人生氣稟, 理有善惡. … 是氣稟有然也. 善固性也, 然惡亦不可不謂之性也."

120) 체용의 근원이 같다는 體用一源의 관점은 程頤 이래로 정주학자들 사이에 널리 받아들여진 체용론이므로 특이할 것이 없으나, 유교와 불교를 도는 같고 행적이 다르다(道同迹差)고 보았다는 것은 면밀한 검토가 필요하다.

121) 南孝溫. 『秋江集』 권7. 「冷話」. 20b.

라고 하지 않는다면 옳겠는가?[122]

"기로써 형체를 이루고 리 또한 부여했다."는 명제를 기선리후의 학설로 여겨 취하지 않았을 만큼, 정여창은 경직된 리선기후론을 견지했다. 그는 리와 기 두 범주로 만물의 생성과 존재를 설명하는 주희의 리기론을 받아들이면서도 특히 리선기후의 원칙에 철저했던 것으로 보인다. 하지만 그 명제를 리선기후의 원칙에 어긋난다고 하여 받아들이지 않은 것은 주희의 리기설에 대한 정확한 이해에 기반한 것이라고 하기 어렵다. 왜냐하면 그 명제는 생성의 시간적인 선후 관계를 논한 것이 아니라 논리적인 선후 관계를 언급한 것이기 때문이다.[123] 이런 측면에서 남효온이 체용론적 관점에서 리기의 선후 관계를 해명한 것이 오히려 더 적절하다. 아무튼 철저한 리선기후설은 정여창의 리기설이 갖는 두드러진 특징 가운데 하나이다.[124]

주요 저술이 소실된 관계로 정여창 성리설의 전체적인 모습을 파악하는 것은 불가능하다. 그럼에도 남효온의 단편적인 언급을 통해서 선

122) 南孝溫. 『秋江集』 권7. 「冷話」. 17b-18a. "鄭汝昌自勖, 取朱子中庸章句, 曰天以陰陽五行化生萬物, 而不取其氣以成形而理亦賦焉, 曰安有後氣之理乎? 余聞而甚高之, 然不能無病. 所謂理先於氣者, 理之體, 所謂氣先於理者, 理之用. 如人總仁義禮智, 而名之曰性, 而發仁義禮智之端, 而分之曰不謂之性, 可乎?"

123) 이에 대해서는 이이의 해석이 참고할 만하다. 이이는 이 구절에 대해 기가 있은 후에 리가 있다는 말이 아니라면서 말 때문에 의미를 해쳐서는 안 된다고 했다. 李珥. 『聖學輯要』 1. 『栗谷全書』 권19. 「統說 第一」. 12b. "理氣元不相離, 卽氣而理在其中. 此承陰陽化生之言, 故曰氣以成形理亦賦焉, 非謂有氣而後有理也. 不以辭害意可也."

124) 남효온의 「心論」에도 심에 대한 정여창의 견해가 소개되어 있다. 이 글에 따르면 정여창은 마음이 실제로 몸을 출입한다고 여겼는데, 이는 남효온의 지적대로 말로 의미를 해친(以辭害意) 경직된 해석이다. 南孝溫. 『秋江集』 권5. 「心論」. 28ab.

악천리설과 리선기후설이 그의 성리설의 주요한 특성임을 확인할 수 있다. 아무튼 분명한 것은 동시대인들에게 정여창은 리기심성론에 대해 많은 관심을 가졌고 그에 대한 조예도 또한 깊었다고 인식되었다는 점이다. 이는 16세기 중반에 만개하는, 도학적 실천과 이론의 결합을 특징으로 하는 조선 도학의 선구적 형태라는 의미가 있다.[125)]

5. 맺음말

오늘날 조선 전기 사림파의 학문을 지칭할 때 흔히 도학이라는 용어를 사용한다. 하지만 도학은 여말선초부터 일상적으로 사용되었던 용어이다. 이제현, 이색, 정도전, 권근 등은 유교의 도를 공부하고 실천하는 학문을 불교나 도교와 대비하여 도학으로 지칭했다. 물론 이들의 의식 속에는 유교의 도가 맹자 이후에 끊어졌다가 주돈이 · 이정 · 주희에 의해서 되살아났고, 그것이 허형을 통해 우리나라에 수용되었다는 생각이 있었다. 정주학이 들어오기 이전의 고려 유학은 진정한 유학이 아니라 장구학이거나 사장학에 불과하다는 생각이었다. 이런 측면에서 여말선초의 도학은 일차적으로 불교 · 도교와 같은 이단에 맞선 정학을 의미하며 아울러 사장학으로 지나치게 경도되는 학풍을 경계한다는 의미를 갖는다.

중종 대에 들어서면서 도학은 『소학』 실천, 『가례』 준수, 마음을 바로

125) 물론 16세기 중반 이황, 기대승, 이이 등에 의해서 주자학 이론이 활성화되는 것은 정여창의 이론적 작업에 영향을 받은 것은 아니다. 오히려 그들은 정여창을 비롯한 선배 도학자들에게 학문 또는 이론이 결여되었다는 지적을 했다.

잡는 학문〔정심지학 · 심학〕, 거경의 태도, 의리적 출처관 같은 내용들이 추가된다. 그리고 이러한 의미의 변화는 도학이 사장학과 대립되는 학문이라는 점이 부각되는 것과 궤를 같이 한다. 중종 5년(1510) 10월 한 경연에서 김세필과 성세창은 다음과 같이 주장했다.

> 삼대 이하 세상의 유자들은 오로지 사장만을 숭상하여, 그들의 학문은 다만 구두를 배울 뿐이고 의리의 근원을 탐구하지 않기 때문에 세상에는 참된 선비가 없고 선비의 습속이 날로 낮아져서, 이치를 깊이 연구하고 마음을 바르게 하는 선비를 볼 수 없게 되었습니다. 우리나라 선비들의 풍습도 오로지 사장을 업으로 하고 경술을 정밀하게 다스리지 않아서, 능히 마음에 성현의 도학의 깊은 뜻을 깨달은 자는 한 사람도 없습니다. 옛글에 이르기를, '머리는 곧게 하고, 발은 무겁게 움직이며, 앉는 것은 시동처럼 하고, 서는 것은 재계하는 것처럼 한다.'고 하였으니, 이것은 옛날 배우는 자가 취한 몸가짐의 절도였습니다. 그런데 지금의 배우는 자가 간혹 성현을 흠모하여 옛사람이 행한 절도를 조금만 실행하면, 경박한 무리들이 떼를 지어 그를 가리켜 우활하다고 합니다. 그런 까닭에 선비된 자가 스스로 몸을 닦는 데 굳세지 못하며, 조정에 서게 되면 다만 술잔 기울이는 것을 즐겨할 뿐입니다.[126]

여기에서 도학은 사장학과 대비되는 것으로 진유가 추구해야 할 학문이다. 그 구체적인 내용은 의리의 근원을 탐구하는 것, 경술을 정밀하게 다스리는 것, 그리고 이치를 깊이 연구하는 것, 마음을 바르게 하

126) 『중종실록』. 5년(1510) 10월 10일(계사).

는 것 등으로 모아진다. '머리는 곧게 하고, 발은 무겁게 움직이며, 앉는 것은 시동처럼 하고, 서는 것은 재계하는 것처럼 한다.'고 한 것은 진유가 가져야 할 바른 몸가짐 내지 행동거지에 대한 언급이다. 한 마디로 엄격한 경의 태도가 곧 참된 유자가 가져야 할 생활 자세이고, 그것이 곧 도학의 실천임을 함축한다. 대략 이것이 중종 초년에 사림파 학자들이 도학에 대해 가졌던 생각들이다.

중종 초년에 보이는 이러한 도학관은 김종직과 김굉필 · 정여창을 거치면서 형성된 것으로 조광조를 위시한 기묘명현들의 도학의 정치적 실천으로 전면화 된다. 사림파의 도학 형성 과정에서 김종직이 갖는 의미는 첫째 훈구파와 맞서게 되는 신진 사류를 양성하고 그 구심점이 되었다는 점을 들 수 있다. 이는 「조의제문」과 같은 글에 드러나듯이 그가 세조의 집권을 정당한 것으로 받아들이지 않은 것과 관련이 있다. 비록 세조의 집권과 그 정권을 떠받치고 있던 훈구세력에 대한 그의 비판의식은 관료 생활이라는 제약 속에 현저하게 약화되었지만, 그 비판의식만큼은 이심원 · 남효온 · 김일손 등 그의 제자들이 공유했다. 김종직의 두 번째 의미는 길재 · 김숙자의 『소학』 공부와 교육을 이어받아 김굉필 · 정여창 등 문생들에게 전해줌으로써 『소학』 실천의 풍토를 열었고, 결과적으로 『소학』 실천이 사림파의 도학적 실천의 핵심 내용으로 자리 잡게 했다는 점이다. 세 번째 의미는 사장학에 지나치게 경도되는 학문 풍토를 비판하고 경학 및 도를 본질로 하는 문장을 역설함으로써 정여창 · 김굉필의 문장론이 등장하는 데 교두보 역할을 했다는 점이다.

잘 알려져 있듯이 김굉필에게서 두드러진 점은 엄격한 『소학』 실천이다. 구체적으로는 계신 · 공구와 경의 실천을 통한 마음공부(존양 · 성찰), 경전을 통한 궁리 공부, 수기는 물론 안인 · 치인을 자신의 임무로 삼는 유교적 실천 정신, 그리고 교육을 통한 『소학』 실천의 보급 등이 김굉필의 학문과 실천의 특성이다. 더욱이 김종직이 고위 관직에 있으면서도 제 역할을 하지 못한다고 비판한 것은 그의 출처관을 잘 보여주는 것으로 도학의 정치적 실천에 일정한 방향을 제시했다는 의미를 갖는다. 김종직이 이조 참판이 되었으나 국사를 건의하는 일이 없자 김굉필이 그를 비판하는 시를 보냈고, 김종직이 이를 못마땅하게 여긴 것은 김종직과 김굉필 사이에 놓인 사상적 · 실천적 경계선 가운데 하나이다. 정도의 차이는 있지만, 김종직도 『소학』 실천을 중요하게 여겼다는 것은 김굉필 · 정여창과 크게 다르지 않다. 하지만 김종직은 관료 생활에서 훈구 세력과 타협적인 자세를 취했던 반면에[127] 김굉필은 그 타협적인 자세를 바람직하지 않은 것으로 비판했다. 김굉필뿐만 아니라 이심원 · 홍유손 · 남효온 · 김일손 등 김종직의 문인들에게서 보이는 훈구세력에 대한 비판적인 자세는 사림파 도학의 주요한 특징이었다. 이 같은 비판적인 자세는 결국 무오사화를 낳았고, 뒤이어 조광조와 기묘사림의 비타협적인 개혁 정치로 이어지게 된다.

정여창은 지동도합志同道合이라는 평가에서 보듯이 김굉필과 이념적 지향과 학문 경향에서 같은 길을 걸었는데, 그것은 한마디로 『소학』 실천의 길이었다. 다만 정여창은 성리설에 대한 일정한 조예와 저술이 있

127) 김종직이 이조참판이었을 때 다음과 같은 일이 있었다. 이승원이 동부승지에 윤은로를 첫 번째로 추천하자, 김종직은 윤은로가 대비의 친족으로 명망이 없어 부당하다는 의견을 냈다. 하지만 이승원이 노한 낯빛을 보이자 김종직은 자신의 주장을 철회했다. 이에 대해 사관은 "먼저 정론을 내고도 뜻이 확고하지 않아서 권세에 아부하는 꼴이 되는 것을 면하지 못하였으니, 평소의 명망이 어디에 있는가?" 라고 했다. 『성종실록』, 15년(1484) 8월 6일(경신).

었다는 점에서 김굉필과 다른 면모를 보인다. 주요 저술의 소실로 그가 제시한 성리설을 온존하게 파악할 수는 없으나, 체용일원론 · 성동기이설 · 리선기후설 등을 주요 내용으로 하고 있다는 것은 확인된다. 물론 정여창의 리기심성론은 사회적 파급 효과가 미미했고 이론적 수준에서도 의심의 여지가 없지 않지만, 『소학』 실천의 이론적 근거의 모색이라는 측면에서 의미가 있다. 한편 정여창은 시를 성정의 발현으로 여기고 시를 억지로 공부할 필요가 없다고 주장했다. 일종의 문학공부 무용론이라고 할 수 있는데, 여기에는 성정의 함양, 즉 마음공부와 이에 근거한 실천이 중요하기 때문에 이에 도움이 되지 않는 시문을 적극적으로 공부할 필요가 없다는 극단적인 도학적 문학관이 투영되어 있다. 이와 같은 문학관은 김종직의 도본문말론을 넘어서는 것으로 도학에 배치되는 사장에 대해 끊임없이 경계했던 후대 도학자들에게 완화된 형태로 계승된다.

이이는 도학에 대해 "도학이란 것은 격물 · 치지로써 선을 밝히고, 성의 · 정심으로써 몸을 닦는 것이다. 그것이 몸에 쌓이면 천덕天德이 되고 그것을 정치에 베풀면 왕도가 된다. 독서는 격물 · 치지 가운데 하나일 뿐이다."[128]라고 규정한 적이 있다. 격물 · 치지를 통해 선이 무엇인지 깨닫는 공부와 성의 · 정심으로 인격을 닦는 공부가 도학의 두 축인데, 이이는 이러한 공부를 통해 덕성을 함양하고 왕도정치를 실현하는 데로 나아가야 한다고 강조했다. 단순히 책만 읽고 실천하지 않는 것은 앵무새가 말하는 것과 마찬가지로 도학일 수 없다는 것이다. 격물 ·

128) 李珥. 『東湖問答』. 『栗谷全書』 권15. 6b. "夫道學者, 格致以明乎善, 誠正以修其身, 蘊諸躬則爲天德, 施之政則爲王道. 彼讀書者, 格致中一事耳. 讀書而無實踐有, 何異於鸚鵡之能言耶. 如梁元帝讀書萬卷, 竟爲魏俘, 此亦可謂道學乎."

치지를 통한 궁리 공부〔도문학〕, 성의 · 정심을 통한 수기적 실천〔존덕성〕, 그리고 이를 바탕으로 한 치인적 실천〔왕도정치〕, 이 세 가지가 이이가 말하는 도학의 조건인 셈인데, 이 가운데 이이가 특히 강조했던 것은 수기(수신)와 치인(안인)이라는 두 가지 실천이었다.

이렇게 보면 김종직과 그의 문도들, 특히 김굉필 · 정여창에게 두드러졌던 『소학』 실천은 사림파 도학의 형성에 매우 중요한 의미를 갖는다. 『소학』 실천은 도학의 일상적 실천이자 수기적 실천이기 때문이다. 물론 도학의 정치적 실천, 즉 치인적 실천은 조광조 및 기묘명현들에 의해서 전면화 되며, 도학의 궁리 공부는 이언적 · 이황 · 기대승 · 이이 등 16세기 중반에 만개한다. 하지만 김종직의 문도들에게서 보이는 정치적 비판의식과 출처의리관이 정치적 실천의 한 형태라는 것을 감안하면, 도학의 정치적 실천은 김종직의 문도들 단계에서 이미 구체화되기 시작했다고 해야 할 것이다. 이렇듯 조선 전기 사림파 도학은 김굉필 · 정여창 등 김종직의 문도들이 김종직을 계승 · 비판 · 극복하면서 형성되어 갔다.

| 제3부 |

조선 초 도학파들의 문학사상과 경세론

· 이구의 조선 초 영남 사림파의 도학적 문학사상

· 도현철 조선 초 도학파의 경세론

조선 초 영남 사림파의 도학적 문학사상

이구의 | 경북대학교 한문학과

1. 머리말

고려 말부터 조선 초기에 이르러 우리나라에는 신유학, 즉 성리학이 들어왔다. 이 학문은 15세기와 16세기에 발전을 거듭하였다. 15세기에는 낙동강 좌左·우도右道 아우르는 점필재佔畢齋 김종직金宗直과 그의 제자들이 경향 각지에서 영향력을 발휘하였다. 16세기 영남지방에는 퇴계退溪 남명南冥이라는 두 거목이 경상慶尙 좌도左道 우도右道 담당하고 있었다.

우리나라에 성리학이 들어온 뒤 사림파 학자들의 추구 방향은 도학을 위주로 하였다. 도학道學이란 유학儒學 가운데 성리학에 속하면서도 실천까지 구비한 학문을 말한다. 본고는 점필재부터 그의 제자들의 문학을 통하여 그들이 도학적 문학사상은 어떠한가를 고찰하는 것을 목표로 한다. 사실 필자는 이미 이 내용을 담은 논문을 쓴 적이 있다.[1] 이를 달성하기 위하여 먼저 사림파에 속하는 선비들의 도에 관한 견해를 작품을 통하여 고찰한다.

이를 통하여 성리학이 우리나라에 들어온 다음, 즉 고려 터 조선전기에 이르는 사이 문집에 나타난 도학의 의미가 어떻게 변전變轉하고 있는가를 고찰한다. 이에 대한 고찰은 본고의 성격과는 다소 거리감이 있을 수 있다. 그러나 이를 통하여 당시 선비들의 도학의 개념을 규정하는 데에 기여할 것이다. 이어서 도학파와 사장파의 문과 도에 대한 견해를 고찰할 것이다. 이점은 기존의 학설과 다소 차이가 있다. 본고에서는 이를 구체적으로 밝힐 것이다.

도학자들은 문학의 기능과 목적을 어디에 두고 있었는가에 대한 해답을 실제 문헌을 통하여 얻어 보려 한다. 끝으로 도학자들은 어떠한 풍격風格의 작품을 즐겨 지었으면 그 이유가 어디에 있는가를 밝힌다. 풍격에 대한 연구는 작자와 작품을 통틀어 평가할 수 있는 좋은 잣대가 되기 때문이다. 본고를 진행하는데 있어 그 방법은 동양과 서양의 비평이론을 종합한 인문주의 비평이론을 적용한다. 본고의 대본은 『한국문집총간』에 들어 있는 여러 분들의 문집이며, 이 외 개인의 목판본木版本 등을 참고하기로 한다.

---

1) 졸고. 2011. 「朝鮮時代 詩人과 詩精神 -15,16세기 영남 사림파를 중심으로」. 『韓國思想과文化』 59. 韓國思想文化學會가 그것이다. 본고는 이 논문에서 언급하지 않은 부분을 논의하는 것으로 만족하려 한다.

2. 사림파의 시 속에 나타난 도의 의미

상고시대부터 현대에 이르기까지 '도道'에 대한 견해가 다양하다. 『주역』에서는 한번 음이 되고 한 번 양이 되는 것을 도[2]라 하였다. 사림파에 속하는 시인들은 도를 어떠한 의미로 받아들였는가?

먼저 탁영濯纓 김일손金馹孫의 「김대유 굉필이 필재선생께 올린 시에 차운함(次金大猷宏弼上畢齋先生韻)」[3] 병오丙午라는 제목의 칠언절구 다섯 수의 시 가운데 다섯 번째를 들어 이에 대한 논의를 계속하기로 한다.

道亦多岐似炭氷	도는 길이 많아 숯과 얼음과 같은데,
身家日用世皆能	자기가 행한 도 세상사람 다 능하다네.
也知心性非空寂	심성은 공적한 것이 아님을 알았으니,
頓悟何須效演乘	그것을 깨달은 지금 승화를 본받으리?

위 시에서 보면, 자아[4]가 의미하는 도는 형이상학적인 것도 되겠지만, 실천할 수 있는 방법을 가리키기도 한다. 자신이 나아갈 길은 여러 가지가 있다. 검고 흰 것, 참과 거짓이 있을지는 몰라도 그 무엇을 달성하는 데는 길이 많다.

이러한 도는 자아 혼자만 가지고 있는 것이 아니다. 세상 사람들이

---

2) 『周易』. 「繫辭」 上傳. "一陰一陽謂之道."

3) 金馹孫. 『濯纓先生文集續』 上(『韓國文集叢刊』 17). 286쪽.
한훤당의 「原韻」과 점필재의 시는 『景賢錄』이나 『佔畢齋詩集』에는 보이지 않는다. 南孝溫의 『秋江集』 卷7 「師友名行錄」과 李肯翊의 『練藜室記述』 卷6 「燕山朝故事本末」, 「戊午黨籍」 條에 실려 있다.

4) 서정적 자아persona 줄여서 자아라 부르기로 한다. 뒤에도 이와 같다.

탁영금(김일손)

다 할 수 있는 것, 즉 보편적 도이다. 인간이 가지고 있는 보편적인 도는 무엇인가? 그것은 다름 아닌 본성을 따르는 것이다.

자아는 심성心性이 공적하지 않다는 것을 깨달았다고 하였다. 그것은 다름 아닌 도의 의미이다. 즉, 자아는 심성心性을 따르는 것을 도라 생각하였다. 『중용』에서는 솔성을 도라 하였지만, 자아는 '성性' 앞에 '심心'을 더하여 도라고 여겼다. 그러나 자아가 생각한 것은 심心과 성性을 따로 보지는 않았다.

자아는 도가 무엇인지를 깨달았다. 그러니 그가 어찌 승화를 본받아야 되냐고 반문한다. 한훤당寒暄堂 김굉필金宏弼의 「원운原韻」에서도 도를 언급하고 있는데 그 의미는 위의 탁영의 견해와 다르지 않다. 그 내용을 들어 논의를 계속하기로 한다.

道在冬裘夏飮氷　도는 겨울에 갖옷 입고 여름에 얼음 먹는 것,
霽行潦止豈全能　날 개면 가고 장마 지면 머무는 일 어찌 다하리.
蘭如從俗終當變　난초가 세속을 따르면 결국 변하고 말지니,
誰信牛耕馬可乘　누가 소로 밭 갈고, 말은 탈 수 있다 믿으리?

자아는 먼저 도가 사람과 멀리 떨어져 있지 않다는 것을 묘사하였다. 추운 겨울이 되면 두꺼운 털옷을 입고, 더운 여름에는 시원한 얼음을 먹는 것이 도라 하였다. 곧 자아는 '솔성率性'하는 것을 도道라 생각하였

다. 이는 『중용』에 나오는, "하늘이 명한 것을 성이라 이르고, 성을 따름을 도라 이르고, 도를 잘 이끄는 것을 교教라 한다."[5]라는 구절의 도의 의미와 같다.

날이 맑으면 길을 떠나고 비가 오면 집에 머무는 것은 자연의 섭리대로 사람이 살아가는 것을 의미한다. 자연은 사람을 멀리 하지 않는다. 이 자연을 도라는 말로 바꾸면, 사람이 도를 멀리 하지 도가 사람을 멀리하지는 않는다(道不遠人人遠道).

난초의 고고한 본성이 세속을 따르면 결국 변하고 만다. 이것은 고고한 선비가 세속에 영리를 추구하면 타락하고 마는 것이다. 향초香草나 악초惡草는 타고난 본성이 다르다. 그 나름대로의 본성을 잘 지켜 나가는 것이 바로 도이다.

그것은 소는 밭을 가는데 유용하고, 말은 길을 가는데 효과적이다. 자기의 분수대로 능력을 최대한 발휘하는 것이 그 직분을 다하는 것이다. 위의 한훤당의 시에 대하여 점필재 김종직은 다음과 같이 화답하고 있다.

分外官銜到伐氷　분수 밖에 벼슬이 대부에 이르렀고,
匡君救俗我何能　내 어찌 임금 바루고 풍속 구제하리.
縱敎後輩嘲迂拙　비록 후배들이 못났다 조롱하더라도,
勢利區區不足乘　구구하게 세리를 탓한 것이 아니네.

점필재는 자신이 그 분수에 넘치고 높은 관직에 있는 것을 겸연쩍어

---

5) 『中庸章句』 1章. "天命之謂性, 率性之謂道, 修道之謂敎."

하고 있다. 그가 당시 이조참판으로 있었는데, 자신이 광군구속匡君救俗, 즉 임금이 바른 길로 가도록 간언하고, 풍속을 구제하는 일을 할 능력이 없다고 하였다. 이 말은 진심으로 받아들여도 되나, 한편으로는 겸사謙辭라 보아도 무방할 것이다.

비록 한훤당 같은 후배들이 세상의 영리를 따라간다고 조롱을 하더라도, 자신은 그렇지 않다고 변명하고 있다. 이 점에 대해 추강秋江 남효온南孝溫은 그의 「사우명행록師友名行錄」에서 다음과 같이 말하고 있다.

> 김종직金宗直이 이조 참판으로 있으면서 나라 일에 대하여 별로 건의한 적이 없었다. 이에 공은 시를 지어 바쳤는데 그 내용은,… 하니, 김종직이 화답하기를, … 이는 대개 공이 시에 나타낸 뜻을 싫어한 것이었으니 이로부터 김종직과 서로 분리되었다.[6]

한훤당寒暄堂과 추강秋江은 점필재가 과단果斷하지 못 한 점을 못 마땅하게 생각하고 있다. 임금의 마음을 바로잡고, 세상을 구제해야 할 직책에 있으면서도 우유부단하게 처신하고 있는 점필재에 대해 다소 불만이 있다. 이는 점필재 자신이 처신을 잘 못하고 있다는 말과 통한다. 퇴계 이황은 위의 시에 대해서 다음과 같이 말하고 있다.

> 한훤공의 시는 나도 잘 알지 못하는 곳이 있다. 그러나 그 대의는 "이 도가 지극히 커서 때와 장소에 따라 있지 않은 곳이 없는 것이 겨울에는 털옷을 입고 여름에 베옷을 입는 것과 같다. 그러나 군자

6) 南孝溫.『秋江先生文集』卷7. 雜著.「師友名行錄」. "佔畢先生爲吏曹參判, 亦無建明事. 大猷上詩曰, … 先生和韻曰 … 蓋惡之也. 自是貳於畢齋."

가 세상에 나아가고 물러나는 문제에 대하여, 비록 날이 개이면 다니고 장마가 지면 들어앉아 있는 것처럼 알맞게 하려 할지라도, 어떻게 낱낱이 도리에 들어맞게 할 수 있겠는가? … 대저 소는 밭을 갈고 말은 탈 수 있어서, 물건이 각기 그 본성을 따르는 것을 '도'라 이른다. 만약 난초가 변하여 다북쑥이 된다면, 물건이 그 본성을 따르지 않은 것이니, 이와 같다면 사람들이 무엇으로 이 도道가 도 됨을 믿겠는가?"라는 뜻이다.[7)]

점필재의 시의 뜻은, "불행히 분수가 아닌 벼슬로 문득 경대부의 지위에 이르렀으나, 임금의 잘못을 바로잡고 세상을 구제하는 일과 도를 행하는 책임을 내가 어찌 맡을 수 있겠는가? 나의 우졸함이 이와 같으니, 후배로서 그대와 같은 사람의 조소는 진실로 당연한 것이다. 그러나 구구하게 기회를 이용하여 이익을 노리며 출세를 도모하는 일은 나도 이것은 하지 않을 것이다."라는 뜻이다.[8)]

첫 문장은 위의 추강 남효온의 생각을 부연 설명한 것이다. 퇴계도 솔성率性을 도로 보았으며, 이를 바탕으로 용사행장用舍行藏하여야 한다고 한다. 인간의 본성은 착하다. 이 착한 인간의 본성은 자연의 이치와 일치한다. 사람은 본성에 어긋나는 일은 하지 말아야 한다. 본성에 어긋나는 일을 하는 것은 천리天理를 어기는 것이 되기 때문이다. 본성은 의리義

7) 李滉. 『退溪集』 卷22. 「答李剛而 別紙」. 『韓國文集叢刊』 30, 34쪽. "寒暄公詩,滉亦有未曉處.然其大意謂此道至大, 隨時隨處, 無所不在, 如裘葛然. 君子出處之間, 雖欲如霽行潦止之得宜, 豈一一能中其節乎. … 夫牛可耕, 馬可乘,物各循性,謂之道. 若蘭變爲蕭, 物不循性, 如此則人何從而信此道之爲道乎. 此譏責亦太露矣."

8) 李滉. 『退溪集』 卷22. 「答李剛而 別紙」. 『韓國文集叢刊』 30, 34쪽. "佔畢詩意,謂不幸而非分仕宦, 忽至於卿大夫, 其於匡捄之事, 行道之責, 我何能任之. 我之迂拙如此, 後輩如君之嘲笑, 固其宜也. 然區區於乘勢射利, 以圖進取之事, 則吾亦不爲之耳. 官聯, 見周禮, 言以官職相聯, 而同事王事也."

理와 연결된다. 점필재는 세조 때 대과大科에 급제하여 관직에 나아갔다. 이것은 의리상 맞지 않다. 세조는 왕위를 찬탈하였기 때문이다. 이를 점필재의 제자인 한훤당이 비판하자, 점필재는 그에 대해 변명하고 있다. 이것이 둘째 문장이다. 점필재의 생각을 퇴계가 설명하고 있다.

솔성率性하는 것을 도라고 생각한 이들은 정명正名을 바탕 한 용사행장用舍行藏을 주장하였다. 탁영의 「김대유 굉필이 점필재선생께 올린 시에 차운함(次金大猷宏弼上畢齋先生韻)」[9] 1486, 병오丙午라는 제목의 칠언절구 다섯 수 가운데 먼저 첫 번째 것을 들어보면 다음과 같다.

夏蟲那可語寒氷　여름 벌레가 어이 차가운 얼음을 말할 수 있나,
大聖猶謙一未能　공자도 한 가지도 능한 것이 없다고 겸손하였네.
欲識古人無犯隱　옛사람 스승을 범하거나 숨기지 않음을 알려거든,
莫將牛馬說耕乘　소로는 밭을 갈고 말을 타는 것을 말하지 말지라.

여름 벌레가 차가운 얼음을 말할 수 없다. 이는 그 벌레가 추운 겨울을 나보지 않았기 때문이다. 그만큼 사람이나 곤충이나 경험이 중요하다. 사람도 경험해 보지 않으면 그 분야를 진정으로 알 수 없다.

세상에는 완전한 인간이 없다. 성인인 공자조차도 자신이 잘 할 수 있는 것이 없다고 겸손해하였다. 그러니 일반 사람들은 더 말할 나위가 없다. 그러나 경박한 사람들은 자신이 어느 분야에 뛰어났다고 자랑을 한다. 이는 자신이 그만큼 부족하다는 것을 남에게 알리는 짓이 된다.

자아는 옛 스승이라 하였다. 여기서 스승은 말할 것도 없이 성현들이

9) 金馹孫.『濯纓先生文集續』上.『韓國文集叢刊』17. 286쪽.

다. 성현의 말씀을 범하거나 숨기지 않으려거든, 타고난 재능을 발휘하는 것을 말하지 말라고 하였다. 소의 재능은 다른 것도 있겠지만, 농사일을 하는데 발휘하였다. 이는 소의 힘을 이용하여 논밭을 갈았기 때문이다. 즉, 당시는 농경사회였기에 그만큼 소의 힘이 필요하였다. 또 말은 교통수단으로 사용하였다. 육로陸路로 가는데 꼭 필요한 것이 말이다. 물론 전쟁에서도 말을 이용하였다. 교통이나 전장에서 말은 기동수단으로 이용되었다. 그만큼 스스로의 재능을 최대한 발휘는 것이 가장 바람직하다. 이것이 솔성率性이다.

한수재寒水齋 권상하權尙夏(1641-1721)는 "이는 곧 물성의 치우침이니, 사람과 다른 까닭이다. 이 뜻은 『중용전주中庸傳註』 가운데서 말을 했지만, 그것을 살피지 않았을 따름이다. 소는 밭을 갈고 말은 타며, 닭이 울고 개가 짖으며, 솔개가 하늘을 날고 물고기가 물에서 뛰어오르는 것이 솔성率性의 유類가 된다."[10] 고 하고 있다. 탁영의 두 번째 시는 사람의 처세, 곧 용사행장에 대해서 자아 자신의 생각을 묘사하고 있다.

人於處世戒淵氷 사람 처세 깊은 못 얼음 밟듯하라지만,
用舍行藏久鮮能 오래토록 용사행장 잘 한 사람 적었네.
縱使幽蘭蓬艾混 그윽한 난초를 다북쑥과 섞어 놓더라도,
芳香肯被臭蕕乘 그 향기가 어찌 나쁜 냄새와 섞이리오?

사람이 처세하는 데는 마치 깊은 못에 이르듯, 얇은 얼음을 밟듯 조

10) 權尙夏. 『寒水齋先生文集』 卷12. 「答蔡君範」 辛卯. 『韓國文集叢刊』 150. 243쪽. "此則物性之偏,所以異於人也.斯義也中庸傳註中旋自說破,顧未之察耳.如以牛馬之耕乘,鷄犬之鳴吠,鳶魚之飛躍,爲率性之類."

심해야 한다.[11] 모든 일에 조심하면 그만큼 잘못이 줄어든다. 『주역』을 보면, "군자가 종일토록 조심조심해서 저녁까지 조심하면, 위험이 닥쳐도 허물이 없다."[12]고 하였다.

그러나 이를 실천하는 사람이 그다지 보이지 않는다. 여기서 수준의 높고 낮음이 나타난다. 선비는 자신이 세상에 용납되면 나아가 자신의 도를 행하고, 버림받으면 물러나 자신의 도를 지킨다.[13] 이것이 용사행장用舍行藏의 기본 원리이다. 자아는 용사행장에 있어 자신의 분수를 지켜야 한다는 것을 강조하고 있다. 자신의 분수를 바르게 하는 것 이것이 정명正名이다. 세상을 살아가는 데 있어 그만큼 정명正名이 중요하다.

용사행장, 즉 자신이 알고 있는 것을 실천하는 사람과 그렇지 못 한 사람이 있다. 자아는 실천할 줄 아는 사람을 귀하게 여겼다. 자신의 마음속에 도가 녹아 있으면 난초의 그윽한 향기와 같다. 난초는 고결함의 상징이다. 고결한 난초는 절대로 잘난 채 하지 않는다. 도를 닦아 위기지학爲己之學을 하는 군자도 난초의 고결함과 같다. 깊은 산 속에서 종일토록 향기를 내지만 스스로 향기를 내는 줄 모르는 것이 난초이기 때문이다.

난초는 다북쑥과 다르다. 다북쑥은 소인배를 가리킨다. 아무 데서나 함부로 자라기 때문이다. 다북쑥은 생명력이 강한 장점도 있지만, 질서

---

11) 『論語』 卷8. 「泰伯」 篇. "子曰, 恭而無禮則勞, 愼而無禮則葸, 勇而無禮則亂, 直而無禮則絞. 君子篤於親, 則民興於仁. 故舊不遺, 則民不偸. 曾子有疾, 召門弟子曰, 啓予足, 啓予手. 詩云, 戰戰兢兢, 如臨深淵, 如履薄氷, 而今而後, 吾知免夫, 小子."

12) 『周易』 乾卦. 九三爻辭. "君子, 終日乾乾, 夕惕若, 厲无咎."

13) 『論語』 卷7. 「述而」. "子謂顔淵曰 用之則行 舍之則藏 惟我與爾有是夫."

를 지키지 않는다. 자아는 인간이 다북쑥과 같은 존재가 되기를 바라지 않는다. 난초처럼 좋은 향기를 내뿜는 존재가 되기를 바란다.

자아는 도를 아는 데만 그치려 하지 않는다. 이를 실천해야 한다는 것이다. 도를 실천하는 데는 임심연臨深淵 이박빙履薄氷하듯 조심조심해야 한다. 도학의 가장 주안점은 도를 실천하는 것이다. 자신이 알고 있는 것을 실천하는 것이 바로 지행합일知行合一이다. 항을 바꾸어 도학이 무엇이며, 그 의미가 어떻게 달라지고 있는가를 한번 고찰해보기로 한다.

3. 도학의 유행과 그 의미의 변천

우리나라 선비들의 정신 주류는 고려말 이전까지는 의기학意氣學이, 조선시대에 전반기에는 의리학義理學이, 후반기에는 사리학事理學이 바탕이 되었다. 의기학의 시대는 우리가 흔히 말하는 성리학을 수용하기 이전의 정신세계이다. 의리학 시대는 성리학을 수용하고부터 그 유행이 왕성했던 때의 정신세계[14]를 말한다. 사리학 시대는 조선 후기 청나라와 교류를 하고부터 왕선산王船山과 청나라 유학자들의 정신세계를 수용하였을 때의 그것이다.

그 가운데 의리학이 정신적 주류를 이루었던 조선 전기 영남의 사림士林들은 도학을 주창하였다. 도학은 시대에 흐름에 따라 다소 차이를 보이기도 한다. 12세기말부터 15세기에 중엽까지, 즉 고려 말부터 조선 초기까지의 도학은 정주학程朱學을 중심으로 한 이론 정립기였다. 이때

14) 唐君毅. 1986.『中國哲學原論-導論篇』. 臺灣 學生書局. 69-89쪽 參照.

는 원나라 유학생들이 수입한 성리학이 서서히 그 자리를 잡게 되는 시기이다. 이때는 완전한 도학시대가 아니다. 도학자라고 하면, 첫째 도통의식道統意識이 있어야 한다. 둘째 이단異端을 배척排斥하여야 한다. 셋째 의리사상義理思想이 있어야 한다. 그러나 고려 말과 조선 초기에는 위의 세 가지 요건을 다 갖추지는 못하였다. 우리 선조들은 도학이라는 말을 어떻게 수용하였는가 하는 문제에 대해 통시적으로 알아보면 다음의 몇 가지를 들 수 있다.

첫째 우리나라 학자들은 처음에는 성경현전聖經賢傳과 염락濂洛·정주程朱의 학문을 도학으로 여겼다. 『한국문집총간』을 검색한 결과 도학道學이라는 말은 고려시대의 학자인 근재謹齋 안축安軸(1287-1348)의 글에서 처음 보인다. "성경聖經·현전賢傳을 세상에 널리 공포하였으니, 도학의 흥성함이 오늘날 같은 때가 없었다."[15] 고 한 것이 그것이다. 도학의 원천은 성경현전聖經賢傳이다. 성경현전은 주로 상고시대의 경서를 가리킨다. 우리가 흔히 육경六經, 또는 십삼경十三經이라 하는 것이 그것이다. 안축은 도학이 유가의 경전이 들어오면서 흥성했다고 한다.

설곡雪谷 정포鄭誧(1309-1345)는 "시서를 하여 도학을 좋아했으나, 사부詞賦로 당시에 이름 날리지는 않았네."[16] 라 하고 있다. 시서詩書는 『시경』과 『서경』을 가리킨다. 『시경』과 『서경』 역시 성경현전에 속한다. 이처럼 안축과 정포는 성경현전이 도학의 바탕이 된다고 하였다.

그러나 목은牧隱 이색李穡(1328-1396)에 오면 그 주장이 사뭇 달라진

---

15) 安軸. 『謹齋先生集』 卷3. 「制策」(『韓國文集叢刊』 2, 479쪽). "聖經賢傳, 廣布天下,道學之興, 未有如今日者也."

16) 鄭誧. 『雪谷先生集』 下. 「兒仁翰錄寄所賦詩 書此以答」(『韓國文集叢刊』 3. 260쪽). "好把詩書窮道學, 莫將詞賦占時名."

다. 그도 처음에는 "도학은 계획해서는 안 되니, 뜻이 있는 곳에서 마침내 이룬다."[17]고 하여 도학에 대해 구체적으로 한정하지 않았다. 그러나 그 다음부터 그는 도학을 한정하고 있다. 곧, 도학이라는 말 앞에 관형어를 두고 있다. 목은이 지적한 도학은 정주程朱 도학이다.[18]

삼봉三峯 정도전鄭道傳(1342-1398)은 "위로는 태조와 정종·태종의 마음을 받들었고, 아래로는 염락濂洛 도학의 아름다움을 열었네."[19]라고 하여 도학 앞에 염락이라는 관형어를 놓고 있다. 염락은 바로 주렴계周濂溪(周敦頤)·이정二程(程顥·程頤)을 가리킨다. "성균관 생원 박초 등이 상소하기를, '겸대사성 정도전은 천인 성명의 연원을 발휘하여, 공맹孔孟·정주程朱의 도학을 수창하고, 오래도록 백성을 꼬여 믿게 한 불교를 배척하였습니다.'[20]고 하였습니다."라고 하여 정도전이 공자·맹자·정자·주자의 도학을 수창하였고, 불교와 같은 이단을 배척하였다고 하고 있다. 사가정四佳亭 서거정徐居正(1420-1488) 역시 정程·주朱 도학을 주장하였다.[21]

17) 李穡. 『牧隱詩藁』 卷3. 「登科有感」(『韓國文集叢刊』 3. 536쪽). "道學不可晝, 竟成在有志."

18) 李穡. 『牧隱詩藁』 卷8. 「憶梅花」(『韓國文集叢刊』 4. 50쪽). "程朱道學窮天命,李杜才名騁國風.": 李穡. 『牧隱詩藁』 卷10. 「寄贈金敬叔少監」(『韓國文集叢刊』4. 79쪽). "歐王曾蘇冠趙宋,中間作者皆丘墟. 程朱道學配天地, 直揭日月行徐徐."; 李穡. 『牧隱詩藁卷』 14. 「卽事」(『韓國文集叢刊』 4. 153쪽). "魏晉淸談雖自絶,程朱道學竟誰傳."

19) 鄭道傳. 『三峯集』 卷12. 『經濟文鑑別集』 下. 「君道」(『韓國文集叢刊』 5. 498쪽). "上承一祖二宗之心,下開濂洛道學之懿."

20) 鄭道傳. 『三峯集』 卷14. 附錄 「事實」(『韓國文集叢刊』 5. 525쪽). "成均生員朴礎等上疏曰, 兼大司成鄭道傳發揮天人性命之淵源, 唱鳴孔孟程朱之道學, 闢浮屠百代之誑誘."

21) 徐居正. 『四佳詩集』 卷30. 「聞丘判書同年下世 從直」(『韓國文集叢刊』 11. 11쪽). "憐君軀幹最魁梧, 七尺長身二尺鬚. 自說聰明過管輅, 人言道學繼程朱. 官躋一品三朝貴, 壽俯八旬五福俱. 身後流芳應未艾, 眼前諸子似聯珠."

위의 여러 주장을 미루어 보면, 고려 말부터 조선 초기에는 송나라의 성리학을 도학으로 생각하였다는 것을 알 수 있다. 성리학의 원천은 근본 유학자인 공자와 맹자에까지 거슬러 올라가지 않을 수 없다. 초기에는 성경현전聖經賢傳을, 그 다음은 염락濂洛·정주程朱의 학문을 도학으로 여겼다.[22] 한편 초기 사림파가 아닌 후기의 사림파인 김안국金安國도 정주도 학을 주장[23]하고 있다. 이를 미루어 보면 성리학이 우리나라에 전래된 초기부터 그 이후로 도학이라 하면 정주程朱 도학이 중심이 된다는 것을 알 수 있다.[24]

둘째는 도학을 밝히고(明道學),이단을 배척하는 일(闢異端)이다. 이는 훈구파나 사림파에 관계없이 고려 말 조선초기의 선비들이 주장하였다. 양촌陽村 권근權近(1352-1409)은 정도전의 "성인聖人이 돌아가신 지 천 년 뒤에 학문이 거짓이 되고, 말이 어지러운지라, 기氣로써 도道를 삼고 마음으로써 종宗을 삼는다."[25] 말에 주를 달기를, "이는 이단의 학

---

22) 위에 든 사람 말고도 鄭摠, 尹祥, 柳方善도 같은 주장을 하고 있다.
　鄭摠.『復齋先生集』上.「贈國子學錄張先生 溥 使還」(『韓國文集叢刊』7. 476쪽). "持節翩旋到海門, 一封芝詔布皇恩. 表儀朝著聲名重, 輔導儲宮德望尊. 天上使星高照耀, 關中道學有淵源. 小生好古嗟生晩, 安得摳衣奉討論."
　尹祥.『別洞先生續集』卷1.「寄同年郭參判」(二絶『韓國文集叢刊』8. 298쪽). "明公道學類伊川, 高步銀臺想去年. 今又銓曹留藻鑑, 一時姸媸盡昭然."
　柳方善.『泰齋先生文集』卷1.「八日歌 奉舅氏」(『韓國文集叢刊』8. 583쪽). "文章直慕李杜風, 道學竊效程朱論. 平生自幸抱大志, 堯舜君民心未已."

23) 金安國.『慕齋先生集』卷1.「勸星州學徒」. "經帷日日講程朱, 道學行看遍海隅. 南土古來英俊藪, 研窮性理作眞儒." 2수 가운데 첫수이나 金安國.『慕齋先生集』卷1.「勸示晉州學者」(『韓國文集叢刊』20. 9쪽). "道學寥寥歲幾千, 賴因濂洛續眞傳. 須將小學爲階級, 進進毋忘跂古賢. 東海文風自古傳, 嶺南儒敎魯鄒肩. 聖明方尙程朱學, 珍重諸生更勉旃."에서 정주程朱도학을 주장하고 있다.

24) 方外人인 김시습 역시 金時習.『梅月堂文集』卷20.「張載傳」(『韓國文集叢刊』13. 377쪽). "卽撤坐輟講° 與二程論道學之要."라 하여 정주도학을 언급하고 있다.

25) 鄭道傳.『三峯集』卷10.「理論心氣」(『韓國文集叢刊』5. 467쪽). "聖遠千載, 學誣言厖, 氣以爲道, 心以爲宗."

설이 왕성하게 된 것은 성인의 세상이 이미 멀어 도학이 밝지 않았기 때문이다. 노자는 기氣가 본디 이理를 바탕으로 한다는 것을 알지 못하고, 기氣를 도道로 여기고 있으며, 석씨는 이理가 심心에 갖추어져 있음을 알지 못하고 마음을 으뜸(宗)으로 삼는다는 것을 말한 것이다."[26]고 하고 있다. 권근이 말한 이단은 노장老莊과 불교佛敎 가리킨다. 그는 또 "심心 · 기氣 · 이理 세 편은 삼봉 선생이 지은 것이다. 선생은 언제나 도학을 밝히고 이단을 물리치는 것을 자신의 책임으로 여기셨다."[27]고 하여 명도학明道學과 벽이단闢異端을 주장하고 있다.

야은冶隱 길재吉再(1353-1419)의 제자인 율정栗亭 박서생朴瑞生(?-?)은 "도학을 밝히고 이단을 물리치는 것으로 일을 삼았다. 책상 앞에 꼿꼿이 앉아 변증과 절충으로 밤을 지세도 지칠 줄을 몰랐다."[28]고 하여, 야은 학문의 한 가지는 명도학明道學 벽이단闢異端이라 하고 있다. 야은의 언행록을 기록한 미암眉巖 유희춘柳希春(1513-1577)도 "정주程朱의 뜻에 부합하기에 힘써 도학을 밝히고 이단을 물리쳤다."[29]고 한다. 서거정徐居正도 "이단은 호랑이나 표범처럼 몰아내고, 도학은 물고기와 솔개에 이르렀네."[30]라고 하여 명도학明道學과 벽이단闢異端을 주장하고 있다. 권근 · 정도전 · 서거정은 관학파 또는 사장학파에 속한다. 위에서 알

26) 위의 책, 같은 곳. "此言異端之說所以得熾者, 以聖人之世旣遠, 而道學不明也. 故老不知氣本乎理, 而以氣爲道. 釋不知理具於心, 而以心爲宗."

27) 權近. 『三峯集』 卷10. 「三峯集序」(『韓國文集叢刊』 5. 469쪽). "心氣理三篇者, 三峯先生所作也. 先生常以明道學闢異端爲己任."

28) 朴瑞生. 『冶隱先生言行拾遺』 卷上. 「冶隱先生行狀」(『韓國文集叢刊』 7. 396쪽). "甞以明道學闢異端爲事, 對案危坐, 辨析折衷, 竟夕忘倦."

29) 眉巖柳希春. 「續蒙求」. 『冶隱先生言行拾遺』 卷中(『韓國文集叢刊』 7. 402). "務合程朱之旨, 以明道學, 以闢異端."

30) 徐居正. 『四佳詩集』 卷20. 「送南原梁君 誠之」(『韓國文集叢刊』 10. 428쪽). "異端驅虎豹, 道學達魚鳶."

수 있듯이, 이들은 이론의 제시에만 그쳤고 그 실천은 하지 않았다.

셋째는 점필재 제자들을 중심으로 한 사림파의 심성수양心性修養을 통한 도학의 실천이다. 이들은 명도학, 벽이단의 문제가 아니라 한층 더 나아가 이론과 실천을 병행하려 하였다. 남계藍溪 표연말表沿沫(1449-1498)의 다음 글에서 그 일단을 알 수 있다.

> 아, 도학이 무너진 지가 오래되었다. 만약 위로 현성한 임금이 나타나시어 몸소 도학을 행하고 교화를 밝혀서 사문斯文을 진흥시킨다면 격물格物 · 치지致知 · 성의誠意 · 정심正心의 학문을 회복할 수 있을 것이다. 그래서 덕성을 존숭하고 도학의 학문을 가르치지 않아도 선비들이 익히는 것이 나날이 바른 곳으로 나아갈 것이요, 풍속이 나날이 순박해 질 것이다.[31]

위에서 알 수 있듯이, 남계는 심성수양을 통한 도학의 실천을 주장하고 있다. 어진 임금이 나타나 몸소 도학을 실천하고 교화를 밝혀 사문을 진흥시킨다면 격물格物 · 치지致知에서 치국治國 · 평천하平天下까지 가능할 것이라고 하였다. 남계藍溪는 임금이 앞서서 도학을 실천하여 교화를 바르게 하면, 그 밑의 사람들은 저절로 행동이 발라지고 또 풍속이 나날이 순박해 질 것이라 하였다. 이처럼 사림파 시대에 와서는 이론을 바탕으로 한 실천을 도학으로 생각하였다. 바로 실천도학實踐道學이다.

점필재 제자라 하여 모두 도학에만 밝은 것이 아니다. 그의 제자들

31) 表沿沫. 『藍溪先生文集』 卷1. 『雜著』. 「論學」(『韓國文集叢刊』 15. 425쪽). “嗚呼, 道學之廢久矣. 苟有賢聖之君作於上, 而推躬行, 明敎化, 以振起斯文則格致誠正之學可復, 而德性之必尊, 問學之必道, 不待於敎, 而士習日就於正, 風俗日將於淳矣.”

은 여러 방면에서 다양한 재주를 발휘하였다. 점필재 제자 가운데 도학[32]으로는 김굉필金宏弼 · 정여창鄭汝昌 · 이심원李深源이, 문장으로는 김일손金馹孫 · 유호인兪好仁 · 조위曺偉 · 이종준李宗準 · 남효온南孝溫 · 홍유손洪裕孫 · 강혼姜渾 · 이주李胄 · 이원李黿 · 이목李穆 등이, 유일遺逸에는 남효온南孝溫 · 신영희辛永禧 · 안응세安應世 · 홍유손洪裕孫 등이, 음률音律에는 이총李摠 · 이정은李貞恩이 두드러졌다. 이 가운데는 들지 않았지만, 남계藍溪 표연말表沿沫은 도학과 문장에 대단히 뛰어났다. 이들의 공통점은 도의 실천을 기본으로 하고 있었다. 이 점에 대해서는 뒤에서 다시 논의된다.

넷째 도학자들의 도통의식道統意識과 의리정신義理精神을 문학과 결부시켰다는 점이다. 문장으로 유명한 탁영濯纓 김일손金馹孫의 다음 글을 보면 그 정황을 알 수 있다.

> 이것은 특히 임금의 마음이 정해지지 않을 때의 일입니다. 그 마음을 정하면 어디를 가든 스스로 하지 않은 것이 없을 것입니다. 이 때문에 주무숙周茂叔은 정원에 나는 풀을 없애지 않고, "내 마음은 풀을 뽑든 안 뽑든 똑 같다."고 하였으며, 장자후는 파초의 잎을 보고

32) 姜渾. 『木溪先生逸稿』 卷2. 附錄. 「摭遺」(『韓國文集叢刊』 17. 186쪽). "濯纓先生嘗言, 予性本少許可, 十七歲, 始遊畢翁之門, 得神交十有三人焉. 道學, 金大猷 宏弼 鄭伯勖汝昌 李伯淵 深源. 文章, 姜士浩 渾 李胄之 胄 李浪翁黿 李仲雍 穆. 遺逸, 南伯恭 孝溫 辛德優 永禧 安子挺應世 洪餘慶 裕孫. 音律, 李百源 摠 李正中 貞恩."

權五福. 『睡軒集』 卷3. 附錄. 「戊午黨籍」(『韓國文集叢刊』 17. 371쪽). "宗直字季昷, …中略…. 喜獎進後學, 多有成就, 鄭汝昌 · 金宏弼, 以道學名, 金馹孫 · 兪好仁 · 曺偉 · 李宗準 · 南孝溫 · 洪裕孫等, 以文章顯."

鄭宗魯. 「藍溪先生行狀」. 『藍溪先生文集』 卷4. 附錄(『韓國文集叢刊』 15. 448쪽). "道學則有金寒暄 , 鄭一蠹兩先生. 文章則曺梅溪 , 金濯纓諸君子. 相切磋推許之, 一時儕友, 皆以藍溪先生稱焉."

> 탕湯임금이 욕기浴器에 새긴 일신日新의 지혜를 상기하였고, 달이 오동잎 위로 떠오르고 바람이 버드나무 가지에 부는 것을 보고 주희朱熹는 도체道體를 읊었습니다. 그러므로 엎드려 생각하건대, 전하께서는 성학을 공부하시어 만 권의 책을 읽으시고 널리 배우신 것을 요약하셨으므로 마음을 전하신지 이미 오래되었고, 염락관민濂洛關閩의 제자와 도학道學의 연원淵源에 있어서 반드시 깊은 생각이 있었을 것입니다.[33)]

일반적으로 문장을 하는 선비는 도학을 무시하였다고 생각할 수도 있다. 그러나 점필재를 위시한 그 제자들, 즉 영남 사림파들은 그렇게 여기지 않았다. 또 문장에 뛰어났다고 하여 이들이 도학을 전혀 무시한 것은 아니다. 그것은 위의 탁영의 말에서도 알 수 있다.

위 글에서 우리는 탁영은, 첫째 그는 심성수양心性修養을 강조하고 있다. 탕湯임금의 반명盤銘에 들어 있는, 일신日新은 심성을 수양하지 않고는 이룰 수 없다. 둘째는 도통의식道統意識이다. 탁영이 구체적으로 언급하지 않았지만, 주무숙周茂叔 즉 주돈이周敦頤부터 장재張載·소옹邵雍·정호程顥·정이程頤·양시楊時·주자朱子에 이르는 송나라 성리학자들 도통 계보를 염두에 두었다. 그것이 바로 그가 말한 염락관민濂洛關閩의 제자와 도학道學의 연원淵源이다. 셋째는 의리정신이다. 그는 주렴계周濂溪와 주자朱子의 시를 언급하면서 시어詩語에 나타난 의미, 곧 의리정신義理精神의 함양을 강조하고 있다. 양팽손梁彭孫(1488 성종19 - 1545 인종1)의

33) 金馹孫. 『濯纓先生文集』 卷1. 雜著. 「四十八詠跋」(『韓國文集叢刊』 17 221쪽). "此特君心未定時耳, 此心旣定, 則無入而不自得. 是故, 周茂叔, 庭草不除曰, 自家意思一般. 張子厚, 因芭蕉新葉, 而起盤銘日新之知. 月到梧桐, 風來楊柳, 而邵翁之天心自得, 萬紫千紅都是春, 是朱熹道體之吟. 伏念殿下, 緝熙聖學, 讀書萬卷, 博而約之, 一心之定, 久矣. 其於濂 , 洛 , 關 , 閩諸子道學之淵源, 必有深契."

「회포를 서술함(述懷)」[34]이라는 시에서도 "공맹의 원류 기꺼이 전함이 있으니, 도학은 넓지 않고 몸이 늙어가네."라 하여 도학의 도통道統 원류를 공자 · 맹자로 잡고 있다.

다섯째 후대에 가면 문장덕업文章德業 · 충효도학忠孝道學이 결부된다. 이현보李賢輔의 『농암집』에는 그의 7대 손인 원룡元龍 · 응룡應龍 · 형룡亨龍이 지은 제문에 "아, 부군의 충효도학과 덕업풍절은 모두 퇴계의 행장에 실려 있다."[35]는 말이 있다. 박영朴英의 『송당집』에 누가 지었는지 모르는 「상향축문常享祝文」[36]에도 "문장덕업文章德業, 충효도학忠孝道學"이라는 말이 나온다. 그러나 이러한 말들은 농암이나 송당 자신들의 견해가 아니고 후대 사람들의 주장이다. 그것도 적게는 몇 십 년, 많게는 200년 정도의 시간 거리를 두고 있다. 따라서 이것은 두 사람의 당대의 생각이 아니라 후손들이 자신의 선조를 추앙하기 위해서 붙인 말이다. 그러나 이것은 거꾸로 후대에 가면 도학만을 주장한 것이 아니라는 것을 입증한다. 즉, 도학을 하면서 문장을 하고, 덕업을 바탕으로 충효 정신을 함양하여야 한다는 것이다.

4. 도체문용道體文用의 도문겸전론道文兼全論

당나라 말기까지의 학자들의 정신의 근저는 의기학意氣學이다. 이 의

---

34) 梁彭孫. 『學圃先生文集』 卷1(『韓國文集叢刊』 21. 168쪽). "洙泗源流喜有傳, 道學未弘身欲老."

35) 李賢輔. 『聾巖先生年譜』 卷2. 附錄[祭文](『韓國文集叢刊』 17. 481쪽). "嗚呼, 府君之忠孝道學,德業風節,具載退老之狀."

36) 朴英. 『松堂先生文集』 卷4. 附錄. 「常享祝文」(姓名佚. 『韓國文集叢刊』 18. 139쪽).

기학은 우리나라에서는 고려 말 성리학이 들어오기 전까지 지속되었다. 정도의 차이는 있지만 송나라 학자들의 기본 학문은 의리학義理學이었다. 이 의리학은 조선 중기 이후 선비들의 학문의 주류主流가 되었다. 고려 말부터 조선 초기에 이르는 시기의 도학道學은 완전한 의리학 시대가 아니었다. 의기학과 의리학이 교차하는 시기였다.

사림파의 문학은 가장 기본이 글에 도를 싣는 '문이재도文以載道', 또는 '도본문말道本文末'이라고 많은 사람들이 주장하여 왔다. 이들이 도를 그만큼 중하게 여겼다는 것은 필자도 부정하지 않는다. 그러나 사림파학자들이 도만을 주장하였는가 하는 점에 대해서는 다시금 생각해야 할 문제이다. 지금까지 많은 사람들이 피상적으로 사림파와 도학파라 이름하여 양분하고 있고, 이들의 문학정신 또한 아주 다르다고 주장해왔다. 그러나 사림파와 관학파, 또는 도학파와 사장파 학자들이 가장 기본적으로 수학한 것이 거의 같다. 이들이 대과大科에 급제하기 전이나 그 뒤에 주로 공부한 것은 사서오경四書五經을 기본으로 하는 근본유가서根本儒家書와, 『성리대전性理大全』·『근사록近思錄』·『심경心經』·『주자대전朱子大全』·『이정전서二程全書』 등 송宋나라 성리서性理書였다.

그 뒤 대과에 급제하여 관직에 나간 사람들은 대부분 도학道學과 사장詞章을 겸비하였다. 그 가운데 관학파에 속하는 서거정(1420-1488)이나 성현(1439-1504) 같은 이는 도체문용道體文用 또는 도문겸전道文兼全을 주장하였다. 서거정은 문文에 있어서도 체體·용用을 주장하고 있다. 곧, "정精·일一·중中·극極은 문의 체體요, 시詩·서書·예禮·악樂은 문의 용用이다. 따라서 각 시대마다 문이 있고, 문은 각각 체가 있으니, 전典·모謨를 읽으면 당唐·우虞의 문을 알 수 있고, 훈訓·고誥·서誓·명銘을 읽으면 삼대의 문을 알 수 있다. … 그 시대를 논하여 그 문을 상고하려면 『문선文選』 · 『문수文粹』 · 『문감文鑑』 · 『문류文類』와 같은 책들로, 대개 후세의 문운이 높고 낮음을 논할 수 있다."[37] 이처럼 서거정은 정일중극精一中極이 문文의 체體이고, 시서예악詩書禮樂이 문文의 용用이라고 하고 있다. 체는 무엇을 이루는 바탕이요, 용은 그 활용이다. 이것은 체體 · 용用이 별개의 것이 아니라 표리의 관계에 있음을 말하는 것이다. 체體를 드러내기 위해서는 용用이 필요하다. 따라서 이것이 바로 도체문용道體文用이다. 그의 외할아버지인 권근權近(1352-1409)은 다음과 같이 말하고 있다.

> 천지자연의 이치가 있으면 천지자연의 무늬가 있다. 해와 달과 별이 밝게 비치고, 바람 · 비 · 서리 · 이슬이 변화를 일으키며, 산과 강은 흐르고 솟고, 풀과 나무는 자라서 꽃을 피우고, 물고기와 솔개는 하늘 높이 날고 물에서 뛰어 오른다. 무릇 만물이 소리를 내며 천지(兩儀)에 가득 찬 것들은 각각 자연의 무늬를 지니지 않음이 없다. … 성인은 천지와 같으니 육경에 그 이치가 다 실려 있고, 그 무늬가 우아하여 무엇을 더함이 없다.[38]

이 말 역시 위의 서거정의 주장과 비슷하다. 서거정이 그의 외조부

37) 徐居正. 『四佳文集』 卷4. 「東文選序」(『韓國文集叢刊』 11. 248쪽). "精一中極, 文之體也. 詩書禮樂, 文之用也. 是以 代各有文, 而文各有體. 讀典謨, 知唐虞之文, 讀訓誥誓命, 知三代之文. … 元論其世考其文, 則以文選文粹文鑑文類諸篇, 而亦槩論後世文運之上下者矣."

38) 權近. 『陽村先生文集』 卷20. 「恩門牧隱先生文集序」(『韓國文集叢刊』 7. 200쪽). "有天地自然之理, 卽有天地自然之文. 日月星辰得之以照臨, 風雨霜露得之以變化, 山河得之以流峙, 草木得之以敷榮, 魚鳶得之以飛躍. 凡萬物之有聲而盈兩儀者, 莫不各有自然之文焉. … 聖人猶天地也, 六籍所載, 其理之備, 其文之雅, 蔑以加矣."

인 양촌의 학설를 반복하였다고 하겠다. 천리天理가 체體요, 천문天文이 용用이다. 천리는 바로 자연의 이치요, 천문은 자연의 무늬이다. 이 자연의 무늬에는 비단 일월성신日月星辰의 천문天文뿐만 아니라 산천초목山川草木의 지리地理까지 포함한다. 하늘의 무늬가 천문이요, 땅의 무늬가 지리요, 사람의 무늬가 인문이다. 이 인문은 예의염치禮儀廉恥 또는 시서예악詩書禮樂이다. 이러한 관계에 대해서 권근權近은 다음과 같이 말하고 있다.

> 문이 천지 사이에 있어 사도斯道가 서로 소멸하고 성장한다. 도가 위에서 행하면 문이 예악정교 사이에 나타나고, 도가 아래를 밝히면 문이 간편필삭의 안에 있다. 전典 · 모謨 · 서誓 · 명命에 들어 있는 문과 산정찬수刪定贊修한 글에서 도를 실은 것은 같다.[39]

양촌陽村은 도와 문이 성장과 쇠퇴를 반복한다고 한다. 그것은 도를 위에 있는 사람이 행하느냐, 아래에 있는 사람이 행하느냐에 따라 흥쇠興衰가 달라진다는 것이다. 안숭선安崇善(1392-1452)은 또 다음과 같이 말하고 있다.

> 글이란 성정을 읊어서 마음속에 쌓인 것을 드러내는 것이다. 그러므로 화순和順함이 마음속에 쌓인 뒤에 영화英華 밖으로 피어난다. 그 웅심하고 건아한 말씨는 본래 원기에서 이루어지는 것이니, 글이란 거짓으로 지을 수 없다는 것이 분명하다.[40]

39) 權近.『陽村先生文集』卷16.「鄭三峯道傳文集序」(『韓國文集叢刊』7. 171쪽). "文在天地間, 與斯道相消長. 道行於上, 文著於禮樂政敎之間. 道明於下, 文寓於簡編筆削之內, 故典謨誓命之文, 刪定贊修之書, 其載道一也."

40) 安崇善.『東文選』卷95.「復齋先生遺藁序」. "文辭, 所以吟咏性情, 以達所蘊. 故和順積中而後,英華發外. 其雄深雅健之辭, 實根於元氣, 則文辭之不可僞爲也審矣."

위에서 보듯이 안숭선은 문의 성정설性情說을 주장하고 있다. 사람의 성정에 따라 그 글이 달라진다는 것이다. 부드러운 마음씨를 가진 사람은 글도 부드럽고, 반대로 강건한 마음씨를 가진 사람은 글도 강건하다고 한다. 삼봉三峯 정도전鄭道傳(1342-1398)이 처음으로 문이재도론文以載道論을 주장하였다.

> 해 · 달 · 별은 하늘의 무늬이고, 산 · 내 · 풀 · 나무는 땅의 무늬이며, 시 · 서 · 예 · 악은 사람의 무늬이다. 그러나 하늘은 기氣로, 땅은 형形으로 사람은 도道로써 무늬를 낸다. 그래서 문文은 도를 싣는 그릇이다.[41)]

그는 하늘은 기氣로, 땅은 형形으로, 사람은 도道로 무늬를 낸다고 하였다. 천문天文, 지리地理는 자연의 무늬이다. 그러나 인문은 사람이 힘써 그 무늬를 내어야 한다. 그 바탕이 되는 것이 도이다. 인문人文이 도로써 그 무늬를 내니, 문은 도를 싣는 그릇이라고 하였다.

권근의 조카인 권채權採(1399-1438)도 역시 "문文으로 도道 싣는 것이므로, 시詩 · 서書 · 예禮 · 악樂과 같은 위의문사威儀文辭는 모두 지극한 도가 깃든 것이다."[42)]라고 하여 문이재도론文以載道論을 주장하였다. 이처럼 권근 · 안숭선 · 정도전 · 권채는 도와 문의 관계에 대해, 도체문용道體文用 · 성정性情 · 형기形氣 · 문이재도文以載道 등을 주장하고 있다. 다음의 서

---

41) 鄭道傳. 『三峯集』 卷3. 「陶隱文集序」(『韓國文集叢刊』 5. 342쪽). "日月星辰, 天之文也. 山川草木, 地之文也. 詩書禮樂, 人之文也. 然天以氣, 地以形, 而人則以道. 故曰文者, 載道之器."

42) 權採. 『東文選』 卷93. 「圃隱集序」. "文以載道, 故詩書禮樂, 威儀文辭, 皆至道之所寓也."

거정徐居正(1420-1488)과 성현成俔(1439-1504)도 문에 나타난 기氣 · 이理의 관계, 또는 기氣 · 지志의 관계에 대해서 다음과 같이 언급하고 있다.

> 소영빈이 논하기를, "문文은 기氣 드러난 것이다. 맹자는 호연지기를 잘 길렀으며, 사마천은 먼 데로 돌아다니며 그 기운을 식식하게 하였다. 따라서 그가 글을 지음에 굉박宏博하고 소탕함이 있다."[43] 고 한다.
>
> 시는 뜻을 말한 것이다. 지志는 마음이 지향하는 것이니 이 때문에 그 시를 읽으면 그 사람됨을 알 수 있다. 대각臺閣의 시는 기상이 호부豪富하고, 초야인의 시는 기상이 청담淸談하며, 선도인禪道人들의 시는 정신이 말랐고 기가 가냘프다. 옛날 시를 평가하는 분들은 이러한 것으로 구분한 것 같다.[44]
>
> 이 세상 정영精英한 기가 사람에 모여 문장이 되니, 문장은 사람 말의 정화精華이다."[45]

위에서 알 수 있듯이 서거정 역시 시 또는 문에 있어서의 형기론形氣論을 주장하고 있다. 그는 맹자가 말한 호연지기浩然之氣를 마음속에 간직하여 이것을 밖으로 표출하는 시, 즉 기운이 충만한 시를 좋아하였

---

43) 徐居正. 『四佳文集』 卷6. 「遊松都錄序」(『韓國文集叢刊』 11. 264쪽). "蘇穎濱嘗論, 文者氣之形. 孟子善養浩然之氣, 司馬遷遠遊以壯其氣. 故其爲文 有宏博焉, 有踈蕩焉."

44) 『四佳文集』 卷6. 「桂庭集序」(『韓國文集叢刊』 11. 279쪽). "詩言志, 志者, 心之所之也. 是以讀其詩, 可以知其人. 盖臺閣之詩, 氣象豪富. 草野之詩, 神氣淸淡. 禪道之詩, 神枯氣乏. 古之善觀詩者, 類於是乎分焉."

45) 徐居正. 『四佳文集』 卷6. 「泰齋集序」(『韓國文集叢刊』 11. 280쪽). "天地精英之氣鍾於人, 而爲文章. 文章者, 人言之精華也."

다. 이 면만을 두고 볼 때 그의 주장은 송시풍宋詩風이 아니라 당시풍唐詩風, 그 가운데서도 성당시풍을 더 좋아한 것으로 보인다. 성현成俔의 생각도 서거정의 그것과 비슷하다.

> 문장은 기를 위주로 한다. 기가 높으면 문장도 높고, 기가 약하면 문장도 약하다.[46)]

> 시는 말하기 어렵다. 시를 말하는 사람이 기氣만 논하고 이理 논하지 않는 것은 잘못되었다. 기는 외부에서 행동으로 나타나고 이는 마음속에서 그것을 지킨다. … 시를 잘 짓는 사람은 이치를 깨달은 사람이다. 따라서 그 근본을 잃지 않았나니, 근본을 잃으면 비록 호탕豪宕 · 농염濃艶하여 아무리 아름답게 다듬어도 시라고는 말할 수 없다.[47)]

> 육경六經은 성인의 말과 행동이요, 문장은 육경의 나머지(土苴)이다. 글을 지으면서 옛것을 본받지 않으면 날개 없이 바람을 타고 나는 것과 같으며, 글을 짓는데 경서經書에 바탕으로 하지 않으면 노 없이 파도를 해쳐나가는 것과 같다.[48)]

첫 문장은 기氣와 시문詩文과의 관계이다. 성현은 시인의 기氣가 높으

---

46) 成俔. 『虛白堂文集』 卷6. 「家兄安齋詩集序」(『韓國文集叢刊』 14. 462쪽). "文章以氣爲主, 氣隆則從而隆, 氣餒則從而餒."

47) 成俔. 『虛白堂文集』 卷7. 「濡溪詩集序」(『韓國文集叢刊』 14. 473쪽). "詩難言也. 言詩者, 論氣而不論理非也. 氣以行於外, 理以守諸內. … 善爲詩者悟於理. 故能不失根本, 苟失根本, 雖豪宕濃艶, 雕鎪萬狀, 而不可謂之詩也."

48) 成俔. 「與楙功書」(『韓國文集叢刊』 14. 510쪽). "夫六經者, 聖人之言行, 而文章者, 六經之土苴. 爲文而不法乎古, 則猶禦風而無翼也. 爲文而不本乎經, 則猶凌波而無楫也."

면 시문의 기도 높다고 하였다. 이 말은 『서경』의 '시언지詩言志', 곧 시는 시인의 뜻을 말한 것이라는 주장을 저변에 깔고 있다. 둘째 문장에서, 그는 기氣 · 이理 겸할 것을 주장하기도 한다. 마음속에 있으면 이理가 되고 그것이 밖으로 드러나면 기氣가 된다는 것이다. 이는 성리학자들이 말한, 동정론動靜論과 일치한다. 마음이 움직이면 정情 또는 기氣가 되고, 마음이 움직이지 않으면 이理가 된다는 말이다. 그러나 성현의 생각은 이理에 초점이 있는 것이 아니라 기氣에 초점이 있었다. 셋째 문장에서는 문장은 육경六經을 바탕으로 하여야 한다는 것이다. 그는 육경이 주가 되고 문장이 말사末事라고 하였다. 그렇다고 그가 문장을 무시한 것이 아니다. 그는 글을 짓는 데는 경서를 바탕으로 하여야 좋은 글이 나올 수 있다고 하였다.

이들은 주로 훈구학파 또는 관학파, 사장파라 불리는 학자들이다. 위에서 알 수 있듯이 이들도 도를 무시하지는 않았다. 안숭선의 성정론性情論을 제외하면, 이들은 주로 형기론形氣論을 주장하였다. 이들은 도와 문은 겸해야 하지만, 글을 짓는 사람의 기운에 따라 그 작품이 달라진다고 하였다.

이에 비해 점필재를 위시한 그의 제자들은 겉으로는 도본문말道本文末을 주장하였지만, 실제로는 성정性情과 풍교風敎를 바탕한 도문겸전道文兼全을 실천하였다. 이점이 관학파 또는 사장학파들이 겉으로만 도체문용道體文用을 주장한 것과는 다소 차이가 있다. 점필재 김종직(1431-1492)은 다음과 같이 말하고 있다.

> 문장은 작은 솜씨이고 시부는 더욱 문장에서 대수롭지 않은 것이

다. 그러나 성정을 다스리고 풍교를 이루어 당세에 울리고 무궁하도록 전하는 데는 시부에도 실로 힘입을 것이 있다. 진실로 뛰어난 재주가 아니고서야 그 누가 이러한 데에 참여할 수 있겠는가?[49]

점필재는 겉으로 문장말기론文章末技論을 내세우고 있다. 그러나 인간의 성정을 다스리고 풍교를 이루는 데는 문장이 필요하다고 하였다. 그는 성정과 풍교를 이루려면 호걸한 재주가 있어야 가능하다고 하였다. 그는, 재주가 뛰어날 뿐만 아니라 그 도량도 커야 한다는 것을 주장하고 있다. 다음 글을 보면, 그러한 정황이 나타난다.

사람의 도량이 어찌나 차이가 나는지? 정이천程伊川이 말하기를, "사람은 한 말 정도의 도량이 있는 사람이 있고, 종정鍾鼎 만큼의 도량이 있는 사람이 있으며, 강하江河 같은 도량이 있는 사람이 있고, 하늘과 땅 만큼 큰 도량이 있는 사람이 있다. 두소斗筲만큼의 도량이 있는 사람은 헤아리기 부족하고, 종정鍾鼎 · 강하江河 만큼 도량이 있는 사람은 이미 그 도량이 크다.[50]

점필재는 사람에 따라 두소斗筲 · 종정鍾鼎 · 강하江河 같은 도량이 있다고 하였다. 사람은 식견이 넓어야 한다. 이는 배운다고 되는 것이 아니

49) 金宗直.『佔畢齋文集』卷1.「永嘉連魁集序」. "文章小技也, 而詩賦尤文章之靡者也. 然而理性情達風敎, 鳴于當世而傳之無窮, 詩賦實有賴焉. 苟非豪傑之才, 其孰能與於此."

50) 金宗直.『佔畢齋文集』卷1.「申文忠公文集序」(『韓國文集叢刊』12. 412쪽). "人之度量, 何其相遠也. 程伊川云, 人有斗筲之量, 有鍾鼎之量, 有江河之量, 有天地之量. 斗筲之量, 固不足算, 若鍾鼎江河者, 亦已大矣."

다. 타고날 때부터 그 그릇의 차이가 있다. 점필재도 이 점을 잘 알고 있었다. 다음 글을 보면 그가 경술經術과 문장文章을 다 같이 중요하게 여겼다는 것을 알 수 있다.

> 경술經術하는 선비는 문장에는 졸렬하며, 문장을 하는 선비는 학문에는 어둡다고 세상 사람은 말한다. 그러나 내가 볼 때에는 그렇지 아니하다. 문장이란 것이 경술에서 나오는 것이니 경술은 곧 문장의 기초다. 이를 풀이나 나무에 비유한다면 뿌리가 없이 가지가 무성하며 꽃과 열매가 열릴 수 있겠는가.
>
> 『시경詩經』·『서경書經』과 육예六藝는 모두 경술이요, 『시경』·『서경』과 육예의 글은 곧 그 문장이다. 만일 능히 그 문장을 통하여 그 이치를 연구하여 정밀하게 이를 살피며 흐뭇하게 그 속에서 젖어서 이치와 문장이 나의 가슴 가운데에 융합되며 모여들면, 곧 그것이 나타나서 언어와 사부詞賦를 짓는 데에 잘 만들려고 애쓰지 아니하여도 잘될 것이다. 예로부터 문장으로 한 세상에 이름을 날리고 후세에 전하는 사람은 모두 이러하였을 뿐이다.[51]

점필재는 경술經術을 체體로, 문장을 용用으로 보았다. 경술은 문장을 나오게 하는 바탕이 된다는 말이다. 경술을 도학으로 바꾸면 도학과 문장은 서로 불가분의 관계가 있다는 말과도 통한다. 도학을 바탕으로 하여 문장

---

51) 金宗直. 「尹先生祥詩集序」. 『佔畢齋文集』 卷1(『韓國文集叢刊』 12. 413쪽). "經術之士, 劣於文章, 文章之士, 闇於經術, 世之人有是言也. 以余觀之, 不然. 文章者, 出於經術, 經術, 乃文章之根柢也. 譬之草木焉, 安有無根柢, 而柯葉之條鬯, 華實之穠秀者乎. 詩書六藝, 皆經術也, 詩書六藝之文, 卽其文章也. 苟能因其文, 而究其理, 精以察之, 優而游之, 理之與文, 融會於吾之胸中, 則其發而爲言語詞賦, 自不期於工而工矣. 自古, 以文章鳴於時而傳後者, 如斯而已."

을 서술해야 한다. 이는 사장학파들이 주장한 도체문용道體文用과 서로 통하는 면이 있다. 그러나 그 차이점은 앞에서도 언급했듯이 단지 이론에만 그치느냐, 아니면 이를 몸소 실천하는 데까지 이르느냐에 있다.

점필재의 이러한 생각은 그의 제자들에게도 영향을 끼쳤다. 사람에 따라서 다르겠지만, 문장을 말기末技로 생각하는 사람들도 문장을 무시하지 않았다. 단지 외출용언어로 그렇게 말하였을 뿐이다. 『시경』·『서경』·육예六藝는 경술이면서 문장이다. 즉, 내용면에서는 경술에 속할지 몰라도 그 의미를 표현하는 수단은 문장이다. 따라서 어느 것이건 무시할 수는 없다. 매계梅溪 조위曺偉(1454-1503)는 겉으로는 문장을 말사末事라고 하였다. 그러나 그는 문장을 잘하였다. 다음의 두 문장에서 그 정황을 알 수 있다.

> 공자께서 말씀하시기를 "덕이 있는 사람은 반드시 말이 있고, 말이 있는 사람은 반드시 덕이 있다"고 하셨다. 화순和順함이 마음속에 쌓여, 그 영화英華 밖으로 피어난다. 말에 드러나서 문장에 베푸는 사람은 모두 덕이 밖으로 드러난다. 공자의 도가 어찌 술잔을 잡고 붓을 놀려 문채 내는 것을 배우는 것이겠는가? 말이 비록 아름답고 언어가 정교하지만, 진실로 그 덕이 없으면 보기에는 부족하다.[52]
>
> 문예와 같은 것은 선원善源(金孟性:1437-1487)에게 있어서는 다만 말사末事일 따름이다.[53]

---

52) 曺偉.『梅溪集』卷5.「止止堂集序」. 嶺南大學校 中央圖書館所藏本. "孔子曰, 有德者必有言, 有言者必有德. 和順積中, 英華發外, 顯於言語, 施諸文章者, 皆德之著於外者也. 孔子之道, 豈操觚弄翰, 學爲文者哉. 詞華雖美, 言語雖工, 苟無其德, 不足觀也"

53) 曺偉.『梅溪集』卷5.「止止堂集序」. 嶺南大學校 中央圖書館所藏本. "若文藝則, 於善源, 特末事耳."

덕이 있는 사람은 말이 있고, 말이 있는 사람은 덕이 있다. 덕이 있는 사람은 화순和順함이 마음속에 쌓여 그것이 밖으로 드러나게 되는 것이다. 따라서 덕이 있는 사람의 글은 충담沖澹하고 한아閒雅하다. 이와 달리 덕이 없는 사람의 글은 문채文彩에 의존해서 말을 아름답고도 정교하게 한다. 그것이 바로 교언영색巧言令色인데, 이것이 바로 매계梅溪의 생각이다. 매계가 겉으로는 이런 말을 하였지만, 앞에 거론하였듯이 점필재 제자 가운데 문학에 뛰어나기로 소문난 사람이었다. 도학만을 숭상하고 문학을 무시하였으면, 문학에 대한 소질을 기르지 말아야 한다. 그러나 매계는 그렇게 하지 않았다. 이것은 그가 문학을 얼마나 중하게 여겼는가를 알게 한다. 매계 자신이 생각하기로는 문학보다 도학이 더 높은 비중을 차지하고 있다는 것이다. 실천면에서 도체문용道體文用이다.

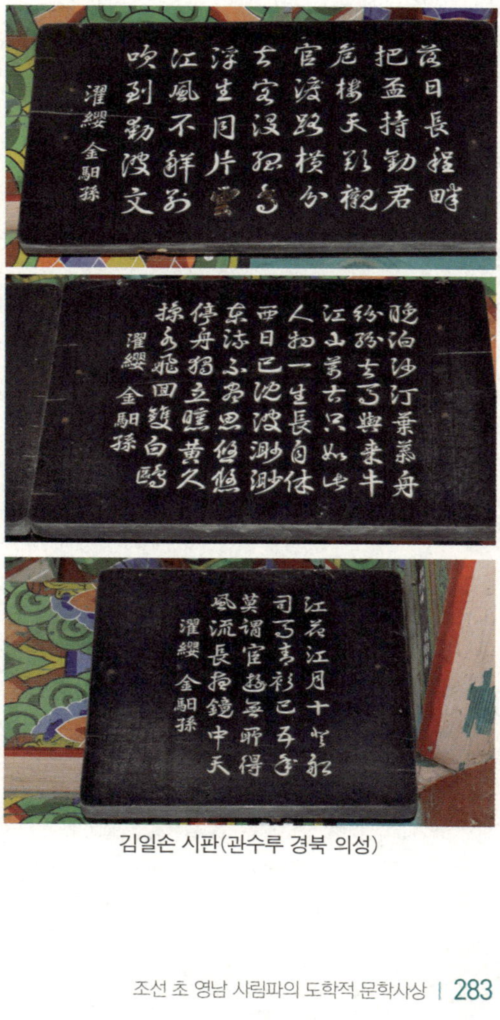

김일손 시판(관수루 경북 의성)

탁영 김일손도, “사장詞章같은 것은 다만 하찮

은 일일 따름이다. 그러나 도가 있는 사람은 반드시 말이 있고, 말이 정련하게 되면 그 감동이 사람들에게 나타나 시가 된다. 그러니 사장詞章도 도와 서로 어긋나는 것이 아니다."[54]라 하고 있다. 탁영의 생각은, 비록 사장詞章을 하찮은 재주로 생각할지라도 도가 있는 깊은 사람은 저절로 말이 있게 마련이는 것이다. 이는 『논어論語』「헌문憲問」편에 나오는, "덕이 있는 이는 반드시 훌륭한 말을 하게 마련이지만, 그럴듯한 말을 한다고 해서 그 사람에게 꼭 덕이 있다고 말할 수는 없다."[55]는 말과 서로 통한다.

수헌 권오복 역시 「장원 김계운에게 올림(上金季雲壯元)」[56]라는 시에서 문장을 소기小技로 보았다.

陟覺文章眞小技	문장은 참으로 소기라는 것을 깨달았으나,
每愁肝腎困雕鐫	언제나 마음속 뜻 새기기 어려움을 근심해.
膏肓此病治無藥	고황膏肓 속에 든 이 병 고칠 약 없나니,
歡伯何時痛洗湔	술로써 어느 때에 아픔을 씻어 내리오.

자아는 문장을 하찮은 재주로 생각하였다. 비록 하찮은 것이지만, 자

54) 영근郢斤: 글을 잘 고치는 것을 말한다. 『莊子』 24. 「徐无鬼」에, "영 지방 사람이 코끝에 백토를 파리 날개처럼 묻혀 놓고 장석匠石을 시켜 그것을 깎아 내게 하였다. 그러자 장석이 바람을 일으키며 도끼를 휘둘러 마음대로 깎아 내기 시작하였는데, 백토를 다 깎았는데도 코를 다치게 하지 않았고 그 영 지방 사람도 조금도 동요하지 않고 그대로 서 있었다(郢人堊慢, 其鼻端若蠅翼, 使匠石斲之, 匠石運斤成風, 聽而斲之, 盡堊而鼻不傷, 郢人立不失容)."하였다.

55) 『論語』. 「憲問」. "有德者, 必有言, 有言者, 不必有德."

56) 權五福. 『睡軒集』 卷1(『韓國文集叢刊』 17. 336쪽). "雕篆從來困肺肝, 文章小技不須看."

신의 마음속의 생각을 표현하기는 참으로 어렵다. 자아도 이것을 근심하고 있다. 비록 위에서 탁영이 칭찬하기를 그의 문장은 자연 유출이라 하기는 하였지만, 수헌 자신도 시를 짓기 위하여 고민하고 있다. 이것은 어쩌면 엄살인지도 모른다.

비록 소기기이는 하지만, 시를 짓는 일을 그만 둘 수 없다. 선비가 글공부하다가 여유가 생기면 시 짓는 것이 생활의 한 부분이기 때문이다. 그러니 자아는 고황膏肓에 든 병을 고칠 수가 없다고 하였다. 이 병을 고치기 위해서 환백歡伯, 즉 술을 마셔 봐도 그다지 소용이 없다. 술로써는 자신의 가슴속에 쌓인 회포를 다 풀 수가 없다. 자신의 회포를 풀기 위해서는 반드시 글이 필요하다. 가장 효과적인 것은 문장이 아니라 시로 풀어내는 것이다. 탁영濯纓이나 수헌睡軒·매계梅溪는 문장을 소기小技로 보았다. 실천면에서는 문장을 대단히 중요하게 생각하였다. 자신의 심회를 표현하는 데 반드시 필요한 것이 글이기 때문이다.[57] 이들이 문장을 소기小技로 본 것은 어디까지나 외출용 언어에 불과하다. 실제로 매계梅溪나 탁영은 점필재 제자 가운데 문학을 잘 하기로 소문난 사람이다. 이들이 이 말을 한 것은 겸사謙辭이다. 자신들이 문학에 대한 소질이 있지만, 당시 사람들에게는 도가 우선이라는 것을 보여주기 위한 것이다.

점필재가 문학에 있어 성정론을 주장한 뒤 몇 몇 사람이 이 주장을 뒷받침하고 있다. 충암冲菴 김정金淨(1486-1521)의 글을 보면 다음과 같은 내용이 있다.

57) 拙稿. 2011.「睡軒 權五福의「關東錄」에 나타난 자아의식」.『溫知論叢』29. 溫知學會. 122-123쪽 참조.

> 시는 성정이다. 성정이 드러나 소리가 되니, 어찌 말을 아름답게 꾸미는 것으로 말할 수 있겠는가? 도덕이 무너지고 성정이 끊이고부터 문사文辭 왕성하고 정성正聲이 시들었다. 도덕이 무너지자 음란한 말들이 번성하고 더욱 더 신기하여 질박한 마음이 사라졌다.[58)]

충암은, 시는 시인의 성정이 드러난 것이라 하였다. 도덕이 있고 성정이 바르면 문사文辭가 왕성하여 정성正聲이 유행한다고 하였다. 그런데 도덕이 무너진 그의 당대에는 음사淫辭가 번성하여 질박한 마음이 사라졌다고 한다. 그는 시인의 말은 그의 마음이 어떠하냐에 달려 있다고 한다. 율곡栗谷 이이李珥(1536-1584)도 언어와 시, 성정의 관계에 대해서 다음과 같이 말하고 있다.

> 사람의 소리가 정교하게 다듬어진 것을 언어라고 하는데, 시는 언어에 비해서 더욱 정교하게 다듬어진 것이다. 시는 성정을 바탕으로 하니, 거짓으로 시를 지을 수는 없다. 음성의 높낮이는 자연에서 나온다. 『시경』은 인정을 곡진히 하여 사물의 이치를 두루 통하고, 우유優柔·충후忠厚하여 바른 데로 귀착하려 하니, 이것이 시의 본원이다.[59)]

율곡 역시 문학에 있어 성정론을 주장하고 있다. 실제로 율곡의 앞의

58) 金淨. 『冲庵先生集』 卷4. 「顔樂堂詩集跋」(『韓國文集叢刊』 23. 183쪽). "詩者, 性情也. 性情發而爲聲, 烏取華采藻繪之足言也. 自道德喪而性情離, 文辭勝而正聲微, 靡然趨降, 淫泆繁亂, 愈奇愈新而大樸殘矣."

59) 李珥. 『栗谷先生全書』 卷13. 「精言妙選序」(『韓國文集叢刊』 44. 271쪽). "人聲之精者爲言, 詩之於言, 又其精者也. 詩本性情, 非矯僞而成, 聲音高下, 出於自然. 三百篇, 曲盡人情, 旁通物理, 優柔忠厚, 要歸於正, 此詩之本源也."

말은 당나라 한유의 주장과 비슷하다. 한유韓愈의 「송맹동야서送孟東野序」에 "사람의 소리 중에 정치한 것이 말이 되고, 문사는 말 중에서 또 더욱 정치한 것이라(人聲之精者爲言 文辭之於言 又其精也)" 한 데서 온 구절을 한 두 글자 바꾼 데 지나지 않는다.

점필재부터 그 제자들, 곧 남계藍溪 표연말表沿沫·매계梅溪 조위曺偉·탁영濯纓 김일손金馹孫·수헌睡軒 권오복權五福 등이 비록 문장말기文章末技를 주장했지만, 이들은 문장을 결코 무시하지 않았다. 실제로 이들은 문장을 말기末技로 여기지 않았다. 물론 도道 주가 되겠지만 도를 드러내기 위해서는 문장이 반드시 필요하다는 것을 알고 있었다. 또 이들은 문학방면에서도 상당한 조예가 있었다. 특히 사림파 가운데는 시로 임금의 인정을 받은 사람이 있다. 바로 뇌계㵢溪 유호인兪好仁과 탁영濯纓 김일손金馹孫이다. 세종이 안평대군安平大君을 위해서 지어준 '비해당匪懈堂'에 대해 성종成宗은 이 두 사람에게 「속비해당사십팔영續匪懈堂四十八詠」을 짓게 하였다. 훈구파의 대표는 허백정虛白亭 홍귀달洪貴達과 난재懶齋 채수蔡壽였다. 성종은 이 두 사람을 사림파의 대표로 발탁하였다. 그만큼 뇌계와 탁영이 시를 잘 지었기 때문이다.

1430년대 점필재가 태어나고부터 그의 제자들이 문학계에 등장하기 시작한 1400년대 말, 또는 1500년 대 초반까지 도체문용道體文用의 문학정신이 지속되었다. 그러나 1500년대 초·중반 퇴계退溪 남명南冥이 등장한 뒤에는 이러한 상황이 달라진다. 이 때를 우리는 이학理學 또는 도학道學의 전성시대라 한다. 곧, 완전한 의리학義理學의 시대가 되었다. 그 당시의 시인들은 시인과 서정적 자아를 일원적인 것으로 보았다. 즉, 작자와 작품이 분리된 것이 아니라 작자와 작품이 일치한다는 말이다. 이는 서양식 형식주의 문학관과는 상당한 거리를 두고 있다. 이들의 시에 대한 견해는 '시는 시인의 뜻을 말한 것'(詩言志)[60]라고 하는 말과 서로 일치한다.

점필재부터 그 제자들은 겉으로는 문장을 말사라 여겼다. 그러나 그들은 문장을 무시하지 않았다. 도리어 문학에 뛰어난 분들이 많이 나타났다. 점필재를 위시해서 그 제자들은 문학에 있어 성정性情과 풍교風敎 바탕으로 하였다. 이에 비해 관학파들은 도체문용道體文用을 주장하였지만, 이를 실천하는 일에는 그다지 관심이 없었다. 또 이들은 문학에 있어 형기形氣 내세웠다. 문학론에 있어 도학파와 사장파의 다른 면이 바로 이점이다.

5. 입언수후立言垂後를 통한 문학의 효용론

조선 후기 실학자의 한 사람인 홍대용은 "세상에서 선비라고 하는 사람에는 세 가지 유형이 있는데, 경학을 하는 선비, 문장을 하는 선비, 과거를 주로 하는 선비이다."[61]라 한다. 조선시대에는 자신의 능력이 없었으면 몰라도, 선비라고 하면 모두 위의 세 가지를 겸비하여야 하였다. 대부분 선비들은 경학, 또는 경술을 바탕으로 하였다. 그것은 어려서 『소학』이나 사서오경을 통하여 자연적으로 경술을 익히게 되었다. 또 경술을 익혀 시와 문장을 짓지 않을 수 없었다. 후대 사람들이 도학이니 사장이니 하여 구분하고 있지만, 당시에는 그러한 생각이 없이 시

---

60) 『書經集傳』 卷1. 「舜典」. "詩言志, 歌永言, 聲依永, 律和聲."

61) 洪大容. 『湛軒書』 內集 說 卷3. 「贈洪伯能說」. "世俗所謂士者三, 經學也文章也擧業也."

와 문장을 지었다. 단지 이들이 어느 부분을 중시했는가는 차이가 있다. 또 선비들은 경술과 문장을 통하여 관직에 진출하였다. 과거에 급제하여 관직에 나아가는 것이 들에게는 선택이 아니라 필수였다. 그들이 관직에 나가지 않으면 할 일이라고는 후진을 양성하는 길밖에 없다. 이 일은 대부분의 사람들이 과거에 떨어지고 난 뒤에 한 일이다.

동서양을 막론하고 문학의 목적과 기능은 크게 두 가지이다. 그 하나는 문학을 통하여 사람들에게 교훈敎訓을 주는 것이요, 다른 하나는 문학을 통하여 사람들에게 즐거움(快樂)을 주는 것이다. 이 둘 가운데 동양에서는 당연히 교훈성이 두드러진다. 이것은 공자 이후로 현재까지 주류를 이루고 있다. 따라서 고려 말, 조선 초라 하여 예외는 아니다. 먼저 권제權踶(1387-1445)의 글을 보면 다음과 같다.

> 예전에는 시를 채집하는 관리를 두어 백성의 풍속을 살피게 하였다. 대게 시라는 것은 마음이 드러난 것이요, 말이 정련한 것이다. 따라서 사람들을 깊게 감동시키고, 왕화의 성쇠와 세도의 오르내림이 뚜렷이 나타나게 되는 것이니, 시도詩道의 쓰임이 어찌 적다 할 수 있겠는가?[62]

권제는 시는 사람들의 마음을 감동시키는 것이니, 이 시를 통하여 왕화王化 · 세도世道에 활용해야 한다고 한다. 성삼문成三問(1418-1456)도 역시 "아雅 · 송頌이라 하는 것은 성인의 손에서 나와서 세상에 드리워

62) 權踶. 『東文選』 卷94. 「春亭先生文集序」. "古者有採詩之官, 以觀民風. 蓋詩者, 心之發而言之精. 故其感人也深, 而王化之汙隆, 世道之升降, 亦著焉. 吁, 詩道之用, 何可少哉."

가르침을 세우는 것이다."[63]라고 하여 『시경』이 세상 사람들에게 많은 교훈을 주고 있다고 한다. 권제와 성삼문은 교화를 하기 위해서는 문학이 필요하다는 것을 역설하고 있다. 성삼문과 나이가 비슷한 신숙주申叔舟(1417-1475)는 다음과 같이 말하고 있다.

> 일찍이 들으니 덕이 있는 사람은 말이 있다고 한다. 대게 덕의 정화가 밖으로 드러나서 말이 되기 때문에, 그 말을 들으면 그 덕을 알 수 있다. 하물며 시문詩文이 말의 정화精華인데야?[64]

신숙주는 『논어』에 나오는, 덕이 있는 사람은 반드시 말이 있다[65]는 말을 인용하고 있다. 공자는 덕이 있는 사람은 반드시 말이 있지만, 말이 있는 사람은 반드시 덕이 있지 않다고 한다. 신숙주는 덕의 정화가 밖으로 드러나서 말이 되기 때문에 그 말을 들으면 그 덕을 알 수 있다고 하였다. 시문詩文이 말의 정화이니 시문을 통해서 세교世敎하여야 한다는 뜻을 은연 중 내포하고 있다. 이행李荇(1478-1534) 역시 "가장 상등급은 덕을 세우는 것이니, 덕을 전하려면 말을 빌려야 한다. 문장은 말의 정수이다. 그래서 덕을 세워 후세에 전하는 사람은 또한 이 말을 빌려야 한다."[66]고 하여, 신숙주와 비슷한 생각을 피력하고 있다. 또 그

---

63) 『東文選』 卷94. 「八家詩選序」. "所謂雅頌者, 出於聖人之手, 所以垂世立教者也."

64) 申叔舟. 「淸卿先生尹公遺藁序」. 『東文選』 卷95. "嘗聞, 有德者必有言. 盖德之精華, 發而爲言. 故聽其言, 足以知其德. 況詩文之於言, 又其精華者乎."

65) 『論語』 卷14. 「憲問」. "子曰 有德者必有言. 有言者不必有德. 仁者必有勇. 勇者不必有仁."

66) 李荇. 「挹翠軒遺稿序」. 『挹翠軒遺稿』 卷4(『韓國文集叢刊』 21. 63쪽). "太上立德, 德之傳, 待乎言. 文章者, 言之粹也. 故立德以傳後者, 又由是假道焉."

는 다음과 같이 말하고 있다.

> 시도詩道는 대단히 어렵다. 시는 뜻을 말하는 것인데, 말이 어려운 것이 아니라 그 본성을 기르는 것이 어렵다. 뜻은 말의 바탕이다. 옛사람들은 그 뜻을 잘 길렀다. 뜻이 가는 데는 반드시 말을 빌렸으니, 시는 말을 빌린 것이다.[67]

이처럼 신숙주와 이행은 시도를 통한 덕화德化 · 세교世敎를 주장하고 있다. 이상은 주로 관학파들의 문학 기능에 대한 견해이다.

문학의 효용론에 대해서는 실제로 사림파나 관학파, 또는 훈구파들이 서로 비슷한 견해를 가지고 있다. 일들은 대부분 문학이 세상을 교화하는데 그 기능을 하고 있다고 한다. 그러나 문학이 이 기능을 하기 위해서는 그것을 받아들이는 사람의 마음가짐이 중요하다. 그것은 다름 아닌 자신의 마음, 또는 뜻을 굳게 하는 것이다. 어느 시대를 막론하고 유명한 학자는 자신의 뜻을 굳게 세웠다. 공자도 열다섯 살에 학문에 뜻을 두었다. 그는 학문에 뜻을 둔 것에 그치지 않고 그 뜻을 줄기차게 이끌어 나갔다. 이는 비단 학문에만 국한된 것이 아니다. 무슨 일을 하든지 그 일을 이루려면 일관성이 없이는 안 된다. 무슨 일을 하든지 성의誠意가 있어야 한다. 정성을 다하는 일관성一貫性은 외물外物에 이끌리지 않는 것을 의미한다. 군자는 외물을 부리지만, 소인은 외물에 부림을 당한다.[68] 일

---

67) 李荇. 『容齋先生集』 卷9. 「外舅成堯叟淸風錄序」(『韓國文集叢刊』 20. 507쪽). "詩之道, 至難也. 詩, 所以言志, 非言之難, 養其本之爲難, 志者, 言之本也. 古之人, 善養其志, 志之所之, 必有假以言, 詩, 所以假之者也."

68) 『荀子』. 「修身」. "君子役物, 小人役於物."

두一蠹 정여창鄭汝昌의 「입지론立志論」을 보면 다음과 같은 말이 있다.

> 배움이란 성인을 배우는 것이요, 뜻이란 그 배움을 이루는 것이다. 그러므로 세우지 않아서 안 되는 것이 뜻이지만, 뜻이 섰다해도 굳세지 않으면 물욕에 흔들려 뜻을 빼앗기거나 여러 사람의 견해에 의해 뜻이 바뀌지 않은 경우가 드물다. 그런데 뜻이 굳센 것은 알기를 분명하게 하고 지키기를 굳게 하는 데에 달려 있는 것이지, 억지로 마음을 다잡는다고 정해지는 것은 아니다.[69]

위 글을 보면 일두一蠹 자신이 세운 학문의 목표를 알 수 있다. 그것은 다름 아닌 성학聖學을 공부하는 것이다. 이 성학은 성경현전聖經賢傳이라 해도 무방하다. 이 성경현전을 연마하는데 절실히 필요한 것이 자신의 마음의 지향이다. 다른 말로 말하면 뜻을 세우는 것이다. 학자는 그 뜻을 굳게 세워야 한다. 뜻을 굳게 한다는 것은 물욕에 흔들리지 않는 것이다. 이는 『맹자』가 말한 대장부大丈夫와 통한다. 천하의 넓은 집(仁)에 거처하며, 천하의 바른 자리(禮)에 서며, 천하의 대도를 행(義)하여, 뜻을 얻으면 백성과 함께 도를 행하고, 뜻을 얻지 못하면 홀로 그 도를 행하여, 부귀富貴가 마음을 방탕하게 하지 못하며, 빈천貧賤이 절개를 옮기지 못하며, 위무威武도 지조를 굽히게 할 수 없다. 이를 대장부라 한다.[70]

---

69) 鄭汝昌. 『一蠹先生續集』 卷1. 雜著. 「立志論」(『韓國文集叢刊』 15. 507쪽). "學者, 所以學聖人也, 而志者 所以成其學也. 故不可不立者志也, 而志立而不強毅, 則鮮不爲物欲之所撓奪, 而衆口之所遷動也. 然而志之強毅, 在於知之明 守之固, 而非可以強捉摸而定也."

70) 『孟子』. 「滕文公」 下. "居天下之廣居. 立天下之正位. 行天下之大道. 得志與民由之. 不得志獨行其道. 富貴不能淫. 貧賤不能移. 威武不能屈. 此之謂大丈夫."

이 경지에 이르면 그 마음이 흔들리거나 옮기이거나 굽히지 않는다. 그렇게 하면 물욕에 흔들리거나 다른 사람들의 의견에 자신의 뜻이 바뀌지 않는다.

일두는 사람의 뜻이 굳세다는 의미를 나름대로 부여하고 있다. 그는 사람의 뜻은 억지로 다잡는다고 해서 굳어지는 것이 아니라고 하였다. 그 뜻을 굳게 하는 데는 무엇이든지 분명히 알고, 그 것을 지키기는 굳게 하는 데 달려 있다고 하였다. 지행합일知行合一의 경지에 이르러야 한다는 것이다. 사람은 무엇을 알면 그것을 실천에 옮겨야 한다. 그러나 보통 사람은 이를 실천하기가 어렵다. 대부분 아는 것과 실천하는 것이 따로인 경우가 많다. 지행합일知行合一 또는 언행일치言行一致가 되었을 때 세상이 서로 화합할 수 있다.

> 사람은 형체가 있으면 마음이 있기 마련이어서 외물에 마음이 감동하지 않을 수 없으니, 외물에 감동될 때 그 욕심을 절제하지 않으면 도리어 외물이 사람을 유인하여 외물로 변화시킨다. 그러므로 성인은 중정인의中正仁義로써 뜻을 정해서 만세에 교훈을 드리워서 학자들로 하여금 알고서 행하여 그 본연의 성품을 회복하려고 하였다. 그러니 학문에 뜻을 둔 사람이라면 순임금처럼 인과 예에 마음을 다 쏟지 못 할까 근심하지 않을 수 있겠으며, 장부이기는 매 한가지이니 성인을 두려할 것이 없다는 뜻에 힘쓰지 않을 수 있겠는가?[71]

71) 위의 책. 같은 곳. "蓋人有是形, 則有是心, 而不能無感於物, 感於物而不節其欲, 則物將引人而化物也. 故聖人定之以中正仁義, 以垂訓於萬世, 而欲使學者知而行之, 以復其本然之性, 有志於學者, 其可不致其如舜之憂, 而不強其吾何畏之意乎."

그는 또 사람의 마음과 세상의 사물과의 관계를 논술하고 있다. 사람을 겉으로 보면 형체가 먼저 드러난다. 그 형체가 있으면 안으로 마음이 있다. 형체, 즉 몸이 외물에 이끌리는 것이 아니라, 그 마음이 외물에 이끌리기 쉽다. 마음속에는 오욕五慾과 칠정七情이 있기 때문이다. 외물에 마음이 이끌린다는 것은 욕심이 있다는 말이다. 따라서 외물에 자신의 마음이 동요되지 않기 위해서는 욕심을 절제하여야 한다. 곧, 마음에 중심을 세워 바로야 하여야 한다. 이것이 중정中正이다. 마음을 바로 잡으면 인의仁義를 실천할 수 있다. 자신만이 중정인의中正仁義의 뜻을 정하는 데 그쳐서는 안 된다. 자신의 뜻을 정해서 만세에 교훈을 드리워야 한다. 만세에 교훈을 드리우기 위해서는 문자가 필요하다. 문자를 이용하여 문장을 만들어 이를 후손들에게 전하여야 한다. 그 내용은 말할 것도 없이 학자가 본성을 회복하는 것이 급선무急先務이다. 본성을 회복한 사람은 인의仁義를 실천할 수 있다. 위에서부터 아래까지 모든 사회 구성원들이 본성을 회복하여 인의정치가 실현될 때 그 나라는 요순시대, 즉 당唐 · 우虞나라 때로 돌아 갈 수 있다. 요순시대는 도덕정치가 잘 이행되던 시기였다. 따라서 자아의 소망은 인간의 본성을 회복하여 도덕적 이상주의 사회를 만드는 것이었다.

또 일두는 학문에 뜻을 둔 사람이라면 순임금처럼 인과 예에 마음을 다 쏟지 못 할까 근심하지 않을 수 있겠느냐고 반문한다. 진정으로 학문에 뜻을 둔 사람은 현실에 참여하여 살기 좋은 나라를 만들어야 한다는 것이다. 이는 일두 자신의 현실관이기도 하다.

또 그는 누구나 성인의 경지에 이를 수 있다고 믿는다. 누구나 장부이기는 마찬가지이기 때문이다. 그러나 그 전제 조건이 따른다. 그것은 위에서 말한 중정인의中正仁義의 마음 자세를 유지하는 것이다. 중정인의를 바탕으로 자신의 뜻을 굳게 세워 실천하다 보면 어느덧 성인의 반열에 오를 수도 있다는 것이다. 즉, 인간의 능력의 차이가 아니라 마음을 바로 세우느냐 아니냐에 따라 범인凡人과 성인聖人의 구별이 있다. 일두 정여창의 「입지론立志論」의 마지막 단락을 들면 다음과 같다.

> 질풍노도와 같은 세태에 굴하지 않고 의연히 맞서고, 공명을 일삼는 세상에서 변치 않고 꿋꿋이 정도正道를 지켜서, 그 배움을 이룰 사람이 이 세상에 과연 몇이나 되겠는가? 여기서 입지가 강하지 않으면 성인을 배울 수 없다는 것을 알 수 있는데, 이는 모두 평소에 알기를 분명하게 하지 못 하고 지키기를 견고하게 하지 못 하면서 억지로 다잡아 뜻을 정하였기 때문이다.[72]

험난한 세상에서도 자신이 세태에 굴하지 않고 의연히 맞서야 한다. 일두는 공명을 일삼는 세계에서 꿋꿋이 정도를 지켜 학문을 이룰 사람이 그 몇이나 되겠는가 하고 의아해 한다. 말은 쉽지만 뜻을 세워 그것을 굳게 지키기란 그렇게 쉽지 않다. 외물에 흔들리는 경우, 즉 '역어물役於物'하는 경우가 많기 때문이다. 심지心地가 굳은 사람은 역물役物한다. 문학에서의 입언수후立言垂後는 비단 일두一蠹만이 주장한 것이 아니다. 매계梅溪 조위曺偉의 글을 보면 다음과 같은 내용이 있다.

> 신이 절실히 생각하오니, 시도가 세교에 관련됨이 큽니다. 위로는

72) 위의 책. 같은 곳. "毅然特立於疾風橫流之際而不屈, 介然守正於建功成名之世而不移, 以成其學者, 天下有幾人哉. 是知立志之不強, 學聖之不能也, 而皆由於平日之知不明守不固, 而強把捉以定也."

> 교묘의 제에서 지은 것으로 성덕을 노래 부르고, 아래로는 민속의 노래가 시정을 찬미하고 풍자하는 것이 모두 사람의 선악을 넉넉히 감발하고 징계할 수 있으니, 이는 공자가 시 3백 편을 산정하신 '생각함에 사특함이 없다'는 가르침이 있는 것입니다.[73]

매계梅溪 역시 시도詩道가 세교世教에 깊이 관여하고 있다고 한다. 그도 교훈설을 주장하고 있다. 그는 어떤 시를 교훈으로 삼아야 된다고 하였을까? 그는 본보기로 삼을 만하다고 여긴 시는 좋거나, 착하거나, 모범이 되어 세교에 영향을 미치는 것이었다. 그는 시교詩教의 이원성二元性을 주장하고 있다.

이 당시의 학자들은 문학에 있어 세교론世教論을 주장하였다. 이는 공자의 문학에 대한 생각과 일치한다. 이러한 생각은 학자들의 보편적인 견해이다. 두드러지는 것은 정正과 부정不正, 선善과 불선不善, 아雅와 불아不雅의 한 면만이 아니라 둘 다 가르쳐야 한다는 것이다. 후대 사람들이 말하는 사림파나 관학파 모두 같은 견해이다. 그러나 사림파와 관학파의 차이점은 일두一蠹 정여창鄭汝昌이 말한 것과 같이, 자신의 마음을 얼마나 정성스럽게 하여 그것을 얼마나 실천하느냐에 달려 있다. 문헌에 실려 있는 글을 두고 보면 사림파에 속하는 사람들이 좀 더 내면세계를 통한 세교, 또는 교훈을 주장하였다. 자신의 마음에 성의誠意 · 정심正心을 먼저 한 뒤에 문학에 임해야 하며, 이렇게 하여야 다른 사람들에게 교훈을 준다는 것이다.

---

73) 曺偉.『梅溪集』卷5.「杜詩序」. 嶺南大學校中央圖書館所藏本. "臣竊惟, 詩道之關於世教也大矣. 上而郊廟之作, 歌詠盛德, 下而民俗之謠, 美刺時政者, 皆足以感發懲創人之善惡, 此孔子所以刪定三百篇, 有無邪之訓也"

6. 충담冲澹 · 한아閑雅한 풍격風格을 지향

일반적으로 유학자들은 전아典雅 · 충담冲澹 · 소산蕭散한 풍격의 시를 즐겨지었다. 조선 초기 사림파들의 문학 풍격은 어떠한가에 대한 물음에 대한 해답을 얻어 보기로 한다. 이에 앞서 점필재 문학의 풍격에 대한 학자들의 주장을 들어보면 구구하다. 송희준은 '엄중嚴重' '웅호雄豪' '한아閒雅'를, 이동순은 '호장豪壯'과 '한담閑淡'을, 이종묵은 '아려雅麗' 혹은 '웅려雄麗'를 핵심이라 주장하여 갈피를 잡기 어렵다.[74] 일반적으로 유학자, 특히 이학자들은 전아典雅 · 충담冲澹 · 소산蕭散한 풍격의 시를 즐겨지었다. 이점에 대해서는 이미 다른 논문에서 잠시 언급한 적이 있다.[75] 퇴계退溪 이황李滉(1501-1570)은 점필재를 다음과 같이 평가하고 있다.

> 점필재는 시 · 문을 위주로 했는데, 전아典雅해서 도에 가깝다. 그 문인들은 흐름을 따라서 근원으로 거슬러 올라갔다. 한훤당 같은 여러분들은 분발할 뜻이 크게 있었으나 큰일을 다 하기도 전에 좋지 못한 재앙이 이미 미쳤다. 이것은 우리 유학의 액운인데, 오래되어도 더욱 심하니 이루 다 탄식할 수 있겠는가?[76]

---

74) 黃渭周. 2011. 「점필재 김종직 연구에 대한 반성적 전망」. 부산대학교 점필재 연구소 엮음. 점필재 김종직과 그의 젊은 제자들. 서울: 인문사. 192쪽 참조.

75) 拙稿. 2011. 「朝鮮時代 詩人과 詩精神-15,16세기 영남 사림파를 중심으로」. 『韓國思想과 文化』 59. 韓國思想文化學會. 7-44쪽.

76) 『退溪集』 卷2. 「閒居次趙士敬, 具景瑞, 金舜擧, 權景受諸人唱酬韻」. "佔畢主於詩文, 而典雅近道. 其門人沿流遡源, 如寒暄諸公, 大有奮志, 大業未究, 而淫禍已及, 爲斯文之阨, 久而愈甚, 可勝嘆哉." 14수 가운데 12번째 시의 自註.

관수루(경북 의성)

위 글에서 보면, 퇴계는 점필재가 시문을 잘 지었다고 한다. 또 그는 점필재 시의 풍격이 전아典雅하다고 한다. 그러면 전아한 것은 어떤 것인가? 당나라 사공도의 『이십사시품二十四詩品』에서 전아典雅에 대한 풀이를 들면 다음과 같다.

> 옥병에 술을 사가지고, 초가집에서 비 구경하네. 자리에 좋은 선지 앉고, 주위에는 큰 대나무. 흰 구름에 비가 갓 개고, 그윽한 새들 서로 쫓네. 그늘아래 거문고 베고 자, 위로는 흩날리는 폭포. 떨어지는 꽃은 말이 없고, 사람들 담담하기 국화 같네. 그것을 한해 풍광으로 써내면, 읽을 만하다 할 것이네.[77]

77) 詹幼馨. 1985. 『司空圖詩品衍繹』. 臺灣 仁愛書局. 84-88쪽 참조. "玉壺買春, 賞雨茅屋. 坐中佳士, 左右脩竹. 白雲初晴, 幽鳥相逐. 眠琴綠陰, 上有飛瀑. 洛花無言, 人淡如菊. 書之歲華, 其曰可讀."

'전典'은 법에 맞는 것이요, '아雅'는 바른 것이다. 즉, 시의 형식과 내용이 법도에 맞으면서 바르다는 말이다. 시가 그러하니, 시인의 성품도 시와 마찬가지이다. 그의 성품은 강한 기운이 밖으로 드러내지 않으면서도 질서정연하고 반듯하여 선비의 기풍을 풍긴다.

점필재의 성격을 평한 글을 보면, "종직이 염정廉靜하고 충화冲和하여 사문斯文을 자기 책임으로 삼았다."[78] 고 한다. 이러한 성격은 그의 시에서도 나타난다. 또 점필재 자신이 그의 아버지인 강호江湖 김숙자金叔滋(1389-1456)의 말을 인용하고 있는데, 그 내용은 다음과 같다.

> 돌아가신 아버님께서 일찍이 말씀하시기를, "세상 사람들이 나를 졸拙하다고 하는데, 이 졸한 것이 나 자신의 큰 보배인 것을 알 수 있겠는가? 나는 정말로 그 말을 즐거이 받아들였다. 너도 내 자식이라 너의 품성을 보아 하니, 반드시 졸한 사람으로 알려질 것이 틀림없다."라고 하셨다.[79]

풍격風格은 풍신품격風神品格의 준말이다. 사람으로 말하면 풍신風神은 겉모습이요, 품격品格은 속마음이다. 시로 말하면 풍신은 외형 곧 형식면이요, 품격은 내용 또는 의미이다. 시는 시인의 뜻을 말한 것이라고 할 때, 시에 나타난 풍격은 그 시인의 성품과 일치한다. 이렇게 볼 때,

---

78) 『朝鮮王朝實錄』 卷30. 「燕山君」 4年7月 22日 丙辰條. "推官草權景裕招辭曰 臣之史草 記宗直廉靜冲和 以斯文爲己任"

79) 金宗直. 앞의 책. 「彝尊錄」 下. 472쪽. "先公嘗言 世人以予爲拙 安知拙誠吾身之大寶 予固樂受 汝亦吾兒 觀汝所性 亦必以拙聞者也"

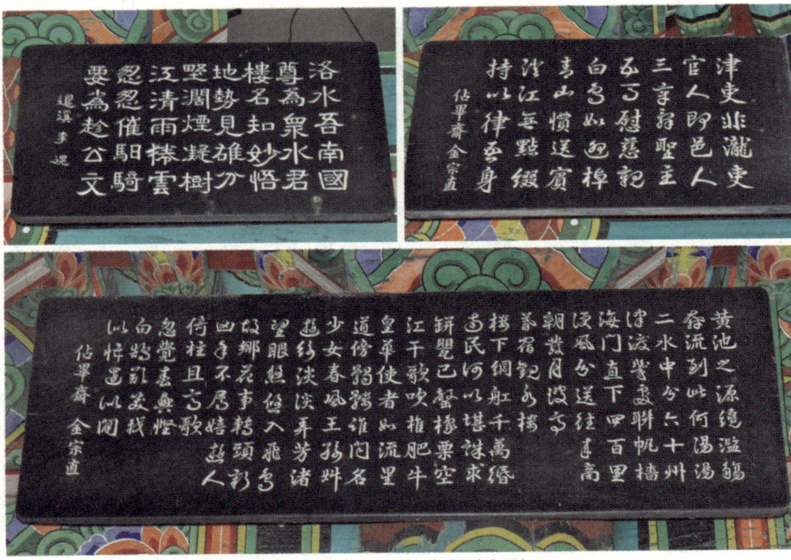

김종직과 이황의 시판(관수루)

점필재의 시는 전아典雅 · 염정廉靜 · 충화冲和 · 고졸古拙하다.[80] 실제로 필자가 『점필재시집』을 통독한 결과 그의 시 가운데 웅혼雄渾[81]하거나 호방豪放[82]한 풍격을 지닌 것은 찾지 못하였다.

이학理學에 아주 심취하지 않은 사람이라 할지라도 선비들은 이러한 풍격의 시를 짓기도 하였다. 다음 그을 보면 이를 대변하고 있다. 점필재의 시를 깊이 읽어보면 엄중嚴重 · 한아閒雅 · 아려雅麗한 시는 있을

80) 졸고. 2011.「佔畢齋 金宗直의 시에 나타난 정신세계」.『韓國思想과 文化』 제56집. 韓國思想文化研究院. 7-44쪽 참조.

81) 詹幼馨. 앞의 책.「雄渾」. 5쪽. "大用外備, 眞體內充. 反虛入渾, 積健爲雄. 具備萬物, 橫絶太空. 荒荒油雲, 寥寥長風. 超以象外, 得其環中. 持之非强, 來之無窮."

82) 詹幼馨. 위의 책.「豪放」. 25쪽. "觀花匪禁, 呑吐大荒. 由道反氣, 處得以狂. 天風浪浪, 海山蒼蒼. 眞力彌滿, 萬象在旁. 前招三辰, 後引鳳凰. 曉策六鼇, 濯足扶桑."

지 몰라도 웅호雄豪하거나 호장豪壯한 시는 보이지 않는다. 벼슬살이를 한 학자들의 시는 '호豪' 또는 '방放' 자가 들어가는 풍격과는 거리가 멀다. '호'자가 들어가는 풍격의 시를 지으려면 시인 자신이 외형뿐만 아니라 정신적으로도 얽매임이 없어야 한다. 그러나 당시의 학자들은 그러하지 못하였다.

앞에서도 언급했지만, 매계 조위가 말한 다음 구절은 이를 뒷받침하고 있다. 그는 "선원의 시는 충담 · 한아해서 그 사람됨과 같으니, 진실로 덕이 있는 사람의 말이다."[83]고 하고 있다. 여기서 선원善源은 지지당止止堂 김맹성金孟性(1437-1487)을 가리킨다. 지지당의 자가 선원이다. 지지당의 「김대유 시에 차운함(次金大猷)」[84]이라는 제목의 두 수의 시 가운데 첫 번째를 들어 보면 다음과 같다.

灑落胸中物外春　깨끗한 그대 마음 세상 밖의 봄이로다,
凌雲逸翮逈離塵　구름 뚫고 날아올라 속세를 떠났다네.
爲問當時題柱客　묻노라 그때 기둥에 이름 적힌 나그네,
誰知他日棄繻人　누가 알리, 뒷날 벼슬 버린 사람일 줄을.

자아는 김대유金大猷, 즉 한훤당寒暄堂 김굉필金宏弼(1454-1504)의 마음을 산뜻한 봄날의 경치에 견주고 있다. 봄에는 만물이 생동한다. 삼라만상이 활동을 시작하는 철이 봄이다. 생동은 하지만 여름철의 무성함과는 차이가 있다. 자아의 마음은 세상 밖을 떠다닌다. 구름을 뚫고 높

---

83) 曺偉. 『梅溪集』 卷5. 「止止堂集序」. "善源之詩, 沖澹閒雅, 類其爲人, 信乎有德者之言也."

84) 金孟性. 『止止堂詩集』 卷1.

이 날아 속세를 떠난 것은 그만큼 자아 자신의 마음속에 욕심이 없다는 말이 된다.

기둥에 이름이 붙은 사람도 뒷날 가면 벼슬을 그만둔 사람일 것이라 자아는 추측한다. 기둥에 이름 붙은 사람은 과거 합격자를 알리는 방榜이라 해도 무방할 것이다. 한때는 공명을 추구하였지만, 욕심을 버리니 세상의 물욕이 없어졌다. 그러니 벼슬도 쉽게 버릴 수 있는 것이다. 어쩌면 자아, 즉 시인 자신의 앞날을 예견한 것 같기도 하다.

위 시에서 보듯이, 자아는 그다지 욕심이 없다. 그의 마음은 맑고도 깨끗하다. 마음이 맑으면 행동이 바르다. 따라서 이 시는 전아典雅하다고 하겠다. 지지당止止堂 김맹성金孟性의 「김대유 시에 차운함(次金大猷韻)」[85] 이라는 두 수 가운데 두 번째 시를 들면 다음과 같다.

君恩未報奈何天　임금 은혜 못 갚았으니 하늘을 어찌 하리,
但覺窮中志益堅　다만 궁한 가운데도 지조는 더욱 굳네.
百計深思愁不寐　온갖 계획 깊은 생각, 시름에 잠 못 들고,
幾回清淚落燈前　몇 번이나 등불 아래서 맑은 눈물 흘리네.

자아는 임금의 은혜를 갚지 못해 하늘을 우러러 볼 면목이 없다고 하였다. 자신이 벼슬길에 나아가지 않았으니, 임금을 대할 일이 없다. 삶이 고달프고 궁하지만 그의 지조는 더욱 굳어진다. 그러나 자아는 여러 가지 상념에 잠긴다. 자신의 뜻을 못 이루었으니 그에 대한 아쉬움도 있을 수 있다. 임금의 은혜를 갚지 못했으니 그것도 잠 못 이루는 요인

85) 金孟性. 『止止堂詩集』 (『韓國文集叢刊續』 1). 294쪽.

이 된다. 이런저런 생각, 시름에 자아는 잠을 설친다.

현실 세계가 고달프니 자신도 모르게 눈물이 난다. 그러나 자아는 눈물을 흘리면서도 흥분하거나 격앙되지는 않았다. 그냥 조용한 가운데 자신의 내면으로 빠져들고 있다. 겉으로 보기에는 나약한 것 같기도 하다. 그러나 자아의 내면은 그렇지 않은 점도 있다. 이처럼 이 시는 기氣가 그다지 높지 않다. 시 전체를 흐르고 있는 정조 또한 흥분하지 않고 차분하다. 그 풍격이 한정閒靜, 또는 한아閒雅하다. 점필재의 문인이며 생육신 가운데 한 분인 추강秋江 남효온南孝溫(1454-1492)의 「유교와 불교에 대해 읊음(儒釋吟)」[86]이라는 시를 들어 이에 대한 논의를 계속하기로 한다.

萬像各散殊　만상이 각각 흩어져 다르나니,
古今爲一馬　고금은 장기판의 한필 말이네.
若求枝枝同　만약 가지마다 같기 바란다면,
非知一本者　근본이 하나임을 모르는 사람.
黑白不同色　흑과 백은 같은 색이 아니니,
儒釋各異跡　유교와 불교도 자취 다르다네.
云何張商英　어찌나 장상영張商英이란 이,
援儒以附釋　유교를 끌어다 불교에 붙였네.
剜方以爲圓　모난 것 깎아다가 둥글다 하여,
瞽說汚仁義　분별없는 말 인의를 더럽혔네.
要知同一初　동일한 처음 이치 알려고 하다,
七聖皆迷地　일곱 성인들 모두 길 잃은 꼴.
茲地豈易言　이 경지를 어찌 쉽게 말하리요,

86) 南孝溫.『秋江先生文集』卷1(『韓國文集叢刊』16). 29쪽.

歸各守其雌　각각 그 유순함을 지켜 가야지.
會須入具茨　모름지기 구자산에 들어가서야,
方得釋汝疑　바야흐로 그대 의문 풀리겠네.

위 시는 8연聯, 16구로 되어 있다. 자아는 먼저 우리 눈에 보이는 만물의 모습은 각각 다르다고 하였다. 『예기禮記』「악기樂記」에 "하늘은 높고 땅은 낮기 때문에 만물이 각기 흩어져 다르다."[87]말을 끌어 왔다. 예와 지금은 장기판의 하나의 말(馬)과 같다고도 하였다. 즉, 만물 속에 들어 있는 이치가 동일하다. "천지는 한 개의 손가락이고 만물은 한 개의 장기판 말이다.[88] 천지가 비록 크지만 한 개의 손가락이 가릴 수 있고, 만물이 비록 많지만 한 개의 말이 이치를 다할 수 있다는 것이다.

만약에 겉으로 드러난 만물의 모습에서만 근원의 이치를 구한다면 '참된 이치(理一而分殊)'를 알지 못한다. 검은 색과 흰색이 다르듯이 유교와 불교도 그 성격이 다르다. 불교의 모난 것을 깎으면 둥글게 된다는 이치가 유교의 인의仁義를 망쳤다. 어찌 보면 자기 자신만을 깨끗이 하려 하다가 인륜을 어지럽히는 것이 된다. 바로, 결신난륜潔身亂倫이다.

북송北宋의 장상영張商英[89]이 유교를 끌어다 불교에 붙여 불교의 우수성

87) 『禮記』. 「樂記」. "天高地下, 萬物散殊."

88) 『莊子』. 「齊物論」. "天地一指也, 萬物一馬也."

89) 張商英은 北宋 徽宗 때 尙書左僕射 지냈다. 자가 天覺이고, 호가 無盡居士이다. 『宋史』 卷351. 「張商英列傳」. 그는 歐陽脩의 排佛說과 韓愈 · 程伊川 등의 불교관을 배척하기 위하여 지은 글로, 유 · 불 · 도 三敎의 우열을 논하면서 '유교는 피부의 질환을 고치기 위한 것이고, 도교는 血脈의 질환을 고치기 위한 것이며, 불교는 骨髓의 질환을 고치기 위한 것'(『佛祖歷代通載』 卷29)이라 하여, 불교의 우수성을 재삼 강조하였다.

을 강조하였다. 그는 마치 모난 것을 깎아다가 둥글다하여 분별없이 불교를 찬양하여, 인의仁義를 강조하는 유학을 무시하였다. 그가 유교와 불교가 같은 이치라고 한다면, 이는 일곱 성인[90]이 길을 잃은 꼴과 같다. 자아는 유교와 불교가 같지 않다는 것을 강조하고 있다. 자아의 생각은 장상영의 그것과 다르다. 자아는 유교가 불교보다 더 우위에 있다고 여긴다. 그러나 그는 이를 한마디로 쉽게 결단하기 어렵다. 각자의 유순함을 지켜야 한다. 『노자老子』 제28장에 "남성의 강함을 알면서도 여성의 유순함을 지키면 천하의 골짜기가 될 수 있다(知其雄 守其雌 爲天下谿)."한다. 곧 남자다운 큰 힘을 지니고도 여성스러운 부드러움을 겸한다면 천하 사람이 모두 자기에게로 돌아오게 된다는 것을 의미한다. 자아는 일곱 성인이 길을 잃은 적이 있는 구자산에 들어가야 장상영이 주장했던 말의 의문이 풀릴 것이라 하였다. 이 시 역시 충담冲澹 · 한아閒雅하다.

1498년 무오사화 때 곽산에 장류杖流되었다가 4년 만에 다시 나주로 이배되었고, 1504년 갑자사화로 참형당한 재사당再思堂 이원李黿(?-1504)의 「무제無題」[91]를 보면 다음과 같다.

一盞燈初暗　날이 어두워서 등잔불을 켰나니,
孤臣淚未乾　고신의 눈물 마르지 않네.
囪虛多受月　빈 창가엔 달빛 자욱이 스미고,
衣薄不辭寒　얇은 옷이라 추위 가시지 않네.

90) 『莊子』. 「徐無鬼」. "黃帝 方明 · 昌寓 · 張若 · 謵朋 · 昆閽 · 滑稽 함께 具茨山으로 大隗 만나러 가다가 襄城의 들판에 이르러 일곱 성인이 모두 길을 잃었다. 마침 말 먹이는 동자를 만나 구자산과 대외의 소재를 알았다."

91) 李黿. 『再思堂先生逸集』 卷1(『韓國文集叢刊』 16). 659쪽.

酒盡愁猶苦　술 떨어지자 근심에 시름겨워,
更長夢欲殘　다시금 긴 꿈속에 빠지고 싶네.
懷人人不見　그리워하나 그 사람 보이지 않아,
回首望雲山　고개 돌려 구름 낀 산 바라보네.

수연首聯에서 자아는 날이 어두워서 등잔불 켜니, 외로운 신하의 눈물이 마르지 않는다고 하였다. 자아는 지금 혼자 있다. 그것도 낮이 아닌 밤에 등불을 대하고 홀로 상념이 젖어 있다. 이것은 자아 자신의 마음이 그다지 편안하지 않다는 것을 말한다. 어쩌면 자아가 유배당하여 외진 곳에 가 있는지도 모른다.

함련頷聯을 보면 빈 창가에는 달빛이 스민다고 하였다. 달빛은 햇빛과는 달리 따스한 느낌을 주기보다는 차가운 느낌을 준다. 이런 이미지가 대구對句에 가면 더욱 차게 느끼게 된다. 자아가 입고 있는 옷이 얇기 때문이다. 그가 추위를 느낀다고 했으니, 계절은 늦가을이나 겨울이다. 밤, 달빛, 추위 등에서 밝고 진취적인 이미지는 없다.

경련頸聯에 가면, 추위와 근심을 이기기 위해 자아는 술을 마셨다. 그러나 이제는 술이 떨어져 시름을 달랠 수 없다. 따라서 그는 어쩔 수 없이 자리에 누워 잠을 청할 수밖에 없다. 홀로 잠자리에 누워 자려고 하지만, 잠이 잘 오지 않는다. 그 이유는 미연尾聯에 잘 나타난다. 그가 보고 싶은 사람이 있기 때문이다. 자아가 보고 싶은 사람은 임금님이다. 왜냐하면 수연首聯의 대구對句에서 '고신孤臣'이라는 말을 썼기 때문이다. 자아는 다시 임금이 불러주기를 기다린다. 그러나 그는 자신의 꿈을 언제 이룰지 기약이 없다. 그는 하는 수 없이 고개를 돌려 먼 산을 바라본다. '유연견남산悠然見南山'이다.

이처럼 이 시는 기氣가 웅장하지 않다. 비록 자아 자신이 외롭고 그 마음이 아리지만, 그러한 감정을 강하게 드러내지 않는다. 조용히 흥분하지 않고 자신의 불만을 토로吐露하고 있다. 이 시도 또한 한아閒雅·충담沖澹·한정閒靜하다. 역시 점필재 제자이면서, 도학의 맥을 이은 일두一蠹 정여창鄭汝昌(1450 -1504)의 「악양岳陽」[92]을 들어 논의를 계속하기로 한다.

風蒲泛泛弄輕柔　물위 부들 잎은 바람 따라 흔들리고,
四月花開麥已秋　사월 화개 땅엔 보리가 다 익었네.
看盡頭流千萬疊　두류산 천만봉을 두루 다 돌아보고,
孤舟又下大江流　배는 또 섬진강 강물 따라 내려가네.

자아는 먼저 물에 뜬 부들 잎이 바람 따라 움직인다고 하였다. 어찌 보면 당연한 일인 것 같기도 하다. 그러나 그러한 것을 자신의 감정을 실어 묘사할 수 있다는 것이 중요하다. 그만큼 자아의 마음이 자연과 교감하고 있다는 것을 입증하기 때문이다.

승구承句에서 자아는 사월의 화개 땅엔 보리가 다 익었다고 하였다. 여기서 자아가 처한 시간과 공간 배경이 나타난다. 시간은 음력 4월 어느 날, 양력으로 따지면 6월 어느 날 이다. 공간은 하동河東이다. 곧 그의 고향이자 선조들의 세거지인 진양의 악양동岳陽洞 부근이다. 그곳에는 위로는 지리산이 버티고 있고, 아래로는 섬진강이 유유히 흐르는 경치 좋은 곳이다.

---

92) 鄭汝昌, 『一蠹先生遺集』 卷1(『韓國文集叢刊』 15), 467쪽.

따라서 전구에서 자아는 두류산 천만봉을 다 돌아보았다고 하였다. 당시 자아, 곧 일두一蠹는 탁영濯纓 김일손과 두류산을 유람하고, 섬진강에서 배를 타고 내려온 적이 있다. 어찌 보면 대단히 사치스럽다고 할 수 있으나, 자아는 자연과 함께 교감하고 동화한다. 따라서 이 시는 전아典雅 · 한정閒靜을 합한 한아閒雅한 풍격을 지녔다고 할 수 있다.

이처럼 시의 풍격면風格面에서 보면, 15-16세기 사림들은 겉으로 화려한 문장보다는, 화순한 덕이 마음속에 쌓여 충담冲澹하고도 한아閒雅한 작품을 좋아했으며, 또 즐거이 지었다. 충담冲澹한 것은 담담淡淡함과도 통한다. 맛으로 말하면 아무 감미료도 넣지 않은 순순한 물맛이다. 한아閒雅하다는 것은 마음이 한적하면서도 반듯하다는 것이다. 마음이 흥분되거나 격렬하지가 않다. 마음과 행동이 차분하면서도 담담하다.

풍격이 충담冲澹 · 한아閒雅하기 위해서는, 바로 그 작품을 지은 작자의 심정이 충담 · 한아해야 한다. 문학 작품, 특히 시는 작자의 마음을 대변한다. 성리학자들이 가장 추구하는 시, 또는 시의 풍격이 전아典雅 · 한아閒雅 · 충담冲澹 · 소산蕭散 하다. 풍격 면에서 보면, 이들은 송나라 성리학자[93]들의 그것과 같다. 이는 그만큼 초기 사림파들이 담담하면서 반듯한 내면세계를 추구하였기 때문이다.

7. 맺음말

본고는 조선 초기 사림파의 도학적 문학 사상을 알아보기 위하여 고

93) 『朱子大全』 卷5.

찰되었다. 이상의 논의를 요약하는 것으로 결론을 삼는다.

정도의 차이는 있겠지만 사림파들이 생각한 도道의 의미를 '솔성率性' 하는 것으로 받아들였다. 이들은 만물이 각기 고유의 본성이 있는데, 이것을 잘 이끌어 나가야 한다고 하였다. 이들은 입지立志를 바탕 한 역물役物의 학문자세를 견지하였다. 자신의 마음이 외물에 흔들리지 않게 다잡는 것을 학문에 있어 가장 먼저 해야 할 일이라 여겼다. 이는 『맹자』에 나오는 대장부大丈夫의 모습과 비슷하다.

도학의 의미를 사적으로 검토해 본 결과, 첫째 우리나라 학자들은 처음에는 성경현전聖經賢傳과 염락濂洛·정주程朱의 학문을 도학으로 여겼다. 둘째는 도학을 밝히고(明道學),이단을 배척하는 일(闢異端)이다. 이는 주로 훈구파나 사림파에 관계없이 고려 말 조선초기의 선비들이 주장하였다. 셋째는 점필재 제자들을 중심으로 한 사림파의 심성수양心性修養을 통한 도학의 실천이다. 넷째 점필재 제자들을 중심으로 한 도학자들의 도통의식道統意識과 의리정신義理精神이다. 다섯째 후대에 가면 문장덕업文章德業, 충효도학忠孝道學이 결부된다. 이현보李賢輔의 『농암집』에 그의 7대 손인 원룡元龍·응룡應龍·형룡亨龍이 지은 제문이나 박영朴英의 『송당집』에 누가 지었는지 모르는 「상향축문常享祝文」에 그러한 정황이 나타난다.

훈구학파 또는 관학파, 사장파라 불리는 학자들은 도체문용道體文用·성정性情·형기形氣·문이재도文以載道 등을 주장하였다. 그들은 도와 문은 겸해야 하지만, 글을 짓는 사람의 기운氣運에 따라 그 작품이 달라진다고 한다. 이들은 그만큼 글의 외형을 중시하였다.

이에 비해 점필재 김종직을 위시한 그의 제자들은 겉으로는 도본문말道本文末, 곧 도를 바탕으로 하고 문장을 말기末技로 여겼다. 그러나 이들은 문장을 무시하지 않았다. 이들은 도를 바탕으로 하고 문을 활용하였다. 실천면에서 이들은 도체문용道體文用의 도문겸전道文兼全을 이행하였다. 이 점이 사장파와 다른 점이다.

또 이들은 성정性情과 풍교風教를 바탕으로 하였다. 이러한 이론은 관학파들이 문학에 있어 형기形氣를 주장한 것과는 차이가 있다. 곧, 도학파가 보이지 않은 문학의 내면세계를 중시하였다고 한다면, 사장파는 보이는 문학의 외면세계를 중시하였다는 점이 다르다.

그 당시의 학자들은 문학에 있어 세교론世教論을 주장하였다. 이들은 공자부터 내려온 문학文學에 있어서의 입언수후立言垂後, 즉 효용론을 견지하였다. 이러한 생각은 당시 학자들의 보편적인 견해이다. 두드러지는 것은 정正과 부정不正, 선善과 불선不善, 아雅와 불아不雅를 모두 가르쳐야 한다는 것이다. 이점에서는 사림파나 관학파, 곧 도학파와 사장파 모두 같은 견해이다.

그러나 사림파와 관학파의 차이점은 일두一蠹 정여창鄭汝昌이 말한 것과 같이, 자신의 마음을 얼마나 충실히 하여 이것을 밖으로 드러내느냐에 있다. 사장파가 외형을 바탕 한 효용을 주장했다면, 도학파는 좀 더 내면세계를 통한 세교, 또는 교훈을 주장하였다. 도학파들은 자신의 마음에 성의와 정성을 먼저 한 뒤에 문학에 임해야 하며, 이것이 다른 사람들에게 교훈을 준다고 하였다. 곧, 문학의 효용면에서는 도학파와 사장파 모두 같지만, 내면과 외형이 일치하는 진정한 언어냐 아니면 겉모습만 꾸미는 외출용언어냐 하는 점에서 두 학파 사이에 다른 점이 있다.

시의 풍격면風格面에서 보면, 15-16세기 사림들은 겉으로 화려한 문장보다는, 화순한 덕이 마음속에 쌓여 충담沖澹 · 한아閒雅한 작품을 좋아했으며, 또 즐거이 지었다. 시의 풍격이 충담沖澹 · 한아閒雅하기 위해서는, 그 작품을 지은 작자의 심정이 충담 · 한아해야 한다. 도학파들이 추구하는 시, 또는 시의 풍격은 전아典雅 · 한아閒雅 · 충담沖澹 · 소산蕭散이다. 영남 사림파에 속하는 선비들의 시도 이러한 풍격을 지니고 있다. 이점에서 이들은 송나라 성리학자들과 닮았다. 그만큼 이들은 담담하면서 반듯한 내면세계를 추구하였다.

이상으로 본고를 마치기로 한다. 많은 사람을 거론하다 보니 글이 좀 산만한 점이 있다. 본고에서는 16세기 영남 도학자들의 문학관에 대해서는 그다지 언급하지 않았다. 이 점은 다른 논문에서 보완할 것을 약속한다.

조선 초 도학파의 경세론

도현철 | 연세대 사학과

1. 머리말

한국유학사에서 도학은 주자학의 경전 해설을 따르는 학문으로 조선시대 사림파의 핵심을 이루는 내용이다. 16세기 사림파들이 정몽주와 김굉필에 대한 문묘 종사를 주장하고,[1] 기대승(1527-1572)이 우리나라 이학의 비조인 정몽주(1337-1392)로부터 길제(1353-1419) · 김숙자(1389-1456) · 김종직(1431-1492) · 김굉필(1454-1504) · 조광조(1482-1519)로 이어지는 계통을 정통으로 규정하면서,[2] 마침내 정몽주, 길재, 김숙자, 김종직, 김굉필, 조광조로 이어지는 도학파의 계통이 정해지게 되었다.

---

1) 『中宗實錄』 권29. 12년 8월 경술: 권103, 39년 5월 을축.

2) 『宣祖實錄』 권3. 2년 윤6월 기유: 『高峯集』 論思錄 下篇 宣祖二年潤六月七日: 정호훈. 2008. 「麗末鮮初 思想界의 動向」. 『지방지식인 원천석의 삶과 생각』. 이인재 엮음. 혜안. 49-53쪽.

최근 새로운 문제 제기와 실증적 연구가 제시되었다. 여말선초 사상사 연구가 진행되면서 성리학 도입기이며 왕조교체기에 도의와 절의의 실천이라는 측면에서 정몽주와 길재가 평가되고,[3] 성리학의 수용과 연구 계승이라는 측면에서는 이색과 권근이 중시되며,[4] 경세론과 개혁사상의 측면에서는 정도전의 사상이 새롭게 조명되었다.[5] 덧붙여 유학의 도통은 학문적 의미가 강하지만, 조선에서는 실천적 행동을 중시하므로, 학문적 측면을 중시하는 학통과 실천적 정신적 측면을 중시하는 도학을 구분할 필요가 있다[6]는 주장도 제시되었다. 한편 또 다른 연구에서는, 정주程朱의 뜻에 부합되도록 경전을 해석하고 이단을 배척하는 학문을 도학으로 설정하고, 그런 점에서 사림파든 관학파든 모두 도학이라고 전제하면서, 관학파 역시 경서를 통해 성명의 근원을 탐구하고 심성 수양에 힘쓸 것을 강조한다고 하였다. 다만 관학파는 도학을 담는 틀로서 시문을 중시하여 시문을 과거의 필수 과목으로 정하는 등 시문이 국가의 문치에 기여할 것으로 보았다는 점에서 차이가 있을 뿐이라는 것이다. 사림파 가운데에서도 김종직은 시문의 의미를 긍정한 반면 김굉필은 이를 인정하지 않았다

---

3) 李泰鎭. 1993.「吉再 忠節 追崇의 時代的 變遷」.『韓國思想史學』4 · 5; 池斗煥. 1994.『朝鮮前期 儀禮研究』. 서울대출판부.

4) 목은 연구회. 1996.『牧隱 李穡의 生涯와 思想』. 일조각; 이봉규. 2007.「권근(權近)의 경전 이해와 후대의 방향」.『韓國實學研究』13; 홍원식. 2007.「권근의 성리설과 그 철학사적 위치」.『韓國思想史學』28; 강문식. 2008.『권근의 경학 사상 연구』. 일지사; 도현철. 2011.『목은 이색의 정치사상 연구』. 혜안.

5) 韓永愚. 1983.『鄭道傳思想의 研究』. 서울대출판부; 都賢喆. 1999.『高麗末 士大夫의 政治思想研究』. 일조각.

6) 홍원식. 2011.「여말선초 영남사림의 '도통'과 '학통'」.『한국학논집』45; 김용헌. 2011.「도학의 형성, 점필재 김종직과 그의 문생들의 도학사상」.『한국학논집』45. 계명대한국학연구원.

고 한다.[7] 이러한 연구는 절의파와 관학파, 사림파, 훈구파 등 정체 세력의 함의를 보다 명료하게 하는데 기여할 것으로 본다.

주지하듯이 정몽주에서 김굉필에 이르는 도학파는 조광조 및 그 후예들에 의해서 훈구세력과 맞서 자신들의 학문적 권위를 높이고 정치적 주도권을 장악해 가는 과정에서 만들어졌다. 즉 도학파는 세종과 세조, 성종대를 거치면서 형성된 조선시대의 역사적 산물로, 성리학을 국시로 하는 조선왕조의 체제를 정비하고 주자학에 기반한 사회를 확립하려는 노력의 일환으로 탄생하였다는 것이다. 그 점에서 이들은 조선 성리학의 원형을 이루며 초기 성리학자의 특색을 잘 보여주고 있다. 따라서 도학파들의 사상적 성격을 구명하는 작업은 조선초기의 사상적 특징과 사회 성격을 이해하는 밑거름이 될 것이다.

본고에서는 정몽주, 길재, 김숙자, 김종직, 김굉필 등 이른바 도학자[8]로 알려진 인물들의 국가 경영론, 제도론, 지방 운영론 등 경세론을 중심으로 살펴보되, 주자학의 그것을 염두에 두면서[9] 파악하고자 한다.

---

7) 김훈식. 2006.「寒暄堂 金宏弼에 대한 조선시대의 평가와 그 의미」.『東方學志』 133; 김훈식. 2011.「朝鮮初期의 정치적 변화와 士林派의 등장」.『한국학논집』 45. 계명대한국학연구원.

8) 김굉필에 대한 자료는 매우 적다. 무오 · 갑자사화를 거치면서 소실된 것으로 추론된다. 남효온(1454-1492)의 기록(『秋江集』 권7, 師友名行錄. 『韓國文集叢刊』 권16)과 중종 12년의 문묘종사 논의 그리고 조선후기 金夏錫이 金宏弼의 사적을 중심으로 이름난 유학자들의 글을 모아 엮은『景賢錄』이 참고 된다.

9) 張立文. 1986.『朱熹思想研究』. 谷風出版社; 金駿錫. 2003.『朝鮮後期政治思想史研究』. 지식산업사; 정재훈. 2005.『조선전기 유교정치사상 연구』. 태학사.

2. 도학의 성립과 『소학』 장려

1) 도학의 성립과 절의 강조

정몽주를 비롯하여 길재, 김숙자, 김종직, 김굉필 등의 도학파들은 유교를 정통 · 정학으로, 불교를 정통에 대한 이단 · 사설로 규정하였다. 유교 사회를 확립하기 위하여 유교 제도를 보급 · 확대하는 한편으로 불교에 대한 비판을 진행하였다.

정몽주는 주자의 『통감강목』에 의거 실록을 찬수하도록 요구함으로써,[10] 주자의 역사관에 입각해서 고려말 정국의 시시비비를 가리고 엄정하게 평가하고자 하였다. 정몽주는 습속에서 상례는 오로지 불교식 장법을 따르는 것을 보고 사서士庶로 하여금 『주자가례』에 따라 가묘를 세우고 선조의 제사를 지내야 한다고 하였다.[11]

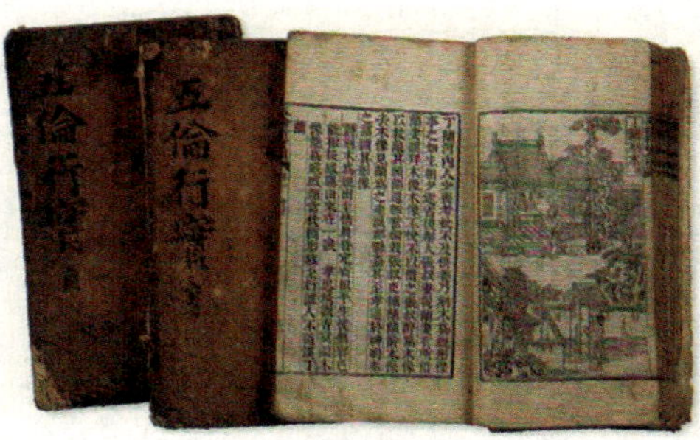

「오륜행실도」

김종직은 이단인 불교를 직접적으로 비판한 글은 없지만, 불교의 폐단에 대한 지적을 빠트리지 않았다. 그는 경연에서 "정자는 '불교는 음란한 소리와 아름다운 여색과 같

10) 『高麗史』. 권117. 「列傳」 鄭夢周. 30. (하 568). "王謂經筵官曰, 今人知中國故事, 而不知本朝之事 可乎? 夢周對曰, 近代史皆未修, 先代實錄, 亦不詳悉. 請置編修官, 依通鑑綱目, 修撰以備省覽, 王納之. 卽命李穡 · 李崇仁等修實錄, 不果行."

11) 『高麗史』 권117. 「列傳」 鄭夢周. 30. (하 572). "時俗喪制, 專尙桑門法, 夢周始令士庶倣朱子家禮, 立家廟, 奉先祀."

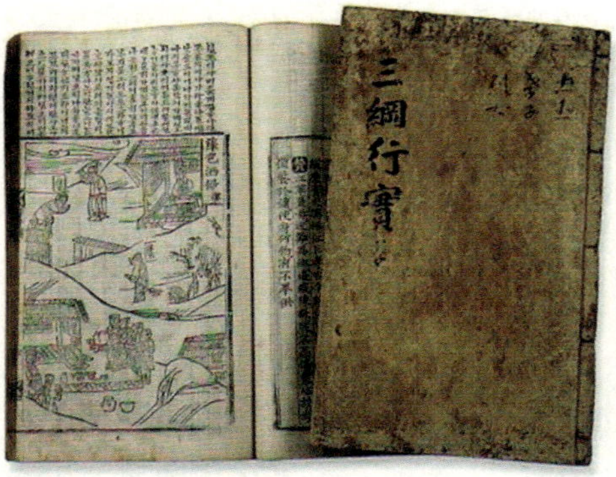

「삼강행실도」

아서 자신도 모르게 빠져든다'고 하고, 사마광은 '하류의 사람은 죄와 복을 두려워하고 고명한 사람은 공空과 유有를 논란한다'고 하였는데, 인군은 내세를 위하여 복을 구한다"고 하였다.[12] 또한 성주 향교의 문묘에 봉안된 공자 이하의 토소상土塑像을 목제 신주神主로 바꾸도록 하였다. 대웅전의 부처상을 연상시키는, 말하자면 불교적 색채를 띠는 토소상을 없애도록 하였던 것이다.[13] 김종직이 불교를 배척하는 글을 남기지 않은 것은 불교를 긍정하는 당대의 분위기를 반영한 것이라 할 수 있다.[14]

김굉필[15] 역시 유학자로서 불교를 비판하였다. 성종 18년 성균관 생원이었던 김굉필은 서울에서 사람들을 미혹시키는 원각사의 승려들

12) 『成宗實錄』 권186. 16년 12월 임진. "御經筵. 講資治通鑑 … 同知事金宗直曰, 程子云, 佛說如淫聲美色, 駸駸然入於其中. 司馬光云, 下者畏慕罪福, 高者論難空有, 此言然也. 人君富貴已極, 於當世之事, 無所希冀, 佛說皆來世之事, 故人君欲救福應而崇信之耳."

13) 金宗直. 『佔畢齋集』 권1. 謁夫子廟賦(『韓國文集叢刊』 권12. 민족문화추진회, 1990); 김태영. 2006. 「15세기 사림파의 자아의식과 역사의식 - 점필재 김종직을 중심으로」. 『朝鮮性理學의 歷史象』. 경희대출판국. 265-266쪽.

14) 정성희. 2009. 「불교에 대한 태도」. 『조선 도학의 분수령 김종직』. 성균관대출판부. 112-114쪽.

15) 경상도 관찰사 李克均은 隱逸의 선비로 박시명 · 정철견 · 곽순종과 더불어 김굉필을 추천하였다. 金宏弼은 性理學에만 專一하게 마음을 집중하며 행동이 방정하여 굽혀서 기용되기를 구하지 않는다고 하였다.(『成宗實錄』 권290, 25년 7월 정미 "慶尙道觀察使李克均擧隱逸之士以啓曰, … 生員金宏弼, 專精理學, 操履居正, 不曲爲求擧.")

을 처벌할 것을 주장하는 상소를 올렸다. 상소에서 "지금 유교와 불교는 그 도가 같지 않고, 그 글이 같지 않으며, 그 법이 같지 않고 그 행실이 같지 않다"고 지적하고, 유교의 오륜과 경전을 예시하면서 불교는 이에 반대된다고 하여 사정邪正 · 곡직曲直을 명확히 구분할 것을 주장하였다.[16)]

또한 도학파들은 절의를 중시하였다. 절의는 조선초기 관료의 모범적인 관료상으로 활용하기에 효과적이었기 때문이다. 우선적으로 새 왕조의 군신 의리 즉 관료 윤리 확립의 수단으로 길재의 충절이 활용되었다. 이때 관료 윤리의 내용은 불사이군不事二君의 충절과 '평소에 할 말을 다하고 극간하는 자는 절의가 있는 선비'[17)]로, 공명功名과 이익을 추구하는 것은 절의에 배치되는 것으로 규정되었다.[18)]

15세기 권근과 변계량, 하륜과 같은 관학파들은 정몽주의 문집을 간행하고자 하면서 유학의 인륜 · 도덕을 강조하였다. 태종 원년(1401) 권근은 고려왕조에 절의를 지킨 정몽주 · 김약항 · 길재 등을 포상하여 왕조에 대한 신하들의 절의와 규범을 확립하는 길을 열 것을 제안하였다.[19)] 그 결과 생존한 길재는 제외되었지만, 죽은 두 사람에게는 조선왕

---

16) 『成宗實錄』 권118. 11년 6월 을축.

17) 『成宗實錄』 권93. 9년 6월 계사. "御夕講. 讀綱目, 至唐昭宗紀. 禮部尙書蘇循揚言曰, 梁王功業顯大, 曆數有歸. 上曰, 此言何如? 侍講官蔡壽對曰, 不以大義責之, 阿付權臣, 誠可憎也. 同副承旨金季昌啓曰, 人君不可不重節義之士. 當平居之時不以倚任, 則危亂之際難以收用. 昔宋主問蘇軾曰, 節義之士, 何以識之? 軾對曰 平時盡言極諫者, 節義之士也, 阿諛順從者, 奸臣也, 此言良是. 節義之士, 世不多得, 前朝五百年, 唯鄭夢周 · 吉再二人而已."

18) 李泰鎭. 1993. 「吉再 忠節 追崇의 時代的 變遷」. 『韓國思想史學』 4 · 5; 김훈식. 2006. 「寒暄堂 金宏弼에 대한 조선시대의 평가와 그 의미」. 『東方學志』 133. 53-54쪽.

19) 『太宗實錄』 권1. 원년 1월 갑술. "參贊門下府事權近上書. 書曰."

조의 관직이 추증되었다.[20] 그리고 세종조에 간행된(1426) 『삼강행실도』의 충신도忠臣圖에 '몽주운명夢周隕命', '길재항절吉再抗節'이라는 항목을 넣어 주자학의 윤리규범에 충실한 인물로 정몽주와 길재를 추숭하였다. 이러한 일련의 과정은 새로운 왕조의 군신윤리를 정립해 가는 과정에서 유교 윤리를 강화함으로써 유교 사회를 실현해 가고자 한 것이다.

그런데 세조의 즉위와 함께 유교적 가치의 중심에 있던 절의를 둘러싸고 문제가 발생하였다. 수양대군의 왕위 찬탈과 세조의 전제적 정치는 유교의 관료 윤리나 정치 운영과는 상반되는 것이었기 때문이다.[21] 이는 유학계 내부의 분화를 초래하였다.[22] 이른바 훈구와 사림의 분열이 일어나게 된다. 세조 정권의 지향에 찬성하면서 유학사상 자체에 결여된 체제 정비 작업에 적극적으로 참여하는 유학과 성리학이 추구한 인간 본성의 탐구나 수양론을 통하여 성리학을 보다 심화시키는 유학이 그것이다. 전자가 세조의 집권을 돕거나 집권후 세조의 정권을 이론적으로 뒷받침하고 제도정비론을 제시한 경우라면, 후자는 세조의 집권이나 세조의 중앙 집권 정책에 반대하면서 향촌사회를 중심으로 의리 도덕을 중시하는 수양 중심의 성리학을 강조한 경우라고 하겠다.

후자에 속하는 김종직은 세조의 자의적 학술정책에 반대하다가 파직되었다. 세조는 학술을 천문 · 지리 · 음양 · 율려 · 의학 · 사학 · 시문의 7학으로 분류하고 각 부분에 6명씩 문신들을 배속시켜 학습토록 하

20) 『太宗實錄』 권2. 원년 11월 신묘. "贈高麗門下侍中鄭夢周領議政府事 · 光山君金若恒議政府贊成事, 從參贊議政府事權近之言也."

21) 金泰永. 1994. 「朝鮮初期 世祖 王權의 專制性에 대한 一考察」. 『韓國史研究』 87; 1995. 「朝鮮初期 世祖王의 學術政策」. 『東洋學』 25.

22) 김훈식. 2011. 「朝鮮初期의 정치적 변화와 士林派의 등장」. 『한국학논집』 45. 42-43쪽.

였는데 김종직은 사학부분에 배속되었다. 그러자 김종직은 "문신文臣으로 천문天文·지리地理·음양陰陽·율려律呂·의약醫藥·복서卜筮·시사詩史의 7학學을 나누어 공부하게 하는데, 시詩와 사史는 유자儒者의 일이지만, 그 나머지 잡학雜學은 유자儒者가 반드시 공부할 일이 아닙니다. 또 잡학雜學은 각기 그것을 업業으로 하는 자가 있으니, 권면하고 징계하는 법을 세우고 교양을 더한다면 모두 정통精通할 것인데, 그 능통하는 데에 반드시 문신이라야만 좋은 것이 아닙니다."[23] 라고 하였다. 유학자로서 경전 공부와 본성 탐구에 충실한 김종직은 세조의 잡학 공부에 반대하였던 것이다. 공리적 학술 체계를 세우려는 세조의 정책에 대하여 김종직은 정통 유학에 입장에서 비판하였다[24]고 할 수 있다.

세조에 찬동하거나 묵인한 학자들은 훈구파로서 존재하게 되고, 이에 반대하는 일군의 정치세력은 사림파로 갈리게 되었다. 사림파는 절의라는 가치를 내세워 훈구파와 맞섰고, 그 절의를 실천하기 위해서는 도학에 대한 공부가 필요했다. 이를 위해 절의와 거경에 대한 내용이 풍부하게 실려있는 『소학』을 강조함으로써 자신의 정체성을 확립해갔다. 이와 함께 학문적 정통성을 확보하기 위해 도통을 내세웠다.[25] 마

23) 『世祖實錄』 권34. 10년 8월 정해.

24) 김태영. 1994. 같은 책. 232쪽.

25) 최근 연구에서, 관학파에서 사림파와 훈구파로 구분된다고 한다. 이에 의하면, 사림파 가운데 관학파와 같은 학문 성향을 보인 사람이 있다. 김종직·김일손·남효온 등은 도학을 위해서는 시문 공부를 해야 한다고 하였고, 정여창과 김굉필은 도학과 시문의 연관 관계가 없다고 보고 도학은 윤리·도덕적인 규범을 따르는 것이라고 하였다. 다 같이 도학이라는 개념을 쓰고, 도학을 익히고 가르치는 데 노력하였으나 양자 사이에는 차이가 있다. 김종직에서 김굉필로 넘어가면서 생긴 도학의 내용 변화는 心性 수양에서 시문의 역할 인정 여부로 나타나고, 시문을 통해 志氣를 기르는 것과 敬 공부를 통해 本源을 涵養하는 것은 그 내용의 차이가 존재한다(金勳埴. 2006. 「寒暄堂 金宏弼에 대한 조선시대의 평가와 그 의미」. 『東方學志』 133)고 한다.

침내 중종대 조광조들은 훈구세력과 맞서 자신들의 학문적 권위를 높이고 정치적 주도권을 장악해 가는 과정에서 정몽주에서 김굉필에 이르는 도학의 학문적 연원을 천명하여[26] 이른바 정몽주, 길재, 김숙자, 김종직, 김굉필 등의 도학파가 성립하게 되었다.[27]

2) 『소학』 장려와 윤리 도덕의 강화

도학파는 『소학』을 강조하였다.[28] 김종직이 부친인 김숙자의 행적을 기록한 『이존록彛尊錄』은 김종직 자신과 함께 부친을 바라보는 관점이 드러나 있다. 이에 의하면 길재는 김숙자에게 『소학』을 가르쳤는데 제자들에게 『소학』의 물 뿌리고 청소하며 대답하는 행동하는 절차에서부터 춤추며 노래하는 데까지 가르쳤다[29]고 한다. 김숙자는 12, 13세때에 길재의 문하에 들어가 『소학』을 배운 사실을 기록하였다. 그의 행동은 『소학』에 근거하였고, 실천에 힘썼다. 김종직은 『소학』을 경전공부에 앞서 해야 할 기초적이고 필수적인 공부로 여겼다. 『소학』에서 제시하는 것은 가장 기본적인 인륜이고, 『소학』은 마음의 함양을 가능하게 하는 책이라고 인식하였기 때문이다. 김굉필은 김종직으로부터 『소학』을 배우고 이를 기반으로 마음을 다스리고 함양하여 도학 공부의 길로

---

26) 『中宗實錄』 권29. 12년 8월 경술; 권103, 39년 5월 을축.

27) 김용헌. 2011. 「도학의 형성, 점필재 김종직과 그의 문생들의 도학사상」. 『한국학논집』 45. 계명대한국학연구원.

28) 李樹健. 1969. 「李朝時代의 小學 教育에 대하여」. 『嶺南大論文集』 2; 金駿錫. 1981. 「朝鮮前期의 社會思想 - 〈《小學》〉의 社會的 機能 分析을 중심으로」. 『東方學志』 29.

29) 金宗直. 『佔畢齋集』. 「彛尊錄」下.

나아가게 되었다. 30대까지도 『소학』 공부를 위주로 하여 소학동자로 자처하기까지 하였다.[30]

『소학』은 주자가 문인 유정지劉淸之에게 찬술하도록 한 것인데, 주자가 『소학小學』 서제書題를 쓴 해는 1187년으로 나이 58세의 만년에 해당된다. 『소학』은 『대학大學』 공부의 전단계로서 일상적인 윤리규범과 아동에 대한 기초교육을 가르치기 위하여 저술된 것으로[31] 주자학에서 『소학』은 일상의 실천적 윤리 규범서로 중시된다.

『소학』의 중시는 소학에서 대학으로의 단계적 교육과정을 제시한 것이라 할 수 있다. 소학의 단계는 인간에게 인륜으로 구비되어 있는 본원으로서의 덕성을 함양 실현하는 것을 목표로 하고, 대학의 단계는 치지致知의 과정을 통해 정미精微한 수행능력을 확보하는 것을 목표로 설정한다는 점에서 차이가 있지만, 소학의 과정은 대학의 과정에 진입하기 위한 전제가 되기 때문이다. 이는 본원을 함양하는 소학의 과정이 생략된 채 대학 교육이 진

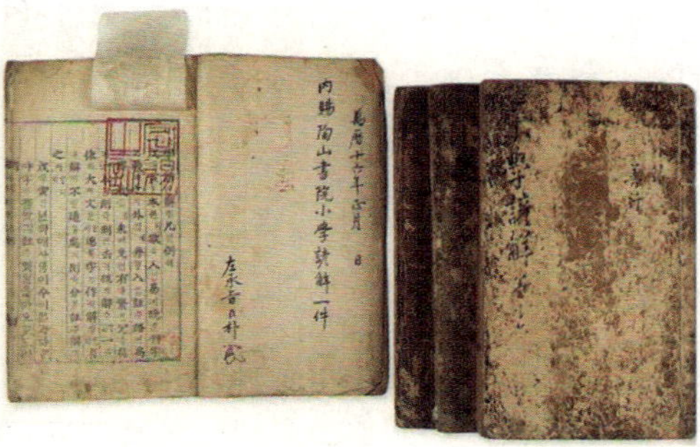

『소학언해』

30) 南孝溫. 『秋江集』 권7. 師友名行錄(『韓國文集叢刊』 권16. 남효온은 김종직의 문인이고 김광필과 동갑으로 김굉필에 대한 그의 기록은 신빙성이 있다고 한다(김용헌. 2011. 「도학의 형성, 점필재 김종직과 그의 문생들의 도학사상」. 『한국학논집』 45. 148-151쪽, 163쪽).

31) 朱熹. 『大學章句』 序. "人生八歲, 則自王公以下, 至於庶人之子弟, 皆入小學, 而敎之以灑掃應對進退之節, 禮樂射御書數之文. 及其十有五年, 則自天子之元子衆子, 以至公卿大夫元士之適子與凡民之俊秀, 皆入大學, 而敎之以窮理正心修己治人之道."; 『朱子大全』 권35, 「與劉子澄」; 권76, 「小學題辭」; 권76, 「題小學」.

행될 때 발생하는 관념성의 한계, 곧 건성으로 하는 학문에 빠지고 개인의 영달을 위한 사리의 수단으로 이용되는 것에 대한 염려와 성찰이 담겨있다고 할 수 있다. 그래서 미성년의 단계에서 물 뿌리고 청소하며 대답하는 행동(灑掃應對)의 의절儀節과 부모를 친애하고 윗사람을 공경하는 것(愛親敬長)과 같은 대인관계의 도리를 교육하는 정도가 아니라 몸에 젖어들도록 함양시킴으로써, 대학의 단계에 진입하여 학문이 관념화되고 수단화되는 것을 막고자 한 것이다. 이렇게 소학의 실천을 강조한 것은 몸을 닦고 가지런히 하며 나라를 다스리고 천하를 편안케하는(修齊治平) 근본을 함양시키는 실용의 학문으로 소학을 정립하려는 뜻이 담겨있다고 할 수 있다.[32)]

『소학』은 여말선초에 널리 보급된다. 원나라로부터 성리학이 보급되면서[33)] 『소학』이 들어오고[34)] 태조 7년 권근이 권학사목에서 『소학』의 중요성을 강조한 이래 널리 보급된다. 권근은 권학사목에서 『소학』은 인륜과 세도에 긴요하므로 사학四學과 향교鄕校의 생도들은 먼저 이것을 배우고 난 다음 다른 책을 공부하라고 하였다. 학생들이 배우는 것은 주자가 주석한 사서를 중심으로 한 유교 경전이지만 『소학』은 그 선수과목이 되어야 한다는 것이다. 그리고 그 실효를 보장하고자 생원시에

32) 이봉규. 2010.「涵養論과 교육과정으로 본 조선성리학의 개성」.『퇴계학보』128; 김태영. 2006.「寒暄堂 金宏弼의 도학사상」.『朝鮮性理學의 歷史象』. 경희대출판국; 정호훈. 2008.「조선후기 『小學』 간행의 추이와 그 성격」.『韓國史學報』31.

33) 원나라 유학자 허형(1209-1281)은 "『소학』과 『사서』는 '내가 신명처럼 존중하고 신뢰하는 것이다'(小學四書, 吾敬信如神明)"라고 하였다(도현철. 2011.『목은 이색의 정치사상 연구』. 혜안)라고 하였다.

34) 李穡.『牧隱集』. 詩藁 권17.「雜錄七首」. "習矣至成性, 敎之從正身, 愼無輕小學, 最要在明倫."; 李種學.『麟齋遺藁』二十五日 "遺經義理眞難識, 小學工夫尙未成, 似聞陰壑永將泮."; 李崇仁.『陶隱集』권4.「贈朴生詩序」. "(朴)章之在與國僧舍, 嘗一見焉, 金玉其質, 終日端坐, 不動一句, 手執小學書, 讀不綴, 予心之矣."

서 『소학』을 가르치도록 제도화하자고 제안하였다.

고려의 향교 확대 정책[35]은 조선초기에 이르면 일정한 성과를 거두게 되고, 태종 6년에는 전국 향교의 생도의 수와 토지를 차등있게 지급하도록 하는 조치가 시행된다.[36] 더욱이 무과에서도 『소학』을 선택과목으로 하도록 규정되었다.[37] 이처럼, 조선초에 『소학』은 사부학四部學과 향교鄕校, 성균관 입학 시험인 생원시 그리고 무과의 교과목으로 정해져 확산의 기반이 마련되고 있었다.

『소학』은 널리 보급되고 있기도 하였다. 이 시기 『소학』은 명나라 하사신何士信이 주註한 『집성소학集成小學』과 정유程愈의 『소학집설小學集說』이 중심이었는데, 『집성소학集成小學』은 사행편에 100질씩을 사들여왔고,[38] 세종때에는 10년 사이에 세 번씩이나 복간되었으며[39] 지방에서도 인쇄되고 있었다.[40] 하지만, 조선 정부의 의지에도 불구하고 『소학』을 경시하거나 기피하는 현상도 나타났다. '일용지사日用之事'만 가르치는 『소학』의 내용이 유치하고 진부한 것으로 받아들여졌고, 무엇보다도 15세기 조선 학계가 문예 중심의 사장학을 강조하면서 조행操行을 강조하는 경학, 즉 도학을 소홀히 한 때문이었다. 국가에서 정책적으로 『소학』을 장려하였으나, 『소학』 교육의 필요성은 개인적인 차원에 머문채 사회 현실 속에서 절실히 요청되는 단계는 아니었던 것이다.

---

35) 고려시대 향교 연구에 의하면, 자료에 남아 있는 고려시대 향교는 29곳으로 전국 각지에 고루 분포하고 있다(朴贊洙. 2001. 『高麗時代敎育制度硏究』. 경인문화사. 158-165쪽, 196쪽, 213쪽).

36) 『太宗實錄』 권11. 6년 6월 을유.

37) 『世宗實錄』 권31. 8년 정월 임술; 18년 6월 경인.

38) 『世宗實錄』 권30. 7년 12월 무자.

39) 田川孝三. 1963. 「庚子字本孝經諺解と小學諺解」. 『朝鮮學報』 27. 72-73쪽.

40) 『世宗實錄』 권37. 9년 7월 정해.

16세기 들어 집권체제의 이완현상이 나타나고 사회경제상의 변화와 사화를 비롯한 정치상의 변동이 타나났다. 지배층의 토지 집중과 봉건적인 수취와 이에 따른 농민의 유망도산流亡逃散 현상이 나타나고 윤리도덕의 타락 현상이 나타났다. 중앙 정부 차원의 지방 운영이 한계를 드러내면서 지방 지주 스스로 사회 교화에 적극적으로 나서는 계기가 되었다. 종래에 있었던 농민 교화나 권농정책과 같은 중앙 정부의 사회 교화 정책을 그대로 계승하면서도 지방 향촌 사회의 양반지주인 자신들의 현실적 필요에서 사회 교화 방안 등을 마련하게 되었다. 윤리 덕목을 내용으로 하고 향촌 사회 단위로 실시되는 향약에 지역사회내의 전 계층이 차별적으로 참여하게 함으로써 지주전호제의 경제관계를 관철하려는 지주층 위주의 자치조직을 결성하였던 것이다.

그 결과 16세기 지방 지주 중심의 사회 교화책으로 중시된 것이 『소학』이었다.[41] 『소학』을 통하여 덕성을 함양하고, 도덕 규범을 반복적으로 수행함으로써 수기 수양을 하여 이를 기초로 제가, 치국, 평천하로 나아가는 근거를 마련하려는 것이라 하겠다. 이는 사회 현실 문제를 윤리 · 도덕의 측면에서 파악하고 그 해결방안 역시 인륜 질서의 회복이라는 범위에서 찾으려는 노력이었다. 이처럼 도학파는 『소학』의 실천과 교육을 통해 유교적 윤리 · 도덕을 독실하게 실천하는 것에서 사회 문제 해결을 위한 실마리를 찾고 있었다.

---

41) 金駿錫. 1981. 「朝鮮前期의 社會思想 - 『小學』의 社會的 機能 分析을 중심으로」. 『東方學志』 29.

3. 마음 정치론과 지방 중시론

1) 마음 정치론과 문무 겸용론

도학파들은 삼대 이상정치를 실현하는 것을 목표로 한다. 이는 군주에게 요순 이래의 이상군주를 모범으로 하는 정치를 행하도록 요구하는 것으로 나타난다. 널리 알려져 있듯이 요순은 인의를 다스림의 근본으로 하는 정치를 시행하였다. 이에 따라 도학파는 인성의 함양과 윤리도덕에 의한 정치론을 전개했다. 윗사람이 바른 마음에 기초하여 다스림의 도를 솔선수범하고, 이를 기초로 교화를 실행할 것을 주장하였다. 이러한 맥락에서 군주성학론 혹은 군주수신론이 제기된다.

조선초기에는 군주성학론 혹은 군주수신론이 일반화되고 있었다. 경연에서 박중손은 '마음은 한 몸의 주재主宰이고, 마음이 바른 뒤에야 일이 바를 수 있다. 하물며 임금의 마음은 만화萬化의 근원이니, 바르게 해야 한다. 임금의 마음이 바르지 아니하면 만백성을 바르게 할 수 없다'고 주장하였다.[42] 또한 이평이 "주자朱子가 '천하天下의 일은 그 근본이 한 사람에게 있으며, 한 사람의 몸은 그 주장이 한 마음에 있다'고 한 사실을 근거로, '인군의 마음이 바르면 천하의 일이 바르게 되고, 인군의 마음이 한 번 간사하면 천하의 일이 간사하게 된다'"[43] 고 하여 군주

42) 『端宗實錄』 권3. 즉위년 윤9월 병인. "經筵官進夕講. 至思無邪, 魯山問曰, 思無邪, 何也? 朴彭年對曰, 所思無邪也, 謂心正也, 心旣正, 則於事事物物, 皆得其正. 朴仲孫曰, 心者, 一身之主宰也, 心正然後, 事可得正. 況人主之心, 萬化之源, 不可不正, 蓋人主之心不正, 而欲正萬民, 鮮有不違其所命矣."

43) 『成宗實錄』 권243. 21년 8월 을사. "僉知中樞府事李枰上書曰…朱子曰, 天下之事, 其本在於一人, 而一人之身, 其主在於一心. 故人主之心一正, 則天下之事無有不正, 人主之心一邪, 則天下之事無有不邪. 如表端則影直, 源濁則流汚, 其理有必然者."

를 경계한 것이 바로 그것이다. 이는 주자의 '군주 일인에 의하여 만사가 좌우된다'는 군주일심성패론君主一心成敗論을 반영한 것이다.

주자는 국가 정치의 시비是非와 사회의 강약强弱과 성쇠盛衰 그리고 역사발전의 변화 등 모든 것이 군주 한 사람에 달려 있다고 보았다. 한 사람의 근본은 그 사람의 마음에 달려 있으므로, 군주의 마음 씀씀이가 천하 만사를 이끄는 근본이 된다는 것이다. 따라서 군주의 마음이 바르면 천하의 일도 바르게 되고, 군주의 마음이 사악해지면 천하의 모든 일도 사악하게 된다.[44] 한걸음 더나아가 천하의 대본은 군주의 마음이고, 천하의 무궁한 변화는 모두 군주의 마음에 근본하지 않음이 없다[45]고 주장하고, 이것이 자연의 이치라고까지 단언하였다.[46] 그 점에서 조선초기 군주성학론은 송학의 일심론 즉 인간의 일체 행위는 마음에 따라 결정된다는 주장을 계승한 것으로 천리인욕설天理人欲說과 삼강오륜三綱五倫에 기초한 주자학의 인성론을 반영하는 것이다.[47]

---

44) 朱熹. 『朱子大全』 권12. 「己酉擬上封事」(1189). "臣聞, 天下之事, 其本在於一人, 而一人之身, 其主在於一心. 故人主之心一正, 則天下之事, 無有不正, 人主之心一邪, 則天下之事, 無有不邪. 如表木而影直, 源濁而流汙, 其理有必然者."

45) 朱熹. 『朱子大全』 권25. 「答張敬夫」(1170). "熹常謂天下萬事, 有大根本, 而每事之中, 又各有切要處. 所謂大根本者, 固無出於人主之心術, 而所謂切要處者, 則必大本旣立, 然後可推而見也."

46) 朱熹. 『朱子大全』 권11. 「戊申封事」(1188). "蓋天下之大本者, 陛下之心也. … 臣之輒以陛下之心, 爲天下之大本者, 何也? 天下之事, 千變萬化, 其端無窮, 而無一不本於人主之心也. 此自然之理也."

47) 聖學은 道學의 다른 표현으로, 성인이 되기 위한 학문, 요 · 순 · 주공의 요법을 체득해서 왕도와 인정을 실현하기 위한 학문이다. 그리고 그러한 도의 전수 곧 道統은 儒家의 학문의 요지인 "人心惟危 道心惟微 惟精惟一 允執厥中"의 16자가 전수해 간 내력으로서, 요 · 순 · 우 · 탕 · 문 · 무의 帝王과 周公으로 이어진 후 공자가 이것을 계승하였고, 이것이 다시 顔子 · 曾子를 거쳐 子思 · 孟子에게 전해졌다는 것이다. 治者=治人者는 마땅히 수기 과정을 거쳐 성인 즉 도덕적 완성자가 됨으로써 하은주 삼대와 같은 이상 정치를 실행하라는 것이다(金駿錫. 1990. 「17세기 正統朱子學派의 政治社會論」. 『東方學志』 67. 106-110쪽).

도학파들은 요순과 삼대의 인정을 주장하면서도, 시의에 맞는 법제의 제정도 소홀히 하지 않았다. 구습을 그대로 따르지 않고 시의의 마땅함에 따라 경장하고자 하였던 것이다. 마음은 정치를 하는 근본이고 법은 정치를 행하는 도구이다. 마음이 다스림의 근본이라면, 법은 마음의 정치를 보조하는 수단이다. 이제삼왕은 마음을 보존하는 것을 정치의 근본으로 삼았지만, 법이 오래되면 폐단이 생기므로 때에 따른 변통이 불가피하다는 것이다. 그리하여 덕德 · 예禮와 정政 · 형刑을 본本 · 말末, 중重 · 경輕으로 자리매김하였고, 제도와 형벌을 예치禮治와 덕치德治를 보완하는 수단으로 그 존재가치를 인정하였던 것이다.[48]

정몽주는 대책문에서 문무겸용론을 제시하였다.[49] 인의에 의한 문치를 주장하면서 동시에 무의 중요성을 강조한 것이다. 공민왕 8년에 시행된 과거시험 책문에서는 '홍건적이 압록강을 건너왔으나 격퇴시켜 서북민이 안정을 찾아, 오직 조심하고 삼가며 문덕文德을 펼치고 반드시 지치至治를 이루어야 한다. 만약 피할 수 없어 무멸武威를 본받고자 하면, 태공망太公望 · 사마양저司馬穰苴 · 손빈孫賓 · 오기吳起 · 공명孔明 · 이정李靖 등의 병서兵書가 있으니 어떤 책이 요긴하게 쓸 병서인지, 술수를 말하자면 어떤 술수가 의義에 합치되는지'를 말하라고 하여 홍건적의 침입을 염두에 두면서, 천하 국가의 치난治亂과 통체統體, 문文을 숭상하고 무武를 쓰는 것 등의 도리를 질문하고 있다.

이에 대하여 정몽주는 문무를 일치하는 것은 모든 왕이 따라야할 대

48) 정호훈. 2004.「조선전기 法典의 정비와『經國大典』의 성립」.『조선건국과 경국대전체제의 형성』. 혜안. 오영교 편. 50-62쪽; 김정신. 2007.『조선전기 훈구 사림의 정치사상비교』. 연세대박사논문. 200-202쪽.

49) 도현철. 2009.「대책문을 통해본 정몽주의 국방 대책과 문무겸용론」.『한국중세사연구』 26.

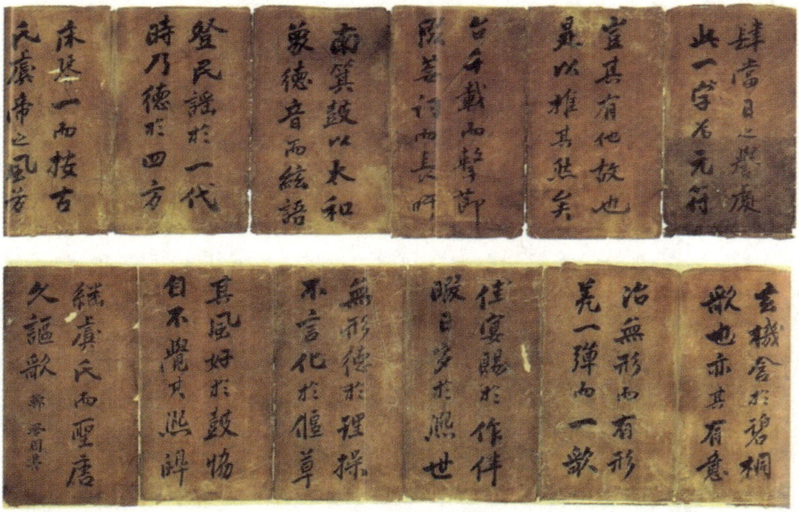

정몽주 친필

법이고, 만세에 불변하는 원칙이라고 대답하였다. 문文은 융성한 것을 유지하고 완성된 것을 지킬 수 있게 해주는 것이고, 무武는 어지러움을 바로 잡아 바름으로 되돌아갈 수 있게 해주는 것이며, 인의예지仁義禮智는 문文의 도구이고, 형정공수刑政攻守는 무武의 술術이다. 문文만을 사용하고 무武를 쓰지 않으면 예기치 않은 사태를 당하였을 때 구해낼 수 없고, 무武만을 사용하고 문文을 쓰지 않으면 인심人心이 어긋나는 것을 막을 수 없다. 그러므로 문文과 무武를 함께 써 하나로 한 연후에 천하의 다스림을 있다고 하였다. 즉 정몽주는 대책문에서 유교의 이상 사회인 당우 삼대의 정치가 다스려진 이유는 인仁으로서 근본을 삼고 예禮로서 중심을 삼아 문무의 도를 통체統體(통치의 근본)로 삼은 결과로 보았다. 이는 현실정치에서 인의에 의한 문치를 주장하면서도 불가피하게 무치를 행할 경우에는 인의가 반드시 수반되어야 한다는 주자의 군사론 혹은 유학의 정의론이 반영된 것이라 하겠다.

2) 지방의 개별성 중시와 지방 교육

김종직은 조선의 중앙집권 체제를 전제하면서도 지방의 자율성과 독자성을 존중하는 시책을 폈다.[50] 김종직은 세조 11년 경상도 평사를 맡게 되자 『경상도지리지』를 제작하고,[51] 함양과 선산의 읍지도를 제작하였다. 그는 선산지리지의 서문을 쓰면서 "천하에는 천하의 지도가 있고, 일국에는 일국의 지도가 있으며, 일읍에는 일읍의 지도가 있다"[52]고 하였다. 『경상도지리지』가 명산 · 대천 · 읍락 등의 지세와 관방의 요충지를 잘 보여준다면, 읍도邑圖는 한폭에 산천山川과 정락井落 · 창해倉廨와 원역院驛 · 호구 · 간전墾田 · 도리道里를 적어 읍세邑勢를 일목요연하게 보여주고 있다. 또한 지도에 제시題詩를 넣어서 지방의 역사와 산천의 수려함을 드러내고자 하였다. 군현이 천하나 일국 아래에 놓여 있지만, 일읍의 독자성도 긍정하고 인정하고 있는 것이다.[53]

김종직은 성종 원년(1470)에 모친을 모시기 위하여 함양군수를 자원한 이래 선산부사까지 7년간을 지방관으로 있었다. 지방관 시절 김종

50) 이하의 내용은 다음의 글을 참고하여 작성하였다. 김태영. 2006.「15세기 사림파의 자아의식과 역사의식 - 점필재 김종직을 중심으로」.『朝鮮性理學의 歷史象』. 경희대출판국. 274-277쪽; 이종범. 2008.「김종직」『사림열전』 2; 이종범. 2011.「佔畢齋의 金宗直의 內面世界와 初期士林派」.『점필재 김종직과 그의 젊은 제자들』. 지식과 교양. 부산대학교 점필재연구소; 이상필. 2011.「점필재의 학술사적 위치」.『점필재 김종직과 그의 젊은 제자들』. 지식과교양. 부산대학교 점필재연구소.

51) 金宗直.『佔畢齋集』 권2.「慶尙道地圖誌」.

52) 金宗直.『佔畢齋集』 권2.「善山地圖誌」.

53) 이종범. 2011. 같은 논문. 110-113쪽.

직은 중앙의 일방적인 명령을 집행하는 행정 관료가 아니라, 지방의 독자성을 전제하는 자율적인 지방 운영을 시도했다. 유향소 복설과 지방 교육의 강화를 통하여 향촌 사회의 안정을 꾀하고, 토호와 향리의 수탈을 규찰하며 조세 수취의 합리화를 도모한 것이 그것이다.

김종직은 유향소 복설을 제안하여 중앙 중심의 국가 운영이 갖고 있는 폐해를 인식하고 지방의 자율적, 자치적 운영을 지향하였다. 그는 성종 15년 세조대 이후 혁파된 유향소를 복설하여 향풍鄕風을 일으키라고 하였다.[54] 이는 성종 16년에 정성근이 옛 일을 말하면서, '김종직이 선산부사로 재직하면서 향중鄕中에 행실이 있는 자를 골라서 향사례와 향음주례에 참여하게 하니, 이에 끼지 못한 자는 부끄러워하였다'고 하여 이를 행할 것을 요청한 사실[55]에서도 확인된다.

건국초 조선 왕조는 중앙집권체제를 강화하고 군현제와 수취제를 정비하면서 국가의 공적 권력을 강화하고, 수령을 중심으로 하는 관권 위주의 지방운영을 모색해 갔다. 이는 향리와 품관 등 재지 토호세력이 자행하는 폐해를 시정하고자 하는 의도였는데, 관권의 중앙 중심의 국가 운영은 향촌 사회를 기초로 성장한 사림파의 반발을 사게 된다. 중앙정부와 연결된 수령의 비행, 수취제도의 문란, 면리제의 민에 대한 수탈기구로의 전환 등으로 인하여 재지사족在地士族이 피해를 당하고 향촌사회가 크게 동요하게 되었기 때문이다.

---

54) 『成宗實錄』 권166. 15년 5월 계사. "右副承旨金宗直啓曰, … 請復建留鄕所, 糾察鄕風."; 권172, 15년 11월 을미.

55) 『成宗實錄』 권17. 16년 1월 기축. "臣(鄭誠謹)聞 金宗直曾爲善山府使, 擇鄕中有行者, 許參鄕射 · 鄕飮酒之禮, 其不得與選者, 咸愧之, 多懷勸勵之志. 請申明擧行. 留鄕所國家慮其弊生, 革之已久, 今雖不復, 但擇鄕中有德望者一二人, 糾察一鄕, 則風俗自正矣."

김종직을 비롯한 사림파는 유향소 복립 운동을 통하여 성리학의 자율적 향촌 운영책을 제시하였다. 『주례周禮』의 향사례鄕射禮, 향음주례鄕飮酒禮를 시행할 기구인 유향소留鄕所나 자치적인 향촌 진휼제도인 사창법社倉法을 시행하고자 하였다. 이것들은 모두 도덕적인 교화에 의해 향풍을 규제함으로써 사림파 중심의 향촌 자치 질서를 정착시키려는 것이다.[56)]

또한 지방 교육을 통하여 향촌 교화에도 힘을 쏟았다. 성종 10년 모친상 직후 밀양 향교의 학규를 제정하고, 성종 18년 전라도 감사때에는 향교의 기금을 출현하고 향례를 주관하기도 하였다. 성종 6년 선산부사 시절에는 향교의 김굉필 · 곽승화 · 이승언 등이 가을에 있을 과거를 준비하며 한동안 향교에 머물렀을 때 풍성한 식단을 준비하기도 하였다.[57)]

그는 함양군수로 재직할 때 폐단으로 지적된 공납 문제에 대하여, 토산물을 발굴해서 상공上供에 이바지 할 수 있는 물산物産을 개발할 것을 제안하였다. 즉 지리산 아래 함양에는 다茶가 상공上供으로 지정되었는데, 백성들은 전라도에서 사다 바쳤다. 김종직은 『삼국사기 』에 수록된 '지리산에 차를 심었다'는 기록에 근거해서 차밭을 복원하고 차를 재배하여 상공에 충당하고자 하였다.[58)] 산이 많은 작은 고을이라도 역사적 토착적 고유성과 독자성에 근거해서 토산물을 개발하고자 하는 인식을 엿볼 수 있다.[59)] 이러한 태도는 성리학에서 '리理라는 객관적 법칙과 원

---

56) 李泰鎭. 1986. 「士林派 留鄕所 復立運動」. 『韓國社會史硏究』. 지식산업사.
57) 이종범. 2011. 같은 논문. 110-113쪽.
58) 金宗直. 『佔畢齋集』 권10. 「茶園二首幷序」.
59) 김태영. 2006. 같은 논문. 273-277쪽.

리를 말하면서도 기氣가 갖는 개체성과 고유성을 존중하는 사고'의 반영이라고 생각된다. 중앙집권적 정치체제를 전제하면서도 지방의 자율성을 존중하는 사고는 주자학의 본령에 충실한 것으로서 16세기 되면서 조선 사회의 일반적인 정치사회사상으로 자리잡는다.

4. 맺음말

조선초기의 도학자 예컨대, 정몽주, 길재, 김숙자, 김종직, 김굉필 등의 경세론, 곧 국가 경영, 제도론, 지방 운영 등 현실을 이끌어가는 생각을 파악하려는 것이 본고의 목표였다.

조선초기 도학파들은 유교를 정통 · 정학으로, 불교를 정통에 대한 이단 · 사설로 규정하고 불교를 비판하였다. 정몽주는 주자의 역사관에 입각해서 고려말 정국의 시시비비를 가려 엄정하게 평가하였고, 『주자가례』에 따른 예제를 행할 것을 주장하였다. 김굉필은 유학의 입장에서 오륜을 핵심적인 윤리로 제시하고 사람들을 미혹시키는 원각사의 승려들을 처벌할 것을 주장하였다.

이들은 유교에서 천리로 표현되는 인륜을 강조하였는데 특히 절의를 내세웠다. 조선초기 절의는 왕조의 군신 의리 즉 관료 윤리였다. 이때 관료 윤리의 구체적인 내용은 불사이군의 충절과 '평소에 할 말을 다하고 극간하는 자는 절의가 있는 선비로 공명功名과 이익을 추구하는 것은 절의에 배치되는 것'으로 규정된다.

그런데, 세조의 즉위와 함께 유교적 가치의 중심에 있던 절의를 둘러싸고 유학계 내부에 훈구와 사림의 분화가 야기된다. 세조의 정치적 지향에 찬성하면서 체제정비나 유학사상 자체에 결여된 체제정비 작업에 적극적으로 참여하려는 유학과 성리학이 추구한 인간본성의 탐구나 수양론을 통하여 성리학을 보다 심화시키려는 유학이 그것이다. 특히, 사림파는 절의라는 가치를 내세워 훈구파와 맞섰고 그 절의를 실천하기 위해서 『소학』을 강조함으로써 자신의 정체성을 확충해갔다.

길제부터 김굉필에 이르는 도학파는 『소학』을 배우고, 그것의 실천궁행에 힘썼다. 조선초기 『소학』의 강조는 사회 현실을 윤리 · 도덕의 측면에서 파악하고 인륜질서를 회복하려는 도학파의 지향과 부합된다. 당시 『소학』은 조선초기 교육 정책을 통해 확산의 기반을 마련하고 있었다. 사부학四部學과 향교, 성균관 입학 시험인 생원시 그리고 무과의 교과목으로 정해 졌던 것이다.

하지만 조선 정부의 의지에도 불구하고 『소학』은 경시되거나 기피되었다. '일용지사日用之事'만 가르치는 소학의 내용이 유치하고 진부한 것으로 받아들여지고 15세기 조선 학계가 문예 중심의 사장학을 강조하고 조행操行을 강조하는 경학, 즉 도학을 소홀히 한 때문이다.

16세기 들어 집권체제의 이완현상이 나타나고, 지배층의 토지 집중과 봉건적인 수취와 이에 따른 농민의 유망流亡 도산逃散 현상이 나타나고 윤리도덕의 타락 현상이 나타났다. 중앙 정부 차원의 지방 운영이 한계를 드러내면서 지방 지주 스스로 사회 교화에 적극적으로 나서는 계기가 되었다. 그들은 『소학』을 통하여 덕성을 함양하고 도덕 규범을 반복함으로써 수기 · 수양을 하고 이를 기초로 제가, 치국, 평천하로 나아가는 근거를 마련하고자 하였다.

도학파들은 삼대 이상 정치를 실현하는 것을 목표로 한다. 이는 군주에게 요순 이래의 이상군주를 모범으로 하는 정치를 행하도록 요구하는 것으로 나타난다. 이들은 인성의 함양과 윤리 도덕에 의한 정치론을 전개했다. 윗사람이 바른 마음에 기초하여 다스림의 도를 솔선수범하고 이를 통하여 교화를 실행할 것을 주장하였다.

조선초기에는 군주성학론 혹은 군주수신론이 일반화되고 있었다. 마음은 한 몸의 주재主宰이고, 마음이 바른 뒤에야 일이 바를 수 있다. 하물며 임금의 마음은 萬化의 근원이니, 바르게 해야 한다. 임금의 마음이 바르지 아니하면 만백성을 바르게 할 수 없다는 것이다. 이는 주자의 군주 한 사람에 의하여 만사가 좌우된다는 군주일심성패론君主一心成敗論을 보여주며, 천리인욕설天理人欲說과 삼강오륜三綱五倫에 기초한 주자학의 인성론을 반영하는 것이다.

도학파들은 요순과 삼대의 인정을 주장하면서도, 시의에 맞는 법제의 제정도 소홀히 하지 않았다. 구습을 그대로 따르지 않고 시의의 마땅함에 따라 경장하고자 하였던 것이다. 마음은 정치를 하는 근본이고 법은 정치를 행하는 도구이다. 마음이 다스림의 근본이라면, 법은 마음의 정치를 보조하는 수단이다. 이제삼왕은 마음을 보존하는 것을 정치의 근본으로 삼았지만, 법이 오래되면 폐단이 생기므로 때에 따른 변통이 불가피하다는 것이다. '도본법말道本法末'에 근거해서 덕德 · 예禮와 정政 · 형刑을 본本 · 말末, 중重 · 경輕으로 자리매김하였는데, 이때 제도와 형벌은 예치禮治와 덕치德治를 보완하는 수단으로서 그 존재가치가 인정된다.

정몽주는 대책문에서 문무겸용론을 주장하였다. 공민왕 8년에 변방을 위협하는 홍건적의 침입을 막는 대책을 묻는 질문에서, 정몽주는 문무겸용론을 주장하였다. 문무를 일치하는 것은 모든 왕이 따라야할 대법이고, 만세의 불변하는 원칙이다. 문文은 융성한 것을 유지하고 완성된 것을 지킬 수 있게 해주는 것이고, 무武는 어지러움을 바로 잡아 바름으로 되돌아갈 수 있게 해주는 것이며, 인의예지仁義禮智는 문文의 도구이고, 형정정수刑政攻守는 무武의 술術이다. 문文만을 사용하고 무武를 쓰지 않으면 예기치 않은 사태를 당하였을 때 구해낼 수 없고, 무武만을 사용하고 문文을 쓰지 않으면 인심人心이 어긋나는 것을 막을 수 없다. 그러므로 文과 武를 함께 써 하나로 한 연후에 천하를 다스릴 수 있다고 하였다.

한편 김종직은 지방의 개별성을 중시하고 지방 교육의 활성화에 주력했다. 그는 조선의 중앙집권 체제를 전제하면서도 지방 자체의 자율성과 독자성을 존중하는 시책을 폈다. 김종직은 함양군수에서 선산부사에 이르기 까지 7년간 지방관을 역임하면서 중앙의 일방적인 명령을 집행하는 행정 관료가 아니라 지방의 독자성을 전제하는 독자적인 지방 운영을 시도했다. 유향소 복설과 지방 교육의 강화를 통하여 향촌 사회의 안정을 도모하고 토호와 향리의 수탈을 규찰하여 조세 수취의 합리화를 꾀하였다.

「경상도지리지」와 「선산지리지」의 서문을 쓰면서 군현이 천하나 일국 아래에 놓여 있지만, 일읍의 독자성도 있음을 표명하였다. 또한 지방 교육을 통하여 향촌 교화에도 힘을 쏟았다. 향교의 학규를 제정하고, 향교의 기금의 출현하여 향례를 주관하기도 하였다. 함양군수로 재직할 때에는 당시 폐단으로 지적된 공납 문제에 대하여, 토산물을 발굴해서 상공上供에 이바지 할 수 있는 물산物産으로 개발하기도 하였다. 이러한 일련의 조치는 성리학에서 이理라는 객관적 법칙과 원리를 말하면서도 기氣가 갖는 개체성 고유성을 존중하는 사고의 반영이라고 하겠다.

이처럼 정몽주, 길재, 김숙자, 김종직, 김굉필 등의 도학파는 유교 사회의 확립을 목표로 유교에 입각한 제도를 보급 확대하려 하였다. 이들은 유학을 정통, 정학으로 파악하고 『소학』을 강조하며 군주성학론, 인의제도론, 지방 중시의 사회운영론을 제시하였다.

참고문헌

■ **홍원식** 〈여말선초 낙중 사림들의 '학통'과 '도통'〉

『高麗史』

『世祖實錄』

『成宗實錄』

『中宗實錄』

『仁宗實錄』

『宣祖實錄』

李穡. 『牧隱文集』

鄭夢周. 『圃隱集』

鄭道傳, 『三峰集』

吉再. 『冶隱先生言行拾遺』

— 『冶隱先生續集』

洪魯, 『敬齋先生實記』

奇大升. 『高峯集』

李珥. 『栗谷全書』

鄭逑. 『寒岡集』

金長生, 『沙溪全書』

李恒老, 『華西集』

김용헌. 2010. 『조선 성리학, 지식권력의 탄생』. 프로네시스.

______. 2011. 「도학의 정립, 점필재 김종직과 그의 문생들의 도학사상」. 『한국학논집』 제45집. 계명대학교 한국학연구원.

김훈식. 2011. 「조선 초기의 정치적 변화와 사림파의 등장」. 『한국학논집』 45집. 계명대학교 한국학연구원.

설석규. 1994. 『조선시대 유생의 문묘종사 운동과 그 성격』. 『조선사연구』 3.

송하경. 1987. 「이율곡의 도통론에 관한 고찰」. 『대동문화연구』 제24집. 성균관대학교 대동문화연구원.

신천식. 2004.『여말선초 성리학의 수용과 학맥』. 경인문화사.

우경섭. 2011.「한강 정구의 학문연원과 도통적 위상」.『한강 정구』. 남명학연구원 엮음. 예문서원.

윤사순. 1980.『한국유학논구』. 현암사.

이병휴. 1999.『조선전기 사림파의 현실인식과 대응』. 일조각.

이수건. 1979.『영남사림파의 형성』. 영남대출판부.

이수환. 2011.「16세기 전반 영남사림파의 동향과 도방오현 문묘종사」.『한국학논집』 제45집. 계명대학교 한국학연구원.

최영성. 2011.「야은 길재와 그의 문도들의 도학사상」.『한국학논집』 제45집. 계명대학교 한국학연구원.

한국정신문화연구원. 1999.『한국인물대사전』. 중앙M&B.

한충희. 2012.「조선 초기 낙중 사림파의 형성과 전개」.『낙중학, 조선시대 낙동강 중류 지역의 유학』. 홍원식 외. 계명대학교 출판부.

홍원식. 2003.「주륙화회론과 퇴계학의 심학화」.『오늘의 동양사상』 제9호. 예문동양사상연구원.

______. 2010.「영남 유학과 '낙중학'」.『한국학논집』 제40집. 계명대학교 한국학연구원

홍원식 외, 2012.『낙중학, 조선시대 낙동강 중류지역의 유학』. 계명대학교 출판부

______. 2012.「조선 중기 낙중학과 정구의 '한강학'」.『한국학논집』 48집. 계명대학교 한국학연구원.

■ **김훈식** 〈조선 초기의 정치적 변화와 사림파의 등장〉

權近.『太祖實錄』～『燕山君日記』.

權近.『陽村集』.

吉再.『冶隱先生言行拾遺』.

金宗直.『佔畢齋集』.
丁克仁.『不憂軒集』.
金麟厚.『河西先生全集』.
柳成龍.『西厓集』.
成渾.『牛溪集』.
許穆.『眉叟記言』.
姜文植. 2001.「權近의 生涯와 交遊人物」.『韓國學報』 102. 일지사.
김윤주. 2003.「조선 태종 11년(1411) 이색(李穡) 비명(碑銘)을 둘러싼 논쟁의 정치적 성격」.『도시인문학연구』 제1권 1호. 서울시립대학교 도시인문학연구소 참조.
김홍경. 1996.『조선초기 관학파의 유학사상』. 한길사.
金勳埴. 2006.「寒暄堂 金宏弼에 대한 조선시대의 평가와 그 의미」.『東方學志』 133. 연세대학교 국학연구원.
李秉烋. 1975.「麗末鮮初의 科業敎育」.『歷史學報』 67. 역사학회.
李樹健. 1979.『嶺南士林派의 形成』. 嶺南大學校 民族文化硏究所.
______. 1995.『嶺南學派의 形成과 展開』. 一潮閣.
이익주. 1998.「고려말 신흥유신의 성장과 조선건국」.『역사와 현실』 29. 한국역사연구회.
李泰鎭. 1993.「吉再 忠節 追崇의 時代的 變遷」.『韓國思想史學』 4·5합집. 한국사상사학회.
정순우. 2010.「麗末鮮初 '私置學堂'의 역할과 성격」.『정신문화연구』 33권 제4호. 한국학중앙연구원.
鄭治憲. 1991.「麗末鮮初 科擧文臣勢力의 政治動向」.『韓國學報』 64. 일지사.
韓永愚. 1983.『朝鮮前期 社會經濟硏究』. 乙酉文化社.
홍영의. 1995.「고려말 신흥유신의 추이와 분기」.『역사와 현실』 15. 한국역사연구회.
______. 2004.「高麗末 昌王代 '改革派' 新興儒臣의 結集과 分岐過程」.『한국중세사연구』 16. 한국중세사학회.

■ 이수환 <16세기 전반 영남 사림파의 동향과 동방오현 문묘종사>

『朝鮮王朝實錄』(연산군-광해군).

金宏弼. 『景賢續錄』.

任輔臣. 『大東野乘』 1. 「丙辰丁巳錄」.

許筠. 『惺所覆瓿藁』.

李彦迪. 『晦齋集』.

李滉. 『退溪集』.

柳希春. 『眉巖日記草』.

李珥. 『栗谷集』.

金鎔坤. 1983. 「16세기 士林의 文廟從祀運動」. 『김철준박사화갑기념사학논총』.

김훈식. 2006. 「한훤당 김굉필에 대한 조선시대의 평가와 그 의미」. 『동방학지』 133. 연세대학교 국학연구원.

薛錫圭. 1994. 「朝鮮時代 儒生의 文廟從祀 運動과 그 性格」. 『조선사연구』 3. 조선사연구회.

李秉烋. 1984. 『朝鮮前期 畿湖士林派研究』. 일조각.

______. 1996. 「사림세력의 진출과 사화」. 『한국사』 28. 국사편찬위원회.

______. 1999. 『朝鮮前期 士林派의 現實認識과 對應』. 일조각.

______. 2005. 「朝鮮前期 士林派의 推移 속에서 본 金宏弼의 歷史的 座標」. 『역사교육논집』 34. 역사교육학회.

李樹健. 1979. 『嶺南士林派의 形成』. 영남대출판부.

______. 1995. 『嶺南學派의 形成과 展開』. 일조각.

이수환. 2005. 「佔畢齋 金宗直의 生涯와 教育活動」. 『安東史學』 9 · 10. 안동사학회.

李羲權. 1983. 「東方五賢 文廟從祀 小考」. 『전북사학』 7. 전북사학회.

韓明基. 1988. 「光海君代의 大北勢力과 政局의 動向」. 『韓國史論』 20. 서울대학교 인문대학 국사학과.

■ 권상우 〈포은 정몽주와 그 문생들의 도학사상〉

鄭夢周. 『圃隱集』.

吉再. 『冶隱集』.

洪魯. 『敬齋先生實記』.

金自粹. 『桑村集』.

鄭道傳. 『三峯集』.

柳成龍. 『西厓先生文集』.

李德懋. 『靑莊館全書』.

『高麗史節要』.

慶熙大傳統文化硏究所 · 朴世鳳 編. 1993. 『吉冶隱硏究論叢』. 端文文化社.

권상우. 2010. 「동북아 시민사회 정립을 위한 주자학의 공론 탐색-하버마스의 공공영역을 중심으로」. 『사회와 철학』 19호. 한국사회와철학연구회.

김낙진. 2010. 「조선 중기 한려학파의 철학사상」. 『한국학논집』 40집. 계명대학교 한국학연구.

김학수. 2011. 「조선후기 영천지역 사림과 임고서원」. 「포은학연구」 제6집. 포은연구회.

김홍경. 1996. 『조선초기 관학파의 유학사상』. 한길사.

송하경. 1990. 「이율곡의 도통론에 관한 고찰」. 『대동문화연구』.

申千湜. 2004. 『려말선초 성리학의 수용과 학맥』. 경인문화사.

유경아. 2000. 「정몽주 세력과 고려 중흥을 위한 개혁 방안」. 『이화사학연구』 제27집. 이화사학학회.

이을호. 1978. 「조선조 전기의 유가철학」. 『한국철학연구』(중). 한국철학회 편. 동명사.

최영성. 1995. 『한국유학사상사 Ⅱ』. 아세아문화사.

홍원식. 2010. 「영남 유학과 낙중학」. 『한국학논집』 제40집. 계명대학교 한국학연구원.

______. 2010. 「포은 정몽주와 '낙중' 포은 학맥의 도학사상과 철학사상」. 『포은학연구』 5집. 포은사상연구회.

■ 최영성 〈야은 길재와 그 문생들의 도학사상〉

길　재. 『冶隱集』. 한국문집총간. 한국고전번역원.

옥　고. 『凝溪先生實記』. 국립중앙도서관 소장본.

박세채. 1977. 『東儒師友錄』. 불함문화사 영인본.

안　지. 2000. 『증보 국역 고은문집』. 조춘호(역). 경산문화연구소.

하겸진. 『東儒學案』 乾. 중화당.

최영성. 2006. 『한국유학통사』 전3권. 심산출판사.

서산문화원. 2006. 『양렬공 정인경과 서산지역』.

김시황. 1998. 「고은 안지 선생의 생애와 학문」. 『경산문화연구』 제3집. 경산대학교.

김충렬. 1993. 「길재의 名教自任한 淑世思想」. 『한국사상사학』 제4·5집 한국사상사학회.

이장희. 1993. 「여말선초 선비群과 길재의 위상」. 『한국사상사학』 제4·5집. 한국사상사학회.

이태진. 1993. 「길대 忠節追崇의 시대적 배경」. 『한국사상사학』 제4·5집. 한국사상사학회.

■ 김용헌 〈점필재 김종직과 그 문생들의 도학사상〉

金宏弼. 1984. 『國譯 景賢錄』(한훤당선생기념사업회)

金馹孫. 『濯纓集』.

金宗直. 『佔畢齋集』; 『국역 점필재집』(민족문화추진회)

南孝溫. 『秋江集』; 『국역 추강집』(민족문화추진회)

成俔. 『慵齋叢話』; 『국역 용재총화』, 『국역 대동야승』(민족문화추진회)

成俔. 『虛白堂集』

李穡. 『牧隱集』; 『국역 목은집』(민족문화추진회)

李珥.『栗谷全書』.
李齊賢.『櫟翁稗說』.
李滉.『增補 退溪全書』.
鄭介淸.『愚得錄』.
鄭道傳.『三峯集』;『국역 삼봉집』(민족문화추진회)
鄭汝昌.『一蠹集』;『국역 일두집』(민족문화추진회)
程顥 · 程頤.『二程全書』.
趙光祖.『靜菴集』.
『高麗史』.
『국역 조선왕조실록』(http://sillok.history.go.kr).
김용헌. 2010.『조선 성리학 - 지식권력의 탄생』. 프로네시스.
김용헌. 2011.「조선 전기 사림파 성리학의 전개와 특징」.『국학연구』19집. 한국국학진흥원.
송재소. 2003.「점필재 김종직 문학 연구의 몇 가지 문제」.『대동문화연구』44집. 대동문화연구원.
윤사순. 1986.「사림파의 선비정신」.『한국유학사상론』. 열음사.
이민홍. 2000.『증보 사림파문학의 연구』. 월인.
이종범. 2011.「점필재 김종직의 내면세계와 초기사림파」.『점필재 김종직과 그의 젊은 제자들』. 지식과 교양.
임형택. 1984.「고려말 익재의 고문창도」.『한국문학사의 시각』. 창작과 비평사.
정성희. 2009.『조선 도학의 분수령: 김종직』. 성균관대학교 출판부.
정우락. 2004.「일두 정여창의 문학사상의 양상과 의의」.『일두 정여창의 학문과 사상』. 남계서원.
정출헌. 2011.「젊은 제자들이 마음에 그린 점필재 초상」.『점필재 김종직과 그의 젊은 제자들』. 지식과 교양.

■ 이구의 〈조선 초 영남 사림파의 도학적 문학사상〉

金馹孫. 『濯纓集』(『韓國文集叢刊』 17).

金宗直. 『佔畢齋詩集』 啓明漢文學會 影印本.

表沿沫. 『藍溪集』(『韓國文集叢刊』 15).

兪好仁. 『㵢溪集』(『韓國文集叢刊』 15).

鄭汝昌. 『一蠹集』(『韓國文集叢刊』 15).

權五福. 『睡軒集』(『韓國文集叢刊』 17).

李世仁. 『淵潭集』 木版本.

『國朝人物考』. 1992. 서울大學校 出版部 影印本.

『朝鮮王朝實錄』. 「成宗實錄」, 「燕山君日記」, 「中宗實錄」.

김시업. 2004. 「한훤당 김굉필의 도학적 시세계와 인간자세」. 『대동문화연구』 48. 성균관대학교 대동문화연구원.

김영숙. 1997. 「탁영 김일손 사詞의 문학적 성격」. 『한국한문학연구』. 한국한문학회.

영남대학교 민족문화연구소. 1998. 『탁영 김일손의 문학과 사상』. 영남대학교 출판부.

윤호준. 1999. 「濯纓 金馹孫의〈관처사묘지명〉에 대하여」. 『남명학연구』. 남명학연구소.

李九義. 2003. 「梅溪 曺偉의 문학에 나타난 精神世界」. 『韓國思想과 文化』 第20輯. 韓國思想文化學會.

______. 2008. 「藍溪 表沿沫의 시에 나타난 정신세계」. 『韓國思想과 文化』 제44집. 韓國思想文化硏究院.

______. 2009. 「濯纓 金馹孫의 賦에 나타난 정신세계 Ⅰ-「秋懷賦」·「感舊遊賦送李仲雍」·「擬別知賦送姜士浩」를 중심으로-」. 『東方思想과 文化』 3. 東方思想文化學會.

______. 2009. 「濯纓 金馹孫의 賦에 나타난 정신세계 Ⅱ-그의 「遊月宮賦」·「疾風知勁草賦」·「聚星亭賦」를 중심으로-」. 『韓國思想과 文化』 48. 韓國思想文化學會.

______. 2010.「濡溪 兪好仁의 시에 나타난 정신세계」.『한국사상문화학회』53. 한국사상문화학회.

______. 2011.「佔畢齋 金宗直 시에 나타난 精神世界」.『한국사상과 문화』56. 한국사상문화학회.

______. 2011.「朝鮮時代 詩人과 詩精神-15, 16세기 영남 사림파를 중심으로-」.『韓國思想과 文化』59. 韓國思想文化學會.

______. 2011.「寒暄堂 金宏弼의 시에 나타난 자아의식」.『한국사상과 문화』57. 한국사상문화학회.

이병휴. 2005.「朝鮮前期 士林派의 推移 속에서 본 金宏弼의 歷史的 座標」.『역사교육논집』34. 역사교육학회.

이상성. 2007.「寒暄堂 金宏弼의 道學思想」.『동양고전연구』26. 동양고전학회.

______. 2007.「濡溪 兪好仁 思想의 道學的 考察」.『유교사상연구』30. 한국유교학회.

장도규. 1999.「한훤당 김굉필의 소학적 삶과「한빙계」일고」.『한문학논집』17. 근역한문학회.

조문주. 1998.「탁영 김일손의 기문에 대한 일고찰」.『한문학논집』. 근역한문학회.

조원래. 1995.「士禍期 호남사림의 學脈과 金宏弼의 도학사상」.『漢文學』25. 단국대학교 동양학연구소.

최석기. 2005.「濡溪 兪好仁의 志趣와 시문학」.『남명학연구』20. 경상대학교 남명학연구소.

黃渭周. 2010.「점필재 김종직 연구에 대한 반성적 전망」.『동양한문학연구』31. 동양한문학회.

■ **도현철** 〈조선 초 도학파의 경세론〉

金宗瑞.『高麗史』. 1953. 연세대학교 동방학연구소.

金宗直.『佔畢齋集』. 1988.『韓國文集叢刊』 권12. 민족문화추진회.
南孝溫.『秋江集』. 1988.『韓國文集叢刊』 권16. 민족문화추진회.
李穡.『牧隱集』. 1990.『韓國文集叢刊』 권3 · 4 · 5. 민족문화추진회.
李崇仁.『陶隱集』. 1990.『韓國文集叢刊』 권 6. 민족문화추진회.
李種學.『麟齋遺藁』. 1990.『韓國文集叢刊』 권 7. 민족문화추진회.
朱熹.『大學章句』.
朱熹.「朱子大全」.
『端宗實錄』.
『宣祖實錄』.
『成宗實錄』.
『世祖實錄』.
『世宗實錄』.
『中宗實錄』.
『太宗實錄』.
강문식. 2008.『권근의 경학 사상 연구』. 일지사.
김용헌. 2011.「도학의 형성, 점필재 김종직과 그의 문생들의 도학사상」.『한국학논집』 45. 계명대학교 한국학연구원.
金駿錫. 1981.「朝鮮前期의 社會思想 - 《小學》의 社會的 機能 分析을 중심으로」.『東方學志』 29. 연세대학교 국학연구원.
______. 1990.「17세기 正統朱子學派의 政治社會論」.『東方學志』 67. 연세대학교 국학연구원.
______. 2003.『朝鮮後期政治思想史研究』. 지식산업사.
김정신. 2007.『조선전기 훈구 사림의 정치사상비교』. 연세대박사논문.
金泰永. 1994.「朝鮮初期 世祖 王權의 專制性에 대한 一考察」.『韓國史研究』 87. 한국사연구회.
______. 1995.「朝鮮初期 世祖王의 學術政策」.『東洋學』 25. 단국대 동양학연구소.
______. 2006.「寒暄堂 金宏弼의 도학사상」.『朝鮮性理學의 歷史象』. 경희대출판국.

______. 2006.「15세기 사림파의 자아의식과 역사의식 – 점필재 김종직을 중심으로 –」.『朝鮮性理學의 歷史象』. 경희대출판국.

김훈식. 2006.「寒暄堂 金宏弼에 대한 조선시대의 평가와 그 의미」.『東方學志』 133. 연세대학교국학연구원.

______. 2011.「朝鮮初期의 정치적 변화와 士林派의 등장」.『한국학논집』 45. 계명대학교한국학연구원.

도현철. 1999.『高麗末 士大夫의 政治思想研究』. 일조각.

______. 2009.「대책문을 통해본 정몽주의 국방 대책과 문무겸용론」.『한국중세사연구』 26. 한국중세사학회.

______. 2011.『목은 이색의 정치사상 연구』. 혜안.

목은 연구회. 1996.『牧隱 李穡의 生涯와 思想』. 일조각.

朴贊洙. 2001.『高麗時代教育制度研究』. 경인문화사.

이봉규. 2007.「권근(權近)의 경전 이해와 후대의 방향」.『韓國實學研究』 13. 한국실학학회.

______. 2010.「涵養論과 교육과정으로 본 조선성리학의 개성」.『퇴계학보』 128. 퇴계학연구원.

이상필. 2011.「점필재의 학술사적 위치」.『점필재 김종직과 그의 젊은 제자들』. 지식과교양.

李樹健. 1969.「李朝時代의 小學 教育에 대하여」.『嶺南大論文集』 2. 영남대학교.

이종범. 2008.「김종직」『사림열전』 2. 지식과 교양.

______. 2011.「佔畢齋의 金宗直의 內面世界와 初期士林派」.『점필재 김종직과 그의 젊은 제자들』. 지식과 교양.

李泰鎭. 1986.「士林派 留鄕所 復立運動」.『韓國社會史研究』. 지식산업사.

______. 1993.「吉再 忠節 追崇의 時代的 變遷」.『韓國思想史學』 4 · 5. 한국사상학회.

張立文. 1986.『朱熹思想研究』. 谷風出版社.

田川孝三. 1963.「庚子字本孝經諺解と小學諺解」.『朝鮮學報』 27. 조선학회.

정성희. 2009.「불교에 대한 태도」.『조선 도학의 분수령 김종직』. 성균관대출판부.

정재훈. 2005.『조선전기 유교정치사상 연구』. 태학사.

정호훈. 2004.「조선전기 法典의 정비와『經國大典』의 성립」.『조선건국과 경국대전체제의 형성』. 혜안.

______. 2008.「조선후기『小學』간행의 추이와 그 성격」.『韓國史學報』31.

______. 2008.「麗末鮮初 思想界의 動向」.『지방지식인 원천석의 삶과 생각』. 혜안.

池斗煥. 1994.『朝鮮前期 儀禮研究』. 서울대출판부.

韓永愚. 1983.『鄭道傳思想의 研究』. 서울대출판부

홍원식. 2007.「권근의 성리설과 그 철학사적 위치」.『韓國思想史學』28. 한국사상학회.

______. 2011.「여말선초 영남사림의 '도통'과 '학통'」.『한국학논집』45. 계명대학교한국학연구원.

[저자 소개]

홍원식 E-mail : wsh683@kmu.ac.kr

고려대학교 철학과를 졸업하고 같은 대학에서 「정주학의 거경궁리설 연구」로 철학박사를 받았다. 현재 계명대학교 철학과 교수로 있으면서, 『오늘의 동양사상』 편집 주간을 겸하고 있다. 『한주 이진상의 생애와 사상』, 『실학사상과 근대성』(공저), 『심경부주와 조선유학』(공저) 등의 저서와 「주륙화회론과 퇴계학의 심학화」, 「애국계몽사상의 철학적 기반」, 「동아시아 생태담론에 대한 비판적 검토」 등 다수의 논문이 있다.

김훈식 E-mail : histhoon@inje.ac.kr

서울대학교 국사학과를 졸업하고, 서울대학교 대학원에서 『朝鮮初期 義倉制度硏究』로 박사학위를 받았다. 현재 仁濟大學校 歷史考古學科 교수로 재직하고 있다. 최근의 연구성과로는 「寒暄堂 金宏弼에 대한 조선시대의 평가와 그 의미」, 「15세기 韓 · 中 『內訓』의 여성윤리」 등이 있다.

이수환 E-mail : wndgy@yu.ac.

영남대학교 문과대학 국사학과를 졸업하고 동대학원에서 문학박사학위를 받았으며, 현재 영남대학교 국사학과에 교수로 재직하고 있다. 주로 조선시대 향촌사회사에 관심을 갖고 연구하고 있다. 저서로는 『조선후기 서원연구』, 『용산서원』(공저), 『한국의 서원과 학맥연구』(공저) 등이 있고, 편저로는 『옥산서원지』, 『도동서원지』, 『조선시대 영남서원자료』등이 있으며, 논문으로는 「18-19세기 영남지방 향론의 분열과 향전」, 「경주지역 손이시비의 전말」등 다수가 있다.

권상우 E-mail : unitykwon@hanmail.net

계명대 철학과를 졸업하고 중국사회과학원 철학연구소에서 박사학위를 취득하였으며, 현재 계명대학교 교양교육대학 초빙교수로 있다. 최근 유교의 현대화 작업에 관심을 가지고 연구하고 있다. 최근의 논문으로는 「유교의 심리치료 -소통주체의 회복」, 「한국형 사회적 기업 모색」 등이 있다.

최영성 E-mail : choiys60@hanmail.net

성균관대학교 한국철학과, 동 대학원 철학박사를 졸업하였다. 영산대학교 교수, 한국철학사연구회장을 역임했으며, 현재 국립 한국전통문화대학교 교수로 재직중이다. 저서 및 역서로 『한국유학통사』(전 3권), 『역주 최치원전집』 외 다수가 있다.

김용헌 E-mail : yong@hanyang.ac.kr

고려대학교 철학과를 졸업하고 같은 대학에서 「최한기의 서양 과학 수용과 철학 형성」으로 박사학위를 받았다. 현재 한양대학교 철학과 교수이다. 『조선 성리학, 지식 권력의 탄생』, 『혜강 최한기』(편저), 『실학의 철학』(공저) 등의 저서와 「탈근대적 주체의 모색과 유가 사상」, 「조선조 유학의 기론 연구-성리학적 기론에서 실학적 기론으로의 전환」, 「최한기의 낙관주의적 서구 인식과 동서소통론」 등의 논문이 있다.

이구의 E-mail : kelee08@knu.ac.kr

영남대학교 국어국문학과 박사를 졸업하고 경북대학교 한문학과 교수로 재직 중이다. 저서로 『崔孤雲의 삶과 文學』, 『高麗朝 漢詩硏究』, 『新羅漢文學硏究』, 『崔孤雲 文學硏究』 외 30여권의 共著 · 共譯書, 80여 편의 논문이 있다.

도현철 E-mail : phhi89@yonsei.ac.kr

연세대학교 사학과를 졸업하고 같은 대학 대학원에서 『麗末鮮初 新 · 舊法派 士大夫의 政治 改革思想 硏究 - 李穡 -鄭道傳의 政治思想의 比較硏究를 중심으로 -』로 문학박사 학위를 받았다. 현재 연세대학교 문과대학 사학과 교수로 있다. 주요 연구 분야는 고려말 조선초기 사상사이다. 대표 논저로는 『高麗末 士大夫의 政治思想硏究』, 『목은 이색의 정치사상연구』, 『 經濟文鑑의 典據로 본 鄭道傳의 政治思想』, 『고려말 사대부의 일본인식과 문화 교류?』, 『삼봉집과 권근의 역할』 등이 있다.